高等师范院校教材

教育学

第5版

主　　编　　邵宗杰　卢真金

编写人员　　邵宗杰　裴文敏　戚谢美　卢真金

　　　　　　柯孔标　肖龙海　吴卫东　王健敏

　　　　　　虞伟庚　李　涛

华东师范大学出版社

前　言

随着科学技术的迅猛发展,信息化浪潮使整个世界变成了一个地球村。知识经济时代的到来,使世界的政治经济格局和社会发展方式发生了根本性的变化,科学技术成为第一生产力,人力资源成为第一资源。我国从社会主义初级阶段的基本国情出发,以科学发展观为指导,把教育放在国民经济和社会发展的基础性、先导性、全局性的战略地位,坚持教育优先发展,实施科教兴国和人才强国战略,取得了巨大成就。进入21世纪,我国城乡免费义务教育全面普及,并向普及高中教育和学前教育两端延伸,职业教育快速发展,高等教育进入大众化阶段,农村教育得到加强,教育公平迈出重大步伐。教育极大地提高了全民族的素质,实现了从人口大国向人力资源大国的转变。

21世纪是中华民族伟大复兴的世纪。要全面建设小康社会,建设创新型国家,建设人力资源强国,就要坚持以育人为根本,以改革创新为动力,以促进公平为重点,以提高质量为核心,全面实施素质教育,推动教育事业的科学发展。而教师是一切重大教育变革的核心力量,是提高教育质量的关键因素。因此,教师教育在国家教育发展中具有基础性的重要战略地位。"教育学"作为教师培养的一门重要课程,其教材的建设也就十分重要,它是影响教师培养质量的一个关键因素。

作为一门社会科学,"教育学"是以教育现象和教育问题为研究对象,旨在研究教育规律的。其逻辑起点就建立在对"什么是教育"进行分析的基础上。而教育是培养人的一种异常复杂的社会活动,我们要完成对它的认识是十分困难的,我们常常"是在不甚明了教育是什么的情况下运用着教育","人类累积着教育经验也制造着教育问题",[1]事实上,"少数人(不全是教育家)推着教育往前走,多数人跟着带有瑕疵、永不完美的教育向前走"。[2]因此,对"教育"这一概念发展的分析就成为构建教育学理论的逻辑起点。

---

①② 何福田:三适连环教育[M].杭州:浙江教育出版社,2009:2.

科学发展观强调全面、协调和可持续的发展,对教育工作有重要的方法论指导意义。以科学发展观为指导,本书在讨论教育的本质功能时,辩证地论述了教育的社会功能与育人功能之间、人的发展与社会发展之间的辩证统一关系。教育要适应和促进社会发展,教育要适应和促进人的发展,是教育发展的两条基本规律。

教育的目的是塑造人,促进人的全面发展。只有全面发展的教育才能培养全面发展的人。全面发展的教育,既是理想教育所追求的目标,也是培养全面发展的人的根本手段。全面发展的教育由德育、智育、体育、美育、劳动技术教育等组成。要构建社会主义和谐社会,实现教育公平和教育均衡发展,就要求推行全面发展的教育。

全面发展的教育需要有相应的教育制度来保障,需要通过科学的课程体系来实施,这二者构成了全面发展教育的实施载体;而教师和学生则是实施和实现全面发展教育的责任主体。

全面发展的教育工作具体可以分解为教学工作、德育工作、管理工作、教育督导与评价工作、科研工作;落实在课内、课外和校外系列活动中,因此,本书最后一编对上述内容又分章进行了专题论述。

上述内容构成了本书的逻辑框架。

信息化社会、知识经济时代,人们对优质教育的需求不断增加,教育观念也发生了巨大的变化。各种教育理论的发展风起云涌,广大教师的实践经验也精彩纷呈,在历史的传承与知识创新的氛围中,教育改革不断呼唤着文化的革命。为什么我们的学校总是培养不出杰出的人才?振聋发聩的"钱学森之问",值得每个教育工作者深入思考!教育是人的灵魂的教育,而非理智知识和认识的堆积。我国著名学者杨福家对教育的几个深刻的比喻也许对所有学习教育学的人都会有一定的启迪:

> 学生的头脑不是一个要填满的容器,而是一支需要点燃的火把;教师要做点燃学生头脑火种的点火者,而不是灭火者。点火就是要激发学生的潜能。
> 学校应该像一个大观园,可以到处观赏探索。
> 学校要教学生怎么做人,怎么思考问题,将来他就会自己拿着钥匙去开门。
> 不同学校要构成一个系统,好像一架钢琴或一支交响乐队,不同的键或乐手发出不同的声音。
> ……①

带着问题学习,结合实践思考,理论联系实际,是学习教育学的有效方法。事实上,任何一本《教育学》,都难以反映教育理论和实践发展的全貌,我们所做的也仅仅是给大家提供一种理论框架和一些思考的方法,目的是把大家带到一个丰富多彩的教育世界中,自己去欣赏,自己去探究,自己去建构,从而打开神秘的教育之门。

卢真金

2010 年 5 月 5 日

---

① 刘华蓉.火把·钢琴·大观园——中科院院士、英国诺丁汉大学校长杨福家教授谈教育[J].新华文摘,2001,6.

目 录

JIAOYUXUE

第四编　学校教育的各项工作

第一编 教育学的一般原理

第一章
教育学的研究对象

学习提要：教育学是研究教育现象和教育问题、揭示教育规律的科学。学习本章主要了解：教育是培养人的一种社会实践活动，在阶级社会里教育是有阶级性的；教育学是研究教育规律的，遵循教育规律办事，是做好教育工作的根本；我国的教育学是研究培养全面发展的社会主义建设者和接班人的规律的科学；学习教育学的基本方法是理论联系实际。

第一节　教育学的研究对象

每一门科学都有自己的研究对象，都有自己特有的研究领域。科学就是按照研究对象领域所特有的矛盾而分成各种学科门类的。那么，什么是教育学要研究的特殊矛盾或者说是教育学的研究对象呢？本节的内容主要论证这个判断：教育学是研究教育现象和教育问题、揭示教育规律的科学。

一、什么是教育

为了明确教育学的研究对象，首先必须明确什么是教育。"教育"一词，在中国最早见于《孟子·尽心上》"得天下英才而教育之，三乐也"。"教"字在甲骨文中就早已出现了。《说文解字》说："教，上所施，下所效也。育，养子使作善也。"但是在先秦古籍中，"教育"作为一个专有名词很少出现，大多只单用一个"教"字，如《中庸》说："修道之谓教"；《荀子·修身》说："以善先人者谓之教"；《学记》说："教也者，长善而救其失者也"。这里的教，是教育的略称，其意指教育是培养人的活动，旨在使人作善。在西方，教育一词源于拉丁文 educare，本义为"引出"，指"教育"是引导儿童使之得到完满的发展。英语 education，由拉丁语而来。捷克著名教育家夸美纽斯说："教育在于发展健全的个性。"瑞士教育家裴斯泰洛齐说，教育是"依照自然的法则，发展儿童的道德、智慧和身体各方面的能力。"德国思想家康德认为："人只有靠教育才能成人。人完全是教育的结果。"美国教育家杜威说："教育即生活"、"教育即生长"、"教育即经验之不断改造"。上述各种说法，从不同的角度揭示了教育活动的特点，共同的特点是都认为教育是培养人的一种社会活动。

教育是培养人的活动，这是教育与其他一切社会现象的根本区别。人类要生存和发展，社会要延续和进步，就必须将社会实践中积累起来的经验，一代一代地传下去，使之逐步完善起来，并把更成熟的经验传给下一代。教育是社会存在和发展的重要条件。从这个意义上说，教育与社会共存在、共发展，是人类社会永恒的范畴。

教育与社会的发展、人的发展有着密切的联系。在社会发展的过程中，在不同的社会历史阶段，由于生产力发展水平不同，生产关系和政治制度各异，教育具有不同的性质和特点。

原始社会的教育：原始社会的教育是融合在生产劳动和社会生活实践中进行的，没有完全分化出来，成为一种独立的社会活动。那时没有专门的教育机构和教育者，年轻一代是在生产劳动和社会生活实践中，学习劳动和生活技能的。当时还没有文字和书籍，人们依靠把生产、生活经验物化在工具上或记在脑子里的办法，通过言传身教传授给下一代。无论是教育内容还是教育形式，都十分原始。这时的教育面向全体儿童，只是在学习内容上存在男女儿童之间的微小差别，如男孩跟着男子狩猎，女孩跟着妇女采集等。教育是公共的事情，具有全民性。原始社会的教育没有阶级性。

奴隶社会的教育：随着生产力的发展，社会产品开始有了剩余，原始社会开始解体，奴隶制社会逐渐形成。奴隶社会在教育上的一个重大发展，是出现了专门的教育机构——学校。教育开始从生产劳动和社会生活中分离出来，具备了独立的社会职能。学校的产生，与文字的发展、典籍的出现、脑力劳动与体力劳动的分工，以及国家的出现紧密相连。文字、典籍的出现使人类积累起来的生产、生活经验，不只物化在生产工具和器皿上，而且逐渐从直接经验的形态中抽象出来，上升为知识形态的积累，并用来传授给下一代。脑力劳动与体力劳动的分工，使一部分人能够专门从事教育工作或专门接受教育，不需参加生产劳动。这些都为学校的产生准备了条件。国家产生后，统治阶级需要一种专门的机构为其培养官吏和士人。这样，学校就产生了。学校教育一开始便被统治阶级所垄断，具有明显的阶级性。中国奴隶社会已有校、序、庠、学、瞽宗等学校，学校教育完全被奴隶主所垄断。在西方，古希腊的斯巴达、雅典产生了文法学校、弦琴学校、体操学校以及青年军训团等教育机构。埃及在古王国末期已有宫廷学校，它是法老教育王子王孙、贵族子弟的场所。当时，虽有各种学校的名称，但学校教育制度还不健全。学校教育与生产劳动是相脱离和相对立的。劳动人民的子弟只能在生产和生活过程中，通过长者或师傅的言传身教，接受自然形态的教育，成为适合奴隶主需要的劳动力。

封建社会的教育：到了封建社会，学校体制趋于完备。我国唐代，京都的儒学有弘文馆、崇文馆、国子学、太学、四门学、律学、书学、算学，即所谓"二馆"、"六学"。地方学校按行政区划分设有府、州、县学，以及由私人办的乡学。封建社会学校不仅有鲜明的阶级性，而且还具有严格的等级性。唐代的学校制度规定，弘文馆、崇文馆只收皇亲、大臣的子孙；国子学收三品以上文武官员的子孙；太学收五品以上文武官员的子孙；四门学收七品以上文武官员的子孙；书学、算学、律学则收八品以下文武官员的子孙以及通书学、算学、律学的庶人子弟入学。地方设立的府、州、县学的入学条件虽无严格的等级限制，但由于名额有限，只有地方官吏和富豪地主的子弟才有入学机会。农民和手工业者的子弟很少有条件入学。至于私学，表面上虽无限制，但由于要收取学费，贫困农民和手工业者的子弟也很难获得学习机会。在中国封建社会，教育的主要目的是培养官吏，学校的主要任务是"养士"。学成之后，经选拔或通过科举考试，优秀者授予官职。在欧洲，封建社会的教育除了明显的阶级性、等级性外，还具有强烈的宗教性。中世纪前半期，教育机关被教会垄断，学校附属于教堂，教育目的是培养僧侣及为宗教服务的专门人才；同时，也向群众宣传宗教,使群众信仰宗教。世俗封建主的教育,无专门的教育机构,只是把低级贵族子弟从7岁、8岁开始送到高一级贵族的官邸中充当侍童或侍从,使他们在侍奉主人的生活和社交活动中,学习上流社会的各种礼节;有时也学习识字、吟诗、弈棋、奏乐(少数侍童学习拉丁文、法文),同时学习赛跑、角斗和斗拳,并进行"比武"训练。14或15岁至21岁为侍从教育阶段,学习重点是骑马、游泳、投枪、击剑、打猎、弈棋和吟诗,即"武士七技"。封建社会的教育与生产劳动还是相脱离的。到了13世纪、14世纪,由于手工业和商业的发展,城市里出现了由手工业者联合会办的行会学校和商人联合会办的基尔特学校,着重学习生产和业务知识,为本行业培养人才。后来这两种学校合并为城市学校,标志着新兴的市民教育的开始。在封建社会,教育对象虽然有所扩大,但劳动人民子弟的教育主要还是在生产劳动和生活实践中,通过父传子、师带徒的形式进行的。

资本主义社会的教育:17世纪英国资产阶级革命成功,建立了历史上第一个资产阶级政权。1760年代从英国开始的产业革命,又把资本主义社会推进到机器大生产的新阶段。大机器代替了手工工场,科学技术广泛运用在生产上,在不到200年的时间内,社会生产便由机械化时代发展到电气化时代,现在又发展到电子计算机和自动控制普遍应用的航天时代。1970年代开始,社会发展又进入了以知识为基础的知识经济时代。由于大机器生产要求工人必须具备一定的文化科学知识,掌握一定的机械原理和操作技术,也由于劳动人民争取教育权的斗争,资产阶级为劳动人民开办了一些学校,并提出"国民教育"、"普及义务教育"等口号。这样,培养、训练劳动者的任务,开始从劳动实践转到主要由学校教育来承担了。义务教育制度的确立,在社会和教育发展史上具有重大的意义。大机器生产要求发展劳动者的体力和智力,要求教育同生产劳动结合。为了适应科学技术不断进步和生产发展的需要,必须使劳动者的智力和体力在更高水平上发展,能较快地熟悉新的科学技术。这就使教育的发展进入到必须考虑社会生产的需要、联系社会生产劳动的阶段。当代一些资本主义国家不仅普及小学、初中,还普及高中,开办各级各类的学校,甚至提出高等教育大众化,并推行从出生到老死的全面发展的"终身教育",建立了系统的现代学校教育制度。为了发展和壮大国力,资本主义国家还不断进行教育改革,提高教育质量。资本主义社会中的教育仍然具有鲜明的阶级性。资本主义社会的教育是由资产阶级控制的,为资产阶级服务的。对资产阶级来说,给劳动人民多少教育,给什么样的教育,不完全取决于生产力发展的需要,更多的是取决于是否符合资产阶级的利益。

社会主义社会的教育:社会主义教育同一切剥削阶级的教育有着本质的区别。我国社会主义教育是由中国共产党领导,为社会主义现代化建设服务的,为构建社会主义和谐社会服务的。社会主义教育以毛泽东思想、邓小平理论、"三个代表"重要思想和科学发展观为指导,坚持理论联系实际,教育与生产劳动相结合,实施素质教育,以提高民族素质为根本宗旨,以培养学生的创新精神和实践能力为重点,造就"有理想、有道德、有文化、有纪律"的德、智、体等方面全面发展的社会主义事业的建设者和接班人。国家努力推进基础教育均衡发展。中华人民共和国公民不分民族、种族、性别、职业、财产状况、宗教信仰等,依法享有平等的受教育机会。教育同宗教分离,任何组织和个人不能利用宗教进行妨碍国家教育制度的活动。社会主义教育还批判地继承古代教育遗产,吸收当代各国先进的教育经验,实行"古为今用"、"洋为中用",弘扬中华民族优秀的历史文化传统,为推动社会主义物质文明和精神文明建设服务。

尽管资本主义社会的教育与社会主义的教育，在一些重要方面有着重大的差别，甚至是本质的差别，但两者都属于现代社会的教育，所以两者也有一些共同特征。这些共同特征主要有现代教育的公共性、生产性、科学性、国际性、终身性等。了解这些特征，有助于我们把握现代教育发展的大趋势，转变自身的教育观念，推进教育改革的实践向纵深发展，推进教育科学研究的发展。

综上所述，教育与社会发展有着密切联系。教育随着人类社会的产生而产生，随着人类社会的发展变化而发生相应的变化。不同社会形态的教育各有特点。同一社会形态下的不同历史时期，教育也有不同的特点。教育具有历史性。在阶级社会里，政治上占统治地位的阶级，总是牢牢地掌握教育的领导权，并利用它来传播统治阶级的思想，培养符合自己阶级所需要的人。被统治阶级也要利用教育争取本阶级的利益。教育具有阶级性，一定社会的教育总是反映一定阶级的利益和要求的。

教育除了受政治经济的制约外，还受其他意识形态，如社会的政治思想、哲学思想、道德观念、宗教、文学、艺术、法学、科学等的影响。因此，在考察一定形态的教育时，不仅应当了解当时的政治经济制度和生产力状况，而且还应了解影响教育的各种社会意识形态，只有这样，才能对教育这一社会现象有全面的了解。其次，一种社会形态下的教育，就其思想、制度、内容、方法等方面来说，都与以往各个时代的教育有着继承的关系。例如，启发式教学可追溯到孔子、苏格拉底；课堂教学这种教学组织形式，自17世纪至今，仍是学校教学的基本组织形式；某些教学内容，特别是自然科学知识、语言文字知识等，成为各历史时期教育的共同内容；一些反映教育规律的教育思想和理论，也被继承和发展。每一社会的教育总是在先前社会的教育的基础上建立起来的，它对先前社会的教育遗产都要批判地加以吸收，使之为新的社会服务。社会主义教育也是在继承人类社会创造的全部优秀文化遗产的基础上产生和发展起来的。这就是教育的继承性。

此外，教育的发展与政治经济的发展之间有着不平衡性。当旧的政治经济制度灭亡之后，与其相适应的教育并不立即随之消亡，还会在一个相当长的时期内存在，并对社会发展起阻碍作用。相反，在一定条件下，也可能产生某些超越当时社会制度的新的教育思想。如在资本主义条件下产生了无产阶级教育思想。此外，从教育与生产力的关系来看，一方面是经济发展水平制约着教育，另一方面也要看到"经济要发展，教育需先行"已经成为当代经济和教育发展的规律。因此，在说明一定社会的教育时，仅从政治、经济制度的发展来说明是不够的，还要从教育本身发展的规律和整个社会的历史文化背景来说明。

教育的对象是人，人的身心发展是有规律的。为了保证社会对教育的要求能够顺利地实现，有效地促进年轻一代的健康发展，教育必须从年轻一代身心发展的实际出发，符合他们身心发展的规律。

综上所述，从广义上说，凡是增进人们知识和技能，影响人们思想品德的活动，都是教育；狭义上说，主要是指由专门的教育机构实施的教育。本书所要研究的主要是普通学校的教育。它是指教育者根据一定社会的要求，依据受教育者身心发展的规律，有目的、有计划、有组织地，对受教育者所进行的传授知识技能、培养思想品德、发展能力和体力以及情感态度等，把受教育者培养成一定社会所需要的人的活动。

二、教育学的研究对象

教育学的研究对象是教育现象和教育问题。教育现象是教育实践的产物,广泛地存在于人类社会的教育活动中。现象是直接被人们的感官所感知的事物的外表形象。人们感知教育现象,对它进行议论、评说,它就成为教育问题。如人们有意识地提出"要培养什么样的人"、"用什么方法去培育人"等。人们为了有效地进行教育工作,只能从研究现象开始,分析矛盾,即教育问题,才能把握本质,揭示规律。我国当前教育学研究的主要问题有:教育的本质,教育与社会发展的关系,教育与人的身心发展的关系,教育要培养什么样的人,怎样培养人,教育制度和课程,教育和教学工作的任务、过程、内容、原则、方法和组织形式,教师和学生,教育评价和教育的管理等。教育学是以教育现象和教育问题为研究对象的科学。教育学发展的历史也就是在对这些教育现象和教育问题不断进行探索,找出各种各样的答案并揭示其发展规律的过程中展开的。

三、教育学是研究教育规律的

什么是规律?规律是事物之间的内在的必然联系,它是不以人们意志为转移而客观存在的。规律的客观性的最明显表现,是它的必然性、普遍性和重复性。人们不能创造规律,但能够逐步认识规律,并用它来为改造客观世界服务。教育规律就是教育内部诸因素之间、教育与其他事物之间的本质联系,以及教育发展变化的必然趋势。教育规律具有如下特点:第一,它是教育现象所固有的客观存在。只要教育现象存在,教育规律就存在。第二,它是反复起作用的。教育在任何情况下,都受这些规律的制约。第三,在阶级社会里,人们对教育规律的认识,受阶级意识的制约和影响。教育规律是建立教育科学的依据。按教育规律的层次性,可分为一般规律与特殊规律。一般规律存在于一切教育现象之中,并始终贯穿于教育发展的全过程。教育的一般规律主要有:

(一)适应并促进社会发展的规律

马克思主义认为,物质生活的生产方式制约着整个社会生活、政治生活和精神生活的过程。人们只有在一定程度上解决了吃、喝、穿、住,然后才能从事政治、科学、教育、艺术、宗教等活动。社会生产方式对教育的制约主要表现在两个方面:一是社会生产力制约着教育发展的规模和速度、教育目的、教育内容、专业设置、教育的设备、教学方法和教学组织形式;二是社会的政治、经济决定着教育的领导权、受教育权、教育目的和一部分教育内容。教育既受社会生产方式的制约,同时也对政治、经济的发展起积极的促进作用。这主要表现在教育能提高劳动者的素质,是劳动力再生产的重要手段。教育也是科学知识再生产的手段,并且是发展科学技术的重要手段。从这个意义上说,教育是具有生产性的。教育还通过培养一定社会政治、经济所需要的人才,使他们具有当时社会要求的思想品德、知识技能,用以巩固和发展一定社会的政治、经济。此外,教育还通过宣传群众、教育群众、组织群众,为一定社会的政治、经济服务。随着社会的发展,世界各国都越来越重视发展教育事业,通过发展教育,促进社会发展。我国把教育看成是社会主义现代化建设的基础,在现代化建设中处于优先发展的战略地位。

（二）适应并促进儿童身心发展的规律

这里的儿童身心发展主要是指儿童个体生理和心理在时间上的变化过程。一般指从出生到成熟（青年初期）的过程。儿童生理方面的发展表现为身高、体重、骨骼、肌肉和神经系统的结构及机能上的变化。儿童心理方面的发展主要表现为心理活动由简单、具体向复杂、抽象发展，心理活动的随意性、自觉性不断提高，从出生时仅存在的一些遗传素质差异到逐渐形成个性。儿童身心发展具有顺序性、阶段性、发展的不平衡性、个别差异性以及分化与互补的协调性等特点和规律。教育是儿童身心发展的重要条件，它受到儿童身心发展规律的制约。教育必须遵循儿童身心发展的规律。无论是制定教育计划，选择教育内容，还是采取有效的教育方法，都必须从儿童发展的实际出发，满足儿童发展的需要，才能收到预期效果。从事教育工作，一定要以人为本，心中有人、有学生，把他们看成自觉的、能动发展的人。教育要符合儿童身心发展的特征，并不意味着消极适应和迁就，而是要促进"成熟"，促进发展。

（三）培养全面发展的人的规律

社会的发展和人自身的发展，都要求培养全面发展的人。物质资料的生产和政治活动是社会生活的主要内容。社会生产的发展和政治都要求培养德、智、体诸方面全面发展的人。人的自身发展也要求全面发展。人要在社会中生存发展，首先要遵循社会生活的基本规范；人要参加社会生产和生活，必须要掌握文化科学技术；健康的身体则是人的生存和参加任何活动所需要的。德育、智育和体育是密切联系的，又有着各自独特的内容和教育方式方法。要处理好教育工作内部德、智、体诸方面的关系，使它们相互促进、协调发展，《中华人民共和国教育法》第五条规定：我国学校教育要"培养德、智、体等方面全面发展的社会主义事业的建设者和接班人"，是根据教育规律制订的。实施素质教育，从根本上说也就是要处理好德、智、体等方面教育的关系，培养全面发展的人。

上述教育规律是相互密切联系的。教育与社会发展相适应是通过培养人来实现的；儿童身心发展也必须体现在人的全面发展上；而人的全面发展又受到社会发展和儿童身心发展的制约。

教育的特殊规律是指不同时期、不同领域、教育过程不同阶段存在的本质联系和必然趋势。如不同社会形态下教育发展的不同规律；不同领域教育活动的规律，如德育规律、教学规律、体育规律等。对这些特殊规律，我们将在本书有关章节中具体加以阐述。

教育规律与教育方针、教育政策不同。教育规律是客观存在的，而教育方针、教育政策是人们根据对教育规律的认识，并联系一定历史时期的任务、条件制定的，具有主观性，并且有国家意志、国家强制的属性。通过一定立法手续规定的正确的教育方针、政策，是正确反映教育规律，符合一定历史时期的实际情况的。但是，由于人们对教育规律的认识不足，或是由于人们的认识受到社会条件的限制，因而制定的方针、政策部分地或全部地不符合规律、不符合实际的情况也是存在的。违背教育规律的方针、政策，尽管在一定时期内可能作为一种"能动的社会力量"起着作用，推动教育按一定的倾向发展，但它终究会被人们抛弃或纠正。否定教育规律的客观性，夸大主观意志的作用，必然会给教育工作带来严重的后果。学习和研究教育学，正是为了认识教育事业发展和教育工作的客观规律，以便掌握规律,运用规律,指导教育实践,提高教育效益。

四、教育学是一门社会科学

教育学是一门社会科学,具有综合性、理论性和实用性的特点。研究教育问题,需要运用哲学、政治学、经济学、社会学、心理学、生理学、卫生学等多方面的知识,才能揭示其规律,论证其原理,说明其方法,指导其实践。我国现阶段教育学的内容,大致包括教育的一般原理、教育论、教学论、学校管理和评价理论,以及教育研究方法等。在整个教育科学学科群中,教育学是这个学科群的基础学科。教育学科群中的其他学科,一般是在教育学的基础上发展起来的。随着社会和科学的进步,教育学的研究对象逐步趋向专门化,教育学自身分化为学前教育学、普通教育学、高等教育学、成人教育学、特殊儿童教育学、家庭教育学、军事教育学等。本书是以我国社会主义社会普通教育的教育现象和教育问题为研究对象的,它以科学发展观为指导,批判地继承教育学遗产,吸取外国的有益的教育经验,着重阐明培养儿童和青少年在德、智、体等方面全面发展的规律、原则、内容和方法,从而指导我国社会主义的教育实践,为提高民族素质,培养全面发展的社会主义事业的建设者和接班人,为我国社会主义现代化建设服务,为构建社会主义和谐社会服务。

第二节 教育学的产生和发展

教育学是在总结教育实践经验的过程中逐渐形成,并不断地发展和成熟起来的。

一、教育学的萌芽阶段

我国古代思想家、教育家孔子、孟子、荀子、韩愈、朱熹、王守仁、颜元等,都在各自不同的社会条件下,总结当时的教育经验,提出了自己的教育观点和主张。这些观点和主张概括起来主要是:第一,把教育看成治国安民的工具,提出"建国君民、教学为先",主张通过教育培养统治人才和化民成俗,达到"修身"、"齐家"、"治国"、"平天下"的目的。第二,把"诗"、"书"、"礼"、"乐"、"春秋"当作主要教育内容。在教学上主张学思结合、文以载道、温故知新、举一反三、循序渐进、因材施教、深造自得等原则和方法,还提出了博学、审问、慎思、明辨、笃行等一套学习过程。第三,在思想品德教育方面,提出长善救失、防微杜渐、潜移默化、立志、力行、内省、慎独、去私解蔽、意志锻炼等原则和方法。第四,提倡尊师爱生、教学相长,重视教师的作用,强调教师要学而不厌、诲人不倦、以身作则、躬行践履,尽传道、授业、解惑之责。

特别是我国古代的《学记》(见图1-1),系统地总结了古代儒家的教育经验,比较全面地说明了教育的作用、目的和任务、教育教学制度、教育原则和方法、教师的地位和作用、师生关系等问题,是世界上最早的教育著作。它成书于战国后期,比古罗马昆体良(约35—95)著的《论演说家的培养》一书还要早300多年。在西方,古希腊的哲学家、教育家柏拉图、亚里士多德,古罗马的昆体良等,都在自己的著作中阐发了各自的教育观点和主张。但是,无论是在中国还是在外国,古代思想家、教育家的教育主张只是他们的哲学思想或政治思想的组成部分,没有分化出来形成一门独立的学科。

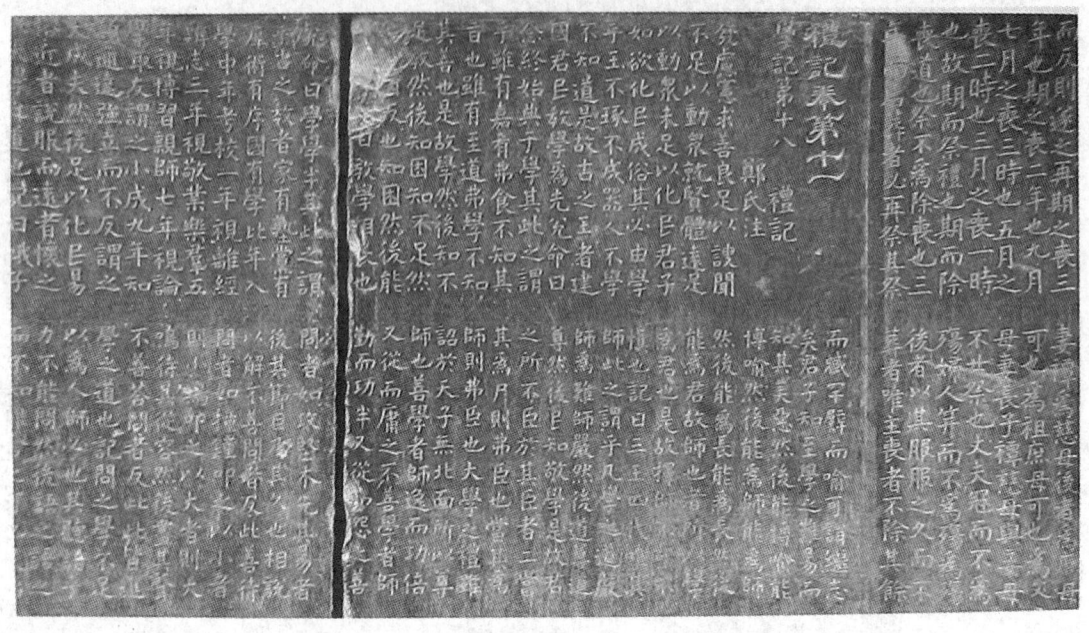

图 1-1 《学记》部分内容碑刻(西安碑林)

(资料来源:转引自《中国大百科全书·教育》彩图插页第 4 页)

二、教育学的独立形态阶段

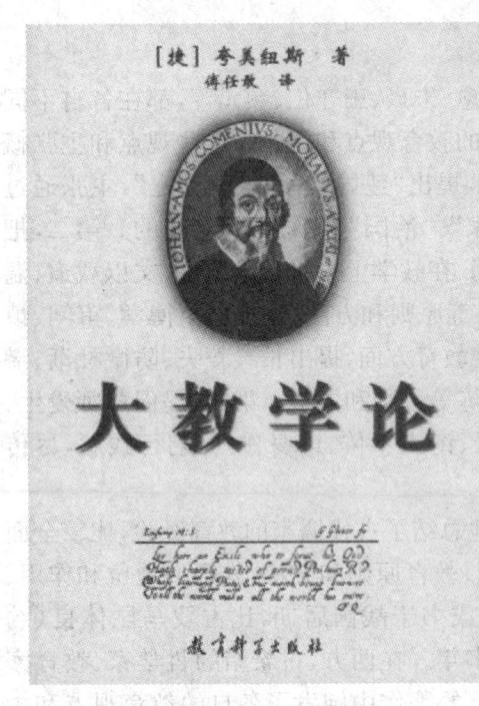

图 1-2 《大教学论》

一般认为,17 世纪捷克教育家夸美纽斯的《大教学论》(1632)(见图 1-2)是教育学作为一门独立学科产生的标志。夸美纽斯号召把一切事物教给一切人,提出统一学校制度,主张采用班级授课制,扩大学校学习学科的门类和内容,普及初等教育。他从适应自然秩序的原则和感觉论出发,提出一系列教学原则,如直观性原则、彻底性原则、自觉性积极性原则、系统性原则、循序渐进原则、量力性原则等。他认为,人总是首先通过观察事物本身、从事物来源去获得知识,所以教学应该从实际事物开始。如果没有实际事物,可利用代替物。

在 18—19 世纪,还出现了许多教育名著,如洛克的《教育漫话》、卢梭的《爱弥儿》、裴斯泰洛齐的《林哈德与葛笃德》等。他们对教育学的发展都作出了重大的贡献。而教育学成为一门学科在大学里讲授,则始于德国哲学家康德。

他于 1776 年在德国柯尼斯堡大学哲学讲座中开讲教育学。最早以教育学命名的专著是德国教育家赫尔巴特的《普通教育学》(1806)。赫尔巴特以伦理学和心理学为基础建立了教育学的体系,试图把教育学建立在科学的基础上。他提出教育的目的在于培养"完美德性",强调运用严厉的方法管理儿童,以建立秩序和纪律,保证教育过程顺利进行。他提出教学的教育性原理,认为教学是教育的主要手段,教育是教学的目的。根据统觉心理学的原理,他将教学过程分为明了、联想、系统和方法四个阶段,后来被他的学生发展为"五段教学法"。赫尔巴特的《普通教育学》被西方教育家称为第一部有科学体系的教育学,其理论直到今天仍然有着一定的影响。

教育学在这一阶段发展的主要特点,是已具有独立的形态,成为一门独立的学科。对教育学问题的论述,从夸美纽斯的经验描述,逐渐过渡到赫尔巴特的思辨式的演绎和推理的理论说明。

三、教育学发展的多样化阶段

19 世纪 50 年代至 20 世纪 40 年代,是教育学发展的多样化阶段。

英国斯宾塞在 1861 年出版了《教育论》。他是著名的实证主义者,反对思辨,认为科学只是对经验事实的描写和记录。他的《教育论》尽管没有留下后人可供借鉴的教育学体系,但由于他倡导实科教育,并在教育学研究上坚持实证主义的方法论原则,却在理论和实践两个方面同时推动了教育学的发展。

20 世纪初,德国教育家梅伊曼首先提出"实验教育学"一词,1903 年,德国另一位教育家拉伊出版了《实验教育学》,对实验教育学进行了系统的阐述,他们两人的共同信念是:必须赋予教育学以真正科学的性质。他们认为,所谓教育科学,实质上就是把教育学当成教育技术加以研究,研究的基本原则应是"实验"与"观察",研究结果所形成的教育学,是理论假设转化为"技术"与"操作模型"。不过梅伊曼更强调以观察和统计为基本方法的教育实验。以后,德国,甚至包括美国、法国学者所主张的教育实验学,主要来自梅伊曼。

19 世纪末 20 世纪初,美国出现了以杜威为倡导者和主要代表的进步主义教育流派。他们批判传统教育的形式主义,强调"教育即生活",主张教育成为生活的过程;强调"学校即社会",把学校办成一个"雏形社会"、"纯化的社会";强调"儿童中心",使教育科目以儿童自身的社会活动为中心;强调"做中学",让儿童在自身的社会活动中学习。此外,还十分重视教育过程中师生之间的合作关系,要求各门课程的教学过程成为师生合作的相互作用过程,成为师生平等的共同参与的过程。杜威的实用主义教育理论,从新的角度对许多教育问题提出了自己的看法,在美国和世界各地曾广泛传播,被一些学者称为"新教育"、"现代教育"。从此,西方教育学出现了以赫尔巴特为代表的"传统教育学派"和以杜威为代表的"现代教育学派"的对立。

20 世纪 30 年代,以美国教育家巴格莱等人为代表的新传统教育学派,批评现代教育学派忽视系统书本知识的学习,强调读书才是教育过程的核心。在 20 世纪 50—60 年代的美国中小学课程改革中,科南特等人更加强调让中学生通过读书来掌握各门学科的"核心"东西,把数学、自然科学、外国语当作"新三艺"来学习,并按"学术标准",推行能力分组。前苏联也发生过与此相类似的情况,在 20 世纪 30 年代以后,大力加强各学科的"基础知识"教学。由于这个学派片面注重书本知识和传统的教学方法,加重学生负担,脱离实际,学生不满,也没有取得预期效果,至 60 年代末,在美国就失去了主导地位。

到 20 世纪 70 年代,人本主义教育思潮兴起。它不是对 60 年代改革的全盘否定,一方面仍坚持主张培养卓越的智力,另一方面指向人格整体教养,构成更加以人为中心的教育。如罗杰斯的"以学习者为中心"的教学主张,他提出教学要以人的本性为出发点,以发展创造力为核心,以形成独立的个性为归宿的教学目标;认为教学要以学生为中心,建立新的师生关系;强调意义学习、无结构教学及特殊的教学方法等。

四、马克思主义教育学的产生

19 世纪 40 年代,无产阶级革命导师马克思、恩格斯创立了马克思主义。马克思主义的诞生,为教育学奠定了科学的世界观和方法论基础,指明了教育学研究的新方向,开拓了教育学研究的科学化道路,使教育学的发展进入一个崭新的阶段。马克思、恩格斯对资产阶级教育的揭露和批判,为工人阶级子弟争取受教育权利的斗争,他们对共产主义教育的设想和预见,以及对教育与社会、教育在人的发展中的作用、人的全面发展、教育与生产劳动相结合等一系列教育的根本问题的论述,为马克思主义教育学的建立奠定了理论基础。列宁继承和发展了马克思主义教育学说,尖锐地批判了资产阶级旧学校旧教育,明确提出,在社会主义社会,要用共产主义精神教育青年一代,使他们成为真正的共产主义者;青年要成为真正的共产主义者,必须要用人类全部知识财富来丰富自己的头脑;应该使培养、教育和训练现代青年的全部事业,成为培养青年的共产主义道德的事业;要把普遍的劳动与普遍的教育结合起来。毛泽东同志把马克思列宁主义原理与中国革命的实践结合起来,批判旧中国封建、买办、法西斯主义的教育,对中国新民主主义教育和社会主义教育的一系列问题,如教育与政治、教育与劳动、教育方针、教育内容和教育方法的改革等,都作了深刻的论述。

杨贤江(1895—1931)是中国教育界最早试图用马克思主义观点阐述教育基本理论问题的教育家。其代表作是《新教育大纲》(1930)。他认为:教育是上层建筑,同经济基础有依存关系;教育既受生产方式也受政治制度制约,又对经济发展和政治变革起促进作用;教育因社会生产劳动的需要而产生,并在生产劳动过程中发展起来,因而教育应当与生产劳动密切结合,为全社会所共享;在阶级社会,教育成了剥削阶级统治的工具,教育与生产劳动相脱离。要改变不合理的社会制度,只有进行革命。教育是进行革命的有力武器之一,在革命胜利后,教育应为社会主义建设服务。

俄国十月革命胜利后,苏联的教育理论工作者在马克思列宁主义指导下,编写和出版了许多教育学著作,对建立马克思主义教育学作出了贡献。其中,凯洛夫(1893—1978)主编的 1948 年版《教育学》,曾对我国的教育理论和实践产生过较大的影响。该书继承了17 至 19 世纪欧洲的传统教育思想,重视系统知识教学,强调课堂教学和教师的主导作用。

新中国成立后,我国教育理论工作者学习马克思列宁主义、毛泽东思想,本着古为今用、洋为中用的原则,总结我国教育经验,编著了许多初步具有中国社会主义特色的教育学著作。特别是党的十一届三中全会以后,根据实践是检验真理的唯一标准的原则,对许多教育理论问题重新进行了探讨。如关于教育本质的讨论,使教育科学研究跳出了仅把教育看成是政治、经济决定的传统观点,确立了教育在经济发展中的战略地位。关于人的全面发展问题的讨论,使人们对马克思主义全面发展学说的历史背景、人的全面发展的本质特征和具体内容以及教育与生产劳动相结合等问题有了新的更加全面的认识。近几年来,在"三个面向"重要思想的指导下,在人才培养方面,批判应试教育,提出全面实施素质教育,并在理论和实践方面都取得了重大的成果。在德育方面,对德育的价值取向,在强调为社会主义现代化建设服务的同时,还提出加强德育也是人类自身发展的需要,强调德育要有实效性和针对性。在教学理论方面,提出了教学的"三维"目标体系,强调在教学过程中,教师应与学生积极互动、共同发展,注重培养学生的创新精神和实践能力。课程理论方面,强调课程的发展人的功能,以及课程的均衡性、综合性和选择性。在评价方面,强调建立与素质教育相一致的评价与考试制度,发挥评价促进学生发展、提高和改进教学的功能。关于教育的领导体制问题,改变了把高度集中当作社会主义教育领导体制特点的传统观点,提出了统一领导、分级管理的机制,为发展和繁荣教育事业注入了活力。所有这一切,都推动了马克思主义教育学的发展。

第三节 学习教育学的意义和方法

一、学习教育学的意义

掌握教育学理论是人民教师必须具备的基本素养之一。《学记》说:"君子既知教之所由兴,又知教之所由废,然后可以为人师也。"现代世界各国师范院校的教学计划中,都把教育学作为必修的最重要的学科之一。教育学和有关教育、教学学科的教学时数一般约占总教学时数的15%。非师范院校毕业生想做教师,必须补修教育学科,经考试合格方能得到教师资格证书,可见学习教育学的意义非凡。

(一)帮助树立正确的教育观

教育观是指人们在一定历史时期,对教育所持的根本看法,包括办什么样的教育,培养什么样的人,用什么思想作指导,按什么目标和培养规格去培养人,以及怎样办教育和怎样培养人等问题。思想是行动的先导。人民教师进行教育工作,首先必须要有正确的教育观指导。当前我国普通教育中存在的片面追求升学率的问题,有识之士称它为教育上的"顽症",把教育引进了歧途,危害极为严重。这就是教育观不端正的集中表现。正确的教育观不是自发形成的。系统的教育科学理论是确立正确教育观的依据。学习教育学的一个重要的目的,就在于使未来的人民教师树立科学的教育观。

(二)指导做好教育、教学工作

教育学理论是对教育实践经验的高度概括和科学抽象,对教育实践有着重要的指导意义。高等师范院校学生学习教育学,是为了在走上工作岗位后能做好教育、教学工作,成为一名合格的教师。有一种观点认为，只要学好某一门专业课，就能教好这门课；对一门学科造诣深，教好这门学科的本领也就大，以为"学者即良师"。这种看法是片面的。诚然，一位合格的教师必须深入掌握所教学科的专业知识，否则是难以完成教学任务的。就这一点而言，学者和教师有共同之处。但学者未必能当好教师。这是因为教育对象是活生生的人，每个人都有自己的个性特点，他们的志趣、爱好、才能、性格千差万别。教师在进行教育工作时，既要遵照把学生培养成全面发展的社会主义接班人和建设者的要求，又要考虑学生的年龄特征和个别差异；既要根据课程标准的要求进行教学，又要考虑学生的基础和接受能力；既要认识到学生是教育的对象，又要深信学生是有主观能动性的，是自我教育的主体。所以，要当好教师，除了具有扎实的专业知识之外，还必须掌握教育理论，具有做好教育、教学工作的知识和能力。学习教育学，能使我们在日后的教育、教学实践中，减少盲目性，增强自觉性，正确地理解和运用教育、教学的原则和方法，使教育、教学工作在教育科学理论指导下进行，提高教育质量。不少高师毕业生在教师工作过程中，结合工作实际，反复学习教育学，加深对教育理论知识的理解，并用来指导自己的教育、教学工作，迅速成为优秀教师。

（三）指导教育改革

《中共中央关于教育体制改革的决定》提出"必须从教育体制入手，有系统地进行改革。改革管理体制，在加强宏观管理的同时，坚决实行简政放权，扩大学校的办学自主权；调整教育结构，相应地改革劳动人事制度，还要改革同社会主义现代化不相适应的教育思想、教育内容、教育方法。"这就要求广大教师成为勇于实践、勇于创造的革新者。进行教育改革，不仅要有改革的热情，而且必须有科学的理论指导。建国以来，几次教育改革的实践已证明，只有遵循正确的方向，严格按照教育规律办事，依靠教育科学理论指导，改革才能顺利进行，并取得成功。否则就会造成严重的失误。教育学总结教育实践中成功的经验和失败的教训，并从理论上加以概括，对教育改革有很重要的指导意义。

（四）培养热爱教育事业的思想

学习教育学可以帮助教师深刻认识教育的战略地位和重大意义，提高从事教育工作的光荣感和使命感，热爱教育事业，热爱学生，自觉地把聪明才智献给教育事业。热爱教育事业，热爱学生，是教师道德的重要内容，也是做好教育工作的前提条件。对教师职业缺乏认识，不热爱学生，不愿把自己的全部精力献给教育事业，不安心从教，即使满腹经纶，才智过人，也难以做好教师工作，更谈不上成为一名优秀的人民教师。

最后，学习教育学还有助于培养研究教育理论的兴趣，开展教育科学研究，逐步学会对教育实践中遇到的教育问题进行科学的分析，把教育实践经验提高到理论高度，为发展和丰富教育理论作出贡献，成为研究型的教师。

人们常常赞美教师是"人类灵魂的工程师"，教育学就是指导教师研究怎样塑造受教育者灵魂的科学。人们也常常誉称教师是"手执金钥匙的人"，教育学就是指导教师怎样找到这把金钥匙，打开受教育者智慧的大门的一门重要学科。

二、学习教育学的方法

（一）要坚持以科学发展观为指导

科学发展观是马克思主义关于发展的世界观和方法论的集中体现，是既同马克思列宁主义、毛泽东思想、邓小平理论和"三个代表"重要思想一脉相承，又与时俱进的科学理论，是发展中国特色社会主义必须坚持和贯彻的重大战略思想。科学发展观的第一要义是发展，核心是以人为本，基本要求是全面协调可持续，根本方法是统筹兼顾。以科学发展观为指导，在学习和研究教育理论和实际问题时，要坚持教育以育人为本，要求批判地吸收中外教育的一切优秀遗产，坚持古为今用、洋为中用的原则。对古代的东西，在研究分析的基础上，去其糟粕，取其精华，把优秀的传统继承下来。对外国的东西，既要反对不加分析地全盘照搬套用，又要大胆地批判吸收。把古代的变为自己的和现代的结合起来，把外国的变为自己的和中国的结合起来。还要把继承和创新结合起来，实事求是地分析和研究国内外教育现状，总结我国社会主义教育实践的经验教训，获得对教育客观规律的正确认识和对教育理论的深刻理解。

（二）要坚持理论联系实际

教育理论来源于教育实践，但又高于教育实践。学习教育学的目的在于以教育理论指导教育实践。要自觉贯彻理论联系实际的原则，深入领会本门学科的基本概念和基础理论，努力掌握教育学在发展中已经取得的成果，为学好本门学科打下较为扎实的理论基础。同时，教育理论只有在教育实践中不断受到检验，才能表明它是否符合实际、是否科学，才能不断得到丰富和发展。在学习教育学理论时，要常到学校去接触教育实际，了解教师怎样进行教学、教育活动的，怎样进行教育改革实验，中小学生怎样学习成长，教育工作中存在哪些急需解决的问题，并努力把所学的理论与实际问题联系起来，从教育现象和问题中探寻隐藏其中的教育理论和规律，另一方面，也要力求运用学到的理论去回答、解决教育教学中的实际问题，这样才能学好教育学。

（三）要学、思、练结合

学习教育学时，一方面要认真读书，聆听教师的讲解，努力吸取前人已取得的教育科学成果；另一方面要努力进行独立思考，培养分析问题和解决问题的能力。学好教育学还要进行一定的练习，完成必要的作业。本书每章的学习与思考题是帮助掌握基本理论，培养分析和解决教育实际问题能力的重要材料，一定要认真练习，自觉完成。

（四）要努力掌握理解教育问题所必需的有关学科知识

教育现象十分复杂，与其他社会现象、自然现象有着密切的联系。同时，教育学又是在不断地综合其他科学知识的过程中发展起来的。为了深刻理解教育理论，就必须具有其他有关学科的知识，如哲学、社会学、伦理学、生理学、心理学、教育史等知识。现代科学发展的特点是不断综合、不断分化。作为社会科学的一个分支，教育学不仅与其他社会科学相互渗透，而且还广泛运用数学统计方法以及系统论、控制论、信息论等科学认识方法进行教育研究。因此,努力掌握有关学科的知识,已成为学好教育学的客观要求。

学习与思考

1. 什么是教育? 你认为教育的概念应如何表述?
2. 分析不同社会形态下教育的不同性质与特点。
3. 谈谈你对教育基本规律的认识。
4. 访问一位优秀的中学教师,请他谈谈学习教育学的体会。

第二章
教育与社会发展

学习提要：正确认识教育与经济、政治、文化及人的发展之间的关系，是教育学的基本理论问题。学习本章主要了解：教育使个体社会化，形成和发展个性，成为社会需要的合格成员；教育与经济、政治、文化相互联系，相互作用，推动社会发展；教育对推进社会主义现代化建设具有重要作用，必须把教育放在优先发展的战略地位。

第一节　教育与社会

　　社会是一个非常复杂的大系统。教育是社会大系统中的一个子系统。本节主要讨论教育与人的社会化、教育与经济、教育与政治、教育与文化的相互联系和相互作用，推动整个社会系统的发展。

一、教育与人的社会化

　　人的社会化是指人类个体通过与社会的交互作用，不断地学习和掌握文化知识、技能、价值观和社会规范，参加社会实践活动，使自己成为一个合格的社会成员，并相应地发展自己个性的过程。

　　人的社会化是人类个体生存发展的需要。一个刚刚出生的人，仅仅是生理上具有人类特征的一个"生物人"或"自然人"。这时的人，只有与生俱来的本能，这些本能为人的发展提供了巨大的可能性，使人能够学习社会文化，使用工具，进行生产劳动，创造出人类的现代文明。但是，人如果仅仅只有这些本能，在任何社会都是无法生存，无法立足，更是无法实现人的价值的。因此，这个"生物人"或"自然人"，必须社会化，成为"社会人"。社会化是个体适应社会，参与社会生活，在社会中独立生存的必要前提，也是个体适应社会变迁的重要条件。

　　个体的社会化也是人类社会和文化不断延续和发展的需要。在社会发展过程中，不断有作为社会新一代人的个体参与进来。只有这些人经过社会化，成为与社会发展水平相适应的合格的社会成员，完成自己的社会职责，社会才能延续和发展。美国社会学家帕森斯曾从角色学习的角度，说明人的社会化对社会延续和发展的意义。他认为人们必须知道社会对不同角色的具体要求，了解自己在群体或社会结构中的地位，领悟并遵从群体和社会对自己的角色期待，学会怎样顺利地完成角色义务。角色学习过程即社会化过程。角色学习的功能就在于维持和发展社会结构。社会文化要保持和延续，必须把前人积累的文化传给下一代。个体社会化的实质也是社会文化的内化。没有个体的社会化，社会文化就不可能保持和延续,更不可能发展。尽管不同社会对人的社会化有着不同的要求,个体的社会化却是任何社会都不可缺少的。

社会化使得同一个民族、国家,同一个阶级、阶层,同一时代的个人具有一些共同的特征,如价值观、社会规范、文化传统、民族性、时代性等,这就是人的社会共性。但是,社会化又不可能造就完全相同的个人,这是因为每个人都有自己独特的遗传素质,都有自己特殊的社会生活环境和生活经历,每个人在社会化过程中是具有主观能动性的。社会化不仅仅是个体接受社会教化,而且是个人以先天素质为基础,主观能动地学习社会文化、积累社会知识、形成和发展自己个性的过程。因而,我们在现实生活中看到同一社会化模式培养的社会成员,不是完全一样的,每个人都有自己独特的风格。人与人之间存在着很大的差异性,甚至是同在一个家庭中长大的兄弟姐妹,性格特征也有很大差别。个体的社会化既造就了人的社会共性,又塑造了人的独特个性,人是社会共性与独特个性的有机统一。

不同时代、不同国家、不同民族对个体发展的侧重会有不同,或重社会化而轻个性化,或重个性化而轻社会化,这两种倾向都是片面的。我国社会主义教育追求在实现个体社会化过程中,促进个性发展。

教育是培养人的社会活动。从广义上说,凡是增进人们的知识和技能,影响人们思想品德的活动,都是教育。而个体的社会化,就是个体在自身需要和社会需要的推动下,不断学习和掌握文化知识、技能、价值观和社会规范,适应社会,使自己成为社会的合格成员。从这个意义上说,教育的育人本质,就是促进个体社会化。人的社会化的途径和形式是多种多样的,其中学校教育起着最重要、最有效的作用。学校是专门为人的社会化而组织的机构,学生在学校里接受教师的指导,有目的、有计划、有系统地学习文化知识、道德标准和社会规范,形成和发展个性。从一定意义上说,学校教育决定了个体社会化的水平和性质。

教育在促进个体社会化中的作用:

(1)传授基本生活技能。包括基本生活知识技能和一定职业(专业)的知识技能。初生的婴儿除了与生俱来的本能外,对社会生活知识和技能一无所知。父母首先承担起传授的任务。儿童成长到六七岁开始,就要进入学校,学习基础的文化知识和技能。在古代社会,人们的生活和劳动知识及技能,大多是通过父子相传或师徒相授而获得。到了现代社会,出现了大机器生产,仅靠这样的传授方式是远远不行了,需要专门的学校来培养。

(2)传递社会文化。个体学习和掌握社会文化的过程,事实上就是社会文化的继承、传递和延续的过程。学校将人类社会长期积累起来的文化,选择其中最基本的、适合学生学习的知识、技能、社会规范和价值观等,组织成为教育内容,传授给学生,学生学习这些内容,内化为自己的文化,就是在传递社会文化。

(3)确立生活目标。生活目标即人生观,是对人生目的和意义的根本看法和态度,是世界观在人生问题上的表现,具体表现为人生价值观、公私观、幸福观、生死观、荣辱观、苦乐观、恋爱观等。少年期是个体人生观初步形成时期,青年中期为人生观确立时期。青少年时期,正处于在学校受教育时期,学校教育对形成青少年学生健康的人生目标起着特别重要的作用。

（4）扮演社会角色。社会角色是指个体在一定的社会关系和社会组织中所处的特定地位，并按照这个地位的规定行为办事。地位是一个人在社会体系中所处的位置，角色是地位的动态表现形式。学校教育在个体的社会角色学习过程中，起着极为重要的作用。在学校的教育下，个体逐渐了解自己在群体或社会关系中的地位，知道社会对不同角色的具体要求，按社会结构中所规定的规范行事，最终成为符合社会需要的合格的社会角色。

上述四层意思，集中到一点，就是教育可以使个体社会化。通过教育，使个体身心得到发展，素质得到提高，个性得到发展，成为社会需要的合格成员。教育的这种使个体社会化的功能，是教育本质属性的表现，是教育的其他功能得以发挥的基础。

我国社会主义教育在促进个体社会化中的作用，集中表现在全面贯彻党的教育方针，以提高国民素质为根本宗旨，以培养学生的创新精神和实践能力为重点，造就德智体等方面全面发展的社会主义事业建设者和接班人。

二、教育与经济

这里讲的经济是物质资料的生产，以及与其相适应的交换、分配和消费。经济发展是指物质资料生产的不断增长，它是在扩大再生产的过程中实现的。

教育与经济的关系，总的来说，是经济制约教育，教育促进经济发展。经济是教育赖以发展的基础，教育是经济发展的必要条件。社会越是发展，教育与经济的关系就越是密切。

一方面，社会经济制约教育的发展。这是因为任何社会的存在都是以经济发展为基础的。发展现代教育需要投入大量的人力、物力、财力，其中教育经费是经济发展为教育发展提供的物质条件的集中表现。一般说，经济发达的国家，支付的教育经费不仅绝对数值较高，而且在国民经济总收入中所占的比例也高。在我国，中共中央在《关于教育体制改革的决定》中指出："发展教育事业不增加教育投资是不行的。在今后一个时期内，中央和地方政府的教育拨款的增长要高于财政经常性收入的增长，并使在校学生人数平均的教育费用逐步增长。"教育的发展不但以经济发展为物质基础，而且现代教育还把经济与生产作为它的基本"市场"。学校教育培养的人才，大量的都是投入到经济和生产领域中去的。这种"市场"对人才的需求，是教育获得发展的基本动力。经济对教育的影响，具体说主要表现在：经济发展制约教育投资投入的力度，经济发展水平影响教育的规模和速度，经济发展的需求影响教育培养的人才规格，经济发展结构的变革影响教育结构，经济发展还影响教育内容、教学的方式方法以及教育观念的变革。

另一方面，教育促进经济发展。在现代社会，经济的发展越来越离不开教育，这是因为现代的生产日益成为科学的生产，成为科学物化的过程，其中的关键是人才培养。高素质的劳动者是要靠学校教育来培养的，推动科学技术迅猛发展的科技人才也是由学校教育来培养的。教育通过培养经济发展需要的人才，并把他们输送到合适的劳动岗位上，进行和扩大社会生产。教育通过科学研究、科技推广以及科技创新，促进经济转型升级。如果说，科学技术是第一生产力，人力资源是第一资源，那么教育就应该是社会经济发展的"第一动力源"，是实现经济可持续发展的基础。

长期以来，教育被认为是消费性的、文化性的，与经济效益是无关的。这种观点起源于学校教育产生的初期。当时,接受学校教育是统治阶级的特权,学校教育的内容也是脱离生产活动的。于是人们就认为世俗的经济与高雅的教育是不相干的。到了资本主义社会,大工业生产使这种观点开始改变。可以说,教育能促进经济发展的认识,是随着大工业生产的发展而逐步形成和发展起来的。

1776年,英国古典经济学家亚当·斯密,首先在《国富论》中提出:"……学习的时候,固然要一笔费用,但这种费用,可以希望偿还,而且争取利润。"他把人们受教育学到的"有用才能",看成是一种"固定资本"。马克思主义的劳动价值理论,对认识教育的经济功能有更深刻的意义。马克思认为,为了提高工人的生产技能而提高他们的教育程度,可以导致社会劳动生产率的提高。1920年代开始,教育经济学用计量的方法计算教育的经济效益,以后又提出"人力资本"的概念。从此以后,教育具有经济功能就逐渐成为人们的共识。

1924年,前苏联教育经济学家斯特鲁米林发表了《国民教育的经济意义》一文,用统计的方法得出"一年的学校教育比起同样时间在工厂工作平均能提高工人劳动生产率约1.6倍"的结论。1962年,他又评价了1940—1960年间苏联教育的经济效果。统计数字表明,在这期间国民收入增长部分中约有30%是由于劳动者教育水平提高而获得的。1960年代,诺贝尔奖获得者、美国经济学家舒尔茨提出人力资本理论,他认为人力资本投资与其他方面的投资比较起来,是一种回报率很高的投资。他用自己创造的经济增长余数分析法,计算出美国在1929—1957年这一时期内,各级教育投资的平均收益率为17.3%;教育投资增长的收益占劳动收入增长的比重为70%;教育投资增长的收益占国民收入增长的比重为33%,与其他类型的投资相比,人力资本投资回报率很高。日本学者用舒尔茨的方法,推算出日本在1940—1955年期间,国民收入增长部分中约有25%是由于增加教育投资而获得的。我国的教育经济学家研究认为,在第一个五年计划期间,我国教育收益占国民收入增长额的24%;1964—1987年期间,教育对国民收入增长额的贡献为36%左右。[①] 由上面这些统计数据可知,教育的经济功能是客观存在的。

21世纪,人类社会开始向一个全新的知识经济时代迈进。在知识经济社会,知识代替物质资源成为最重要的资源。这种以知识为基础,以人力资本和技术为重要推动力,以高新技术产品和服务部门为支柱,以强大的科学系统和教育培训系统为坚强后盾的新型经济形态,最突出的特征是知识-经济一体化,而这就需要坚实的教育基础。正如世界经济合作与发展组织在一份报告中指出的:"今天,各种形式的知识在经济发展过程中起着关键的作用,无形资产投入的速度远快于有形资产的投入,拥有更多知识的人获得更高报酬的工作,拥有更多知识的企业是市场的赢家,拥有更多知识的国家有着更高的产出。"统计数据表明:高新技术产业对GDP的贡献率已达到27%,远高于房地产业(14%)和汽车工业(4%)。世界经济合作与发展组织成员国的国内生产总值50%是以知识为基础的。20世纪八九十年代,美国连续9年出现的经济最佳增长率,主要来自高新技术的巨大贡献;支撑美国经济的不再是汽车和钢铁企业,而是四万多家软件公司和三百多家芯片公司。可见,知识经济时代,教育在人类社会经济活动中起着前所未有的重要作用。

---

① 韩宗礼.我国教育投资的经济效益探析[J].教育研究,1990,1.

教育之所以能对经济发展起如此巨大的作用,是因为:

其一,教育所培养的劳动力是社会经济发展的必要条件。

人的劳动能力是生产力中最活跃、最重要的因素。马克思说:"我们把劳动力或劳动能力,理解为人的身体中存在的、每当人生产某种使用价值时就运用的体力和智力的总和。"①所以,劳动力就是指掌握一定生产知识和劳动技能,具有一定劳动能力的人。人的体力和智力的发展,与先天的成熟有关,但主要是靠学校教育来实现的。马克思说:"要改变一般人的本性,使它获得一定劳动部门的技能和技巧,成为发达的和专门的劳动力,就要有一定的教育或训练。"②教育使人掌握一定的科学知识、生产经验和劳动技术,成为有劳动能力的人,并且还能不断提高人的劳动能力,形成新的生产能力,促进社会经济的发展。社会生产力越发展,劳动力中的智力因素所占比重也越大。一些统计资料表明:在机械化初期,体力劳动和智力劳动所消耗的比例为 9∶1,中期为 6∶4,在全盘自动化情况下,则为 1∶9。又有一些资料表明:在工业经济时代,直接从事生产的工人占劳动力的80％;知识经济时代生产工人将降到 20％以下,而从事知识生产和知识传播的人将占劳动力的 80％以上。据研究者推测,美国 2010 年蓝领工人将从现在的 17％降至 10％,到2020 年进一步降到 2％。我们要把巨大的人口压力转换成人力资源的优势,变人力资源大国为人力资源强国,学校教育的作用显得越来越重要。这是因为:教育能向社会提供一支能在科学上有发明、在生产技术上有创造的科学研究和设计队伍;能向社会提供一支能掌握和运用先进生产方法的技术工人队伍;能向社会提供一支具有现代水平的科学管理人员的队伍。这三支队伍的培养既是建设人力资源强国的主要内涵,更是建设人力资源强国的保证,这就要求确立教育优先发展的战略地位,坚持科教兴国的战略。

其二,教育是科学知识再生产的手段。

科学知识的继承和发展,必须凭借教育把前人积累的科学知识传递给年轻一代。所以,教育是科学知识再生产的重要手段。如果没有教育所实现的科学知识的再生产,每一代新人都从零开始,在自己的实践活动中认识世界,那就很难想象世界上的科学知识会达到今天这样的高度。教育也是科学知识扩大再生产的手段。通过教育,使原来为少数人所掌握的科学知识,在较短的时间内为更多的人所掌握,并不断扩大传播的范围。这种科学知识的再生产和扩大再生产,提高了全社会的科学文化水平,为新技术的推广使用,为先进科学技术知识的普及和提高准备了条件。同时,也为今后技术力量的成长提供广阔的基础,为源源不绝地培养高质量的科研人员、工程技术人员、管理人员和熟练工人提供了保证。

其三,教育还是产生新的科学技术知识的手段。

学校,特别是高等学校,在传播知识的同时,也进行科学研究,提供新的科学技术知识。世界各国高等学校历来的办学基本原则之一是教学与科研不可分割。教学促进科研,科研提高教学,教育部门成为出人才、出成果的基地。英国剑桥大学称著于世,原因之一是它拥有卡文迪许实验室,出了数十位诺贝尔奖获得者。1775 年,法国把巴黎科学院

① 马克思.资本论(第 1 卷)[M].北京:人民出版社,1973:190.
② 马克思,恩格斯.马克思恩格斯全集(第 23 卷)[M].北京:人民出版社,1973:195.

与法兰西学院合并,成为法国教育与科研的重要部门,使当时的法国的科学技术成就跃居世界首位。美国有60%以上高级研究人员集中在大学。1960年代到1990年代,在获得诺贝尔奖的149位科学家中,有118位是在美国大学学习和获得博士学位的,占全世界的79%。① 日本各大学的科研人员占全国的40%以上。在我国,高等学校是全国科学研究的重要方面军。我国普通高校的教学科研人员中,有数百名中国科学院、中国工程院的院士,有一大批代表我国科学文化水平的大师级学者,研究领域涉及基础研究、应用研究和当代科技发展最前沿的各个方面。据教育部的统计,"十五"期间,在国家自然科学奖、国家技术发明奖、国家科学技术进步奖这三大奖中,高校的获奖数占了半壁江山。高等学校取得的科学研究成果和发明创造,对我国经济发展起了很大的推动作用。

鉴于教育对经济发展的巨大作用,世界各国的有识之士已逐渐形成一种共识:国际间的经济竞争、军事竞争、综合国力竞争,在很大程度上是科学技术的竞争、民族素质的竞争,而归根到底是教育的竞争。

总之,经济发展与教育发展是相辅相成的。经济发展为教育发展提供物质保障,并不断对教育发展提出新要求,教育发展又为经济发展提供人才。教育的再次发展,又会促进经济进一步发展。教育发展水平要与经济发展水平相一致,教育结构也要与社会经济结构的发展变化相适应。大力发展教育事业,将国民素质提高到一个新的水平,既是提高综合国力和国际竞争力的需要,也是促进人与社会、经济全面协调发展的重要环节。

三、教育与政治

政治是一种非常复杂的社会现象。现在一般认为政治是阶级、政党、社会团体和个人在国内和国际关系方面的活动。在有阶级的社会里,政治表现为阶级关系和阶级斗争。任何阶级的政治都是以维护本阶级的利益、建立和巩固本阶级的统治为目的。经济是政治的基础,政治是经济的集中表现,并且是为经济基础服务的。当前,全面实现小康社会目标,建设富强民主、文明和谐的社会主义现代化国家,是我国政治建设的基本内容。

对于教育与政治的关系,毛泽东同志在《新民主主义论》中指出:"一定的文化(当作观念形态的文化)是一定社会的政治经济的反映,又给予伟大的影响和作用于一定社会的政治经济,而经济是基础,政治则是经济的集中表现。"②这也是我们研究教育与政治关系的基本观点。

首先是政治直接制约着教育,然后教育又反作用于政治。马克思、恩格斯曾经指出:"一个阶级是社会上占统治地位的物质力量,同时也是社会上占统治地位的精神力量。支配着物质生产资料的阶级,同时也支配着精神生产的资料。"③教育作为一定社会的意识形态,作为一种精神力量,同样受占有物质生产资料的阶级所支配。在阶级社会里,统治阶级总是利用国家政权掌握教育的领导权,制定教育法律、教育方针、政策、目的、制度、教育内容,派遣和任免教育行政人员和教师,规定各阶级和阶层受教育的权利以及各级各类

① 韩东来. 美国高校致力于培养优秀型人才和科技创新[J]. 高等教育研究,1999,6.
② 毛泽东. 毛泽东选集(第2卷)[M]. 北京:人民出版社,1952:656.
③ 中共中央马恩列斯著作编译局. 马克思恩格斯选集(第1卷)[M]. 北京:人民出版社,1972:52.

学校的培养目标,控制教育经费等,以利于按照他们的阶级利益和思想政治要求办教育,培养符合他们需要的人。同时,统治阶级还利用国家政权管理教育,从教育计划到教育制度,从教材内容到教学方法,进行全面的监督、检查。在阶级社会里,教育总是掌握在统治阶级手中,为巩固和维护统治阶级利益服务的,因而教育具有政治功能是显而易见的。

我国的思想家、教育家历来都很重视教育对政治的作用。他们的主张主要表现在两个方面。一是为统治阶级培养统治人才,使他们能够"治国、平天下";在社会变革时期,培养社会改革的人才。如宋朝王安石为了推行新政,提出"然方今之急,在于人才而已"。清末戊戌维新运动的领袖人物康有为说:"变法之道万千,而莫急于得人才。"二是教化老百姓,使他们遵纪守法。如古代的《学记》提出:"建国君民,教学为先";"君子如欲化民成俗,其必由学乎"。

在资本主义社会,资产阶级国家提出实施强迫义务教育,一个重要的原因,就是使教育更有效地培养出忠实地维护他们政治统治、经济制度、意识形态和文化素养的人,为资产阶级的政治、经济服务。

在社会主义社会,教育无疑也是为政治服务,这是由教育的本质属性决定的。在我国社会主义现代化建设的新时期,《中华人民共和国教育法》规定:"教育必须为社会主义现代化建设服务,必须与生产劳动相结合,培养德、智、体等方面全面发展的社会主义事业的建设者和接班人。"这是在我国新的历史时期,政治制约教育,教育为政治服务的集中表现。

教育为政治服务,主要表现在以下几方面。

(一) 为一定社会的政治制度培养所需要的人才

通过培养人才为一定的政治、经济制度服务,这是教育为政治服务的主要方面。学校通过思想教育等形式,进行公民训练,传播一定的政治思想意识,包括政治、经济、法律、道德、思想等方面的内容,使受教育者成为具有一定阶级的政治思想意识的人。西方学者把这种运用教育的力量培养青年一代具有某种政治思想意识的过程称之为"政治社会化"过程。学校培养出来的人才,有一部分直接进入上层建筑领域,成为国家各级各部门的政治领导者和政府工作人员。在我国古代,学校实际上是一种官吏养成所,学生学习的主要是为官从政的本领。现代社会的某些专门学校或学院,如军事院校、政治院校等,其目标就是培养政治领导者。此外,随着社会的发展,科学社会化,社会生活科学化,现代社会已成为科学、技术、管理三者不可分离的整体;管理已经成为一门专门的学问。受教育的程度,已成为进入政治领导层的重要条件。在发达国家,居于政府机关领导地位的高级官员,普遍具有较高学历。美国的托马斯·戴伊在其所著的《谁掌管美国》一书中写道:"看一下我国最上层掌权人物所受的大学前教育的情况表明,企业领导人物中大约18%和政府领导人物的10%,上过私立学校。也许更使人惊奇的是,企业领导人物的11%和政府领导人物的6%,都曾在美国30所'名牌'预科学校之一上过学。……给人以更深刻的印象的是,企业领导人的55%和政界领导人物的44%,都是12所得到大量捐款的'名牌'私立大学的毕业生……美国的掌权人物都是引人注意地是从名牌大学走出的。"[①]我国各级党

---

① 转引金一鸣. 教育原理[M]. 合肥:安徽教育出版社,1995:69.

委、政府和人大的现任领导人,也都普遍具有高等教育的学历和高学位。通过系统的学校教育,培养具有较高科学文化知识和管理才能的政治领导者,已成为世界各国共同的发展趋势。

(二)传播思想、形成舆论、影响群众

学校通过教师和学生的言论、行动、讲演、文章,以及教材和刊物,宣传一定的思想,造成一定的舆论,影响群众。在历史上,反动统治阶级曾利用教育传播反动的思想观点,麻痹人民的思想,消除人民的反抗意识。恩格斯在论及 19 世纪奥国革命时曾经说过,由于梅特涅的愚民政策,维也纳的大多数人民"对于最普通的政治问题也一无所知",在一定程度上推迟了社会的发展。革命的阶级则通过教育宣传革命思想,提高群众觉悟,使其奋起斗争。

(三)促进政治民主化

一个国家的政治民主化,主要是由国家的政体决定的,但与教育事业的发展也有密切关系。政治民主化的最主要表现之一,是人民群众参政、议政。政治民主化的广度和深度,可以用人民群众参政、议政的广度和深度来衡量。人民群众参政、议政的广度和深度,是受人民群众的文化知识水平制约的。教育的批判功能,还能对政治活动中的不规范行为、专制化的倾向进行批判,帮助政治克服消极因素,促进政治的健康运行。文明和进步的教育还能为政治提供良好的文化环境、数量众多的卓越人才、进步的思想和信念、良好的舆论条件。

此外,教育的政治功能,还表现在实施社会控制上。学校不仅是为一定社会培养所需要的人才的机构,而且也是一个国家管理儿童和青少年的重要机构。

教育的政治功能与经济功能,既有联系又有区别。不能用政治功能来取代经济功能,也不能用经济功能来取代政治功能。教育的这两种功能,实质上是生产力和生产关系这一社会基本矛盾在教育中的反映。

四、教育与文化

文化是一个非常宽泛的概念,广义的文化是指人类在社会历史过程中创造出来的物质财富和精神财富的总和。狭义的文化指科学技术、教育、艺术、文学、宗教、道德、哲学等社会意识形态以及与之相适应的制度、机构等。文化是一个有机的系统,物质文化和精神文化是统一的整体,其基础是物质生产的发展。制度文化体现为一定的社会的机构和制度,联结着精神文化和物质文化。

教育是文化的一个组成部分,它是文化这个大系统中的一个因素,教育的发展受文化发展的制约,这种制约表现为两个方面。

(一)文化是政治、经济与教育关系的重要"中介"

社会的经济基础决定社会的上层建筑,这是马克思主义的重要原理。当我们把教育作为上层建筑来加以考察时,承认政治、经济对教育的重大作用无疑是正确的。但是实践

和理论都告诉我们，教育与政治、经济的关系，绝不是一种线性的因果关系。在它们之间存在着一系列的"中介"因素，文化就是一个重要的"中介"。例如：有些地区经济发展了，但对教育的发展却产生了负效应。又如教育的许多改革在某些情况下，不因经济约束而受阻，却遭受到文化约束的干扰。这些事实告诉我们，不去探求教育与文化的关系，常常无从了解教育与政治经济的关系，从而也就无从对许多教育现象作出正确的说明。

（二）文化按其自身特点和要求作用于教育

教育本身就是一种文化存在，教育的每一发展阶段都打着深深的文化烙印。例如，文化的发展常会成为教育发展的动力，民族文化的特点往往形成教育的民族模式；而民族文化素质与水平又往往成为教育发展的阈限。值得注意的是，作为教育工作主体的教师的文化素质与水平，直接构成了教育工作和教育发展的承受力与支持力。因此，我们在研究教育问题时，常常提出把它放到一定的文化背景中去研究。总之，我们在承认政治经济对教育的最终作用和"硬约束"作用的同时，还应看到文化对教育的直接作用和"软约束"作用。

教育对文化也有重要作用，主要表现在：

（1）传递、保存文化。文化传递是文化的世代相接，是文化在时间上的延续。一切文化都寓于一定的载体之中。文化载体通常有三种：①物质载体，如工具、建筑等；②精神载体，如语言、文字、意识形态等；③人的载体，如个人所拥有的知识、道德等。物质和精神载体中的文化可称为客体文化，寓于人自身的文化可称为主体文化。文化传递是通过主体文化与客体文化的不断转化而实现的。教育选择人类积累的文化成果，组织成为教育内容，为学生提供适应社会生活的知识、技能、规范和价值观。教育过程就是将客体文化不断转化为主体文化的过程。教育将寓于物质载体和精神载体中的文化，内化为以个人为载体的文化。教育将结晶为非生命的文化，转化到以人脑细胞为代表的生命体上来，使人成为活的文化载体，具有接受、理解、掌握、享有已有文化的能力，具有在实践中使用文化的能力，以及不断再生产和创造出新文化的能力。当然，教育不仅是一个将客体文化转化为主体文化的过程，同样也是一个将主体文化转化为客体文化的过程。就教育而言，首先是教育者将寓于自己主体内的文化，外化为教育语言、文字和其他形式的材料等，教育过程才能进行。没有这种外化，教育过程就不可能进行。因为只有当文化可以传递时，才可以保存，并使之世代相传。

（2）创造、更新文化。文化不是自然赋予人类的，而是人类社会实践生活的结晶。人类的文化随着人类社会生活实践的发展而不断地丰富和发展。教育对创造和更新文化起着重要的作用。人类的文化有很大部分是由教育机构里的人员创造出来的。特别是在高等学校，聚集着大批具有创新能力的优秀人才，他们是创造文化、更新文化的生力军。教育不仅通过自身的科研机构进行科学研究，创造、更新文化，更重要的是教育能培养出大量具有创新精神和实践能力的人。这些人具有强烈的创新愿望，能创造性地解决人类当前所面临的难题和未来可能发生的问题，使世界文化以过去无法比拟的速度发展。

（3）传播文化。文化的传播是文化从一个区域到另一个区域的扩散，是文化在空间上的流动。文化的传播是有条件的，文化共享是一个首要条件，即首先要求人们对文化的认同和理解,无论是见之于语言文字的文化还是其他象征符号的文化,只有当它们成为共享文化时,才能进入信息系统进行传播,这是文化传播的一种规律。例如,见之于文字的文化,无法向一个文盲传播;不懂某一国家的语言或不了解该文化背景的人,要接受传播来的该国文化,就会发生困难。所以,要传播文化,首先要将其他类型的文化加工、转化,使之成为被传播者可以理解、掌握的共享文化。教育的重要作用,是使文化成为可共享的人类文明成果。

文化传播可以通过多种途径进行,如迁徙、通商、战争、教育、学术交流、旅游、体育竞赛、访问演出、通讯、计算机网络、卫星传播等。其中,教育是最重要的途径。这是因为教育传播具有自己的独特优势,表现在:(1)传播的层次深。文化中的较深层次的内容,如价值观念、思维方式、审美情趣、学术思想等,不易为其他途径传播,但往往与教育的传播分不开。(2)高选择性。教育传播是一种有选择的传播,一方面根据一定社会的需要、价值取向来进行选择,另一方面还要按照文化本身的价值进行选择。(3)较强的系统性。这种系统性表现在两方面:一是传播过程的系统性。传播者与被传播者之间建立的是一种经常的、系统的联系,进行的是稳定的、有次序的文化接触。二是所传播的文化本身的系统性。即教育所传播的文化是系统的、完整的、有序的文化,不同于那些零碎、片断、无序的文化。因此,教育的文化传播能产生较好的文化知识吸收、融合的效果,成为最重要的文化传播的途径。

教育除了与经济、政治、文化有密切关系外,与人口也有密切关系。学者的研究表明,人们的受教育水平与人口出生率有密切关系。父母受教育的程度高,生育率低;反之,父母受教育的程度低,生育率高。在西方有些国家,人们的受教育程度很高,生活也较富裕,人口的出生率很低,人口呈负增长的趋势。我国也有近似情况,在一些经济、教育都较发达的地区,人们受教育的程度高,人口出生率低,如北京、上海、江苏地区,2001 年的人口出生率分别为 6.1‰、5.2‰、9.03‰;而在经济欠发展的西部地区,教育事业发展较慢,人们受教育的水平较低,人口出生率也高于其他地区,如贵州、青海、云南三省 2001 年的人口出生率分别为 18.36‰、19.06‰、18.51‰。我国学者秦宝庭、吴景曾在所著的《教育发展与经济增长》一书中,对 1981 年人口普查中的育龄妇女的生育率(用 y 表示),和她们的受教育年限(用 x 表示)两者之间的关系进行数量分析,得到如下的线性关系:

$$y = 104.5307 - 3.6190x$$

上述数量关系表明两者之间存在负相关,即随着受教育程度的增加,育龄妇女的生育率逐步降低。因此,提高人民的受教育的水平,对于控制人口增长也有着十分重要的意义。

教育与经济、政治、文化等相互联系、相互作用,推动社会发展。

第二节 我国教育在构建社会主义和谐社会中的作用

党的十六大以来,我国明确提出构建社会主义和谐社会的战略任务。我们要建设的社会主义和谐社会,是民主法治、公平正义、诚信友爱、充满活力、安定有序、人与自然和谐相处的社会。社会和谐是中国特色社会主义的本质属性,是国家富强、民族振兴、人民幸福的重要保证。教育是构建社会主义和谐社会的奠基工程,主要表现在:

一、提高劳动者素质

中共中央、国务院《关于深化教育改革,全面推进素质教育的决定》指出:"当今世界,科学技术突飞猛进,知识经济初露端倪,国力竞争日趋激烈。教育在综合国力形成中处于基础地位,国力的强弱越来越取决于劳动者的素质,取决于各类人才的质量和数量,这对培养和造就我国 21 世纪的一代新人提出了更加迫切的要求。"发展教育,提高劳动者素质,是和谐社会的本质要求。劳动者素质的提高是社会经济发展的原动力,是建设社会主义和谐社会的条件和保障。

劳动者素质是以人的先天禀赋为基础,在后天环境、教育和实践活动的影响下形成和发展起来的,包括身体、心理、社会文化特质等在内的综合素质。劳动者素质一般包括下列三个层面:

(1) 身体素质:身体素质是指在遗传和变异的基础上人体所表现出来的形态和机能方面相对稳定的特征,具体表现为人体的生长发育水平、体能和对外界环境的适应能力和对疾病的抵抗能力。身体素质是素质结构中的物质基础。

(2) 心理素质:心理素质是指人们的心理品质,包括在认识能力、情感和意志品质、气质和性格、社会适应能力、情绪调控能力、自我意识等,它是人脑的特殊机能。美国心理学家马斯洛认为,良好的心理素质主要表现在下列几个方面:有充分的适应力;能充分地了解自己,并对自己的能力作出适度的评价;生活的目标切合实际,不脱离现实环境;能保持人格的完整与和谐;善于从经验中学习;能保持良好的人际关系;能适度地发泄情绪和控制情绪;在不违背集体利益的前提下,能有限度地发挥个性;在不违背社会规范的前提下,能恰当地满足个人的基本需求。

(3) 社会文化素质:社会文化素质包括人们的文化科技素质、劳动技术素质、思想政治素质、伦理道德素质等,是人的素质的重要内容,是"人的本质力量"的集中表现。

我们现在常说提高国民素质,提高民族素质,一般都是从这些层面上说的。

劳动者素质的高低,直接关系到新科学技术的推广应用,影响着生产效率和产品质量的提高。发展教育事业,提高劳动者素质,走教育兴国这条必由之路,是世界发达国家振兴经济的历史经验,也是我国社会主义建设的历史经验。发达国家中以日本最为典型。1850 年代前,日本还是一个闭关锁国的封建国家。1868 年,日本开始明治维新,取消以儒学为中心的封建教育制度,建立资本主义教育制度,提出"求知识于世界,大振皇威"的口号,努力在全民范围内普及初等教育,从而使日本经济跻身于资本主义列强行列。第二次世界大战后,日本创造了资本主义国家经济发展的奇迹,连续 20 年以每年增长 10%左右的速度高速发展。究其原因,日本前首相福田赳夫说:"资源少的我国,经历诸多考验,得以在短期内建成今日之日本,其原因在于国民教育水平和教育普及的提高。"[①]美国从

---

① 梁忠义. 战后日本教育与经济发展[M]. 北京:人民教育出版社,1981:31.

1949—1999年,劳动力的素质一直在提高,在总劳动力中,少于4年高中教育的劳动力比例,由1949年的63.5％,下降到1999年的13.1％,同期完成1—3年大学教育的劳动力则由7.4％上升到28.1％,而完成4年以上大学专业教育的劳动力也由6.4％上升到27.2％。劳动者素质的提高,意味着劳动生产率的提高,使美国经济增长模式从增加投入为主转变为以提高生产率为主。在美国,也有人把1980年代的经济发展归因于1960年代的教育改革,提高了国民的素质。20世纪末,亚洲爆发金融危机,美国经济连续9年持续增长,创造了最佳增长率,学者们认为这是高新技术和知识创新的结果,归根到底是得益于教育培养了高新技术需要的高智能的人才,提高了全社会劳动者的科学文化素养。我国学者韩茂林在《教育发展与经济增长》一书的研究中指出,中国从1981年到2000年,不同教育程度的劳动力对经济增长的贡献率的差异是显著的。研究生劳动力对经济增长的平均贡献率为31.8％,高等、中等和初等教育程度的劳动力对于经济增长的平均贡献率分别为22.88％、7.73％和0.21％。由于教育提高了劳动者的受教育程度,提高了劳动者的素质,我国从1981年到2000年教育对经济增长的平均贡献率为31.7％。世界银行高级专家卡尔·达尔曼认为,我们现在正处在一个知识革命的时代,知识的掌握与运用和人的创造力日益成为全球竞争力的基本决定因素。为了迎接21世纪的挑战,世界各国都在紧锣密鼓地筹划教育事业发展大计,培养高素质的劳动者。

当前,我国经济发展正在面临转型升级的时期。转型升级不可避免地带来企业产品结构的调整、换档、升级,也必然会对劳动者的素质提出新的更高的要求。这是因为:一方面,转型升级的过程其实就是应用高科技的过程,无论是应用高新技术改造、提升传统产业,还是转化高新技术成果,直接催生新兴产业,都要求劳动者必须掌握与之相适应的先进的关键技术。另一方面,产业细分将会成为转型升级的一个趋势,一些大的产业也将随之裂分为不同层次的产业梯次,这又对劳动者素质提出了专、精、深的要求。

提高劳动者素质,必须依靠教育。2001年《国务院关于基础教育改革与发展的决定》指出:"基础教育是科教兴国的奠基工程,对提高中华民族素质、培养各级各类人才,促进社会主义现代化建设具有全局性、基础性和先导性作用。保持教育适度超前发展,必须把基础教育摆在优先地位,并作为基础设施和教育事业发展的重点领域,切实予以保障。"普通教育是基础教育,在提高劳动者的素质方面,起着十分重大的作用:(1)为提高劳动者素质奠定基础。普通教育中的义务教育阶段,是每个公民必须接受的教育。近年来,我国大力发展高中阶段教育,高中阶段毛入学率也达到了74％以上。因此,提高劳动者素质的责任主要由普通教育来承担。(2)为培养社会主义建设人才奠定基础。(3)普通教育适当增加职业技术教育的内容,如培养学生就业意识,加强就业指导,适当进行职业技术的教育等,使学生在毕业时,不仅掌握普通文化科学知识和技能,也能掌握一定的职业技术知识和技能,这样就能直接发挥提高劳动者素质的作用。(4)普通教育对中小学生进行全面发展教育,使他们在德、智、体、美诸方面生动活泼地发展,也就提高了他们的素质。学生素质的社会文化和体质层面,是全面发展的教育在学生身上的体现;而心理层面,是学生在接受全面发展教育的过程中发展起来的。中小学学生的素质,基本上决定了劳动者的素质。

研究材料还表明,劳动者的受教育程度和生产的发展有密切关系:(1)职工的受教育程度与劳动生产率成正比。前苏联有研究指出,十年制中学毕业生比八年制中学毕业生的劳动生产率要高25%。这就是说,在同等条件下,劳动者的教育水平提高一个学段,劳动生产率可提高四分之一左右。(2)提高职工的教育程度,可提高他们的创造才能。职工的受教育程度越高,创造发明的项目就越多,创造的价值也越高。(3)提高职工的教育程度,可以减少生产中的事故。典型的调查表明,事故的责任者多为受教育程度较低的劳动者,随着劳动者受教育程度的提高,事故发生率明显减少。(4)职工的教育水平直接影响掌握技术的水平。据调查,具有大学文化程度的职工,在技术上都比较优秀,具有高中、中专文化水平的职工中,50%—60%是优秀的,初中以下文化程度的职工中,只有8.8%—22.7%是优秀的。(5)职工的教育水平影响接受和掌握新技术的速度。研究表明,大学、高中、初中和小学四个教育层次,掌握某种新技术时间,依次相差半年左右,即大学文化程度的职工需要一年才能掌握的新技术,高中文化程度的职工需要一年半,初中文化程度的职工需要两年,小学文化程度的职工需要两年半。职工教育水平的高低与掌握新技术的时间的快慢成正比。由此可见,劳动者的素质从许多方面制约着生产力的发展,影响到经济建设的速度。劳动者素质的提高,基础在教育。

高素质的劳动者,不仅是和谐社会经济发展的原动力,为构建社会主义和谐社会提供坚实的物质基础,而且还是社会主义民主政治建设的基础条件,是和谐文化建设的前提,是人际关系和谐的关键因素,是促进和谐社会生态目标实现的必要条件。而构建社会主义和谐社会,又是劳动者素质发展的现实基础和客观前提。劳动者素质发展与社会主义和谐社会建设是共生共长、互构互建的。

二、培养科技人才,促进科学技术发展

科学技术是第一生产力,建设社会主义和谐社会、加快经济发展,必须大力发展科学技术,把经济建设真正转移到依靠科技进步和提高劳动者素质的轨道上来,把增强自主创新能力,建设创新型国家,真正摆在国家发展战略的核心位置。

当代国际社会正在进行一场新技术革命。一个国家生产力的发展,国民经济的增长,越来越依靠科学技术的进步;一个国家的科学技术水平和运用科学技术的能力,越来越成为衡量综合国力的重要指标。邓小平同志以马克思主义者的真知灼见,敏锐地指出了这场新技术革命的实质,明确指出:"现代科学技术正在经历着一场伟大的革命。近三十年来,现代科学技术不只是在个别的科学理论上、个别的生产技术上获得了发展,也不只是有了一般意义上的进步和改革,而是几乎各门科学技术领域都发生了深刻的变化,出现了新的飞跃,产生了并且正在产生一系列新兴科学技术。现代科学为现代技术的进步开辟道路,决定了它的发展方向。许多新的生产工具、新的工艺,首先在科学实验室里被创造出来。一系列新兴工业,如高分子合成工业、原子能工业、电子计算机工业、半导体工业、宇航工业、激光工业等,都是建立在新兴科学的基础上的。""当代自然科学正以空前的规模和速度,应用于生产,使社会物质生产的各个领域面貌一新。特别是电子计算机、控制论和自动化技术的发展,正在迅速提高生产自动化的程度,使得同样数量的劳动力,在同样的劳动时间里,可以生产出比过去多几十倍几百倍的产品。社会生产力有这样巨大的发展,劳动生产率有这样大幅度的提高,靠的是什么?最主要的是靠科学的力量、技术的

力量。"①四个现代化,关键是科学技术现代化。21世纪,科技进步已成为经济发展的决定因素,而科技竞争归根结底是人才竞争。培养科技人才,特别是拔尖创新人才,关系到国家未来的可持续发展,关系到国家的命运,是科教兴国战略的重要组成部分,是构建和谐社会的重要内容和条件。

据专家估计,在20世纪初,一些发达国家经济增长诸因素中,科学技术进步的作用为5.2%,到20世纪中叶这一比重就迅速上升到40%,到1970年代上升到60%,到1990年代,在一些发达国家已经达到80%。这些国家在经济增长中,资金、劳动力的作用在逐步减弱,而科学技术的投入及知识对经济增长的贡献却在逐年递增。为了迎接新技术革命,世界各国都十分重视人才的培养。1957年苏联人造卫星上天时,美国朝野震惊,在1958年通过了《国防教育法》,提出人才是国宝,并大力加强自然科学教育,注重培养高级科技人才。1981年秋,里根授权教育部长贝尔,遴选18位著名专家组成一个专门调查中小学教育质量的委员会。该委员会经18个月的调查,于1983年4月发表了一份名为《国家在危急中》的报告。报告说:"危险的不只是日本的汽车生产已超过美国,也不在德国的机床正在代替曾经享誉世界的美国产品。危险的是它们所表明的训练有素的专业人才的国际再分配。""如果要保持和改进我们在世界市场上的一点竞争力,我们就必须尽全力改革我们的教育制度。"这一报告把国力危机同人才危机、教育危机直接联系起来。美国哈佛大学的罗伯特·巴罗等人运用"新增长理论",对许多国家的经济增长率进行研究,结果发现,穷国赶不上富国的原因在于缺乏人力资本(即教育所培养的人才),而不是有形资本。② 克林顿政府1999年把"为21世纪造就最杰出的科学家和工程师"与"全面提高国民的科学素质"并列在美国五个战略目标里。他在第二次当选总统的《国情咨文》里,又提出了"确保教育优先"的基础教育、高等教育和终身教育的目标。当前,世界各国有见识的政治家都十分重视改革教育,发展教育,培养科技人才、拔尖创新人才。

新中国成立以来,党和政府始终把科技摆在重要战略地位。从"向科学进军"到"科学技术是第一生产力",从"科教兴国"到"建设创新型国家",我们独立自主地建立起现代科学技术体系,走出了一条有中国特色的科技发展道路。"两弹一星"奠定了中国尖端科技基础和大国地位;陆相成油理论甩掉了中国"贫油国"的帽子;杂交水稻成为满足中国粮食需求和促进世界谷物生产的"金钥匙";载人航天成功实现了中国人的"飞天"梦想。我们在许多重要科研领域达到国际先进水平。今天的中国,已经成为世界有影响的科技大国和经济大国。历史告诉我们,科学技术决定民族兴衰和国家命运。所有这些杰出的成就,都是与我们培养出一批杰出的科学家和学科带头人,锻炼和凝聚了一支高素质的人才队伍分不开的。

当前,世界正在经历着一场国际金融危机。面对这场国际金融危机,各国正在进行抢占科技制高点的竞赛。美国提出,将研发的投入提高到占GDP 3%的这一历史最高水平,力图在新能源、基础科学、干细胞研究和航天等领域取得突破。美国最近又两次提出包括节能环保、智慧地球等为科技发展的主攻方向。欧盟宣布到2013年以前,将投资1050亿

① 邓小平.邓小平文选(1975—1982)[M].北京:人民出版社,1983:84.
② 参见《人民日报》1992年2月25日。

欧元发展绿色经济,保持在绿色技术领域的世界领先地位。英国从高新科技特别是生物制药等方面,加强产业竞争的优势。日本重点开发能源和环境技术。俄罗斯提出开发纳米和核能技术。我国政府也提出围绕新能源、节能环保、电动汽车、新材料、新医药、生物育种和信息产业发展为科技发展的主攻方向,确定和发展中国战略性新兴产业。我国政府要求广大科技工作者把握机遇,把科学研究同经济社会发展紧密结合起来,加强科技支撑,突破产业发展的关键和核心技术,在这场竞争中努力实现跨越式发展,缩小与发达国家在经济和科技方面的差距。我国政府还特别强调要更加重视基础研究和战略高技术研究。因为重大战略高技术是引不进、买不来的。原始创新是一个国家竞争力的源泉。中国要抢占未来经济科技发展的制高点,就不能总是跟踪模仿别人,也不能坐等技术转移,必须依靠自己的力量拿出原创成果。希望中国能够诞生更多世界级的科学家和科技领军人才。号召全社会都要尊重知识、尊重人才、尊重实践、尊重创造,大力弘扬科学精神、传播科学思想、倡导科学方法、普及科学知识,全面提高自主创新能力和全民科学素质。

总结国内外科技发展的经验,国务院总理温家宝 2010 年 1 月 3 日在《让科技引领可持续发展》的讲话中指出:"我们要把培养创新型人才作为教育发展的重要目标,这需要从娃娃抓起。不仅要重视发展高等教育,努力创建世界一流大学,更要重视发展小学、中学教育,培养孩子们的创造精神,打好人才成长的基础。只有培养一批又一批、一代又一代各类人才,特别是创新型人才,中国才有希望。"①

三、促进社会主义精神文明建设

社会主义精神文明是社会主义和谐社会的重要组成部分。社会主义精神文明建设的根本任务,是适应构建社会主义和谐社会的需要,培育有理想、有道德、有文化、有纪律的社会主义公民,提高整个中华民族的思想道德素质和科学文化素质。社会主义精神文明建设,包括文化建设和思想建设两个方面。文化建设包括教育、科学和文化建设等;思想建设包括理想、道德和民主法制建设等。共产主义思想是社会主义精神文明建设的核心。社会主义精神文明是社会主义的重要特征。在社会主义时期,物质文明为精神文明的发展提供物质条件和实践经验,精神文明又为物质文明的发展提供精神动力和智力支持,为它的正确发展方向提供有力的思想保证。社会主义精神文明建设,是关系到社会主义事业兴衰成败的关键。教育既是文化建设的重要内容,又是社会主义精神文明建设的基础工程。

发展教育事业,是我国社会主义精神文明建设的重要内容。党和政府把教育放在优先发展地位,大力发展教育事业,促进教育公平,建设现代国民教育体系和终身教育体系,保障人民享有接受良好教育的机会。普及和巩固九年义务教育,落实农村义务教育经费保障机制,保障农民工子女接受义务教育。大力发展高中段教育,加快发展城乡职业教育和培训网络,努力使劳动者人人有知识、个个有技能。保持高等院校招生合理增长,引导民办教育健康发展,积极发展继续教育。坚持公共教育资源向农村、中西部地区、贫困地区、边疆地区、民族地区倾斜,逐步缩小城乡、区域教育发展差距,推动公共教育

---

① 温家宝.让科技引领可持续发展,2010 年 1 月 3 日在北京人民大会堂向首都科技界发表的讲话。

均衡发展,努力建设学习型社会。全国人民的受教育水平,将大体上决定着精神文明建设的水平。

我国的社会主义教育,是建设社会主义精神文明的重要基地。我国学校全面贯彻党的教育方针,全面实施素质教育,深化教育改革,提高教育质量。学校的德育工作,以辩证唯物主义和历史唯物主义教育学生,使学生树立科学的世界观和人生观;有针对性地开展爱国主义、集体主义和社会主义教育;中华民族优秀文化传统和革命传统教育;理想、伦理道德以及文明习惯养成教育;中国近现代史、基本国情、国内外形势教育和民主法制教育;把发扬中华民族优秀传统同积极学习世界上一切优秀文明成果结合起来。学校的智育工作,努力提高教学质量,积极实行启发式和讨论式教学,激发学生独立思考和创新意识;让学生感受、理解知识产生和发展的过程,培养学生的科学精神和创新思维习惯,培养学生收集处理信息的能力、获取新知识的能力、分析和解决问题的能力、语言文字表达能力以及团结协作和社会活动的能力。学校体育工作,使学生掌握基本运动技能,养成坚持锻炼身体的良好习惯,具有健康的体魄。学校美育,培养学生感受美、欣赏美和创造美的能力,不仅能陶冶情操、提高素养,而且有助于开发智力,对于促进学生全面发展有着不可替代的作用。学校的生产劳动教育,把教育与生产劳动结合起来,是培养全面发展人才的重要途径。学校教育把德育、智育、体育、美育、劳动技术教育有机地统一起来,使诸方面的教育相互渗透、协调发展,促进学生全面发展和健康成长。教育目的的实现,也是社会主义精神文明建设根本任务的实现。

学校教育作为社会主义精神文明建设的基地,也是其他社会组织不能代替的,这是因为:(1)目的性。学校教育是有目的地培养人的活动。它在活动之前,首先要确定目的,再根据目的设计教育方案,进行和调节教育活动,并以实现教育目的为教育活动的归宿。(2)系统性。学校教育有着多方面的系统性特征。例如,在整个结构上,德育、智育、体育、美育、劳动技术教育形成一个统一的系统;在德育方面,政治立场、思想意识、道德品质是一个系统,知、情、意、行又是一个系统;在知识结构上,政治理论、科学技术、人文知识是一个系统;在智能结构上,知识、智力、技能等又是一个系统。所有这些便组成了学校教育的多级的、多层次的、完整的系统。(3)科学性。学校中的教育工作者,闻道在先,术业有专攻,能根据教育科学理论,运用适当的教育手段进行教育。(4)适时性。儿童和青少年时期是受教育的最适当的年龄时期,学校教育就是在这一时期对儿童进行教育,时效性特别明显。"三岁之魂,百岁之才",就是强调学校教育工作的时效性。(5)持久性。一个人所受的从幼儿园开始到大学的教育,要经历 17—18 年的时间,约占整个人生的四分之一。如果把成人教育也考虑在内,受学校教育的时间就更长了。(6)全民性。九年义务教育是全体适龄儿童都必须接受的,国家、社会、学校、家庭必须予以保证的国民教育。现在又提出大力发展高中阶段教育,特别是农村的高中阶段教育。

总之,教育在我国社会主义建设中,居优先发展的战略地位。教育必须为社会主义建设服务,社会主义建设必须依靠教育。教育是构建社会主义和谐社会的基石。

◀◀ 学习与思考 ▶▶

1. 怎样认识人的社会化与个性发展关系?

2. 调查或搜索一个实例，说明教育对社会经济发展的促进作用。
3. 怎样摆正教育与政治的关系？
4. 论述教育与文化发展的关系。
5. 为什么要把教育放在优先发展的战略地位？

第三章
教育与人的发展

学习提要：教育要促进人的发展。人的发展是指受教育者个体的发展,包括生理发展、心理发展和社会适应发展三方面。影响人的发展的因素主要有遗传、环境、教育和个体的主观能动性,其中教育是影响人的发展的主导性因素。中小学阶段是人一生中生理、心理和社会适应发展的重要时期,而青春期又是这一重要时期的关键。教育要遵循人的发展的基本规律,充分认识受教育者在教育活动中的主体地位,才能不断提高人的发展水平。

第一节　人的发展概述

一、人的发展的概念

这里的"人",确切地说是指受教育者个体,研究受教育者个体发展是教育学中一个古老而永恒的主题。发展,从哲学的意义上说,是指事物有规律的运动变化过程。人的发展是指人在生命过程中所发生的一系列生理、心理和社会适应的变化过程。

人的发展的内容包括生理发展、心理发展和社会适应发展三方面。生理发展是指机体的各种系统(骨骼、肌肉、心脏、神经系统、呼吸系统等)的发展及其机能的增长,是人身体方面的发展。心理发展是指认知(感觉、知觉、记忆、思维、想象等)和意向(需要、兴趣、情感、意志等)方面心理活动能力的发展及性格、能力等个性心理特征的形成,是人精神方面的发展。人的社会适应发展是指人的社会特性及能力的发展,包括人的个性特点、人的主体意识、人的社会交往能力等方面的发展,是人社会素质的发展。

人的生理发展、心理发展和社会适应发展三方面的发展是互相紧密联系的,共同构成了人的发展的统一体。生理的发展,特别是大脑和神经系统的发展是心理和社会适应发展的物质基础,制约和影响着心理和社会适应的发展;而心理和社会适应的发展也影响着生理的发展。特别是随着社会生产和生活的日益复杂,人们处于瞬息万变的知识经济社会,培养受教育者具有优良的心理素质和社会适应能力已成为现代教育的一项重要任务。

人的发展的过程,既有连续的、渐进的量的变化,又有飞跃的质的变化。这一发展具有顺序性和阶段性、差异性和不均衡性、稳定性与可变性、互补性和协调性等特点。

人的发展有其动力机制。生理发展是机体通过内部新陈代谢的作用,逐步发育完善的;而社会通过教育向受教育者提出的要求所引起的新需要和受教育者已有的心理水平和心理状态之间的矛盾,是受教育者心理发展的内因,也是其心理发展的动力;其中受教育者通过与社会的不断交往,外在的社会适应要求不断转化为其内在的社会适应能力。

二、影响人的发展的诸因素及作用

影响人的发展的因素是多方面的,主要有遗传、环境、教育和个体的主观能动性等四个方面。

(一)遗传是影响人的发展的生理前提

遗传是一种生物现象。遗传又称遗传素质,是指人从上代继承下来的解剖生理特点,如有机体的结构、形态、感官和神经系统等方面的特点。遗传素质是人的发展的物质基础。

1. 遗传素质为人的发展提供了可能性

遗传素质是人的发展的物质基础。人的发展总是要以从遗传获得的生理组织、一定的遗传素质为前提的,否则,任何发展都是不可能的。现代生物学表明,受精卵共有 23 对染色体,第 21 对决定脑神经系统,第 23 对决定人的性别。每对染色体一半来自父体,一半来自母体。每条染色体都带有决定遗传特征的基因,并能交换基因,将父母的生物构造和生理机能上的特点遗传给下一代。因而人的亲代能够繁殖与自己性状相似的亲代。如果遗传因素有缺陷,人的身心发展就会受到影响。

人的遗传素质为人的发展提供的潜力是巨大的。经研究表明,人脑平均重 1400 克,约有 140 亿个神经细胞(神经元)。神经元之间通过突触互相连接,突触的数目极其繁多,连接的形态复杂多样,并且神经元与非神经元之间也存在着难以想象的复杂而又有序的关系,这些都为脑内信息过程的复杂性、思维认识的无限性提供了神经生理学基础。人脑的复杂性,表明了人的发展的巨大可能性,而人的大脑神经细胞实际被人利用起来的不到 10%,说明人的大脑机能尚有巨大的潜力等待开发。

2. 遗传素质的发展过程制约着人的发展的过程及阶段

人的遗传素质是逐步成熟的,它经历了一个缓慢的过程。"成熟"这一概念从生理学来讲,是指个体的器官由于生长发育到一定程度,其机能达到可以发挥某种功用的程度。一般地,婴儿三个月会翻身,六个月会坐,八个月会爬,十个月会喊"爸爸妈妈",这反映遗传素质的成熟过程。如果对六个月的婴儿进行步行训练,不仅无益,而且有碍其他方面的发展。美国心理学家格塞尔(A. Gesell)曾做过一个著名的双生子爬梯实验,说明了成熟是某些行为能力产生的必需条件,是身心发展的一种准备状态。在某些机能的生理结构未成熟之前,学习和训练的成效可能是很差的,甚至是不可能进行的,只有在某一行为出现的发育达到成熟状态时,学习和训练才能奏效。遗传素质的成熟制约着人的身心发展的过程和阶段。对教育者来说,如果在成熟即将出现时,提供适宜的学习和训练,将促使成熟的到来,加速个体的身心发展,反之,无视成熟、试图超越成熟或消极地适应成熟,也会影响和阻碍个体的身心发展。

3. 遗传素质的差异性对人的发展的影响

人的遗传素质的差异性是客观存在的,在这种不同物质基础上发展起来的心理活动过程也必然具有不同的特点。人的身高、肤色、面孔等机体构造性特点是遗传素质差异性的表现。现代分子生物学表明,男性能产生近 800 万个遗传上不同的精子,女性也能产生很多遗传上不同的卵子,受精卵里可能结合的方式的数目是无限的。所以世界上没有两个遗传特征完全相同的人。即使是同卵双生子,也存在着一些差异。人的感觉器官、神经系统的机能具有不同的先天特点。高级神经活动类型及其活动过程的强度、灵活性和平衡性等方面也存在着个体差异,可能向积极的或消极的不同方向发展。如多血质的人可能发展成为性格活泼开朗的人,也可能成为易变而缺乏深思熟虑的人;抑郁质的人可能发展成为多愁善感的人,但也可能成为思维深刻和稳健的人。遗传素质的差异性,影响着人的个别差异。

4. 遗传素质具有可塑性

在环境与教育的影响下,人的遗传素质会逐渐发生变化。美国一位解剖学教授,花了 6 个月时间研究著名物理学家爱因斯坦的大脑,结果发现,爱因斯坦的大脑结构并无异常之处,只是在大脑神经细胞中,供应营养的神经胶质细胞比普通人多 73%。他又用老鼠做了实验,经过专门训练的老鼠,同没有经过训练的老鼠相比,大脑中供应营养的胶质细胞要多。这说明胶质细胞的增多同经常用脑和训练有关,并非生来就有。还有一些实验表明,神经细胞中核糖核酸的含量与人在积极活动中所接受的感觉刺激有直接的联系,刺激的数量和种类可以加速或延缓先天的生长因素。许多实践也表明:一个在遗传素质上神经活动属于一种类型的人,在不良的环境和教育下,也可能变成另一种类型的人。另外,有的人即使遗传素质在某些方面有着缺陷,但通过环境和教育的作用,可以使其另一方面加速发展得到补偿。如一个聋哑人,其视觉往往比较发达;一个盲人,其听觉、触觉一般比较发达。再就遗传基因来说,"在基因组中的 DNA 决定了个体在生理上的、结构上的和行为上的潜在性能,但并非所有的潜在性能都必定可以在那个正在发育着的个体中获得实现的",[①]这也说明了遗传素质的可塑性。

由此可见,遗传是人的身心发展的重要的必须的生理基础,但是,它不能完全决定一个人的发展,正如马克思在《哲学的贫困》一书中所说:"搬运夫和哲学家之间的原始差别要比家犬和猎犬之间的差别小得多,他们之间的鸿沟是分工掘成的。"[②]完全否定遗传在人的身心发展中的作用和遗传决定论的观点都是错误的。

(二) 环境是影响人的发展的外部条件

环境是围绕在个体周围并对个体自发地发生影响的外部世界,包括自然环境和社会环境。自然环境是环绕人类直接或间接影响人类生存与发展的自然界,是人类生存的基本条件,如阳光、空气、水土等。自然环境又可分为天然的自然和人化的自然。社会环境是人类在自然环境基础上创造和积累的物质文化、精神文化和社会关系的总和,包括人类赖以生存和发展的物质条件、人与人之间复杂的社会关系以及社会意识形态等。因而从广义来说,教育也包括在环境这一概念之中。在这里,我们把教育从环境中分离出来,是

---

① [美]E·J·加德纳,杨纪柯,汪安琦.遗传学原理[M].北京:科学出版社,1987:382.
② 中共中央马克思恩格斯列宁斯大宁著作编译局.马克思恩格斯选集(第 1 卷)[M].北京:人民出版社,1972:124.

为了突出教育在人的身心发展中的自觉性、目的性和计划性的特点，以区别于环境影响的某种程度的自发性。

人们早已认识到环境对人的身心发展的影响。我国古人就有"染于苍则苍，染于黄则黄"的论断，还有"孟母三迁"的故事。地球的自然环境，对人类的产生、繁衍，种族的文化、习俗的形成和个体的发展都有重大影响。人体组织中的元素种类及其含量与所在地区的元素分布及含量有密切联系，而人体的元素种类及含量对人的身心发展也有重大影响。另外，人们生活其中的复杂的社会关系也给人的思想和行为打上烙印。人与人之间在相互交往中互相影响，发生各种联系。人们借助语言文字受到历史和外域的间接影响。无论社会、家庭、学校，还是父母、老师、亲友、邻里、伙伴及其他媒体等无一不在复杂的社会关系下建立起来，发挥着社会环境对人的影响作用。

当然，人类接受环境的影响不是消极、被动的，而是积极、能动的过程。人们是在社会实践的过程中，接受环境的影响，改造着环境，并在改造环境的过程中改造自身的。马克思说："环境的改变和人的活动一致，只能被看作是并合理地理解为革命的实践。"①因此，离开人的实践，单纯的客观环境条件不能决定一个人的发展和成就。人的社会实践对人的发展起决定性的作用，"环境决定论"是错误的。

（三）教育是影响人的发展的主导因素

从广义上说，教育是环境的一部分，是一种经过有目的地选择和提炼的特殊环境，这就决定了它的特殊作用，即在人的身心发展中起主导作用；从狭义来看，教育是有目的、有计划、有组织地影响人的一种活动，它在人的身心发展中的主导作用为历史上许多思想家、教育家所肯定。如荀子的"干越夷貉之子，生而同声，长而异俗，教使之然也"，②卢梭的"人的形成由于教育"，③康德的"人是教育的产物"，④洛克认为，儿童"是一张白纸或一块蜡，是可以随心所欲地做成任何式样的"，⑤均说明教育在人的发展中的重要作用。

在影响人的发展的诸因素中，我们突出教育的作用，原因有以下几点：

（1）教育是有目的、有计划、有组织地对人们施加影响的活动。它是按照一定社会的要求，在最有组织的场所——学校——中进行的。

（2）教育是在受过专门训练和有经验的教师指导下进行的。教师受社会委托，按照国家所制定的方针政策、法律法规和法令教书育人。

（3）教育对人的影响较系统、全面和深刻。教育能够按照科学的要求，协调影响人发展的诸因素，使遗传素质和环境的影响积极地有利于受教育者的健康发展；同时，可以将学校、社会和家庭的影响有效组织起来，形成合力，共同对受教育者产生深远而持久的影响。

（4）教育的主导作用是相对的、有条件的。当社会影响和家庭教育与学校相一致，教

① 中共中央马克思恩格斯列宁斯大宁著作编译局.马克思恩格斯选集(第3卷)[M].北京:人民出版社,1972:4.
② 《荀子·劝学篇》.
③ 张焕庭.西方资产阶级教育论著选[M].北京:人民教育出版社,1979:95.
④ [苏]阿尔森古留加.康德传[M].贾泽林、侯鸿勋、王炳文译.北京:商务印书馆,1989:86.
⑤ 洛克.教育漫话[M].北京:人民教育出版社,1979:191.

育者能按教育规律做好工作,学生又能积极主动参与时,教育就能发挥主导作用;否则,不能起主导作用。此外,教育对于某些遗传素质有缺陷的儿童更困难一些。教育可以影响社会环境,但不能决定和改变整个社会环境。教育的主导作用的发挥依赖于教育自身的状况、人的主观能动性的调动、家庭环境的效应和社会发展状况等。

(四)个体的主观能动性是影响人的发展的内在动力

个体的主观能动性,是指人的主观意识和活动对于客观世界的积极作用,包括能动地认识客观世界和能动地改造客观世界,并统一于人们的社会实践活动中。

前面所说的影响人的发展的诸因素,无论是遗传素质的展开、环境的影响,还是教育的熏陶,都需要个体主观能动性的发挥,个体主观能动性是人的发展的内在动力。这种内在的动力也表现在人具有自我意识和自我教育上。受教育者心理上的需求总是在一定的心理发展水平上产生,并通过人的活动表现出来的,离开人的实践活动,遗传素质、环境和教育所赋予的一切发展条件,都不可能成为人的发展的现实。这种能动性表现为以下几点:

(1) 人作为主体是通过自身的实践活动来参与和接受客观的影响,从而获得主体自身发展的。

(2) 人们是按照自己的认识、经验以及需要、兴趣等来对客观事物作出反应,并为了实现自己的意向,自觉地、有目的地开展自我控制和自我调节的活动的。

(3) 能否正确处理教育者与受教育者的关系,直接影响着受教育者主体性的发挥程度。

总之,影响人的发展的各种因素相互影响、相互作用,共同构成一个统一的整体。每一因素有其独有的性质和特征,但不能孤立地、片面地考察某一因素对人的发展的影响。每个人在不同的发展阶段,这四个因素的强弱、差异、组合可能是不同的。在考察影响人的发展的问题上,应以动态的、发展的观点去把握。

三、教育要适应人的身心发展的基本规律

(1) 教育要适应受教育者身心发展的顺序性和阶段性,循序渐进地促进受教育者的发展。受教育者身心是一个由低级到高级、由量变到质变的发展过程,具有一定的顺序性。这种顺序性必然导致发展阶段性的出现。每个年龄阶段又有一些独特的、典型的特点,具有阶段性。如可以把中小学生分为童年期、少年期、青年初期,每一时期又具有不同的身心发展特点,前后相邻的阶段进行着有规律的更替,在前一个阶段准备了向后一个阶段的过渡。每一个发展阶段都经历着一定的时间,在这段时间内,身心的发展主要表现为数量的变化,一个时期后,就由量变发展到质变,把身心发展推进到一个崭新的阶段。

受教育者身心发展的顺序性和阶段性决定了教育者要遵循受教育者身心发展的"序",快慢适度地渐进,使受教育者的身心发展水平不断提高。

(2) 教育要适应受教育者身心发展的差异性和不均衡性,因材施教地促进受教育者的发展。由于遗传、环境、教育和其自身主观能动性不同,受教育者的身心发展是有差异的。首先表现为不同儿童同一方面发展的速度和水平不同。其次,表现在不同方面发展

的相互关系上。再次，还表现在不同儿童所具有不同个性心理倾向性上。如同年龄的儿童具有不同的兴趣、爱好和性格等等。

不同受教育者的生理、心理、社会适应、个性特点及其他各方面的发展是不均衡的，达到成熟水平的时期也各不相同。这种不均衡主要表现在：一是同一方面的发展，在不同的年龄阶段是不均衡的。二是不同方面发展的不均衡性。有的方面在较早的年龄阶段就已达到较高的发展水平，有的则在较晚的年龄阶段才能达到较为成熟的水平，如人的生理发展和心理发展就是不均衡的。

教育者身心发展的差异性和不均衡性决定了教育者不仅要认识受教育者发展的共同特征，还应充分重视每个受教育者的个别差异，针对每个学生的实际，长善救失，因材施教，有的放矢；在儿童发展的"关键期"或"最佳期"，适时施教，使他们切实不断地提高，做到才由教成。

（3）教育要适应受教育者身心发展的稳定性和可变性，做到了解受教育者，为受教育者的发展提供良好的条件。在一定社会和教育条件下，受教育者身心发展阶段、年龄特征、发展顺序、变化速度大体是一致的，具有一定的稳定性；而在不同的条件下，同一年龄阶段的儿童的发展又有可变性。

受教育者身心发展的稳定性和可变性决定了教育者要注意受教育者身心发展的稳定性，掌握每一阶段中那些比较稳定的共同特征，考虑教育、教学的内容、过程和方法及评价的标准。同时，又要注意受教育者身心发展的可变性，通过教育工作，充分利用发展的可能性，促使儿童健康地发展。

（4）教育要适应受教育者身心发展的互补性和协调性，做到尊重受教育者，为受教育者潜能的发挥创造条件。儿童的各种生理和心理能力的发展、成熟，虽然依赖于明确分化的生理机能的作用，但总体发展水平方面，又表现出一定的互补性和协调性。一是机体某一方面的机能受损甚至缺失后，可通过其他方面的超长发挥达到部分补偿。二是心理机能和生理机能之间的互补。

受教育者身心发展的互补性和协调性决定了教育者要尊重每一个受教育者，特别是生理或心理机能发生障碍、学业成绩落后的学生，相信他们可以通过其他方面的补偿性发展来达到与一般正常人一样或相似的发展水平；要掌握科学的教育方法，善于发现其优势，扬长避短，激发他们自我发展的信心，通过其内在的力量达到身心的和谐统一和发展。

第二节　不同阶段学生的身心发展

一、小学生的发展

小学生的年龄是六七岁至十一二岁，处于童年期。这时，儿童的生活方式和内容都发生很大的变化，由一个以游戏为主导的生活转为以学习为指导的生活，学习对他们的成长具有重要意义。童年期是他们人生发展的基础阶段。

（一）生理发展

人体同体外环境之间的物质和能量的交换，以及体内物质和能量的转变过程，叫新陈代谢，它是人体自我更新和建造的过程。整个儿童时期，新陈代谢都比成人要旺盛得多。并且小学阶段的儿童，同化作用大大强于异化作用。因此，他们要从外界摄取更多的营养物质，为身体发育奠定物质基础。

1. 身高体重

小学生身体发展在人的一生发展中处于一个相对平稳的状态。同幼儿相比，小学生的身高体重进入相对稳定阶段。身高平均每年增长 4—5 厘米，体重可增长 2—3 千克。10 岁以后，随着青春期的渐次到来，他们进入快速增长阶段，身高每年可增长 6—8 厘米，体重每年可增长 3—6 千克，甚至更快些。

2. 骨骼肌肉

小学生的骨骼正处于生长发育的重要阶段，骨骼更加坚固，但由于骨骼中所含的石灰质较少，软骨成分多，无机物较少，骨密度较低，骨骼的硬化过程正在进行。脊柱胸廓以及其他骨骼没有完全骨化，骨骼富有弹性而硬度小、韧性大，不易骨折而易弯曲变形、脱臼和损伤。小学生的肌肉群的发育主要是纵向生长，肌纤维比较细，力量也较弱。大肌肉群的发育要早于小肌肉群的发育，肌肉的发育落后于骨骼的发育；肌肉柔软而松弛，在活动中容易疲劳，缺乏耐力，不易长时间从事过于剧烈的体育活动。

3. 心脏、血液循环系统

从体内机能的发育来看，小学生心脏容积和血管容积的比例要小于成人，脉搏频率比成人高。心率由新生儿时的 140 次/分，下降到学龄前 90 次/分左右，而小学生的心率约为 80 次/分—85 次/分。在小学 6 年期间，小学生的心脏和血管在不断增长，肺活量有明显的增加，抵抗力不断增强，呼吸道疾病大大减少。从肺的发育来看，6—7 岁儿童肺的结构就已发育完成，至 12 岁时已发育得较为完善，儿童的肺活量在这一阶段也迅速增加，表明肺功能不断发展。

4. 大脑和神经系统

从脑和神经系统的发育来看，6 岁儿童的脑重约为 1200 克左右，达到成人脑重的 90%。12 岁儿童的脑重已经接近成人水平。脑细胞体积增大，树突和轴突分支逐渐发育完全，细胞功能的分化基本完成。随着大脑皮层的生长发育，儿童脑的分析、抑制能力有所增强，兴奋过程与抑制过程逐渐走向平衡，但兴奋性不能持久。由于觉醒时间逐渐延长，睡眠时间缩短，这使儿童有更多的时间从事学习活动。因此，同一性质活动的时间要短些，以便使相应部位的脑细胞及时得到休息。

5. 性腺和生殖系统

男性生殖器包括内生殖器（睾丸、附睾、输精管、尿道等）和外生殖器（阴茎、阴囊）。睾丸是产生精子的器官，也是性腺，可分泌雄性激素。男性睾丸至出生时已下降至阴囊内，10 岁以前生长十分缓慢，进入青春发育期，睾丸的重量呈倍数增加。8—9 岁的小学生其睾丸就有分泌雄性激素的机能，但分泌量少，至青春期才迅速增多。雄性激素能刺激男性器官的发育和副性征的出现，如喉头突出、声音低沉、特有的体毛分布，以及促进骨骼肌蛋白的合成，减少尿氮的排出，此外还能刺激红细胞生成和长骨的生长等。女性生殖器亦分内生殖器（卵巢、输卵管、子宫）和外生殖器（阴阜、阴唇、阴道等）。卵巢是产生卵子的器官，也是分泌雌性激素的内分泌腺。女性卵巢在青春期前发育很慢，月经初潮时才达到成人重量的 1/3，青春期后发育迅速。卵巢产生的雌激素、孕酮素可促进第二性征的出现，如皮下脂肪增多、乳房增大、声调变高等。

（二）心理发展

1. 感知觉

早期小学生感知事物时较笼统，往往只注意表面现象和个别特征，时空特性的知觉也不完善；随着年龄的增长，小学生知觉的有意性和目的性明显发展，他们能从知觉对象中区分出基本的特征和所需的东西，对于时间单位和空间关系的辨别能力也渐次增强。小学生感知事物的特点是感知觉逐渐由不随意性、短暂不稳定性、被动性向随意选择性、较持久和稳定性、主动性方向发展，并逐渐完善。

2. 注意

小学生，特别是低年级小学生以无意注意为主，但有意注意发展迅速；注意力总体上是由不随意注意占优势向随意注意占优势方向发展，并且后者逐渐在学习和从事其他活动中占主导地位。不过，总体上小学生的注意力较不稳定、不持久，容易为一些新奇刺激所吸引。

3. 记忆

小学生的记忆从机械记忆占优势向意义识记占优势发展，但机械记忆仍占优势。从以机械识记为主逐渐发展到以意义识记为主，从以具体形象识记为主到词的抽象记忆能力逐渐增长，从不会使用记忆策略到主动运用策略帮助自己识记。随着学习、训练过程的深入，小学生的有意记忆逐渐超过无意记忆而成为主要的记忆方式，意义记忆所占的比例逐渐超过机械记忆而在记忆活动中占主要地位。

4. 思维

小学生思维的主要形式逐步从具体形象思维过渡到抽象逻辑思维，但具体形象思维仍占优势；且思维被动性多，主动性、独立性少。随着年龄的增长，其概念的掌握趋于丰富、精确和系统，判断、推理和理解能力也逐步得到发展；思维的灵活性、批判性和创造性等品质也有所提高。三年级之前偏重形象思维，10 岁左右是具体形象思维向抽象逻辑思维过渡的转折期。

5. 想象

小学生的想象具有模仿性、简单再现性、直观性和具体性的特点。想象需要有具体的东西作依据，想象的有意识性、目的性迅速增加，想象的内容逐渐丰富，想象的现实性有了较大的提高，创造性想象显著发展。低段学生想象的内容常常是事物的简单再现，缺乏独立性和创造性；中高段学生的再造想象富有创造性成分，以独创性为特色的创造想象日益发展。小学生后期对自己的生活前途已开始出现初步的幻想。

6. 情感

小学生情感显出内外一致性；情感表现得比较明显，但不稳定。其道德情感有所发展。小学生情感的内容日益丰富，社会性道德感的比重逐渐增加，情感的稳定性和控制能力有所增强。理智感也进一步发展,他们的求知欲、好奇心和学习热情等越来越稳定而深刻;美感发展主要表现在对艺术作品中具体的内容和形象的观赏方面;对艺术作品内在质量的评价,则要到小学后期才会引起注意。

7. 意志

总体而言,小学生不善于控制自己的行为,行动目的性差,喜欢模仿,易受暗示,意志较为薄弱。随着年龄的增长,小学生意志的目的性会进一步增强;自制力和独立性逐渐提高,小学生行动的冲动性和受暗示性大为减少,行为的自我调节能力有了明显的增强;但果断性、坚持性还是较差,在"果断"中容易出现盲动,在坚持中存在对教师或家长帮助的依赖。到高年级时,学生已能自觉地去完成学习任务和主动地做事情。

8. 言语特征

小学生的言语特征有很大发展,能够比较熟练地掌握和运用口头言语,并逐渐掌握口头言语中语音的细微差别;逐渐掌握了书面言语,词汇增加很快,对词义的理解越来越精确,语法运用逐步趋于合理、完善,言语表达更加连贯、生动和多样化,学会了写字、阅读和写作。小学生还有能力学习外语,这说明小学生言语发展有很大的潜力。

9. 个性特征

小学生的意识倾向性有了一定的发展,在自我评价的独立性、自我意识的批判性和自我评价的内容方面均有一定的发展。学习兴趣逐渐分化、稳定,个人志向从直觉的、幻想的、易变的,逐渐分化、稳定且富于理性。小学生在社会性方面有了一定的发展。学习并掌握了一些与人相处、与人合作及竞争的基本技能技巧。小学阶段还是个体自我概念逐渐形成的一个重要时期。儿童学业成败、社会技能、来自教师及同伴的社会支持对其形成自信或自卑的个性品质有很大的影响。小学生的道德认识能力也逐渐发展起来,从只注意行为的后果,逐步过渡到比较全面地考虑动机和结果。儿童越来越能从他人角度看问题,道德情感体验日益深刻。

二、初中生的发展

初中生的年龄是十一二岁至十四五岁,处于少年期,是儿童向青年过渡的时期。身心剧变,内心世界的发现,自我意识的突出,独立精神的加强,是这一阶段学生所表现出来的总体特征。

(一)初中生的生理发展

1. 身体迅速生长

初中阶段是一个人身体生长发育的第二个高峰期。初中生身高和体重存在着个体差异。此外,初中生的胸围、肩宽、盆骨宽、坐高等外形特征也有很大的变化。虽然初中生的身高和体重发展迅速,但是四肢的增长比躯干要快,所以初中学生的体型发育常常显得不匀称。血管随着身高增长,但心脏的发育跟不上,常常导致心脏机能障碍、头晕、心脏搏动过速而易疲劳。骨骼生长快而钙化程度尚未达到成人水平,易变形、弯曲和损伤。肌肉拉力程度仍然较弱,负荷能力较差。

2. 性成熟开始

随着人体内分泌系统的发展变化,初中生性激素分泌量增多引起性的萌发与成熟。初中生第二性征的出现和性的成熟也存在着早熟和晚熟现象。一般情况下,女孩进入性成熟要比男孩早1—2年。随着社会的发展和人的进步,现在的初中生要比以往的初中生较早进入性成熟时期。这些个别差异与初中生在身体外形和内部机能的变化方面表现出的个别差异一起,使早熟者、晚熟者面临着不尽相同的适应问题。

3. 神经系统的结构和机能发生巨大变化

神经系统的高级部位是大脑。初中生大脑的重量增加和大脑容积并无太大变化,但是他们大脑的结构和机能已接近成人。13—14岁时,大脑已经完成由枕叶、颞叶、顶叶至额叶的先后成熟过程。皮层沟回组织已经完善分明,神经细胞也已完善化,分化能力增强。脑电波的频率和波幅已接近成人。这说明初中生的大脑发育已趋成熟,但其大脑的机能还不十分完善,在神经系统活动的基本过程中,兴奋过程较强,兴奋和抑制的转化较快,抑制过程有提高,但自觉控制自己的能力还不强,容易冲动和疲劳。

(二)初中生的心理发展

1. 认识有了进一步的发展

初中生感知的目的性、精确性和概括性有了很大提高。听觉和视觉的灵敏度已达到或超过成年人,在动觉的感受性上也有迅速提高;有意注意进一步发展,集中性和稳定性、分配和转移等各种品质有了很大提高;记忆水平显著提高,有意识记忆占优势;抽象逻辑思维日益占据主导地位,思维的独立性和批判性有了显著发展、思维的创造性开始萌发。

2. 情感丰富,性的成熟

初中生的情感很丰富,容易动感情和激动,情绪的两极性强烈,情绪的感染性强,而且情感的波动明显外露。情绪开始有了隐蔽性,社会情操初步形成。如集体主义、同伴友谊,理智感、美感有所发展。性腺机能的发育成熟,使青少年的性意识觉醒,因而容易兴奋、冲动和神经过敏。13—14岁以后,男女之间对两性关系的体验显著增强,心理上开始萌发出爱恋的幼芽。

3. 意志行为更为复杂

随着年龄的增长,初中生的意志行动的目的性和自觉性日益提高,并具有广阔性和社会性,可使自己的目标自觉服务于社会利益;意志的果断性水平有一定发展,意志的坚持性进一步增强,意志的自制力有了进一步发展。

4. 自我意识的发展有了新的特点

初中生衡量自我意识发展水平的评价能力有了进一步发展,如评价的内容、范围进一步扩大和深入。在评价他人的基础上,自我评价能力进一步提高;更重视同龄人对自己的评价;产生了成人感,力争去参与成年人的活动,要求成人平等地对待他们。同时,独立性和自尊心增强。初中生的自我性别角色意识有了飞跃,他们逐步认识到男女之间的本质差异,明确不同性别角色的特点和行为规范。

三、高中生的发展

高中生的年龄是十四五岁至十七八岁,处于青年初期,其身心各方面已达到了基本成熟阶段。

(一)高中生的生理发展

1. 身体的发育已基本成熟,发展速度进入相对平缓阶段

高中生的身高、体重、胸围等各方面都已接近成人。高中生骨骼基本骨化,支撑力增强、肌肉横断面增大,力量显著增强;胸围扩大、肺活量增强、体力明显增强、心脏的容积和收缩力增强,而动脉血管的成长落后于心脏,有时会出现暂时性血压增高的现象。高中生的体态发育趋于匀称。

2. 性机能的发育基本成熟

高中生的生殖器官逐渐生长达到完善,性机能基本成熟。男女生在体态上已表现出明显的两性差异,对性的体验较敏感,进一步意识到两性关系是该年龄阶段学生心理变化的突出特点。

3. 神经系统已发育完善

大脑皮质的结构和机能已达到成人水平,兴奋和抑制过程较平衡,自我调节能力增强。

(二)高中生的心理发展

1. 认知能力有了深入的发展

高中生的感知、注意、记忆、思维、想象能力等方面都有显著的发展,兴趣广泛并日益分化。特别是他们的思维活动已逐步摆脱具体形象和直接经验的限制,开始借助概念进行抽象的逻辑思维,思维的辩证性、批判性和独立性已明显增强。对事物的分析与综合能力、创造性及解决问题的能力都有可能达到高级水平。

2. 情绪、情感不仅丰富而且复杂,意志渐趋成熟

高中生情绪、情感表现有:(1)情绪波动幅度大、速度快,具有明显的两极性;(2)高中生的情感比较曲折和文饰,会根据一定的条件来表达情绪、情感,甚至外显的形象与内隐的体验不一致;(3)高中生情绪、情感的内容和形式更加多样化,可以在教育影响下形成高尚的情操,如荣誉感、正义感、理智感和美感等。在意志方面有了很大的发展。

3. 自我意识发展渐趋成熟

青少年自我意识的发展有一个过程。高中阶段,自我意识有了进一步发展。与少年时期相比,高中生对自己的认识更自觉、深刻,也更严格。高中生能较正确地观察和剖析自己,自觉地进行自我批评。高中生评价自己的行为不仅从结果,而且能深入动机和思想根源进行剖析。

4. 对异性的好感与爱慕

由于性成熟,男女生在体态上表现出明显的两性差异。性激素的分泌,使他们产生了性的生理冲动,扰乱了他们原来的平静心理,此阶段被称为思春期。对两性关系的关注是高中生生理、心理发展的正常结果，是正常现象。

5. 热烈追求理想，开始探索人生的意义

高中生是人生最富有理想并热烈追求理想的时期，但这时多数学生的理想仍然不稳定，易受社会潮流的影响或易因自己努力的成败而改变。这时也是探索人生意义、初步形成人生观和世界观的时期。大多数高中生都会遇到这些问题。

第三节 不同阶段学生的教育

一、小学生的教育

针对小学生的身心发展特点，教师可以通过学习与游戏的分化，促进学生在认知、情感和意志等各方面发展。

（一）掌握小学生身心发展的特征，有针对地进行教育

小学生生理的发展是心理发展和社会发展的基础，尤其是大脑及神经系统的发展，与心理发展和社会发展有着密切的联系。小学生的学习过程不同于一般的学习过程，其认识活动要越过直接经验阶段并且是多种经验的获得过程，需要教师的指导，是一种运用学习策略的活动，学习动机是学习的动力系统的核心内容。教师要特别关注包括其学习动机、态度等在内的身心发展特点，掌握小学生身心发展的规律，改革标准化、同步化、划一化的教育模式，着眼于学生想象力、创造力的培养，使其认知、情意、道德行为获得发展。

（二）了解不断发展和变化的客观环境，有条件地进行教育

进入小学后，正规化的学习生活取代了学前期的游戏活动，成为小学生的主导活动，这一变化对小学生乃至人的一生的身心发展都具有重大意义。学校以班级为单位，在教师指导下有计划、有步骤、有组织地以教学活动为基础，关注儿童的注意、记忆、思维等心理过程，培养学生的责任感、义务感和意志力，鼓励学生相互交流和帮助，发展其社会交往技能和合作态度，提高其社会认知水平，使其遵从各种基本的社会行为规范，个性不断完善和发展。

（三）围绕班级保健为中心，有成效地进行教育

1. 明确班级保健的重要意义

在小学里，班主任与学生的接触最多，联系最密切，也有可能对学生最了解。班主任又是沟通学校、社会和家庭之间的桥梁。班主任应发挥作用，让大家对班级保健的重要性达成共识。小学生是祖国的未来和栋梁，正处于身心快速发展、可塑性极强的时期，根据其身心发展规律，实施卫生保健，促进其身心健康，对于全面贯彻党和国家的教育方针，促进学生素质的全面提高具有重要作用。

2. 以班级保健的目标为中心选择班级保健的内容和方法

1990年6月颁布的《学校卫生工作条例》明确指出,班级保健目标,坚持预防为主,从习惯的培养入手,加强防病措施,预防和矫治结合,保证和促进学生身心的发展。班级保健包括教学卫生、环境卫生、个人卫生、安全教育和常见病的防治。对学生进行生理、心理卫生和公共卫生基础知识、基本技能的教育,了解和掌握常见病、流行病或传染病的预防和治疗方法。建立一系列的班级保健制度,包括学习生活制度、卫生监督检查制度,讲究个人卫生、保持环境卫生,减少疾病,提高健康水平。

3. 重视班级保健的评定

在对班级保健评价体系上,以往的观点是以划一的标准来评价各种各样的学生、教师和班级。在社会生活多样化、学生发展个性化的今天,应该根据每个学生身心发展的水平及特点,以过程性的人才评价为主。评价以班级保健目标的达成度为中心,教师应有科学的评价观念,以学生为本,评价主体多元化、评价方法多样化,注重过程性评价和发展性评价。

(四)抓住关键环节,有重点地进行教育

诗人歌德曾经说过:人生道路是漫长的,但要紧之处却只有几步。当小学生迈着略微蹒跚的步伐开始人生探索的时候,也有几个重要的关口在等着他们。

1. 小学低段的入学指导

刚刚进入小学,学生面临的主要问题是不适应。教师要抓好入学教育,让学生尽快熟悉学校环境,抓好常规教育,如课堂常规内容、品德要求常规、学校和家庭生活常规等等。教师要根据小学生身心特点和班级特点,严格要求、持之以恒,又要设置坡度、遇物则诲、相机而教、循循善诱。教师要从学生入学的第一天起,对其进行学习辅导,培养其认真的学习态度、掌握学习常规知识、激发学习兴趣、养成良好的学习习惯。

2. 小学中段的行为矫正

小学生到了中年级容易产生行为上的偏差。日本著名的教育心理学家福泽周亮曾说过:三年级是不可思议的学年。这一时期如果学生有不良行为得不到及时纠正,以后纠正就比较难了,到了中学乃至成年后,同样的问题仍然有可能出现,反之,如果能改掉不良的行为习惯,绝大多数学生以后的发展都会较顺利。因为这一阶段学生的性格和行为模式已在相当程度上形成了,这一阶段的主要任务是对他们进行行为矫正。

3. 小学高段的青春期教育

一般来说,儿童在性成熟之前已经对性的问题产生了属于求知欲范围的兴趣,青春期时产生真正的对性的好奇心。小学高段迅速显著的心理变化之一就是性意识的觉醒。加上现在儿童生理性的早熟,在小学高段要重视青春期的教育。小学的青春期教育实际上是一种人性的教育,要把人本来具有的本能的、动物性的"性",提高到具有社会性的、道德的、人"性"的高度进行教育。要从培养小学生健康的性格、了解自身、学会建立和谐的积极的异性关系等方面进行青春期教育。

二、中学生的教育

中学生的教育应尊重中学生身心发展的特点和规律,坚持面向全体中学生,全面推进

素质教育,使学生生动活泼、积极主动、全面地得到发展。

(一)学校、社会、家庭应该为中学生的身心发展提供良好的条件

中学生处于身心急剧变化时期,学校、社会、家庭要密切联系、共同努力,使他们顺利通过人生的重要关口,为全面发展创造条件。学校教育应从中学生身心发展的年龄特征和全面推进素质教育的要求出发,有计划、有组织、有目的地提高中学生的综合素质,培养其主体意识,养成优良的个性和健全的人格。家长应重视"家庭是孩子第一课堂"的重要作用,和学校教育密切配合,关注孩子的全面发展。社会应努力为中学生提供宽松、民主、积极的发展环境,如社会大众传媒、大众文化设施、大众教育机构等方面,应尽可能多考虑中学生的需要和特点,与学校、家庭形成教育合力,促进中学生身心健康、主动活泼地发展。

(二)减轻过重的课业负担,生活要有节奏

大脑是中学生学习的生理基础,要使中学生健康成长,关键是保持大脑和神经系统的健康。人在从事学习活动时,大脑皮质相应区域的细胞处于兴奋状态,兴奋时也伴随细胞的物质消耗,如果消耗过程占优势,就使大脑皮质转入抑制,就会出现疲劳。如果学习或活动负担过重,大脑细胞长期处于兴奋状态,就会引起一系列生理上的不适,同时,心理上的压力越来越大。因此,教师、家长应正确把握中学生适度的课业量,减轻其过重的课业负担;要保证中学生充足的休息和睡眠时间;要注意及时补充营养;要按照中学生身心发展的特点制定合理的学校、家庭作息和社会制度;要使中学生的生活有节奏,让大脑神经细胞的活动一张一弛,这样,既不易疲劳,又可以提高学习效率。

(三)培养稳定而积极的情绪和情感

人的情绪、情感直接与身心发展状态相联。处于青春期的中学生,情绪、情感极不稳定,波动性很大。不良的情绪、情感是生理和心理疾病发生的基础。再加上中学生面临升学和就业的转折,许多问题都会引起中学生情绪和情感的巨大波动。教师和家长要注意建立良好的师生、亲子关系,并注意方法、掌握分寸、晓之以理、动之以情、导之以行、持之以恒;注意引导中学生善于控制和调节自己的情绪和情感;注意培养中学生积极的情绪情感,如要乐观、积极、善待自己、关爱他人、服务社会,养成健全的人格。

(四)进行青春期生理、心理和性道德、性法纪的教育

青少年对自身的变化和性的知识有着强烈的好奇心理,应重视青春期生理、心理、性道德、性法纪的教育。信息时代特别要注意正确的引导。早在1962年,周恩来同志就号召教育工作者,把性的知识教给青少年,这是具有远见卓识的指示。现代社会已经是一个开放的、综合的、价值多元化、生活多样化的社会,对处于青春期的中学生进行科学的性知识教育,使之了解生理发展上的阶段性,并对性生理、性心理变化有足够的思想准备和适应能力。同时,对他们进行性道德、性法纪教育,使他们能用道德感、理智感和法纪观念调节和控制自己的性意识。

（五）加强中学生创新精神和实践能力的培养

由于中学生积累了一定的知识经验,愿意独立思考,能进行较系统的理论思维,加之较少保守思想而富于想象,因此在思维上更多表现出创造性。如爱因斯坦的相对论的酝酿期就在中学阶段。我国数学家陈景润关于哥德巴赫猜想的研究,也是在中学阶段就开始考虑的。以"创新"为根本特征的知识经济时代的到来,要求人们有更多的创新精神。中学生的创新精神,包括树立创新意识、训练创新思维、提高创新技能、陶冶创新情感、养成创新人格。其中创新思维的训练应成为重点,要注意发展中学生积极的求异思维、敏锐的观察力、创造性想象、独特的知识结构及活跃的灵感。而灵感和求异思维是创新思维的最本质的特点。

（六）重视生命科学教育并把它作为人生观、世界观教育的重要组成部分

人生观教育是对人生的态度和观点的教育,世界观是对世界的态度和观点的教育。人生观、世界观教育即思想教育,是德育中最高层面的教育,它和道德教育、法纪教育、政治教育共同构成中学生德育。中学生的活动涉及社会和个人生活的各个方面,中学阶段是全面体会人生的重要时期,要特别重视人生观、世界观教育。要以科学理论为指导,帮助学生解决涉及人生和世界的一些实际问题,引导中学生在改造现实世界的过程中树立科学的思想观。人生观、世界观教育始于生命生态教育。许多国家在学校里开设生死教育(或生命教育)课程,对儿童进行系统的生命科学教育;在家庭里,由父母、亲人对孩子进行生命教育的启蒙;社会则弘扬科学的生命观,使儿童尊重生命、热爱生命、善待生命。

（七）重视安全教育,防止意外伤亡事故

有人曾对青少年儿童发生的意外伤亡作过调查,结果发现:随年龄的增长,青少年儿童意外伤亡事故在增加。造成中学生意外伤亡的原因主要是车祸、溺水、自杀、触电、锻炼损伤及打架斗殴等。因此,应切实加强中学生安全教育这一课题。安全教育要从单纯的"不准这、不准那"的限制转向引导学生"应该做什么、怎么做"等方法指导上,使中学生掌握安全知识,提高动手操作能力;安全教育形式要从关起校门躲避变为走出校门锻炼,成为自觉遵纪守法、敢于和善于救死扶伤的合格公民。还要建立社区、学校、家庭一体化的安全教育网络。

第四节 青春期教育

在人生旅途中这个神秘又迷人的青春期被人称为"自立期"、"自主期"、"准成人期",也有人称之为"危机期"、"反抗期"。在这一时期,少男少女们正处于从幼稚到成熟、从依附到独立、从顺从到自主地积极发展的过渡阶段,是人类进化过程中的一种进步表现,走好这关键的几步,关系到一个人的一生。

一、有关青春期的界定

青春期是青少年发育成长的重要阶段,是由儿童生长发育到成年的过渡时期,是以性

成熟为主的一系列的形态、生理、生化、内分泌及心理、行为的突变阶段。青春期,也称青春发育期。

世界卫生组织(WHO)曾将青春期的年龄范围定为10—20岁。国外许多学者把这个长达10年的时间划分为青春期的早、中、晚期。早期,是指女孩月经初潮和男孩首次遗精出现前的生长突增阶段;中期,是指性器官迅速发育,第二性征出现阶段;晚期,是指性器官趋向成熟,到体格发育基本停止阶段。

朱智贤先生主编的《心理学大词典》认为:青春期占人的一生生长发育时期的一半或稍多一些,一般为10—20岁左右,分为前后两期。10—14(15)岁为发育迅猛的青春前期,14(15)—20岁为发育逐渐缓慢的青春后期。由于受种族、营养、环境、文化以及社会经济的影响,青春期的起始年龄、发育速度及成熟程度,均有很大的个体差异,有早熟、平均和晚熟三种正常类型,也有明显的群体差异。不仅种族之间有所不同,而且男女之间也有不同。

二、青春期的特点

(一)幼稚性与成熟性并存

由于性成熟和第二性征的出现,青春期学生身心有一系列的变化,他们最初会产生恐慌,但随着性成熟和对性知识的了解,这种心理会迅速消失。到了青春期,中学生生理的发育日趋成熟,但他们在心理上还不成熟,对突然到来的身体变化还不大适应,形成了生理上的成熟性与心理上的幼稚性之间的矛盾。

(二)依赖性与独立性并存

青春期学生在思想上具有独立性,主要表现为对各种事物特别是传统观念的批判与质疑,而他们在教育、经济和生活各个方面仍处于依附地位,尚未"独立"。他们一方面想独立地生存和发展,另一方面又不能忽视这些依附对自己所产生的影响,这就造成了中学生依赖性与独立性的心理矛盾。

(三)冲动性与理智性并存

青春期学生的思想更加开放、务实,广泛吸纳新知,勇于表现自己。但由于其心理还未完全成熟,情绪情感丰富且易激动,在思想行为上易出现片面、孤立、固执和盲目倾向;认识能力有了一定发展,逐渐务实求实。他们能理智地分析事物,反思自己,这一时期是理想、需要、兴趣、爱好发展的重要阶段。

(四)闭锁性与开放性并存

青春期学生一方面将新发现的自我的特征(如美丑、善恶、真假)视为一种"隐私"而千方百计地加以封锁和保密;另一方面又期望他人了解、同情与支持自己,常常通过记日记的形式调节自己的心理平衡,并愿意向同龄伙伴敞开自己的心扉,这是心理上的闭锁性与开放性的矛盾。

三、青春期原因探秘

人生的青春期短暂而美丽,更充满了神秘浪漫气息。青春期学生身心发展的原因是多方面的。

(一)生命个体主观因素

青春期发育是一个很复杂的生理过程,青春期发育的一系列变化信息,不断反馈给下丘脑-垂体-性腺系统,其通过调节激素的分泌而控制青春期发育的顺利进行,大脑情绪精神状态通过对内分泌系统影响而对激素的分泌产生影响。因此,良好的神经-内分泌系统功能及情绪精神状态,可保证或促进青春期发育的正常进行。

(二)社会发展客观因素

种族遗传因素。遗传决定儿童生长发育的潜力,其对形态外貌、体型、生理功能、性成熟时间、骨龄、齿龄等均有重要影响;环境因素。营养是青春期发育的重要物质基础;生活方式,如体育锻炼、生活制度等,是青春期发育正常进行的重要保证;季节和气候、生活环境等自然和社会因素,可直接或间接地影响青春期发育的进程。

四、青春期学生发展的特点

青春期生长发育呈现出三大变化:身体外形的变化、生理机能的增强、生殖器官发育成熟。

(一)身体外形的变化

身体迅速长高。青少年进入青春期,身高长势惊人,每年增高 6—8 厘米,有的达到 10—11 厘米。青春期前,每年只增高 3—5 厘米。体重明显增加。青春期体重增加的速度也很快,每年平均增加 5—6 公斤,甚至 8—10 公斤,而成年期每年增加不到 5 公斤。

第二性征的出现,标志着青春期的来临。男性表现为喉结突出,长胡须,体格高大,发音低沉,阴毛和腋毛先后长出,肩宽胸廓由孩子时期的圆形变成扁圆形,构成了青春期男子的雏形。女性表现为乳房发育突出,骨盆增宽,皮下脂肪加厚,阴毛和腋毛长出,音调高而尖细等。

(二)生理机能的增强

脑的发育。青春期的脑重量和容量增长有限,脑神经细胞也基本上不再增多。然而,重要的是脑发生质的变化。随着参加实践活动的增多,脑的内部结构和机能不断分化,迅速发展。如思维能力进一步增强,理解、分析、判断能力加强,记忆更加深刻牢固等。

心脏的发育。在人的一生中,心脏有两个猛长时期。第一次在出生后两周内;第二次在青春期。到 30—40 岁,心脏大小才固定下来。青春期心脏功能和成人有差距,成人每搏输出量是 60—70 毫升,一个 12 岁的少年,平均只有 41 毫升,每搏输出量只有成年人的 2/3。

青春期的脉搏次数也有特点。年龄越小，心跳越快，脉搏次数也越多。这是由于年龄小，脑、神经还不健全，兴奋性强；还由于心脏的每搏输出量较少，而全身的需要量大，只能以增快心跳次数来补偿。所以少年的血压比成年人低。青春期以后，心脏发育超过血管的发育，加之内分泌的影响，血压随之升高。

肺的发育。在人的一生中，肺也有两次猛长时期，第一次在三个月的婴儿期；第二次在青春期。青春期时，肺和呼吸肌的发育极为迅速，肺的呼吸能力增强，但青少年的肺通气效率较差。另外，呼吸频率年龄越小越快。所以每当中学生兴奋或从事体力活动时，就格外显得呼吸急促。

（三）生殖器官的成熟

人的生殖器官要到青春期才迅速发育成熟，具有生育机能。月经和遗精是中学生生殖器官开始发育的信号，不是真正的身体各部分的完全成熟。生殖器官发育成熟，骨骼完全钙化，心脑等重要器官发育完善，要到 25 岁左右。

性生理发育是青春期生理发育的最重要和显著的特征之一。性生理包括性器官形态发育、性功能发育及第二性征发育三方面。性生理发育的内在原因是性激素（雄激素、雌激素）的作用。性器官形态发育：两性在生殖器结构方面的差异称为"第一性征"，它是各自性别最根本的标志；性功能发育是青春期发育的重要标志。女性性功能发育的重要标志为月经初潮的出现，男性性功能发育的重要标志为首次遗精的出现；第二性征发育是指除生殖器官以外的男性或女性所特有的征象的出现。

五、青春期发育的一般规律

青春期学生生长发育具有一定的规律特点。青春发育期各项指标变化呈"波浪式"上升发展，即不同性别和年龄生长速度不相同。如身高在生长突增高峰阶段平均可增长 7—10 厘米/年，远远超过生长缓慢或平稳期增长的幅度和速度；青春发育表现为一定的程序性和阶段性。青春发育阶段的发育水平高低常受前一阶段的影响，并对以后阶段产生重要影响。青春发育的过程也具有一定顺序；青春发育是不平衡的，但又是统一协调的。青春发育总体上呈正态分布特征，即 95％的学生发育等级水平均在正常标准范围内（平均值±2 个标准差内），发育异常的仅为少数。

六、青春期教育的探索

（一）为青春期做好思想上的准备

学校和教师要指导学生做好青春期的思想准备，即做好青春期发育的自我准备。

首先做好青春期发育的精神准备。如正确认识即将或已经到来的青春期发育的各种生理现象；对待青春期发育的心理变化；性心理的产生和发展。其次做好青春期发育的物质准备。如更好的合理营养和平衡膳食；加强科学的体育锻炼。最后做好青春期发育自我保健意识和能力的准备。如主动学习青春期发育自我保健的知识和自我保健的本领；具有健康的生活方式。

（二）情感的教育

爱是人类社会一种极为高尚纯洁的情感，是人的行为的巨大推动力量。不同质和表现形式的教育爱，会产生不同的行为效应。科学的教育爱要以尊重学生为核心、以理解学生为基础、以关心学生为表现形式、以严格要求学生为依据，这样学生也才可能自尊自重自爱，进而尊重和关爱他人，才会为良好人格的养成打好扎实的基础。

（三）良好人格的训练

人格通常是指一个人所具有的独特的、稳定的心理特征的综合，是在个人生理基础上，受到家庭、学校和社会环境等影响，逐渐形成的性格、气质、兴趣、情绪、意志、能力等心理特征的总和。为了让学生安全顺利度过青春期，首先应重视孩子早期人格的训练。让儿童社会化过程刚开始时，就在生活和娱乐中适当渗透一些理想前途教育、纪律教育、道德教育，使他们明确人生的价值和意义，萌发正确的人生观、世界观。

（四）以性健康为中心的健康教育

培养学生具有科学的健康观是其生存和发展的前提和基础。处于青春期的学生，以性健康为中心的健康教育就成为当务之急。1975 年 WHO 的技术报告系列认为：性健康是性的躯体、情绪、智力和社会各方面的整合，在很多方面积极地丰富和增强了人格、交流和爱情。要对青春期学生进行系统的性健康教育，使其具有良好的性素质。学校、家庭和社会要同心协力，营造一个良好的青少年儿童性教育机制。要教育学生正确面对和处理性问题，传授保护自己安全的性健康知识，让他们顺利度过这段性敏感期和危险期。

（五）法制观念的确立

法制观念是指一个人对法律及其执行意义的认识，并成为调节行动的一种内部心理因素，是个体社会化的重要内容。青春期学生各种需求强烈、认识片面、情绪不稳定、自控能力差、法律观念不强，较易受到外界环境的不良影响。法制教育要根据青春期学生生理和心理发展特点有针对性地进行，让其懂得必须尊重他人，尊重公民所享有的权利和义务，遵纪守法。对学生进行各种形式的法律知识的系统授受，是形成青少年的法律观念，使其自觉地清除犯罪内因、抵制犯罪外因的有效措施。

（六）性知识的教育

性知识不仅指性生理、性心理、性卫生等知识，而且包括性文化观念、性道德、性法纪等知识。要适时适度地进行性生理知识的教育，可以通过生理卫生课等学科性课程、性生理方面的核心课程及包括性生理在内的综合性课程等系统地进行；性心理教育包括性心理卫生知识教育，使学生对月经期心理、手淫的危害等有科学的认识。对性欲望和性冲动的心理因素有所了解，并加强自身控制能力的训练；性道德法纪教育包括使学生认识到性问题不是个人的生活小节，而是严肃的社会问题的组成部分。性道德水平的高低是衡量一个青年或少年道德品质的重要标志。

（七）学校、家庭和社会青春期教育合力的形成

青春期学生的教育管理工作是一个系统工程,要正确认识学校、家庭、社会在学生发展中各自所承担的重要职能,又要密切配合,形成合力。家长主要是通过日常生活的各种活动,以言传身教的方式教育孩子学会如何做人,正确处理友谊、恋爱与婚姻等问题。教师则主要是通过课堂内外的教育活动激发学生强烈的进取精神,向学生传授系统的全面的文化科学知识,培养多方面兴趣,形成良好的品德和个性。社会是青少年发展的重要外部环境。现代信息社会中,人与物、人与机的关系急剧强化,人与人的关系急剧削弱,加剧了学生内心的焦虑和孤独。同时,现代社会又是一个信息流通高度自由化和价值日益多元化的社会,只能将价值生活的自主权交还给价值生活的主体。尊重和培养青春期学生的自主性,应当也必须成为学校、家庭和社会教育的根本任务。

学习与思考

1. 什么是人的发展?

2. 影响人的发展的因素有哪些? 他们各自在人的发展中的作用如何?

3. 为什么说学校在人的发展中起主导作用?

4. 学校教育如何适应人的发展的基本规律并有效地的促进人的发展?

5. 联系现代中小学生的年龄特征和时代特征,谈谈现代中小学生教育中应注意的问题。

6. 为什么说青春期教育是现代中学生教育中的重要课题之一?

7. 结合中学生青春期的特点提一两个在中学生青春期教育中存在的问题,进行原因分析,提出解决策略。

8. 案例分析:

（1）"我"是一名小学英语教师。有一天,"我"收到一张小纸条。读过之后,让"我"羞愧了许久,也思索、回味了许久。上面写着:

Miss Shen:

你对我们很好,我很喜欢你的英语课,但是我不敢举手,我怕我说不好,以后你能多帮帮我,帮我改掉这个毛病吗?

坐在小明后面的男生 小峰

这张纸条是让"我"惊讶的,因为上了这么多的课后,"我"对于"小峰"这个名字还是陌生的,更让"我"惊讶的是他的署名竟然是"坐在小明后面的男生"!"我"平时只关注了少数几个"优等生"和"学困生",却把一大批的"中等生"忽略了,这才导致了在"我"的学生中,在这些小学生中竟然会出现这种"名人效应"!

如果你是这位教师,请从小学生发展的角度分析一下产生这种问题的原因,并提出相应的教育策略。

（2）9月开学的第一天,某中学初一某班从外校转来的一名男生很另类,黄头发。班主任老师经过了解,知道这位学生性格刚烈倔强,如果与他对立,很容易使他产生逆反心理。于是,老师采取另一种策略:不经意地谈心——谈家庭,谈他原来学校的学习

生活。然后,谈自己对穿着打扮的看法,最后建议他把头发染黑,穿普通的衣服。最后还加上一句:以前的生活方式不怪你,但是,进入初中以后应该不一样了。当然,老师也不反对你有自己的个性,你自己决定吧。

就这样短短地谈了几分钟,第二天,该学生真的到理发店把黄头发染成了黑发。一个他以前的老同学惊讶地问他:"嗨,你怎么舍得把头发染了? 是你们老师命令你这样做的吗?"

"不是,我现在遇到了一位班主任,真奇怪,她也没有强迫我染发,可是她跟我交谈之后,让你不好意思不接受,我觉得不染发好像对不起她一样。"

请从初中生发展的角度分析一下这位班主任老师的教育行为。

(3) 一个高二的女生"爱"上了同班的男生,这事全部同学都知道了,甚至传到了科任老师的耳中。不过班主任缪老师心里有数,那男孩是不会越轨的,那女孩的"爱",也只不过是青春期的一种正常心理反应而已。缪老师在调整座位时,还故意将那女生调到了那男生后面。结果,那女生一下子变得学习特别认真,反而像什么事都没有发生一样。科任老师跟缪老师开玩笑,是缪老师出了一着险招。缪老师笑笑说,其实我是心中有底的,我不过是故意迁就了她,满足了她的好奇心而已。我们自己上中学时不也暗恋过异性? 当时最大的愿望还不就是能坐得靠近一点,好引起对方的注意? 适当的迁就会让孩子得到满足,让孩子有一种被信任感、快乐感,特别是对于逆反心理较强的孩子尤其要多一些宽容、多一些迁就。

请从学生青春期身心发展的特点出发,评价该老师的教育行为。

第二编　全面发展的教育

第四章
全面发展的教育目的

学习提要：教育目的是国家对于教育工作所应达到的总体目标的规定,所指明的是我们的国民教育体系究竟应把年轻一代教育、培养和训练成为怎样的人。它是一切教育活动的起点和归宿,它制约并调节着整个教育过程。教育方针是国家从战略和时代的高度,根据教育事业在社会生活整体中的地位和作用,针对教育工作制定的具有全局性、根本性的指导思想,是国家教育政策的总概括,是教育工作的总方向。教育方针和教育目的,是各级政府及其教育管理部门,以及广大教育工作者,建立正确的教育价值观的指针。本章的教学,应着重于了解我国的教育目的和教育方针,及制定教育目的和方针的依据和意义,为建立正确的教育价值观奠定初步基础。

第一节　教育方针和教育目的概述

一、教育方针和教育目的的概念

教育方针是国家从战略和时代的高度,根据教育事业在社会生活整体中的地位和作用,针对教育工作制定的具有全局性、根本性的指导思想,是国家教育政策的总概括,是教育工作的总方向。教育方针的内容主要包括教育工作的指导思想、教育目的和实现教育目的基本途径等。

教育目的研究培养什么样的人的问题,是一定社会对教育所要造就的社会个体质量规格的总的设想或规定。从制定者角度看,教育目的可以分为国家、政府或社会团体提出的教育目的、教育组织提出的教育目的、个人提出的教育目的。教育目的与教育价值观有密切的联系,教育价值取向不同,就有不同的教育目的。只要反映统治阶级的根本利益,符合国家法律规定,符合国家教育方针的价值取向的教育目的,不管提出者是个人、教育组织还是社会团体,都会演变成为社会主流的教育目的,并受法律保护。随着社会政治经济制度和科技文化的发展,某一时期非主流的教育目的在另一时期可能会变成社会主流的教育目的,反之亦然。

国家的教育方针规定并影响着各种各样的教育目的。教育目的是一切教育实践活动的起点和归宿,也是确定教育目标、选择教育内容、决定教育方式、评价教育效果的基本依据。培养目标是教育目的具体化的产物,是由各级各类教育和各级各类学校以教育目的为依据而加以确定的。

一个国家的教育方针和教育目的,通常是由国家的宪法和法律所明确规定的。例如我国在 1949 的《中国人民政治协商协商会议共同纲领》第五章规定，"中华人民共和国的文化教育为新民主主义的，即民族的、科学的、大众的文化教育，人民政府的文化教育工作，应以提高人民文化水平，培养国家建设人才，肃清封建的、买办的、法西斯主义的思想，发展为人民服务的思想为主要任务。"《中华人民共和国宪法》（1986）和《中华人民共和国教育法》（1995）规定："教育是社会主义现代化建设的基础，国家保障教育事业优先发展"，"教育必须为社会主义现代化建设服务，必须与生产劳动相结合，培养德、智、体等方面全面发展的社会主义事业的建设者和接班人。"中共中央、国务院通过文件或领导人的文章，例如《中共中央关于教育工作的指示》（1958）、《中共中央关于建国以来若干历史问题决议》（1981）、《中共中央关于教育体制改革的决定》（1985）、中共中央和国务院的《中国教育改革和发展纲要》（1993）、《中共中央和国务院关于深化教育改革全面推进素质教育的决定》（1999）、《国家中长期教育改革和发展纲要》（2010），毛泽东的《对青年团工作方向的指示》（1953）、《关于正确处理人民内部矛盾的问题》（1957），邓小平的《在全国教育工作会议上的讲话》（1978）、《为景山学校题词》（1983）等，都是根据当时的具体情况，或针对实施中某些突出问题，对教育方针和教育目的作深入阐发，对于各级教育管理部门和广大教育工作者深入理解、正确贯彻执行教育方针和教育目的，排除干扰，达成教育目的具有重要意义。

从中央到地方的各级政府及其教育管理部门，以及各级各类学校和各种教育机构，都应在国家所确定的教育方针和教育目的基础上建立自己的教育价值观，任何时候都应当使自己的全部教育活动围绕着它们来组织实施，为贯彻教育方针、达成教育目的而努力。

正确地规定和切实贯彻教育方针，对于整个国民教育起着至关重要的作用，直接关系着整个国家的国民精神和民族素质，以及综合国力，乃至国家和民族的兴衰。

二、制定教育目的之依据

古往今来，任何国家所制定的教育目的，总是反映着现实社会的需要，并且受制于当时的社会和历史条件，不管人们在主观上是否意识到这一点。

（一）制定教育目的，受制于不同的社会经济、政治制度

不同的社会经济、政治制度，就决定了教育所培养出的人的社会价值规定性，即为谁培养人的问题。在阶级社会里，由于存在根本利益相互对立的阶级，教育目的就具有鲜明的阶级性，成为统治阶级的意志和利益的集中体现。如古希腊的斯巴达和雅典，由极少数的奴隶主贵族所统治。它们的教育制度，在内容和组织形式上虽有很大不同，但它们的教育目的却是一致的，都是要造就能牢牢地掌握统治权的未来奴隶主贵族和忠于奴隶制度、并能保护奴隶制度的强健有力的武士。在我国漫长的封建社会和黑暗的欧洲中世纪，教育目的所反映的都是居于统治地位的封建贵族和地主阶级的意志和阶级利益，教育目的明确规定，培养为维护和巩固封建制度服务的官吏、武士和教士。在资本主义社会，正如著名的英国哲学家、教育家约翰·洛克明确指出的，英国教育的目的，都是为造就所谓"有德行、有用、能干"的"青年绅士"，要能使"自己成为国内著名的和有益于国家的一个人物"。从经济上讲，"绅士"要尽力增强英国的经济实力，以奠定不列颠帝国的基业。对外

教育学

活动方面,"绅士"要勇敢地去扩展英国在海外的势力。这种要求与英国当时大力发展资本主义经济及用暴力征服殖民地的活动是一致的。[①]

(二)制定教育目的,受制于生产力、科技文化的发展水平

物质资料的生产是一切社会的生存和发展的基础,究竟应当把年轻一代培养成怎样的人,不能不受现实社会生产力的状况和科技文化发展水平的制约。生产力和科技文化发展的水平决定了不同时期人才培养的质量规格。在原始社会,由于生产力水平极度低下,还没有建立向年轻一代进行教育的专门机构的条件。在漫长的奴隶社会和封建社会,教育方针和教育目的,无不集中于为巩固奴隶制度和封建制度,造就奴隶主和封建贵族,以及为他们服务的官吏和知识分子。在现代资本主义社会,虽然经常把教育和人权、平等、民主、自由等口号联系在一起,但其教育方针和目的本质,仍然具有强烈的为巩固资本主义制度、服务于资产阶级的阶级性。他们让劳动者受教育,无非是为了训练"对资产阶级有用的奴仆,既能替资产阶级创造利润,又不会惊扰资产阶级安宁和悠闲"。[②]

(三)制定教育目的,受制于不同的价值取向

制定教育目的,还受教育价值取向的影响。个人本位论的价值取向,主张教育目的要根据人的本性需要来确定,强调教育要使人的本性得到最完善的发展,增进受教育者的个人价值,推崇教育的个人发展功能;社会本位论的价值取向,则主张教育目的应根据社会的要求来确定,强调教育要培养符合社会准则的公民,满足社会经济政治发展的需要,保证社会生活的稳定与延续,推崇教育的社会工具价值。

教育价值取向的不同,导致了教育目的和培养目标体系的不同,因而也导致了教育制度体系和教育理论体系的差异。

三、制定我国教育方针和目的指导思想

中国共产党在领导制定我国教育方针和教育目的时,一直遵循历史唯物主义的基本原理,特别是继承了马克思主义关于人的全面发展和教育与生产劳动相结合的思想,以及人类的优秀的历史文化遗产。主要是:

(一)马克思主义关于人的全面发展的思想

早在 18 世纪初,空想社会主义者傅立叶、圣西门、欧文等人就看到了资本主义制度下的分工不仅造成体力劳动和脑力劳动的分离和对立,而且造成人的畸形发展。他们在尖锐地鞭挞了资本主义雇佣劳动制度的残酷剥削和摧残人性的同时,提出了未来理想的社会主义制度,并把教育与生产劳动相结合、使人实现全面发展作为这个新社会的理想之一来追求。

马克思和恩格斯客观地批判了傅立叶、圣西门、欧文等人的空想社会主义理论,批判

---

① 滕大春.外国教育通史(第 3 卷)[M].济南:山东教育出版社,1990:47.
② 列宁选集(第 4 卷)[M].北京:人民出版社,1972:346.

地继承了他们关于人的全面发展的思想,认为私有制和阶级对立,脑力劳动和体力劳动的分离,使得人的发展走向片面。马克思批评"工场手工业把工人变成畸形物,它压抑工人的各种各样的生产志趣和生产才能,人为地培植工人片面的技巧,……个体本身也被分割开来,成为某种局部劳动的自动的工具。"①同时认为,"大工业的本性决定了劳动的变换、职能的更动和工人的全面流动性。"②"承认劳动的变换,从而承认工人尽可能多方面的发展是社会生产的普遍规律。"③大工业生产的产品成倍增长,也给工人的体力和智力全面发展提供了物质条件。马克思、恩格斯主张:"旧的生产方式必须彻底变革,特别是旧的分工必须消灭。代之而起的应该是这样的生产组织:在这个组织中,一方面,任何个人都不能把自己在生产劳动这个人类生存的自然条件中所应参加的部分推到别人身上;另一方面,生产劳动给每一个人提供全面发展和表现自己全部的即体力的和脑力的能力的机会。"④强调只有改变资本主义雇佣劳动制度,消灭剥削和私有制,建立起共产主义制度,生产力得到高度发展,劳动才真正成为自由的劳动,劳动者才能在体力和智力上充分地和自由地发展。

人的全面发展作为一种理想和目标是一定能够实现的,而且现在就应当向这个方向前进。但是,这个理想只有到了充分发展、完全成熟的共产主义社会才能真正实现。

(二)马克思主义关于教育与生产劳动相结合的思想

教育必须与生产劳动相结合是马克思主义教育理论的基本原理之一,也是我国确定教育目的的重要依据。马克思高度评价教育与生产劳动相结合的意义,指出:"未来教育对所有已满一定年龄的儿童来说,就是生产劳动同智育和体育相结合,它不仅是提高社会生产的一种方法,而且是造就全面发展的人的唯一方法。""在按照各种年龄严格调节劳动时间并采取其他保护儿童的预防措施的条件下,生产劳动和教育的早期结合是改造现代社会的最强有力的手段之一。"⑤恩格斯也指出:"生产劳动给每一个人提供全面发展和表现自己全部的即体力和脑力的能力的机会,这样,生产劳动就不再是奴役人的手段,而成了解放人的手段,因此,生产劳动就从一种负担变成一种快乐。"⑥列宁也指出:"没有年轻一代的教育与生产劳动的结合,未来社会的理想是不能想象的:无论是脱离生产劳动的教学和教育,或是没有同时进行教学和教育的生产劳动,都不能达到现代技术水平和科学知识现状所需求的高度。"⑦马克思主义经典作家的这些精辟论断,是指导我国确定教育目的和培养目标的重要理论依据。

(三)借鉴和吸取全人类的思想成果

我国在确定教育目的时,非常重视借鉴全人类的思想成果。在中外历史上,许多伟大

---

① 马克思恩格斯全集(第 23 卷)[M].北京:人民出版社,1972:399.
② 同上书:534.
③ 同上书:530.
④ 马克思恩格斯全集(第 20 卷)[M].北京:人民出版社,1972:318.
⑤ 马克思恩格斯全集(第 19 卷)[M].北京:人民出版社,1972:35.
⑥ 马克思恩格斯全集(第 20 卷)[M].北京:人民出版社,1972:318.
⑦ 列宁选集(第 2 卷)[M].北京:人民出版社,1972:413.

的思想家和教育家，对教育方针和教育目的提出过很多有见地的主张，对于我们正确地确定教育目的具有很重要的意义。如两千多年前我国孔子所讲的智、仁、勇，即所谓"仁者不忧；智者不惑；勇者不惧"。孟子主张"必先劳其筋骨，饿其体肤……"培养"富贵不能淫，贫贱不能移，威武不能屈"的、具有浩然之气的"大丈夫"。近代人民教育家陶行知主张造就手脑并用、在劳力上劳心的体脑结合的新一代，乡村学校应培养青少年儿童具有"一、健康的体魄；二、农夫的身手；三、科学的头脑；四、艺术的兴趣；五、改造社会的精神"等等。

在国外，如古希腊的亚里士多德，主张理性的发展是教育的最高目的，还在一定程度上论及身体、道德、智力和美感等的"和谐发展"。捷克的夸美纽斯提倡"把一切知识教给一切人"的泛知主义教育目的。法国的卢梭和瑞士的裴斯泰洛齐等认为，教育应遵循儿童的自然本性促其各种能力的和谐发展。德国的赫尔巴特认为，教育的主要目的是道德的形成，在全部教育目的中，发展道德品质是基本的和必需的，教育是为了使儿童成为具有多方面良好兴趣的人物。英国的斯宾塞认为，学校教育的目的是为受教育者未来的完美生活做好准备，学校应传授学生以后生活中"最有价值的"那些知识。美国的杜威认为"学校即社会"，"教育即生长"，应让儿童"在经验中学习"，"在解决问题中学习"等等。

国内外这些教育家、思想家，由于历史局限等原因，提出的教育目的难免有某些不足，但对今天正确地制定教育方针、确定教育目的有相当宝贵的借鉴意义。

第二节　我国的教育方针和教育目的

一、我国的教育方针

我国的教育方针，是中国共产党根据国家的社会政治形势和经济发展要求，针对教育工作制定的政策的总概括和方向的总规定。在不同的历史时期，教育方针的内容、重点会有相应的调整和变化。

在国内革命战争时期，中国共产党领导下的革命根据地的教育方针，无不围绕着取得战争的胜利，培养参加革命战争的战士和根据地建设人才这个中心。如土地革命时期所提出的教育方针，就是"在于以共产主义的精神来教育广大劳苦群众，在于使文化教育为革命战争与阶级斗争服务，在于使教育与生产劳动联系起来，在于使广大中国民众都成为享受文明幸福的人。"[①]

中央人民政府成立之初，面对着刚刚从半殖民地半封建社会脱胎而出的新中国，千疮百孔，百废待兴。国家急需大批管理干部和各级各类专业技术人员，广大干部和工农群众的科学文化水平亟待提高。根据这样的形势和要求，1949 年 12 月，在中共中央直接领导下的第一次全国教育工作会议，根据《中国人民政治协商会议共同纲领》的规定，进一步明确新中国的人民教育的性质是新民主主义的新教育，即是民族的、科学的、大众的教育。它的主要任务是提高人民文化水平，培养国家建设人才，肃清封建的、买办的、法西斯主义

---

① 　张健.毛泽东教育思想研究[M].杭州：浙江教育出版社，1993：87.

的思想,发展为人民服务的思想。其方法是理论与实际一致,其目的是为人民服务,首先是为工农兵服务,为当前的革命战争与建设事业服务的方针任务。① 中国共产党的教育方针成为中华人民共和国的教育方针。

随着国家政权的巩固、社会主义改造和社会主义建设的展开,社会发展对教育工作提出了新的要求,在实际工作中也出现了一些新的情况,教育如何为经济建设和社会发展服务,与生产劳动相结合,培养德、智、体等几方面全面发展的社会主义事业的建设者和接班人等,成为新中国教育方针的核心主题。中央人民政府通过 1950 年 6 月召开的第一次高教会议,1951 年 3 月第一次中等教育会议等一系列会议,和发布中学、小学、幼儿园暂行规程等一系列行政规章,明确提出在大、中、小学和幼儿园都要"实施智育、德育、体育、美育全面发展的教育","使青年一代在智育、德育、体育、美育各方面获得全面发展,成为新民主主义社会自觉的积极的成员","应该根据理论与实际一致的原则,结合基本科学知识与专门技术知识,融合理论学习与业务学习,培养出全面发展的、有真才实学的、富有分析力和创造力的专门人才"。② 全面发展被提高到国家教育方针的核心位置,并作了许多深化阐释。

在 1950 年代,在我国教育方针形成和实施过程中,发生过两件大事,对于我们正确理解和认真执行国家教育方针,迄今仍具有重大的现实意义。一件是关于全面发展与因材施教关系的讨论,另一件是学生的身心健康和体育在全面发展教育中究竟应置于什么位置的问题。

当时,全面发展被作为教育的方针提出了,但究竟什么是"全面发展"? 怎样进行全面发展的教育? 在教育界乃至全社会都存在不同的认识,实施中也五花八门,甚至有把全面发展理解为"平均发展",解释为"样样都好、门门全优",忽视学生的个别差异和因材施教等的片面性。《人民教育》杂志在 1951 年的第 2 期发表专题文章,批评把全面发展误解为"平均主义"、"只强调普通而忽视发展特长,只强调全面而忽视把握重点"等现象,接着在《人民日报》、《光明日报》、《中国青年报》、《教师报》、《人民教育》等报刊纷纷发表文章和社论,全国各地和各高校的报刊也都发表如何实施全面发展教育的文章,讨论的内容不仅涉及全面发展的概念和内涵如何理解和把握,而且涉及全面发展与因材施教、全面发展与个性发展的关系,也涉及实施全面发展教育中应注意解决的矛盾和教育目的等问题。讨论的焦点是,学校教育中是要求学生"平均发展"呢,还是"重点发展",以及在全面发展的教育方针中要不要加上"因材施教"等问题。③ 大讨论一直延续到 1957 年,直至毛泽东的"应该使受教育者在德育、智育、体育几方面都得到发展,成为有社会主义觉悟的有文化的劳动者"④教育方针的发表,这可以视为这场大讨论的总结。

另一件事是毛泽东提出"健康第一,学习第二"和"三好"方针。1950 年 6 月,时任中央人民政府主席的毛泽东给教育部长写信,明确指示"各校注意健康第一,学习第二。营

① 参见钱俊瑞. 当前教育建设的方针(上、下)[J]. 人民教育,1950,创刊号和第二期.
② 刘英杰. 中国教育大事典(上)[M]. 杭州:浙江教育出版社,1992:3.
③ 何东昌. 中华人民共和国教育史(上卷)[M]. 海口:海南出版社,2007:21.
④ 张健. 毛泽东教育思想研究[M]. 杭州:浙江教育出版社,1993:89.

教育学

养不良,宜酌增经费。……全国一切学校都应如此"①。1951年1月再次写信指出:"关于学生健康问题,前与先生谈过,此问题深值注意,提议采取行政步骤,具体地解决此问题。……提出健康第一、学习第二的方针,我以为是正确的。盼与各副部长同志商酌处理为盼!"②1957年6月在接见中国新民主主义青年团第二次全国代表大会主席团时讲话,又号召"要使青年身体好,学习好,工作好"。③ 1964年3月,他在一封群众来信上批示,"现在学校课程太多,对学生压力太大。讲授又不甚得法。考试方法以学生为敌人,举行突然袭击。这三项都是不利于培养青年们在德智体诸方面生动活泼地主动地得到发展"④。如何摆正健康与学习的关系,对于深入理解、正确贯彻执行全面发展的教育方针和培养社会主义现代化建设的建设者和接班人的目的至关重要。此后,中央人民政府及其有关部门,曾为此无数次地通过会议和下达文件,甚至制定行政规章作出规定,但在这个关键点上似乎迄今仍是一大难点。

1958年,《中共中央、国务院关于教育工作的指示》总结了实际工作的经验,从国情的实际出发,提出:"我们所主张的全面发展,是要使学生得到比较完全的和比较广博的知识,发展健全的身体,发展共产主义的道德。'有社会主义觉悟的有文化的劳动者',就是既懂政治,又有文化,既能从事脑力劳动,又能从事体力劳动的人。这就是全面发展的人,就是又红又专的人,就是工人化的知识分子,就是知识分子化的工人。"

我国的社会主义现代化建设进入改革开放的新的历史时期,邓小平对于新时期社会主义的教育方针和目的作过多次论述,他指出,"毫无疑问,学校应该永远把坚定正确的政治方向放在第一位","我们要大力在青少年中提倡勤奋学习、遵守纪律、热爱劳动、助人为乐、艰苦奋斗,英勇对敌的革命风尚,把青少年培养成为忠于祖国、忠于无产阶级革命事业、忠于马克思列宁主义毛泽东思想的优秀人才,将来走上工作岗位,成为有很高的政治责任心和集体主义精神,有坚定的革命思想和实事求是、群众路线的工作作风,严守纪律,专心致志地为人民积极工作的劳动者"⑤。

1985年,邓小平向全党和全国人民强调指出,"要特别教育我们的下一代下二代,一定要树立共产主义的远大理想。一定不能让我们的青少年做资本主义腐朽思想的俘虏,那绝对不行"⑥。"我们要掌握和发展现代科学文化知识和各行各业的新技术新工艺,要创造比资本主义更高的劳动生产率,把我国建设成为现代化的社会主义强国,并在上层建筑领域最终战胜资产阶级的影响,就必须培养具有高度科学文化水平的劳动者,必须造就宏大的又红又专的工人阶级的知识分子队伍","我们要在科学技术上赶超世界先进水平,不但要提高高等教育的质量,而且首先要提高中小学的教育质量,按照中小学生所能接受的程度,用先进的科学知识来充实中小学的教育内容"⑦。这样,就从我国社会主义现代

① 何东昌.中华人民共和国重要教育文献[M].海口:海南出版社,1998:32.
② 同上书:77.
③ 同上书:216.
④ 刘英杰.中国教育大事典(上)[M].杭州:浙江教育出版社,1992:351.
⑤ 邓小平.邓小平文选(1975—1982)[M].北京:人民出版社,1983:101—103.
⑥ 邓小平.邓小平文选(第3卷)[M].北京:人民出版社,1993:111.
⑦ 邓小平.邓小平文选(1975—1982)[M].北京:人民出版社,1983:101.

化建设的总体战略高度,把教育方针和目的问题,置于动荡的国际形势和蓬勃兴起的世界新技术革命浪潮的背景来认识,从而达到了新的高度。

1985年的《中共中央关于教育体制改革的决定》,根据国内外的形势和我们面临的社会主义现代化建设任务,特别是总结了中华人民共和国建立以来教育工作的经验,提出"教育必须为社会主义建设服务,社会主义建设必须依靠教育"。"教育体制改革的根本目的是提高民族素质,多出人才,出好人才"。这些人才"都应该有理想、有道德、有文化、有纪律,热爱社会主义祖国和社会主义事业,具有为国家富强和人民利益而艰苦奋斗的献身精神,都应该不断追求新知,具有实事求是、独立思考、勇于创造的科学精神"。这就是著名的、被称为"两依靠、四有、两热爱、两精神"的教育方针和教育目的。

但是,在教育系统学习、讨论中共中央这一"决定",为拨乱反正,肃清"文革"和"两个估计"错误路线的影响和流毒,认真总结执行国家教育方针的历史经验中,有一种意见认为:不要再提"教育要为政治服务、为经济服务"了,强调只提"教育只为人的发展服务"。显然,现实社会中实际运行着的教育,总是从属于某种政治和经济,也服务于特定的政治和经济。世上没有孤立于政治、经济之外,不为某种政治、经济服务的教育,而不管人们在主观上是否意识到这一点。任何试图不为任何政治经济服务,只为教育而教育,或者说只是抽象的人的发展服务的"纯教育",如同想抓住自己头发离开地球一样,只能是天真的幻想。这种教育,在现实生活中过去不曾有,现在更没有,将来也不会有,这是古今中外概莫能外的。1993年《中国教育改革和发展纲要》提出,"各级各类学校要认真贯彻'教育必须为社会主义现代化建设服务,必须与生产劳动相结合,培养德、智、体全面发展的建设者和接班人'的方针",可以说是这次讨论的总结。

1995年3月颁布的《中华人民共和国教育法》明确规定:"教育是社会主义现代化建设的基础,国家保障教育事业优先发展";"教育必须为社会主义现代化建设服务,必须与生产劳动相结合,培养德、智、体全面发展的社会主义事业的建设者和接班人。"[①]首次以法律的形式规定了我国的教育方针和教育目的,规定了人才培养的政治方向和质量规格。

二、我国教育改革与发展的指导思想与工作方针

2010年公布的《国家中长期教育改革和发展规划纲要》(公开征求意见稿)明确提出了教育改革与发展的指导思想和工作方针。

(一)指导思想

高举中国特色社会主义伟大旗帜,以邓小平理论和"三个代表"重要思想为指导,深入贯彻落实科学发展观,实施科教兴国战略和人才强国战略,优先发展教育,办好人民满意的教育,建设人力资源强国。

全面贯彻党的教育方针,坚持教育为社会主义现代化建设服务,为人民服务,与生产劳动和社会实践相结合,培养德智体美全面发展的社会主义建设者和接班人。

立足社会主义初级阶段基本国情,把握教育发展的阶段性特征,坚持依法治教,尊重

---

① 见《中华人民共和国教育法》第四条、第五条。

教育规律,夯实基础,优化结构,调整布局,提升内涵,促进教育全面协调可持续发展。

(二)工作方针

优先发展,育人为本,改革创新,促进公平,提高质量。即把教育摆在优先发展的战略地位,把育人为本作为教育工作的根本要求,把改革创新作为教育发展的强大动力,把促进公平作为国家基本教育政策,把提高质量作为教育改革发展的核心任务。

第三节 全面贯彻教育方针,扎实推进素质教育

正确地贯彻执行国家规定的教育方针,达成教育目的,培养一代又一代社会主义事业的建设者和接班人,关系到民族素质的提高和社会主义的现代化建设事业的兴旺发达。但是,由于历史的和现实的种种原因,学校和教育管理部门会时时受到种种干扰,妨碍教育目的的贯彻和培养目标的达成,最主要的干扰来自片面追求升学率的"应试教育"的错误倾向,这种情况的出现既有深刻的历史文化背景,也有现实的客观原因,但从学校和教育管理部门而言,主要是由于在办学指导思想上背离了国家所规定的教育方针和教育目的,错误地把应试、提高升学率作为教育工作价值取向的结果。为此,1999年《中共中央国务院关于深化教育改革全面推进素质教育的决定》强调提出,教育工作必须"以提高国民素质为根本宗旨,以培养学生的创新精神和实践能力为重点,造就'有理想、有道德、有文化、有纪律'的、德智体美等全面发展的社会主义事业建设者和接班人"。

由此,全面推进素质教育,实现从"应试教育"到素质教育的转轨,成了新世纪全国教育系统乃至社会各界关注和讨论的热点。毫无疑问,全面推进素质教育,克服"应试教育"倾向,全面贯彻教育方针,培养高素质的社会主义现代化建设的建设者和接班人,是实现教育兴国的必然要求。

那么,什么是"素质教育"? 如何实现从"应试教育"到全面实施素质教育的转轨呢?

实施素质教育的根本指导思想,是教育要面向现代化、面向世界、面向未来,使受教育者坚持学习科学文化与加强思想修养的统一,坚持学习书本知识与投身社会实践的统一,坚持实现自身价值与服务祖国人民的统一,坚持树立远大理想与进行艰苦奋斗的统一。

实施素质教育的基本内涵,就是全面贯彻国家的教育方针,以提高国民素质为根本宗旨,以培养学生的创新精神和实践能力为重点,造就"有理想、有道德、有文化、有纪律"的、德智体美等全面发展的社会主义事业建设者和接班人。

要实现"应试教育"向素质教育转轨,首先必须转变教育观念,面向全体学生,以学生全面发展为本,把德育置于首位,以培养创新精神和实践能力为重点,使学生得到生动活泼的发展。其次,要继续深化对课程教材和教学方法,特别是包括高校招生制度、办法在内的考试制度和办法、重点学校制度,以及领导体制、内部管理体制、资源筹集和配置体制等等系列的改革,大力促进教育事业的均衡化,不断缩小地区、城乡和学校之间的差距,才能适应提高全民族的素质,构建中国特色社会主义现代化教育体系,为建立全民学习、终生学习的学习型社会奠定基础,以适合培养数以亿计的高素质劳动者、数以千万计的专门

人才和一大批拔尖创新人才的需要。

1. 我国的教育方针和目的是什么？它在学校教育中的作用和意义怎样？

2. 马克思主义的全面发展思想的主要内容有哪些？

3. 什么是素质教育和"应试教育"？如何实现"应试教育"向素质教育转轨？

4. 你认为当前阻碍学校贯彻教育方针、影响教育目的达成和培养目标实现的因素有哪些？应如何对待？

第五章
德　育

学习提要： 德育是教育的有机组成部分，我国的教育方针把培养学生的思想道德素养作为教育的首要任务，使得德育在学校教育中具有更为重要的地位。本章着重从理论上对德育的概念、目标、内容、过程以及方法等进行阐述，以对德育基本理论问题有一个较为全面的了解和认识。

第一节　德育概述

德育是什么？这是一个首先必须回答的问题。因为对德育的不同认识和理解，会导致不同的德育实践。正是基于这种原因，有必要对德育的含义、本质、功能等进行表述。

一、德育的内涵与本质

德育是一个颇有争议的概念，我国与西方国家有不同的理解；即便在我国，理论界也有不同的看法。我们依据一些共性的认识，对德育的内涵和本质进行阐释。

（一）德育的内涵

德育，即培养学生品德的教育，有广义与狭义之分。狭义的德育专指道德教育（moral education），世界上大多数国家的德育均指道德教育。广义的德育是相对于智育、体育、美育来说的，它包括了思想教育、政治教育、道德教育、心理健康教育和法制教育五个方面。近年来，又有人提出了"大德育"的概念，把生态道德教育、家庭教育指导等等也都纳入了德育的范畴，使德育成为一个越来越宽泛的概念。

对德育内涵的理解，我们倾向于从两个层面上去把握。一是政策层面，依据党和国家的有关文件规定来界定德育的内涵；二是德育论层面，依据德育的本质属性来界定德育的内涵。这样，才能更好地指导学校的德育实践，有利于抓深抓实德育的核心或基础。

（二）德育的本质

德育即品德建构。品德作为个体的稳定心理特征，并不是与生俱来的，而是通过学习建构的。通过德育，个体形成品德，完成社会化，实现对社会的积极适应。

1. 品德概念

品德是个体社会行为的内在调节机制，是思想品质与道德品质的总称，是合乎社会规范要求的稳定的心理特性,又称为品性或德性。

首先,品德是一种个体心理特性,不同于个体的生理特性,它是在后天的生活中通过学习以及经验的获得而产生的一种经验性实在。其次,品德的心理特性是合乎社会规范要求的心理特性,是对个体社会行为的价值取向进行调节的内在机制。如关爱、同情、善良等都是符合社会价值的亲社会行为。最后,品德表现在个体的社会行为之中。所谓社会行为,是相对于个人行为来说的,是对社会及他人有影响的行为,集中表现为对人、对事、对己三方面,实质上是人际交往行为。

2. 品德结构元素论

对于品德心理结构有多种看法,至今没有统一的认识。归纳起来,大致有一元说、二元说、三元说、四元说与五元说。一元说认为品德仅由道德认识构成,道德上的无知就是无德;二元说认为品德由道德认识与道德行为两种要素构成;三元说认为品德由道德认识、道德情感、道德行为三元素构成;四元说则认为品德由道德的知、情、意、行四元素构成;五元说认为品德结构由道德的知、情、意、行、信五元素构成。

在这些观点中,影响最大的是四元说。《心理学大词典》就将品德的基本心理结构划分为道德认识、道德情感、道德意志和道德行为方式四种成分。道德认识是指对道德规范、行为准则及其社会意义的认识,它涉及道德概念及道德观的形成、道德信念的产生、道德评价和道德判断能力的发展等。道德情感是伴随道德认识出现的一种内心体验,它表明了个体对客观事物的态度倾向。道德认识与道德情感相结合,构成道德动机,成为推动个体产生道德行为的内部动力。道德意志是个体克服困难,自觉调控行为,履行道德规范,以实现一定的道德目的的活动。动机斗争是道德意志过程的核心。道德行为方式是在一定的道德情境下,个体受道德意识支配产生的各种道德行为与习惯。道德行为方式是实现道德动机的手段,也是一个人德性的重要标志。

3. 品德及其系统构建

品德作为个体精神生活的灵魂,是人的主体性的核心,应从人性的本质出发去研究品德结构的实质。品德结构包含动机、行为两个部分,前者体现的是个体规范行为的需要,即个体从内心倾向于遵从社会规范还是背离社会规范,它是个体用于社会行为取向选择的机制;后者体现的是对规范的行为执行情况,即与需要相符合的行为方式。品德的这种结构与机能,实际上也体现了个体对待事物的态度与方式。

品德作为一种个体社会行为的内在调节机制,是合乎社会规范要求的德行(即规范行为)产生的内因。德行与德性互为表里关系。品德结构是一种比认知结构或技能结构更为复杂的整合型结构。由动机系统完成需要驱动、价值取向抉择,由认知系统与行为系统完成行为定向与行为操作。其中价值取向的抉择是核心,这是由情感经验的不断积累所形成的动机与需要结构所决定的。

二、德育的功能

德育功能是对德育作用的认识,是德育理论的核心问题之一,树立正确的德育功能观,对确定科学合理的德育目标、组织德育活动、进行德育评价都有重要意义。

教育学

(一) 德育的社会功能

德育的社会功能是指:通过道德教育,使人们学习并遵守社会规范,保证社会的正常秩序,实现社会的稳定发展。

社会作为人类生活的共同体,是由以一定方式结合起来的各种人类群体组成的。人类个体除了有各种物质需要外,还有多种精神需求,因而,从某种意义上说,社会就是一个需要驱动体,社会的发展正是社会需要驱动的结果。有需要和欲望就应当有节律,才能避免纷争,保证个体与群体间的和睦相处,才能最大限度地满足每一个体的需要,这便是规范。通过规范,建立人与人之间的秩序。

社会的稳定和发展需要道德,这是任何社会阶段都必须遵循的带有普遍性的条件,不论是文明社会还是野蛮社会,都有某些维持社会秩序的规则,愈文明的社会愈有合理的规则,人们愈是自觉和自愿地去维护和遵守这些规则。

社会规范指一切做人处事应遵守的规则,包括道德规范及法制在内。法制是维持社会秩序的主要力量之一。任何社会如果不想陷入充满残暴战乱的自然状态,就必须要有法制。但单靠法制仍不足以有效地维持社会秩序,因为执法者本身若是腐化的,法制即使再完美也不能真的保障人民的生命、自由与财富。孔子曾说过:道之以政,齐之以刑,民免而无耻。道之以德,齐之以礼,有耻且格。这话指出了道德教育的特殊功能不只在能防恶于未形成之前,而且能使人积极向善。

总之,社会是通过各种规范得以控制的有序体,道德规范是社会控制之基础。有了道德规范,就有了满足个体物质与精神需要的标准,因此,对于社会的存在、稳定和发展而言,道德规范是不可或缺的。德育的社会功能,就是通过个体的道德学习,将道德规范转化为品德结构,并通过遵守道德规范,实现社会的稳定。

(二.) 德育的个体功能

德育的个体功能是指:通过道德教育,使个体具备道德辨别能力,提高道德修养,获得和谐发展。

何谓人? 先秦时期的思想家认为,人是宇宙之精华,天地之灵秀,人与动物的本质区别就在于"道义"。所以孔子说:"不学礼,无以立。"礼是成人的过程,个体只有通过道德学习才能成其为人。孔子是中国古代最早对人下定义的思想家,他提出了著名的"仁者,人也"的命题,明确以道德属性规定人的本性。

荀子也认为,人具有动物所没有的本质属性即仁义,仁义表现为一定的"礼",而"礼"就是规范人们社会交往的行为准则,用来协调与他人的关系,形成一个社会群体,彼此和谐地生活,相互友爱,相互协调。

孟子说:"人之有道也,饱食暖衣,逸居而无教,则近于禽兽。"[①]将道义作为人生的第一要义,在任何情况下都要坚守。"非其义也,非其道也,禄之以天下,弗顾也,系马千驷,弗视也。"[②]将人之道德要素作为衡量人的价值与尊严的内在根据。

---

① 《孟子·滕文公上》
② 《孟子·万章上》

可见,中国古代十分重视德育,将道德教育置于一切教育的首位,是培养真正的人的教育。

著名的物理学家爱因斯坦在应《纽约时报》教育编辑之约发表的教育声明中指出:"用专业知识教育人是不够的。通过专业教育,他可以成为一种有用的机器,但是不能成为一个和谐发展的人。要使学生对价值有所理解并产生强烈的情感,那是最基本的。他必须获得对美和道德上的鲜明的辨别力。否则,他(连同他的专业知识)就更像一只受过很好训练的狗,而不像一个和谐发展的人。"①

我国著名的教育家陶行知先生曾说:"道德是做人的根本一环,纵然你有一些学问和本领,也无甚用处。否则,没有道德的人,学问和本领愈大,就能为非作恶愈大。"②

当代德育改革以关注儿童的生命成长为价值取向,德育不仅是成人之需要,也是幸福人生之条件。人要获得自由和幸福,就必须掌握社会通行的准则,具有和谐共处的生活智慧,这也就是德育的个体功能之所在。

三、德育功能的学校实现

学校教育是一种有目的、有计划、系统地传授人类文明成果,加速个体社会化进程的活动。它是社会经验传承的主渠道,也是社会得以延续、发展的基础,这种传承的社会经验就包含了道德文明的优秀成果。因此,德育功能主要是依靠学校来得以实现的。

(一)对学校德育功能的逐步认同

在历史上,人们对学校能否实现德育的功能有过不同看法,如美国耶鲁大学心理学家哈桑(Hartshorne)、梅(May)以及马勒(Maller)等,曾在1928年至1930年间,对11000名8—16岁儿童进行"性格教育实验研究",设计了100多项实验来研究儿童的诚实和欺骗这一道德品质。结论认为,儿童的行为中并没有一种普遍的、一贯的诚实品质,一个人的诚实与否多半依赖于情境,而不是依赖于内心的稳定的道德特征。儿童的任何品德都是特定情境下的特定产物。这样,就从根本上否定了学校教育道德的意义③。又如1920年代,苏联教育家舒里金也认为,社会生活对学生的影响远远大于学校教育,因此提出过所谓的"学校消亡论"。

1970年代以后,情况发生了变化,联合国教科文组织明确提出学校的功能是不可以取消的,青少年一代不能够拒绝学校教育。1975年盖洛普民意测验表明,有79%的美国人认为这种道德教育的责任应从家庭和教会移向学校。世界各国许多调查表明,人们普遍认同学校道德教育的功能。随着社会的发展,人们对学校道德教育的重视日益增强,不仅见诸基础教育阶段,同样也表现于高等教育阶段。

德育的传承性是任何社会的普遍规律,其核心是一定的道德价值观。每一个社会都有其主导价值观,往往是由学校教育来维持和延续的。因而,凡是有学校的存在,就必然

---

① 朱永新.我心中的理想教育[J].河南教育,2001,9:6.
② 同上.
③ 李伯黍.品德心理研究[M].上海:华东化工学院出版社,1992:25.

有道德价值的传承。学校德育区别于环境对人的盲目的、自发的影响过程。就在于教育过程中可以将影响学生品德的各种因素加以控制,为培养特定的德性,形成特定的价值观服务。现代学校德育作为社会发展的摇篮与儿童品德建构重要途径的双重功能已经不容争辩。

(二)学校德育的必要性

一个人的爱心是在家庭中孕育的,而一个人的群体观念、公共意识、纪律意识首先产生于同伴群体的互动,因而必须通过学校生活来培养的。家庭教育是人发展的第一个摇篮,而学校作为公共教育机构则超越了家庭教育中所包含的血缘关系,为现代人的道德成长拓展出最初的公共生活领域。学校教育旨在为现代文明社会培养公民,换言之,它要求一个人会过民主和法制的生活,会在民主和法制的社会条件下过尊重法律、尊重道德和尊重他人的生活,而这种公民的基本素质是需要在学校生活中逐步养成的。同时,学校教育区别于家庭教育之处还在于,学校教育作为一种有目的、有计划的教育,有明确的价值导向,并与创造完善的生活意义相联系。学校是加速实现或优化实现个体社会化的必由之路。因此,只有经过完善的学校教育的人,才能够适应未来社会。

(三)学校德育的可能性

学校德育区别于一般的自发的社会学习,也区别于家庭背景中的德育,它是一种有目的、有计划的系统的教育,在个体的道德发展中起着主导作用,这是由于学校是系统实施道德学习的场所,通过一定的课程经验系统可以保证道德学习的认知经验、情感经验与行为经验的整合建构,在个体道德发展中实现其主导性。

显然,使德育功能得以实现的主要途径是学校教育。学校作为社会发展的摇篮,是可以通过精心设计符合儿童道德生命成长的活动形态,为学生营造道德发展的健康土壤。

第二节 德育目标与内容

德育目标,体现了党和国家对青少年学生思想道德素质的要求,反映了德育工作者希望学生在思想道德上达到的水平,也是受教育者的努力方向。可以说,德育目标决定了德育工作的方向。

一、制定德育目标的依据与原则

德育目标的科学与否,制约着德育工作的正确与否,因此,制定德育目标时,必须有充分的依据,准确定位,才能真正发挥德育目标的导向和激励作用。

(一)制定德育目标的依据

一般说来,制定德育目标的依据主要有以下四个方面:

1. 社会需要

德育并不是孤立地存在于学校围墙之内的,德育面临的许多问题,同时也是社会问题。因此,社会需要德育发挥其功能,德育也要根据社会的需要确定自己的目标。

首先,要依据社会对公民的思想道德要求。任何社会都对其公民有着道德要求,并制定了相应的行为规范和准则。在制定德育目标时,就要充分考虑这些要求,使德育目标与社会需求相一致。

其次,要依据社会发展对未来公民的思想道德要求。学校培养的是未来的社会公民,而随着社会的发展,道德观念、道德判断都会出现变化,这就决定了在制定德育目标时要关注社会未来发展的趋势,使学生在将来进入社会后,能够很快地适应社会的思想道德要求与规范。

最后,要依据当地社会的需要。社会对其公民的思想道德要求有许多共性,但不同的民族、地区也会有一些个性的要求,如少数民族地区,其传统的文化习俗就形成了一些特殊的道德规范。因此,在制定德育目标时,还要考虑当地社会的需要,使德育目标更加贴近社会实际,更加贴近学生所熟悉的环境。

2. 青少年学生的身心发展特点

学生的道德发展,受到年龄特点的制约。例如,幼儿和小学低年级的学生对"社会"的认识就十分模糊,他们心目中的社会,是父母、家庭、学校、教师。只有符合学生年龄特点和身心发展规律的德育目标,才有针对性,才有达到目标的可能。

3. 现代教育理论

德育工作的对象是人,目的又是为了促进人的发展。因此,在制定德育目标时,必须以现代教育理论为支撑。包括马克思主义关于人的全面发展的学说,素质教育理论、德育理论等等,保证德育目标的科学性。

4. 法律政策依据

德育工作的内容与一般自然科学不一样,有着鲜明的阶级性和社会性,我国的社会主义性质就决定了德育的方向,党和国家颁发的一系列政策、文件也都对德育工作有着各种规定。这就要求在制定德育目标时,必须充分考虑法律的、政策的依据,并在德育目标中有所反映。

(二)制定德育目标的原则

制定德育目标时,不仅要考虑社会需要、青少年学生的身心发展特点、理论支撑等,还必须遵循以下原则:

1. 方向性原则

即德育目标中必须充分体现国家教育方针中的德育要求,使德育目标符合培养社会主义接班人和建设者的正确方向。

2. 全面性原则

人的思想道德素质是一个整体,包括爱国主义情感、民族自尊心、社会主义信念和理想、法制观念、文明习惯等等。在制定德育目标时,要全面考虑政治、思想、道德、心理等各个方面,使德育目标尽可能覆盖,以促进学生素质的整体提高。

3. 基础性原则

即在制定德育目标时,要充分考虑中小学教育是基础教育这一特征,充分考虑素质教育的要义是培养和提高学生的基础素养。

4. 发展性原则

即制定的德育目标不仅要符合社会的现实需要和青少年学生的身心发展特点,而且能够为学生提供今后道德发展的可能性。

5. 科学性原则

即制定的德育目标必须符合学生的身心发展规律,符合青少年道德形成与发展的规律,符合教育规律;目标的结构、框架、概念,乃至文字表述都要经过科学的论证,保证其科学性。这样,才能使学校的德育工作建立在科学的基础上,有序地展开。

二、德育目标的内涵与结构

德育工作者不仅要了解德育目标的意义和作用,更要清楚德育目标的内涵和结构,才可能真正依据德育目标去开展德育活动。

(一)德育目标的内涵

德育目标,是教育者通过有计划、有目的的德育活动,促使受教育者发展所要达到的要求和标准,简言之,德育目标乃是德育工作者预期的学生所要达到的道德标准。

德育目标是德育活动的依据,并指导、调节、控制着德育过程,使德育工作者在确定德育内容、选择德育方法和手段、评价德育工作效果时有一个可以衡量的尺度和标准。因此,德育目标的科学、正确与否,决定了德育工作的有效与否,决定了青少年学生思想道德的成长方向,这也正是德育目标的价值所在。

(二)德育目标的特点

德育目标是在德育活动之前所设定的,并在德育过程中得到实现的,因此,德育目标有其特点:

1. 社会性

德育目标反映了一定社会对人的思想道德要求,并且随着社会的发展变化而变化。不同的社会有不同的德育目标,同一社会的不同历史发展阶段,德育目标也不一样,这就是德育目标的社会性。

2. 客观性

德育目标看起来是人的主观思想的产物,是人们的一种主观愿望。但实际上,德育目标并不是凭空想象出来的。德育目标的确定有其客观的依据,如一定社会的经济发展水平、社会物质丰富程度、生活条件等等。因此,德育目标是客观社会的反映和表现。

3. 实践性

德育目标是用来指导德育实践的,同时,又在德育实践中发生作用,根据社会实践的需要进行调整。离开了德育实践,德育目标就失去了存在的价值和意义。

（三）德育目标的规定

原国家教委分别于 1993 年和 1995 年颁发了《小学德育纲要》和《中学德育大纲》，具体规定了中小学的德育目标。

小学阶段：培养学生初步具有爱祖国、爱人民、爱劳动、爱科学、爱社会主义的思想感情和良好品德；遵守社会公德的意识和文明行为习惯；良好的意志、品格和活泼开朗的性格；自己管理自己、帮助别人，为集体服务和辨别是非的能力，为使他们成为德、智、体全面发展的社会主义事业的建设者和接班人，打下初步的良好思想品德基础。

初中阶段：热爱祖国，具有民族自尊心、自信心、自豪感，立志为祖国的社会主义现代化努力学习；初步树立公民的国家观念、道德观念、法制观念；具有良好的道德品质、劳动习惯和文明行为习惯；遵纪守法，懂得用法律保护自己；讲科学、不迷信；具有自尊自爱、诚实正直、积极进取、不怕困难等心理品质和一定的分辨是非、抵制不良影响的能力。

高中阶段：热爱祖国，具有报效祖国的精神，拥护党在社会主义初级阶段的基本路线；初步树立为建设有中国特色的社会主义现代化事业奋斗的理想、志向和正确的人生观，具有公民的社会责任感；自觉遵守社会公德和宪法、法律；养成良好的劳动习惯、健康文明的生活方式和科学的思想方法，具有自尊自爱、自立自强、开拓进取、坚毅勇敢等心理品质和一定的道德评价能力、自我教育能力。

随着我国基础教育新课程改革的推进，教育部对德育新课程设置研制了一系列课程标准。2002 年颁发了小学《品德与生活》和《品德与社会》课程标准，2003 年颁布初中《思想品德》课程标准和高中《思想政治》课程标准，这是德育目标在新时期的具体化。2004 年，中共中央国务院颁布《关于进一步加强和改进未成年人思想道德建设的若干意见》，进一步明确当前和今后一个时期，加强和改进未成年人思想道德建设的指导思想和主要任务。

加强和改进未成年人思想道德建设的指导思想：

坚持以马克思列宁主义、毛泽东思想、邓小平理论和"三个代表"重要思想为指导，深入贯彻十六大精神，全面落实《爱国主义教育实施纲要》、《公民道德建设实施纲要》，紧密结合全面建设小康社会的实际，针对未成年人身心成长的特点，积极探索新世纪新阶段未成年人思想道德建设的规律，坚持以人为本，教育和引导未成年人树立中国特色社会主义的理想信念和正确的世界观、人生观、价值观，养成高尚的思想品质和良好的道德情操，努力培育有理想、有道德、有文化、有纪律的，德、智、体、美全面发展的中国特色社会主义事业建设者和接班人。

未成年人思想道德建设的主要任务：

（1）从增强爱国情感做起，弘扬和培育以爱国主义为核心的伟大民族精神。深入进行中华民族优良传统教育和中国革命传统教育、中国历史特别是近现代史教育，引导广大未成年人认识中华民族的历史和传统，了解近代以来中华民族的深重灾难和中国人民进行的英勇斗争，从小树立民族自尊心、自信心和自豪感。（2）从确立远大志向做起，树立和培育正确的理想信念。进行中国革命、建设和改革开放的历史教育与国情教育，引导广大未成年人正确认识社会发展规律，正确认识国家的前途和命运，把个人的成长进步同中国特色社会主义伟大事业、同祖国的繁荣富强紧密联系在一起，为担负起建设祖国、振兴中华的光荣使命做好准备。（3）从规范行为习惯做起，培养良好道德品质和文明行为。大力普及"爱国守法、明礼诚信、团结友善、勤俭自强、敬业奉献"的基本道德规范，积极倡导集体主义精神和社会主义人道主义精神,引导广大未成年人牢固树立心中有祖国、心中有集体、心中有他人的意识,懂得为人做事的基本道理,具备文明生活的基本素养,学会处理人与人、人与社会、人与自然等基本关系。(4)从提高基本素质做起,促进未成年人的全面发展。努力培育未成年人的劳动意识、创造意识、效率意识、环境意识和进取精神、科学精神以及民主法制观念,增强他们的动手能力、自主能力和自我保护能力,引导未成年人保持蓬勃朝气、旺盛活力和昂扬向上的精神状态,激励他们勤奋学习、大胆实践、勇于创造,使他们的思想道德素质、科学文化素质和健康素质得到全面提高。

(四)德育目标的层次和序列

德育目标的序列和层次不同,层次是指同一目标在实施中,按教育对象年龄的不同而提出不同的要求,序列则是把同一目标中的不同要求形成一个有序的体系,即将层次系统化。

从《中学德育大纲》中可以看出,我国对德育目标的规定是有层次和序列的,如道德能力的目标,初中阶段的要求是"一定的分辨是非、抵制不良影响的能力",而高中阶段则要求具有"一定的道德评价能力、自我教育能力",提高了一个层次。同时,初中阶段的目标又是高中阶段目标的基础,两者构成了一种逻辑序列,由低到高,逐步递进。

三、德育内容的一般表述

从理论上说,德育目标已经规定了德育内容,但在实践中,德育内容选择的随意性和庞杂无序仍然比比皆是。因此,需要对德育内容进行梳理,使之符合德育目标。依据党和国家有关德育问题的政策、规定,德育内容主要包括以下五个部分:

(一)政治教育

政治教育是培养学生具有正确的国家、民族、政权、社会制度等方面的立场、观点、态度、理想、信念。属于政治教育的内容有:爱国主义教育,包括:热爱祖国,热爱社会主义,拥护中国共产党的领导,维护国家尊严,树立民族自尊感,尊重兄弟民族,加强民族团结、国防和国家安全及热爱和平,同各国人民友好交往的教育;理想信念教育,把远大的理想和当前的学习结合起来,刻苦学习,成为社会主义事业的建设者和接班人。

(二)思想教育

思想教育是为了培养学生具有正确的世界观、人生观、价值观,初步掌握科学方法论。属于思想教育的内容有:辩证唯物主义和历史唯物主义基本观点的教育,坚持辩证的观点,学会全面地看问题,实事求是,按客观规律办事;集体主义教育,关心、热爱集体,自觉维护集体的荣誉和利益;价值观教育,正确认识人生的意义和价值。

(三)道德教育

道德教育是为了使学生养成良好的文明行为习惯和社会公德,具备高尚的道德情操和道德境界。道德教育的主要内容有:基础道德教育,养成良好的行为习惯,会以尊重、信任、平等的态度去处理人际关系,主动帮助弱者,敢于和不良行为斗争,自觉遵守社会道德规范;劳动教育,热爱劳动,培养良好的劳动习惯,养成艰苦奋斗、勤俭节约的品德。

（四）法制教育

法制教育是为了培养学生具有正确的法制观念和纪律观念。法制教育的主要内容有:社会主义法制的教育,使学生自觉学法、懂法、守法;纪律教育,提高学生执行纪律的自觉性,养成遵守学校规章制度、遵守纪律的习惯。

（五）心理健康教育

心理健康教育是为了培养学生具有进取、自尊、自信、诚信等良好的个性心理品质。心理健康教育的内容主要有:掌握正确的人际关系准则和方法,建立正常、积极的情绪生活,学会正确地认识自我、评价自我、控制自我;青春期教育,进行性生理、性心理的基本知识教育,树立正确的友谊观、爱情观。

随着社会的发展,有越来越多的内容进入德育之中,如廉洁教育、防止艾滋病教育、安全教育、禁毒教育等等。这就需要德育工作者对德育内容进行梳理,依据德育目标,把各种教育内容整合成有序的体系,这样才能使德育工作真正收到实效。

第三节　德育过程

任何德育活动都是通过一定的过程展开的,因此,准确地把握好德育过程,就可以保证学校德育工作科学有序地进行。

一、德育过程的特点

德育是促进个体道德自主建构的价值引导活动,它有别于一般的认知活动和技能训练,这就决定了德育过程有其自身的特点。

（一）德育过程的界说

关于德育过程,理论界一般都认为,德育过程就是一种由外而内向学生施加影响,将社会道德转化为儿童品德的过程。如《中国大百科全书·教育卷》(1985)中写道:德育是"教育者按照一定社会或阶级的要求,有目的、有计划、有组织地对受教育者施加系统的影响,把一定的社会思想和道德转化为个体的思想意识和道德品质的教育"。这种观点在许多教育理论专著中都能见到。

孙喜亭著的《教育原理》认为:德育是"教育者按照一定社会的要求,通过特定的教育活动,把特定社会的思想和道德规范内化为受教育者的思想意识和道德品质的过程。"[①]

胡守芬著的《德育原理》认为:"德育过程就是把一定的社会思想和道德转化为个体的

---

① 孙喜亭.教育原理[M].北京:北京师范大学出版社,1993:290.

教育学

思想意识和道德品质的过程。"①

综上所述,我们可以对德育过程做一个简明的界说:德育过程即把一定社会的思想和道德规范施加给受教育者,并将其内化为受教育者的思想意识和道德品质,它反映的是德育的活动流程和程序。

（二）德育过程的特点

德育过程具有一个显著的特点——多端性,即一项具体的德育活动,可以从知、情、意、行任何一处切入。

从人类认识的基本规律看,在德育过程的循环往复不断发展的总进程中,每一种思想品德的形成,归根结底是以知为开端,沿着知、情、意、行的内在程序,最后以形成行为习惯为终端的。但是由于知、情、意、行具有相对独立性和相互渗透作用,每一个个体的思想品德形成过程并不一律沿着上述程序。实际上知、情、意、行各方面都可作为开端,这就为德育每一具体过程的多种开端提供了可能性。也就是说,德育过程既可以从传授道德知识开始,也可以从陶冶情感入手,有时还可以从磨炼意志或者训练行为习惯开始。具体从何入手,要根据受教育者知、情、意、行的发展状况和教育因素的变化等条件而定。

在教育实践中我们常常看到,受教育者每一种思想品德的形成,其知、情、意、行的发展方向和水平,是经常处于不平衡状态的。这就需要在德育过程中充分利用多种开端的规律,开辟多种渠道,有的放矢地使受教育者在知、情、意、行几方面都得到相应的发展,这是加速形成每一种思想品德应该遵守的客观规律。

二、德育过程是"内化"与"建构"相统一的过程

在我国的德育工作中,一直非常重视"内化"。应该承认,"内化"理论强调德育是一种以一定人类价值文化为背景的系统活动,肯定了德育过程的社会性和目的性,具有十分积极的意义。但"内化"说将德育过程理解为单方面的教育者对受教育者的转化,忽略了德育对象在道德生成过程中的主动性、积极性。因此,德育过程在实质上应该是一个"内化"与"建构"相统一的过程。

（一）德育过程是一种内化过程

对受教育者而言,德育过程就是一个道德学习的过程,即通过学习,把社会道德规范内化的过程。

1. 内化的含义

内化是一种过程,显示了某种价值逐次地成为个体一部分的过程。把规范接受看作一种过程,是指外在于主体的行为要求(即规范)转化为主体内在需要的过程。这就是说,规范通过接受或内化学习过程之后,它不再是外在于主体的行为要求了,而已成为主体自身的行为取向。这种规范的接受或内化过程是在作为执行规范的主体同作为外在于主体的客体影响(规范的作用)之间相互作用的基础上,通过主体的能动的反映活动(认知与体

① 胡守芬. 德育原理[M]. 北京:北京师范大学出版社,1989:20.

验)构建起一定的品德心理结构而实现的。社会规范的接受是在主客体相互作用的活动中,通过内在心理的变化(品德心理结构的形成、发展)而实现的。

2. 掌握交往规则

社会规范学习是逐步积累交往经验的过程。教育系统作为一种特殊的经验传递系统,其基本职能是传递社会经验,包括认知经验、动作经验与交往经验,形成个体的知识、技能和品德,使之学会做人做事。

社会交往是个体社会生活的基础。个体要在群体中生存、发展,就必须遵守社会规范所确立的交往规则。个体学习社会规范的过程,也是构建社会规范的遵从经验结构,完成个体的交往适应的过程。对社会规范的学习是学校德育的基本内容之一。

3. 学会社会适应

社会规范的学习过程也是个体适应社会生活的过程。人类个体作为自然与社会的结合体,与其所生存的环境构成了一个生态系统。在这一系统中,个体通过适应环境来达到与环境的动态平衡。

人的社会生活体现的是与人交往的生活内容,这种交往生活不是个体的随意行为,而是以社会规范为指导的社会交往。个体的社会行为是对交往情境的一种适应性行为。规范行为作为一种亲社会行为,正是主体对直接或间接作出于自身的人际交往情境的社会性适应。因此,个体的社会适应是通过学习与接受社会规范来实现的。

(二) 德育过程是一种建构过程

如果以受教育者作为德育主体,那么,德育过程又是主体通过道德学习,把社会道德规范自主建构为品德结构的过程。

1. 德育的建构观

一切心理结构都是主客体相互作用的结果,据此,德育过程也就是学生的品德建构过程。品德是个体在遗传基础上,与外部环境交互作用中产生的。由遗传获得的反射动作与外部道德客体相互作用所形成的图式,是儿童道德结构的建构起点。从儿童出现意识开始,这种动作结构所产生的情绪体验,成为儿童社会学习的最初形式。一切外部影响与教育作用的发挥,都必须通过儿童的内心体验才能起作用。这种最初的结构,经不断同化或顺化,品德结构便在连续不断的双向建构过程中逐步形成。

2. 道德的建构过程

具体来说,品德是在儿童与社会规范及规范倡导者相互作用的基础上产生的。个体从遗传本能的生物反射行为到内在品德结构调节下作出适应性行为,与外部生态系统间需要不断建立动态平衡,这依赖于两种矛盾运动的循环往复:一是外部世界对个体的道德要求转化为主体自身的需要动机。二是个体内部的道德冲突,即道德动机因素中正确与错误的斗争。没有矛盾就没有发展,没有动机斗争就没有道德的进步。每一次成功的矛盾运动都会带来道德的新质。道德主体建构正是通过无数次矛盾向积极方向转化而实现的。

在儿童的道德主体建构学习中,教育作为一种可以借助的外部力量,首先表现为创设条件将外部矛盾转化为学生内部的心理矛盾;其次,教育力量集中体现在使内部矛盾向着积极方面转化。

3. 品德结构的形成

品德结构是在人类个体的生活及规范学习过程中,通过外在于主体的规范的影响的能动反映而构建起来的一种心理结构。个体通过对社会规范的认知学习、情感学习与行为方式的学习,完成知情行的整合,形成品德结构。

社会规范的内化,需要经历由简单到复杂、由外表到深层、由认知到情感、由行为到动机等一系列内化序列而逐步完成。因此,个体的品德建构也常常呈现出不同水平。随着内化的不断深入,建立起对社会规范的自觉遵从态度,从而使品德建构呈现依从性、认同性、信奉性三种水平,最终实现从他律到自律的境界。

(三)"内化"与"建构"是统一的

建构主义是认知主义的进一步发展。皮亚杰认知理论中已经有了建构思想,但相对来说,认知主义倡导的是内化观,侧重于解释客观的知识结构如何通过活动,内化为认知结构。

建构主义认为,知识不是被动接受的,而是由认知主体主动建构起来的,建构是通过新旧经验的相互作用而实现的,建构是组织自己的经验世界的过程。所有的知识都是在个体与经验世界的对话中建构起来的。这种对话也是在主客体的交互活动中实现的。

显然,内化论以社会为立足点,建构论以个体为立足点,从不同的视角看待道德形成。事实上,两种观点可以互补共存,并根据需要,适用不同的场合。当然,就现代学习理论的发展来看,"建构论"体现更强烈的主体意识,其倡导的"学习观"与"学生观"都更凸现一种主体精神。

三、德育过程的现代转换

就具体的德育过程而言,面临着从传统向现代的转换,即要把现代德育理念融入德育过程,使德育过程具有现代气息。

(一)尊重与倾听

在德育过程中,如果没有学生学习主动性的发挥,就没有真正意义上的道德建构,教育就可能蜕变为机械训练。这就需要教师充分尊重学生的个体差异,寻求适合于每一个学生的独特教育,才会激发学生的道德潜能,实现师生的道德共同成长。

倾听作为一种专注行为,传递着教师尊重对方,愿意聆听及珍视对方的信息,表示专心地与对方同在,促使对方与自己建立信任感。在这种基础上展开德育过程,才会实现师生双方的心灵沟通,才会使学生自觉地完成道德建构。

(二)接纳与同感

接纳是教育的开端,每一个儿童都需要他人的认同,归属感的满足是维护个体健康心理的基础。而长期不被群体接纳,便会摧毁一个人的自我概念。道德的成长需要积极的师生互动,悦纳对方的优点、分担共享与协同活动,才能创造发展的愉悦。

同感,即教师与学生进行角色换位,进入学生的内心世界,"仿佛身历其境"。作为教师要达到同感,首先要消除定式,放弃自己固有的主观参照标准,采用当事人的参考架构看事物,即移情性评价。只有使自己具备学生的心灵,走进儿童的情感世界,去感受他们的喜怒哀乐,设身处地从对方的参照标准出发来看待事物,从对方的处境来体察他的思想行为和独特感受,才能理解沟通,使德育过程顺利进行。

(三)理解与对话

理解,是两个主体间双向交流的过程,是理解者在心理上重新体验他人心理、精神的一种复制和重构的过程。教师通过自己的类比、想象、领会,体验学生的心理,把握学生的特点。从这个意义上可以说,理解乃是德育的基础,当然,这种理解必须通过人与人的交往来实现,最后,还要经由个体的自我意识建构,才得以凝聚形成个体的德性。在德育过程中,教师要以各种方式了解学生不同时期、不同方面的需要、愿望和价值追求,并对学生的这种需要和愿望予以理解、尊重。

对话,是儿童生命涌动的形式,是儿童道德生命自由生长的方式。任何成功的德育都是师生思维、情感"同频共振"的产物。而教育的悲哀在于,对许多教育者来说,学生的内心世界依然是一片神秘而陌生的原始森林。无数事实表明,学生欢迎没有教育痕迹的交流,欢迎没有心理距离的对话,欢迎促膝谈心的气氛;他们不希望教师以教育者自居,而希望教师成为自己的朋友。在德育过程中,教师必须和学生有一种平等的沟通,一种平等的探讨,甚至相互学习,一起完成"德性成长",在代际沟通与对话碰撞的积极互动中实现道德的共生,迸发出道德生命活力。

(四)期望与等待

期望是对学生的一种信任和希望,体现的是教师的一种教育信念,是对儿童发展潜能的确认。期望是教育爱的一种深切体现,表达的是教师对儿童发展前景的关注和预期,也是向学生传递教育要求的最理想的方式。期望最容易转化为学生的一种自我要求,是一种激励学生发展的巨大教育力量。期望不仅体现在教师的语言活动中,更反映在教师的各种非语言行为中,如目光接触、面部表情等交往技巧。

期望变成现实仍然是一个漫长的过程,需要师生双方付出艰苦的努力。有时也是曲折的,常常伴随着失败与痛苦。因而,教师要有足够的耐心,学会等待,以一颗宽容之心包容学生在成长中的种种过错。尤其在学生面临挫折与困难时,更需要坚守一份期待。这份期待会转化为一种精神力量,成为学生克服困难的意志,帮助学生走出困境,走向发展。

第四节 德育方法

方法,是指人们从理论上或实践上把握现实,为达到某种目的而采用的途径、手段、工具和方式的总和。学校德育也要通过一定的方法,使学生的思想道德素质得到提高。因此,从一定意义上可以说,方法运用得当与否,将直接决定德育工作的效果。需要指出的是,随着时代的进步和教育科学的发展,学校德育工作的方法也在不断地革新、变化,出现了许多符合当代青少年学生特点的新方法。

一、道德学习的本质和特点

学习方法是依据学习目标和学习内容而选择、设定的,德育也同样如此。在探讨德育方法时,首先必须对道德学习的本质和特点进行分析。

(一)道德学习的本质

道德学习本质上是一种价值观学习,是以社会规范为载体而展开的价值观学习,社会道德通过学习,转化为个体的品德,因此,道德学习是社会价值观内化与个体品德建构过程的统一。

任何社会都有自己的价值标准,社会的价值标准是通过社会规范来体现的,任何社会规范都是特定的社会价值观的体现,社会要求其成员照此标准来行动。在社会生活实践中,有时人们并不知道自己行动的原由,但其背后就隐藏着社会通行的价值准则。由于个体的社会行为对社会生活及社会秩序有着直接的影响,而参与社会生活的个体有着千差万别的价值观,为维护社会生活的稳定,就必须使那些人们普遍认可的价值观固定化,使之成为一定的社会规范,稳定而持久地指导人们参与社会生活的行动。这就使规范溶入了价值取向的本质。

社会规范成为个体社会行为的价值标准,是用以衡量个体行为的社会意义,并作出价值判断的依据。所谓个体的社会行为,是指个人之间存在着相互影响的行为。这种行为是在人与人之间的交往中发生的。社会组织要进行有效运转,就需要一定的规范来统一组织内成员的个体行为。社会规范正是评价和矫正个体社会行为的工具。当个体的社会行为符合社会规范时,便会得到社会赞许与奖赏;当个体的社会行为背离社会规范时就会受到社会指责与惩罚。只有当个体遵从社会或群体规范的时候,才能为社会或群体所接纳。社会规范的这种社会制约性正是维持一个社会组织稳定、发展的前提。社会规范的价值性赋予了社会生活特定的导向,实现了对个体行为的"约束性",并使社会纳入合理有序的运行轨道。

学习是个体适应环境的基本途径。品德作为个体的稳定心理特征,并不是与生俱来的,而是通过学习建构的。道德学习正是通过形成个体品德,完成个体的社会化,实现个体对社会的积极适应。

(二)道德学习的特点

道德学习作为以社会规范为载体的价值学习,与一般意义的知识学习和技能学习不同,是以体验为核心的知、情、行的整合学习,这就决定了道德学习具有四个明显的特点。

1. 生成性

道德学习过程是师生协同活动,创造道德情境,体验道德生活,建构道德整合结构的活动。道德学习虽然不排除间接学习,但需要直接学习的经验基础,体验学习是一种直接学习,必然带有发现学习的特点,具有生成性。所谓生成,是一个"未完成态",是一种"进行时"。道德学习是在真实的道德实践与师生的现实互动中展开的,品德建构水平有赖于这种互动的深度和广度。生成性反映了道德学习过程的"非直接传递"、"不可控性"以及道德学习结果的"不确定性"等特征。

2. 整合性

道德学习是知、情、行的整合学习,是主客体关系经验的习得,是关于社会规范的认知经验、行为经验与相一致的情感经验的整合学习过程。从内容上来说,它包括认知学习、情感学习与行为学习三种基本类型的学习。所谓认知学习,指规范意义与内容的学习,获得规范陈述性知识、程序性知识与策略性知识,形成道德观念,发展道德认知能力。所谓情感学习,指形成与规范相一致的情感体验与需要状态。而行为学习指通过规范操作性经验的积累,获得一定的行为方式,并形成动力定型。在这三类学习的基础上,通过道德主体的反复实践与体验反思,构建以价值信念为支配、以情感体验为核心的知、情、行一体化结构。

3. 情感性

情绪情感是人类经验的重要向度之一,人的情感体验反映的是人最真实的存在,是个体在特定情境中的一种经历,没有这种与特定的经历相联系的体验,道德的内化与建构是难以想象的。道德学习是以体验为核心的知、情、行整合学习,是与满足人的情感需要相联系的学习。道德学习中的认知学习与行为学习都是以情感为中介发生的,没有情感的参与就谈不上真正道德意义上的学习。脱离情感体验的单纯的认知学习,可能会造就许多夸夸其谈的"口头革命派"。而没有正确情感导向的行为学习,就难以避免行为的功利性驱动。因而,孤立的认知学习与行为学习,不仅是毫无意义的,也是有害的。苏霍姆林斯基曾指出,当一个学生还不能体验某句话的情感时,千万不要让他学会说这句话。

4. 个别性

道德学习作为一种"独特色调"和"主观感受",带有强烈的个别化特征。正如审美是一种主观精神活动,根据审美的相对自由性特征,审美是应该有个性的。只有尊重人的差异性与个别性,教育过程才能获得自由与解放。情感体验也同样如此,它是一个精细的独特的精神过程,重在触动个体的内心世界,它往往是悄然无声的,更适合潜移默化、耳濡目染的、长期的、细致的教育方式。

二、道德学习的主要方法

长期以来,在学校德育的实践中,德育工作者创造、积累了许多行之有效的德育方法,如榜样示范、说理、情感陶冶等等,直到今天,还在被人们所使用。随着教育改革的不断深化,尤其是德育理念的更新,从"重教"走向"重学",又出现了不少新的道德学习方法,如体验感悟、情境感受、实践明理、价值辨析、道德反思等等。

(一)体验感悟

体验是一种带有独特色调的觉知或意识的心理活动,是心理的一种主观感受。所谓独特色调,即情绪状态,如人们曾感受过的快乐或悲伤、痛苦或愤怒的感情。因而,心理学上又常常将"体验"说成"情绪体验"。

情绪体验的意义和特有色调,不是从认知加工系统获得的,而是从有机体在与环境相适应过程中的生存和需要的满足与否的感受状态发展而来。因而,体验的发生需要个体整个身心的投入,不仅仅是某个特定的心理要素,而是全部人格因素。

通常只有通过行动,个体与客体才能发生切实的道德关系,个体才能身临其境,体验感悟主客体之间的关系,实现知、情、行的整合。"纸上得来终觉浅,心中悟出始知深。""感悟"是个体经验的整合和提升。没有比较丰富深刻的体验积淀而成的一定的经验背景,感悟就不易产生。现代认知心理学研究表明,以"感悟"为基础的理解活动并非某种纯粹的智力活动,而是人的整个生命的投入,是个体生存活动的一部分。

体验感悟的基本心理过程是感受、体验、觉知、理解。这是一个直接学习的过程。个体从对事件的直观感知开始,积累最初的道德经验,它是情绪情感产生的客观基础。觉知是一种以直觉经验为基础的整体性把握或称为"体悟"或"顿悟"。这里既有情感的投入,也有思维的介入,情理交融才使感悟深刻丰富。

德育重感受、重体验,是将教育影响直接诉诸学生的感官,让学生从感受到体验,进而到体悟。因此,体验与灌输有着根本上的区别。当学生在体验感悟过程中,从内心产生惊羡、激动与感叹时,德育也就开始产生效果了。

体验感悟需要创造一定的教育情境,引导学生在充分感知的基础上,使心理活动达到一定的能量。德育过程中要运用多种手段或媒体,激发并增强学生的体验强度,逐步形成敏锐、细致、深刻的情感品质,使情感体验的细致性与德育的深刻性相一致。

(二)情境感受

情境感受,是以情绪情感要素为操作切入口,通过创设情境直接刺激感官,激发情感,产生觉知体悟的一种学习过程。情境感受作为一种道德学习的方法,其核心是创设情境,引导体悟。情境有多种分类,包括艺术情境、人为情境与现实情境等。

1. 艺术情境

艺术情境主要指借助多种艺术手段,如绘画、音乐、照片、录像、电影或多媒体等,构建一种有道德感染力的学习氛围,让学生从中受到熏陶。

2. 人为情境

人为情境指模拟真实生活而创设的仿真性环境。对于学生难以身临其境去直接体验的经验,向学生提供生活素材,可以通过情景模拟与角色扮演,组织学生实施。

3. 现实情境

现实情境指以真实生活经历为背景,用真实的故事、真实的照片和数据,呈现真实的社会实态,让学生通过一个个活生生的、具有典型意义的社会现象和社会事物,探索社会的本质和社会发展的规律。

(三)实践明理

品德建构是在道德实践活动中实现的,道德实践活动在个体品德形成中具有至关重要的意义。首先,道德知识本身是一种实践智慧,道德实践活动使道德规范"显性化",产生现实的力量,使个体明确道德规范。其次,学生通过道德实践活动,增强个体的道德动机,巩固道德发展的需要,直至最终形成品德的内驱力。第三,道德实践活动是个体完善自我调节机制,实现自我教育的有效手段。道德具有实践性特征,离开道德实践活动,便无法在真实意义上学习道德。

实践明理以行为要素为操作切入口,通过设计一定的实践活动,引发学生的道德行为,并在对行为后效进行反馈评析的基础上,明晰道德规范的一种学习过程。通过实践,主客体之间发生相互关系,个体对环境产生切实的道德影响,通过互动反馈,个体获得体验,进而建构品德。因此,实践活动既是学生道德发展的条件,也是学生显示主体力量,影响现实世界的途径。

(四)价值辨析

价值辨析以道德认知要素为操作切入口,以生活中具有争议的道德意义事件为导入,通过开放性的道德讨论,引导学生进行价值分析,价值论证,激活学生的价值意识、实践道德推理技能,积累道德选择经验,发展学生的道德理性思维、价值评判与选择能力,促进学生的德性成熟。

价值辨析的核心是提出适合学生的价值问题,引导价值讨论,在认知碰撞中体悟价值观,形成价值信念。教师要留心生活、关注社会,善于捕捉学生日常生活中有道德意义的随机事件,从中引出价值讨论。

运用价值辨析需要注意三点:(1)关注学生的现实生活,将日常生活中习以为常的有道德意义的事件或学生道德关系中的"热点"问题暴露出来,引入价值观讨论,如竞争与合作、幸福生活面面观、友谊与金钱等等;(2)创设民主平等的氛围,不加任何暗示,让学生在没有压力的状态下自由地表达自己的行为意向;(3)分析各种行为方式背后的价值系统与需要层次,让学生了解行为方式与价值信念之间的关系,认识工具性价值观与终极性价值观的区别。从而增强行为的价值意识的自觉性,提高价值抉择能力。

价值辨析可以与传统的说理教育相结合。通过讲解、报告、谈话、讨论辩论、阅读书籍报刊等形式,摆事实、讲道理,帮助学生提高道德认识,形成正确的观点、方法,提高学生的思想辨析能力和道德评价能力。

(五)道德反思

道德反思是以自我意识为操作核心,通过调动自我认识、自我体验和自我控制等多种因素,发展理解能力,增强批判意识,以促进自律精神,实现自我教育的一种学习过程。人作为一种自组织系统,具有反思自我的元认知能力,道德反思是人的主体力量的集中显现。

道德反思在"修身"中实现。传统道德强调道德自律,修身的第一步是炼就自强不息的品格。要实现人的价值,维护自己的尊严和人格,首先必须要有吃苦耐劳的精神和顽强的毅力,做一个超越自我的强者。修身要求自觉地体谅和爱人,其过程是个体自身反省、改过迁善和追求品性完美,以完善道德人格的过程。

道德反思强调自我调节学习。把学习者看成是能够参与并控制学习过程的自我调节主体,通过让学生根据自己的学习需要,自主选择学习目标、学习策略,组织学习活动,以及对学习进行自我指导、监控和评价。

道德反思注重反省、内察、体悟，以亲身经历为基础，进行理性思考，反躬自检，以求道德提升。学生通过自警、自诫、自励等自我教育的方法，在陶冶情操、磨砺意志的过程中形成自律境界。道德反思的核心要素是内部评估，即主体在对外部变化作出正确判断的基础上，对自身内部状态所作的进一步了解与判断。实际上这是一种在自我监控系统的参与下，自我评价和自我意向重新调整的过程。教是为了达到不需要教，"不教之教"是教育的最高境界。道德作为一种内在的调节机制，归根结底还是要靠自我教育来完善。

道德反思可以与传统的榜样示范教育相结合。榜样示范教育是以他人的高尚思想、模范行为、优异成就，对学生进行教育，激起学生对榜样的敬慕之情，使学生从内心产生对榜样的惊叹、爱慕、敬佩，增强学习的自觉性。在这一过程中，让学生以榜样为镜子，进行反思，提升道德修养。

三、德育方法的改革与创新

随着社会发展，学生的思想道德出现了许多新问题、新变化，一些传统的德育方法已不适应了。这就需要对德育方法进行改革和创新，以适应当代青少年的特点，提高德育工作的实效性。

（一）给传统德育方法注入时代精神

长期以来，德育工作者积累了许多行之有效的德育方法，例如榜样示范、说理等等，时至今天，这些方法仍有其一定的价值。但是，由于社会环境的变化和德育理念的更新，当代青少年对这些方法显得有些不太适应，这就需要对传统的德育方法进行改革，如给传统的情感陶冶法注入平等、尊重的要素，使不仅用爱的情感去陶冶学生，而且在平等、尊重的基础上进行情感沟通；又如，说服教育一直是教师使用的主要德育方法，但在实践中，说服往往是教师居高临下，变成"我说你服"。随着学生主体意识的不断增强，他们对"说服"表现出反感、厌倦。今天，可以给传统的说理教育注入对话的要素，使教师对学生的教育不再是单向的说服，而变成师生间的对话，实现师生的心灵互动。

（二）多种德育方法组合运用

每一种德育方法都有其长处，也有其短处，面对学生复杂的思想状况，单一的方法往往难以解决问题，尤其是当今社会正处于转型期，在多元文化的碰撞中，青少年学生的思想往往显露出迷茫、矛盾、不知所措，这就需要将多种德育方法组合运用。例如，针对当代青少年学生的偶像崇拜现象，仅仅依靠传统的说理已难以奏效，而需要结合心理辅导等方法。

（三）借鉴其他领域的方法

在许多领域中都有一些很好的方法，德育工作者可以在借鉴、吸纳的基础上对这些方法进行改造，为德育工作所用。例如，在智育领域中，个别化教学的研究已经十分深入，在心理学中，则非常注重个案法，德育就可以借鉴，运用个案研究的方法，探索个别教育的形式、手段,使德育更具有针对性。又如,在新课程的实施过程中,叙事研究已经成为一种重要的方法,德育也同样可以运用这一方法,通过生命叙事,使德育真正走进学生的生活,走进学生的心灵。

总之,任何德育方法要取得效果,必须适应学生的年龄特点和个性特征,才能为他们所接纳或喜爱,才能激发学生的道德需要,感召、引导道德主体进行自我教育,这也是对德育方法进行改造和创新的根本依据。

学习与思考

1. 简述德育的本质。
2. 现代德育目标变革的主要依据是什么?
3. 为什么说德育过程是内化与建构相统一的过程?
4. 论述现代德育方式转型的基本原理与主要内容。
5. 用现代德育观设计一份学生责任感培养的教育方案。

第六章
智　育

学习提要：智育是教育者指导和促进学生掌握知识、形成技能、发展智能、培养创新精神和创造能力的教育活动，是全面发展教育的重要组成部分。在义务教育阶段，智育应通过课堂教学、课外活动和社会实践等途径完成这四大任务。学校教育应充分重视智育，但不能以智育替代全面发展的教育。在教育实践中，必须遵循学生掌握知识、形成技能和发展智能的规律，科学地进行智育。

第一节　智育概述

一、智育的概念

智育是教育者指导和促进学生掌握知识、形成技能和发展智能的教育活动，是全面发展教育的重要组成部分。智育的历史源远流长，我国西周时期学校的"礼、乐、射、御、书、数"六艺教育即包含有智育的因素。古希腊哲学家亚里士多德认为，人具有理性的灵魂，为此需要有与之相适应的智力教育。欧洲从12世纪起，随着经济的发展，城市的兴起，科学知识日益受到重视而成为智育的内容。17世纪捷克教育家夸美纽斯从人是一种理性动物，应熟悉万物的观念出发，提出了百科全书式的泛智教育。工业革命后，大工业生产对劳动者文化水平的要求提高。19世纪英国教育家斯宾塞在《教育论》(1861)一书中首次明确提出包括智育、德育、体育的教学体系，并将智育置于首位，提出了一个以自然科学为主要内容的学科体系。1950年代以来，由于科学技术和社会的飞速发展，世界各国对智育的重视有增无减，并且日益将关注的目光集中于发展能力之上。

在实际工作中，有些人把"智育"和"教育"、"教学"的概念混淆起来。这在理论上是错误的，在实践中会给教育工作带来不良影响。

智育是全面发展教育的一个重要组成部分。它同德育、体育、美育、劳动技术教育等，共同构成全面发展教育的体系。在这里，"教育"是属概念，智育和其他各育是并列关系，是种概念。"教学"是实施上述各育的具体途径。教学仅是完成智育任务的一条重要途径，但非唯一途径。另一方面，教学在完成智育任务的同时，也担负着完成德育、体育、美育和劳动技术教育的任务。所以说，"智育"与"教学"也不是同一概念。

二、智育的意义

（一）智育在社会文明进化中的作用

智育通过指导年轻一代掌握知识技能，启迪他们的智慧，使他们获得认识、适应和改造主客观世界的基本技能和能力，进而促进人类文明的进化和发展。综观人类历史，人类在认识和改造自然的过程中，在生产物质财富的过程中，也生产了大量的科学知识，并发展了人类智能。将人类在实践中获得的知识成果，一代代地传递下去，并使每一代人在继承前人知识成果的基础上进一步丰富和发展人类的精神财富，推动整个社会文明的不断进化，正是智育的使命。如果没有智育，就没有科学知识的再生产，人类曾经创造的一切物质财富和精神财富就不可能延续、发展，今天的人类社会也许仍停留在刀耕火种的原始阶段。当然，智育的作用在人类文明历史的进程中有一个逐渐显示的过程。在以小农经济和手工业生产方式为主的漫长历史阶段，大多数劳动者只要在劳动中通过父子或师徒个别传授，掌握一些与生产有关的简单经验与技术，便可适应简单的社会劳动需要，这时智育基本上游离于正规学校教育之外。只是在人类社会进入到近代社会，资本主义机器大工业生产兴起之后，智育的重要价值才日益显现。因为大工业本身不仅要求劳动者掌握与操纵机器有关的科学知识和技术，而且也促进了科学知识技术的进步。于是，通过智育来传播科学知识，培养劳动者和科技人才，进一步促进科技发展成了社会文明发展的一个必要条件。20世纪以来，特别是第二次世界大战以后，人类文明进入一个新技术革命的时代，各种传统的劳力密集型和资本密集型的生产方式正在或将要被以微电子、电子计算机、激光、光导纤维、新能源、新材料、生物工程、海洋工程、空间工程等新技术为基础的生产方式所取代。现代科学技术不仅被广泛应用于社会生产的各个方面，而且还渗透到人类生活的各个领域。它们将会改变人类生产活动中体力劳动者与脑力劳动者的构成比例，增加体力劳动中的智能成分，改变人类的生存方式。当今世界科学技术突飞猛进，知识经济已见端倪，国力竞争日趋激烈。这要求进一步加强学校教育中的智育，迅速高效地传播现代科学文化知识，提高人的智能素质，培养各种熟练劳动者和科学技术人才，以满足日益发展的社会生产、科学技术和社会生活的需要。

（二）智育在人的全面发展中的作用

如果说智育的社会意义在于推动人类文明的进步和发展，那么智育的个体意义则在于促进受教育者的全面发展。人的全面发展，包括德、智、体、美、劳几方面发展，其中智育将为人的全面发展奠定知识技能和能力的基础。在现代社会，很难设想一个缺乏科学知识技能的人，能在德、体、美、劳及个性的其他方面得到充分发展，能适应社会生活，能自觉地认识和改造世界。由于科学文化知识是人类在认识和改造客观世界中积累起来的经验和理论，掌握这种知识才能获取认识和改造客观世界的无穷力量。同时，科学文化知识也是人类智能活动的成果，凝聚着人类的智慧，学生在掌握科学文化知识技能的同时，也掌握着人类物化在知识技能中的智能。因此，我们可以把智育的实质看成是一种人类智能的再生产过程，是把人类已经积累的知识技能和能力转化为受教育者个体活的知识和活的智能的过程。正是通过这一过程，学生掌握了知识，启迪了智慧，进而为德育、体育、美育、劳动技术教育和个性自由充分的发展奠定了知识技能和能力的基础。

　　智育与德育、体育、劳动技术教育等互相促进，共同实现人的全面发展。智育对德育起基础作用，这不仅是因为在掌握科学文化知识的同时，也掌握了包含在科学文化知识中的科学世界观因素，从而影响学生科学世界观的形成（如动植物的进化原理、物质不灭定律，都有助于学生形成辩证唯物主义世界观），而且因为在智育中得到发展的智力，特别是其中的分析、判断、评价能力，从而提高他们分辨是非、坚持真理的能力。同样，学生对美的感受、鉴赏需要有关美的知识，学生对美的创造更是离不开美的知识、表现美的技能技巧和创造能力。而对以增强和发展学生体质为主要目的的体育来说，智育把人体解剖学、生理学、生理卫生学、运动生理学等知识教给学生，从而为学生的体育活动和卫生保健提供了科学依据，为科学地增强身体素质、形成健康体魄提供了知识和智力基础。此外，劳动技术教育也有赖于智育为其奠定科学的劳动生产技术知识、生产劳动技能技巧和智力基础。总之，智育服务于把年轻一代培养成为全面发展的建设者和接班人这一总目标，把年轻一代教育成懂得人类文明，能够充分享受现代文明的幸福的人。

三、智育的任务

　　在智育任务、内容以及掌握知识、技能和发展智力的关系上，历史上长期存在"形式教育"与"实质教育"的争论。前者重视智力发展，强调形式训练，在内容上倾向人文学科，轻视自然学科；重视理性知识，轻视实用知识。后者重视实用知识的获得，在内容上倾向广泛的科学知识教育；强调知识的实用性，认为只要掌握知识，智力便可自然得到发展。两派的观点都对智育的理论和实践产生过很大的影响。两派在理论上都有片面性，发展智力与掌握知识是缺一不可的，不能人为地对立起来。智育的任务概述如下。

（一）掌握知识

　　智育的第一个任务是指导学生掌握、尤其是主动获取系统知识。知识是客观事物属性和联系的反映，是人类对客观世界的现象、事实及其规律的认识。知识有直接和间接知识之分。学校教育的特征决定了智育中的知识以间接的书本知识为主，但我们不能忽视学生直接的知识、经验及实践活动。因为直接经验是掌握间接经验的基础，间接经验要以直接经验为依托才能被学生更好地理解和掌握。当然，掌握的间接经验也会丰富和拓宽直接经验。在指导学生掌握知识的过程中，应充分考虑与利用直接经验和间接经验的相互促进关系，以促进学生在较短时期内迅速有效地掌握大量的科学文化基础知识。同时要注意指导学生获取现代自然科学、社会科学、思维科学的最新知识，以适应现代信息化社会生产和快节奏社会生活的需要。

（二）形成技能

　　智育的另一个任务是形成学生的技能。技能是人通过练习获得的、能顺利完成某种任务的行动方式。技能因其表现形态不同，可以分成智力技能和操作技能两种。智力技能主要是指人们在头脑中，借助内部言语表示的事物映象，以简约的形式进行智力活动的方式。如思考、默读、心算等。智力技能的差异表现在智力活动的广度、深度和速度上。

操作技能主要是指由一系列外部机体动作构成的行动方式。如书写、绘画、跳舞、演奏乐器、运用工具等。操作技能的差异表现在操作动作的熟练程度和协调性上。经过反复系统练习的技能，最后达到自动化、熟练化的水平，则称为技巧。"手脑并用"，任何操作技能都离不开智力技能，有些操作技能要有相应智力技能的配合才能完成任务，有些操作技能则可能是智力技能的外在表现。事实上，学生的智力技能形成过程和操作技能形成过程也是密切联系着的。

学生的技能形成，要以掌握一定的知识为基础，也需要一定量的练习，而形成技能的过程，不仅巩固和应用了知识，而且为进一步理解知识和获得新知识创造了有利条件。

（三）发展智能

智育的重要任务是发展学生的智能。智力和能力的关系总的来说有三种基本观点。第一种观点认为能力包括智力；第二种观点认为智力包括能力；第三种观点认为智力和能力相对独立，两者既有区别，又有关系。我们倾向于第三种观点，主张用"智能"概念。智能是指人类认识世界和改造世界的才智和本领。它包括"智"和"能"两种成分，"智"主要是指人对事物的认识能力，"能"则主要是指人的行动能力。人类的"智"和"能"结合在一起而不可分离。

在科学技术发展日新月异、人类知识总量激增的今天，要解决学生有限的学习时间与人类不断积累的无限知识的这对矛盾，只有充分发展学生的智能这条路径。尽管智能水平受先天遗传因素的影响，但后天的教育、环境和实践对智能的发展更具决定性影响。实施智育，要重视发展学生的智力，也要重视培养学生的能力。要让学生感受、理解知识产生和发展的过程，培养学生的科学精神和创新思维习惯，要重视培养学生收集处理信息、获取新知识、分析和解决问题、语言文字表达以及团结协作和社会活动的能力。

发展智能与掌握知识和形成技能密切相关。知识是人类认识和改造自然的成果，它凝聚着人类的智慧。掌握知识的过程是一种再认识活动的过程，是占有人类认识成果，同时也是掌握人类智慧结晶的过程，是刺激和锻炼智能的活动过程。可以说，发展智能是通过学生主体主动掌握知识的过程来实现的。如果发展智能离开了知识及掌握知识的过程，无异于缘木求鱼。但是，知识只是智能发展的必要条件，并非充分条件，知识的掌握并不必然伴随着智能的发展。死记硬背或填鸭式的知识教育，不仅不能促进智能的发展，反而妨碍甚至扼杀智能的发展。我们强调的是通过自主性的学习方式，如有意义接受式教学、探究式教学、启发式和讨论式教学等，促进学生通过积极主动的学习活动，来发展学生的智能。而学生智能的发展，对于学生掌握知识的全过程，无疑创造了十分有利的条件。如抽象思维能力的发展，不仅为学生学习抽象理论知识提供了可能性，而且为学生深刻地理解、掌握乃至灵活运用抽象理论知识提供了保证。反之，没有必要的智能准备，即便是学习很简单的知识也会困难重重。

智能也是在形成各种智力技能包括操作技能中发展起来的，如教师在教学中培养学生默读、构思、心算等智力技能时，能够促进智力的发展。智力是较智力技能更为综合、更具普遍意义的完成智力任务的能力。即使被认为是依靠一系列机体外部协调动作完成任务的操作技能，它的形成、调节、控制同样也离不开智能，它同样也能促进智能的发展。

上述分析表明,知识的获取、技能的形成、智能的发展这三者呈现出一种相互渗透、相互制约、相互促进的立体交叉关系,构成了一个完整的不可割舍的整体。学校智育应该从整体上把握三大任务,片面强调其中的某一任务,不仅会妨碍其余两项任务的完成,而且也会影响完成该项任务的效率和效果。

第二节　智　育　过　程

智育过程是在教育者组织指导下,受教育者积极主动地参与,不断解决智育任务的客观要求与受教育者现有知识、技能、能力水平之间矛盾的过程。

一、掌握知识的过程

学生掌握知识,主要是掌握人类已获得的、物化为语言文字的书本知识,并把书本知识转化为个体头脑中活的知识。因而,学生对知识的掌握,决不是通过把教科书上的文字条文背诵下来完成的,而必须经过自己思维的积极加工,在自己已有经验的基础上,在自己头脑中完成对书本文字所表述的客观世界的再认识。这一再认识过程受到人类一般认识规律的制约,但又有自身的特点。一般人类的认识活动总是指向人类尚未知晓的客观世界和事物,而学生的再认识活动主要指对人类总体来说是已知的,对学生个体来说仍然是未知的客观世界。这一再认识过程,可以避免重复人类在最初认识客观世界时所走过的迂回曲折的道路,而可以径直地、简约地获取人类已获得的对客观世界的认识成果。当然,为了让学生体会和学习人类认识某些客观事物的思维历程,从中锻炼思维能力,我们不妨适度让学生自己去"发现"和认识这些客观事物,让学生感受、理解知识产生和发展的过程,培养学生的科学探究精神和创新思维习惯。但这终究不是简单的重复,而是具有极强指向性的探究。

学生掌握知识的过程一般可分为感知、理解、巩固、应用四个环节。搞清楚这些环节的内在特征以及这些环节之间的必然联系和依存条件等,将有助于认识学生掌握知识的规律,提高学生掌握知识的效率和效果。可用图 6-1 表示:

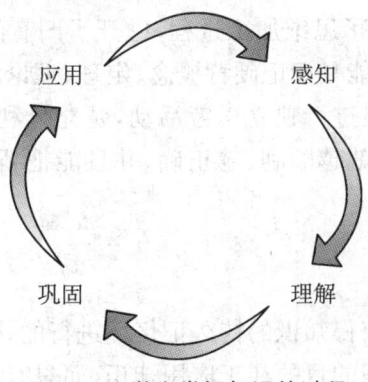

图 6-1　学生掌握知识的过程

（一）感知

人的任何认识活动都始于感知,学生掌握书本知识的再认识活动同样也不例外。感知,就是让学生用自己的多种感觉器官直观地认识客观对象的外部特征和属性,在思维、想象、记忆等心理活动的参与下,在大脑中形成该客观对象的鲜明表象。只有圆满地完成认识活动的这一环节,客观的认识对象才开始进入人的意识。通过感知得到的知识越丰富,表象越清晰,学生理解书本知识就越容易。如果学生的再认识活动不经过这一环节,或这一环节的认识任务没有得到很好完成,下一环节的认识任务的完成就会受影响,进而影响到整个再认识活动的进行。

在感知教材的环节中,要让学生圆满地完成认识任务,在头脑中留下鲜明的表象,就要组织好学生的直观认识活动,并注意以下几点:首先,必要的语言指导。教师正确的语言指导能唤起学生的注意,提高感知的目的性和针对性,能影响学生感知程序的组织,强化被感知对象那些重要的但易被忽视的特征,也能调动学生记忆力、想象力和思维力的参与,从而使学生形成鲜明的表象;其次,多种感觉器官共同参与感知,以便于在大脑中形成广泛的暂时神经联系,从多种感觉的角度来形成立体的表象,如从听觉的声音、视觉的形象、触摸的感觉来感知对象,形成对象的立体表象;再次,感知有典型性的对象,同时也感知典型性对象的各种变式,有助于学生形成正确的表象。

（二）理解

理解是在感知的基础上,利用已有的知识,通过对感性知识进行比较、分析、综合、抽象、概括、演绎和归纳等思维活动,获得对认识对象的理性认识。理解是对认识对象本质和规律的认识,是学生掌握知识的核心环节。正如毛泽东同志指出的,"感知到了的东西,我们不能立刻理解它,只有理解了的东西才能更深刻地感觉它。感觉只解决现象问题,理论才解决本质问题。"

学生对书本理论知识的正确理解,依赖于下列条件:首先,要为抽象概括提供丰富的感性认识材料。一般来说,感性材料越丰富,越容易在学生头脑中形成鲜明、正确的表象。而学生头脑中关于认识对象的表象越鲜明正确,通过抽象概括获取认识对象的理性认识也就越容易。其次,要清楚区分认识对象的非本质特征和本质特征。区分得越清楚,认识得越全面,理解得越深刻。最后,要将新的理性认识与已有的知识结构联系起来。学生对知识的理解需要进行一系列的分析、比较、综合、概括等思维活动,需要充分利用已掌握的概念、判断、原则、理论。抛开了思维加工过程,抛开了旧有的知识结构,学生对知识的掌握只能是一种虚假的形式,只能是死记硬背概念、定理、理论的文字外壳,而很难真正理解认识对象的本质。学生越积极进行独立思考活动,越充分利用已有知识结构中的知识生长点,对新认识对象的理解也就越顺利、越正确,并且能把新的理性认识科学合理地融入自身的知识结构中去。

（三）巩固

知识的巩固是指围绕对获得知识的持久记忆所进行的认识活动。巩固知识是学生掌握知识的必要一环。学习知识的目的在于应用知识,而只有巩固了知识,才能在必要时自如地应用已有的知识。因此,掌握知识的过程应充分重视知识的巩固。

影响知识巩固的因素有:第一,学生的认知状态。如果学生的认知系统处于一种积极活跃的状态,能充分利用视觉、听觉、动觉、想象力、思维力等对认知对象进行全方位的记忆,识记和保持的效果就比较好。反之,知识的记忆会变得非常困难。第二,学生的情感状态。情感能够促进记忆。当学习令人兴奋时,记忆就得到巩固,而在压抑的学习环境和疲劳的状态下,则会大大降低学习效能,阻碍记忆的巩固。第三,学生对知识的理解程度。深刻理解知识,是良好记忆的基本条件。对认知对象理解的程度越深,对其识记的效果也就越佳。如果能及时地把新知识融入已有的知识结构,就更有利于知识的保持。第四,复习知识的方法。复习不是简单的重复,而应讲究科学的复习方法。如利用心理学所揭示的人的遗忘规律,在分配复习的次数上,先密后疏;在识记时做到识记与重现相结合,整体识记与部分识记相结合,集中识记与分散识记相结合等;也可以在学习新知识时,重温和利用已有的知识,达到温故知新的目的;此外,还可以在知识的应用中,强化知识的巩固。

(四)应用

应用知识是指依据所学知识解决有关问题。应用知识于实际,可以形成技能、技巧,加深对知识的理解和巩固。教学中的应用知识,一种是通过练习、实验、实习作业进行的,这是主要的;另一种是应用知识于真实或虚拟的情境,如参加工农业生产等社会实践。在应用知识于实际时,首先要注意培养学生"学以致用"而不是"学以致考"的意识;其次,要注意培养分析问题和解决问题的能力。学生在应用知识的最初阶段,主要是培养运用知识的准确性,培养技能。在熟练阶段,主要是培养学生应用知识的速度和效率,使其形成熟练技巧,并发展创新精神和实践能力。

影响学生正确应用知识的主要因素:首先,学生对知识的理解程度。学生对知识的理解是否全面、正确,直接影响到能否应用该知识去解决书本上或实际中的问题。其次,学生对问题的条件和任务的认识。应用知识的认识活动是围绕解决问题而展开的,如果对问题的条件和任务认识不清或发生偏差,知识的正确应用就会受到妨碍;最后,学生是否具有应用知识所必需的技能、技巧和相应的智力水平。在某些情况下,学生理解了知识,也认清了面临问题的条件和要求,但因为缺乏相应的操作技能技巧,而使知识的应用陷入困境。如果学生的智力水平没有得到很好发展,缺乏必要的灵活性和创造性,解决问题时只是死抠法则、定理、公式,或硬套一些解题方法,其结果也同样会导致知识应用的失败。在练习的设计中,尤其要注意避免让学生直接套用书本上的一些解题方法。

我们把学生掌握知识的过程,划分为感知、理解、巩固、应用四个基本环节,是就每一环节的主要任务而言的。事实上,这四个环节是相互联系,相互渗透的。对知识感知的本身就包含有理解的成分,而理解意味着在充分感知认识对象的基础上达到一种感性认识和理性认识的统一。感知、理解是巩固的前提,而在感知、理解的过程中,人的大脑同时也进行着对认识对象的识记和保持。应用知识固然要以知识的感知、理解和巩固为必要条件,但应用知识本身对丰富感知、深入理解、强化巩固起着积极的促进作用。因此,我们应从整体上辩证地理解这四个基本环节,不宜作机械的、死板的理解和套用,以免把生动活泼的掌握知识过程变成僵死的模式。

二、形成技能的过程

（一）智力技能的形成

智力技能的形成,离不开智力活动,也离不开以语言代表的、反映客观现实的观念。一般而言,人在进行智力活动时,往往会利用观念的语言("替代物")在自己的头脑中进行合乎思维规则的整合与匹配,以完成对问题的思考和认识。通过类似的多次反复,将会形成能顺利进行智力活动的智力技能。苏联著名心理学家加里培林等人,从1950年代开始,一直致力于智力技能形成问题的研究,认为智力活动是由外部物质活动内化为心理活动的结果,确立了"智力活动按阶段形成的理论",把智力技能形成区分为五个基本阶段。

1. 活动的定向阶段

该阶段是指对活动的注意、了解、熟悉,形成关于活动的目的、活动指向的客体和活动进行的方式等的定向映象。活动的定向阶段在智力技能形成中起着重要作用,定向的完备性和正确性决定着智力技能形成的速度和质量,也决定着智力技能进行的性质。比如分析技能的形成,最初应该来自对一些客观事物的解剖和分析。而在这最初的分析活动中,首先要求学生明了分析活动的目的,分析活动指向的客体,以及分析活动进行的方式。如果学生没有很好地完成分析活动的定向阶段,而急于盲目地解剖对象,这将无助于学生形成分析技能。反之,学生就有可能合理地组织和开展分析活动,从而促进分析技能的形成。

2. 物质或物质化活动阶段

该阶段是指利用外部实物或实物的替代物进行的智力活动。这一阶段的活动使学生了解活动的内容,包括了解所有操作的组成部分和完成活动的规则等,并通过外部的物质或物质化运动促进智力活动的开展。在物质或物质化活动阶段,应科学选择与形成智力技能有关的实物或实物的替代物(如模型、标本、图表等),按照合理的顺序呈现给学生,比如从对照较明显的部分转向区别愈益精细的部分,以保证物质或物质化活动的质量。

3. 出声的外部言语活动阶段

该阶段是指智力活动离开了它的物质或物质化客体,而以出声的外部言语形式来完成活动。这一阶段活动的客体和手段由物质的客体转换为语言,在没有具体物质的大声言语活动中,活动开始表现出概括化和抽象化的特点。这一阶段不仅要求学生智力活动的过程和结果是正确的,而且要求在完成活动过程中对活动作出全面而正确的语言叙述,以保证学生新的智力技能顺利地完成从具体到抽象的过渡。

4. 无声的外部言语活动阶段

该阶段以不出声的外部言语形式来完成智力活动,是从出声的言语活动向内部言语活动的过渡阶段,整个活动阶段只是默不出声地"自言自语"。这种不出声的外部言语活动与出声的外部言语活动相比,表面上看来似乎只是失去了声音,其实不然。这种无声的外部言语已对出声的外部言语的结构进行了很大的改造,它以更简洁、更符合个人言语习惯的方式完成智力活动。正如语言教学中的朗读技能和默读技能的区别绝不仅仅是有无外部声音。因此,我们应充分重视这一阶段的活动,要求学生在出声的外部言语活动基础上及时向无声的外部言语活动转化。

5. 内部言语活动阶段

该阶段以高度简约化、自动化的内部言语的形式完成智力活动,是智力技能形成的最后阶段。借以完成智力活动的是一种不出声的内部语言,这种语言因其是用来"对自己说话"的,所以不再合乎语法结构,而是外部言语和语法结构的高度压缩、简化,并且这种高度简约化后的言语活动会自动化进行,无需意识的控制。

加里培林等人关于智力技能形成阶段的理论,揭示了智力技能形成发展的规律,有助于教师运用科学的顺序和合理的方法,培养和形成学生的智力技能。

(二) 操作技能的形成

操作技能是通过一系列的练习形成起来的,它或者表现为操纵一定的器具去完成任务的行动方式,如实验操作技能;或者表现为仅仅是自身一系列骨骼肌活动完成任务的行动方式,如一些运动技能。操作技能的形成过程基本上可以归结为动作映象的建立、动作的初步掌握和动作的协调与完善三个阶段。

1. 动作映象的建立

该阶段是指学生在自己的头脑中,对操作动作的原理、原则等操作性知识有明确的意识,形成有关该动作的操作程序、方向、幅度、力量等特征的清晰表象。例如,在学习游泳之始,教师应告诉学生有关游泳技能的基本知识原理,并且作游泳动作的典型示范,让学生在大脑中形成正确的游泳动作映象。

动作映象的建立对学生操作技能的形成起着定向作用,使学生一开始就明白"做什么"、"怎么做"和"做成什么样子"等。一般来说,影响建立动作映象的质量的因素有:(1)提供给学生模仿的示范动作本身的正确性与速度。因为示范动作是学生借以形成动作映象的主要来源。正确的动作,加上必要的动作分析和讲解,以及能使学生清晰地观察到示范动作结构和特点的示范速度,才能使学生的头脑中建立起正确的动作映象。(2)学生自己的观察技能。如果学生注意力分散,观察顺序混乱,不明确观察的要点,即使是最准确的示范动作也难在学生头脑中留下明确清晰的动作映象。这就要求教师对学生的观察目的、观察要点和观察程序作出必要的指导。(3)学生有否掌握相应的动作原理。学生不仅要了解动作的程序、方向、幅度、力量等形式特征,同时也应掌握有关动作的原理、原则等一般性操作知识。掌握相应的动作原理,可以避免盲目性和被动性,有助于快速高质地形成清晰的动作映象。

2. 动作的初步掌握

该阶段是把建立在大脑中的动作映象通过肢体的动作逐步地表现出来。学游泳的这个阶段应让学生学习和练习分解的游泳动作,如臂部、腿部的不同动作,并逐步将各部分的分解动作有机地组合起来,初步掌握游泳的动作技能。从动作映象开始,到动作的初步掌握,需要通过反复练习的过程。开始是通过练习掌握局部动作,然后是通过练习把局部动作联结为整体动作,基本上达到对动作的初步掌握。要提高这一阶段的质量,依赖于两个条件:①科学合理地安排练习。一般总是先练习局部的分解动作,后练习整体的连续动作;先模仿练习,后独立练习。②在练习中,不断加强对动觉的体验,用自己动作的映象来调节自己的动作。刚开始练习时,总是以别人示范动作的映象来调节自己的动作,只有在练习中使练习者在意识中不断体验到自己器官的活动状态,才能使练习者用自己动作的映象来调节自己的动作。

3. 动作的协调和完善阶段

该阶段是在初步掌握动作的基础上,把正确的动作映象完整地通过自己的动作再现出来。学游泳的这个阶段要指导学生通过在水中不断反复地练习,使游泳时的颈、臂、腿和躯干各部分的活动逐步地协调一致,使学生最终形成无意识控制的、自动化的游泳技能。这一阶段表现出的特征是:动作主体的紧张感已基本消失,多余的动作已不多见,从一个局部动作到另一个局部动作的过渡性连接自然、协调,整体的动作基本上是正确的、稳定的。这一阶段的完成主要依赖于两个条件:①提高练习的要求。对学生的动作练习的要求不应总是停留在初步掌握动作水平上的机械重复,而应及时提出面向动作协调和完善的动作要求。②加强对动作的动觉控制。对动作的动觉控制意味着依靠动觉的神经系统来调节动作,而不再需要利用他人或自己的动觉映象来控制动作。因此,要让练习者在操作动作中不断加强对动觉的体验,逐渐利用自己的肌肉、关节的运动感觉作为信号来控制自己的动作,逐步消除意识紧张感和控制感,从而使操作动作达到协调、完善和自动化的程度。当操作动作进入到了协调和完善阶段,也就标志着操作技能的正式形成。

各种操作技能的形成,都要经历建立动作映象、初步掌握动作和达到协调与完善这三个阶段,教师应充分利用这一特点,科学地促进学生各种基本操作技能的形成。

三、发展智能的过程

遗传因素和环境因素对智能的形成和发展有重要的影响。良好的遗传素质是智能形成和发展的一个必要条件,良好的环境和教育是智能形成和发展的决定条件。遗传素质只为智能的发展提供了可能性,而环境和教育则把这种可能性变为现实性。

(一)智能在掌握知识技能的过程中形成与发展

智能是掌握知识技能的必要前提,同时掌握知识技能也会促进智能的形成与发展。知识、技能和智能不是一回事。一个学生靠死记硬背可能取得比较好的成绩,但智能可能是差的。另一个学生尽管考试时没有取得良好的成绩,但他能灵活地思考,甚至能创造性地解决问题,这说明他的智能水平比较高。因此,智能不表现为知识、技能本身,而表现在掌握知识和技能的过程中,也即获得知识技能的动态上。知识技能的掌握会促进智能的形成与发展。例如,学生在掌握知识时,让他们从探索中通过独立思考获得知识,在解决各种理论问题和实际问题的探索活动中运用已经获得的知识、技能,指导学生学习方法、思考方法和解决问题的方法,也就使学生掌握了思维操作,从而发展了智力;学生熟练掌握绘画技能时,也就为绘画能力的发展提供了条件。离开了学习和训练,任何智能都不可能形成,更不可能得到发展。在掌握知识、技能的过程中,人的智力也会得到发展。就拿记忆能力来说,儿童分别记忆各种材料(图形的、语义的、符号的和行为的材料),增强图形记忆能力、语义记忆能力、符号记忆能力和行为记忆能力的时候,他们的一般记忆能力也会得到一定的发展。

在教学过程中,我们要转变教学观念,抛弃扼杀学生创造精神的"知识唯一"教学观和注入式的教学方法,运用启发式和讨论式教学方法,引导学生通过观察、比较、分析、综合、概括、判断、推理等活动,并引导学生开展生动活泼的讨论,激发学生的多向思维,使学生主动地掌握知识与技能,同时发展学生的智能,特别是要促进学生的创造力逐步由低级向高级发展。

（二）智能在实践活动过程中形成与发展

学生的智能是在实践活动过程中形成和发展起来的。离开了实践活动,即使有良好的遗传素质以及良好的环境和教育,智能也难以形成和发展。我国古代思想家王充早就指出"施用累能"——能力在使用中积累。他说:齐国的都城世代刺绣,那里的平常女子都能刺绣;襄地传统织锦,即使不聪明的女子也变成了巧妇。王充还提出"科用累能"——从事不同职业的活动积累不同的能力。他说:谈论种田,农夫的能力高于一般人;谈论做买卖,商人的能力强于一般人。

不同的实践活动从不同方面促进学生智能的形成与发展。美国哈佛大学教授加德纳(Gardner,1983)在批判传统的智力测验和智能一元化的基础上提出了多元智能理论:(1)言语智能(阅读、书写、听和讲的技巧);(2)逻辑、数学智能(计算、求证);(3)空间视觉智能(辨别空间方向);(4)音乐智能;(5)身体运动智能;(6)人际智能(理解他人);(7)个体内省智能(理解自我)。每种智能在大脑中都有自己对应的控制点、符号系统和自己可变化的文化历史。每种智能都是发展的,而且是可以得到提高的。每种智能对人类来说都是普遍的,但可能由于不同文化的价值而得到不同程度的增强。很多研究也都表明,不同的实践活动从不同方面促进学生智能的形成与发展。例如,劳动能促进幼儿的操作能力和认识能力的发展,体育活动能促进学生运动能力的发展,音乐活动能促进学生音乐能力的发展,等等。总之,不参加实践活动,就谈不上智能的形成和发展;不同的实践活动从不同方面促进学生智能的形成与发展。

发展学生的智能,特别是发展学生的创造力,应纠正"应试教育"那种片面做法,围绕学生创造力的发展,开设课程,组织教学,开展活动,发展学生的智能与创造力。特别是组织学生参加课外综合实践活动,为学生创造一个获得比较全面充分发展智能的优良环境,让他们接触自然、接触社会,使他们学用结合,手脑并用,增长才干,促进创造力的发展。例如,开展课外科技活动,对培养学生的科学兴趣,培养他们的独立观察能力、思维能力和实践能力等方面都可以补充课堂教学的不足,起到课堂教学难以起到的作用。

（三）智能在个性品质的影响下形成与发展

个性品质影响智能的形成与发展。良好的个性品质对智能的形成与发展具有重要意义。

研究表明,一个人的成就动机与其智能水平具有正相关。一般来说,一个人的成就动机强、抱负水平高,他的智能水平也高;反之,他的智能水平亦低。所谓抱负水平是指一个人在从事某种活动前,估计自己所能达到的成就目标,这个成就目标经过自己的努力是可以实现的,切合实际的目标。智能的发展也与自我概念的水平有关。在学校里,经常创设积极情境,让学生担任积极角色,可以提高学生自我概念水平,进而促进智能发展。

在活动中,起推动作用的还有兴趣和爱好。当一个人对所从事的活动产生兴趣与爱好,尤其是产生浓厚的认知兴趣或求知欲时,就会专心致志地进行这项活动,从而提高从事该活动所需的能力。心理学对高创造型人才所进行的研究证明,他们多有广泛而专一的兴趣。大家知道,达·芬奇是数学家、力学家,也是工程师,具有多方面的兴趣,然而他的真正兴趣是绘画艺术。

理想是一个人对未来的设想,它常常在兴趣、爱好的基础上形成,决定着一个人的努力方向,成为一个人智能发展的推动力。美国加利福尼亚州有个小女孩,名叫纳西亚·乔布,她从小就树立了要赢得奥林匹克运动会金牌的理想。在这一理想激励下,她3岁开始练长跑,在过6岁生日之前,她以4小时25分的成绩跑完了马拉松全程,成为世界上年龄最小的一位马拉松选手。

意志力有助于智能的增长。要完成某项活动任务,总会遇到一定的困难。任何创造性活动都要求集中精力,保持经常不断的努力。没有克服困难的意志力,就无法完成活动任务,更谈不上什么创造。人的智能总是在一定条件下发展起来的,然而对于一个意志坚强的人来说,可以克服种种不利条件,包括不利的身体条件,使自己的智能得到发展。

此外,像勇敢、甘愿冒险,富有幽默感等个性特征,对智能的发展,特别是对创造力的发展有直接的影响。

四、培养创新精神和能力的过程

随着人类社会的发展和进步,创新精神和能力的培养越来越成为学校教育的重要任务。要建设创新型国家,建设人力资源强国,学校教育就要把创新精神和创新能力的培养有机地整合在日常的教育教学工作中,孕育在知识的获得、技能的形成与智力的发展过程里,要加强创新意识、创新情感、创新技能的培养。

(一)培养问题意识,提高问题提炼能力

创新的过程本质上是一个提出问题与解决问题的过程。千百年来,差不多每一个人都遇到过棉布缩水的问题,只有克罗多注意到了这个问题;也有许多人被苹果或其他物体砸到过,只有牛顿对此产生了研究的兴趣。事实上,并不是所有的问题都值得研究的。有些问题既可以通过学生之间、师生之间的协商讨论获得解决,也可以通过资料的检索找到答案。在教学中,教师可以通过问题情境的创设,激发学生的求知欲和好奇心;抓住自相矛盾和逻辑混乱处,让学生独立思考,自由想象。例如,在学习物质性质时,为了让学生更好地应用燃烧中的化学现象和气体密度的知识,有位教师在向学生提出了如下的问题:放在同一平面的两支蜡烛,一高一低,点燃以后,用透明玻璃杯罩在蜡烛上,问哪一支蜡烛先熄灭。问题提出以后,学生的反应非常热烈,大多数学生认为低的蜡烛先熄灭。通过这种结合学生生活经验的开放性的问题讨论,既激发了学生的求知兴趣,又有效地培养了学生的问题意识,培养了学生厘清问题、提出问题的能力。伟大的科学家爱因斯坦坚信,提出一个问题往往比解决一个问题更重要、更困难。"因为解决一个问题也许仅是一个数学上的或试验上的技能而已。而提出新的问题、新的可能性、从新的角度去看待旧的问题,都

需要创造想象力,而且标志着科学的真正进步。"①

(二)加强创新方法指导,优化学生问题解决的能力

一方面,教师要教给学生通过多种分析路径生成解决问题的思路,如手段—目的或目的—手段的方法,引导学生通过寻找问题的起点,明确问题的范围,分析问题的结构与细节,建构问题的表述形式,来聚焦目标,形成真正有价值的、值得思考的问题。另一方面,通过深入的思考和各种大胆的试验,独立或合作形成解决问题的思路与对策,有效解决各种问题。同时,要引导学生对所获得的结论、整个解决过程及时进行科学反思,总结解决问题的成功经验;鼓励学生通过改变心智模式,更换解决问题的思路,寻找更优的解决途径,促进创新思维的发展。在此过程中,教师特别要注意保护学生的直觉思维和一些不成熟的想法,保护其创新的积极性与主动性。

(三)享受创新乐趣,发展创新情感

"教育既有培养创造精神的力量,也有压抑创造精神的力量。教育在这个范围内有它复杂的任务。这些任务有:保持一个人的首创精神和创造力量而不放弃把他放在真实生活中的需要;传递文化而不用现成的模式去压抑他;鼓励他发挥他的天才、能力和个人的表达方式而不助长他的个人主义;密切注意每一个人的特性,而不忽视创造也是一种集体活动。"②

创新精神和能力的培养过程,同时是一个磨炼意志、发展情感、完善个性的过程。意志、情感和个性的发展,同时又推动了学生创新精神和创新能力的发展。列宁花了三十年为革命做准备,米开朗基罗心甘情愿忍受七年的苦楚为西斯廷教堂作画,陈景润几十年执着于哥德巴赫猜想……没有一种创新的激情、坚持的精神和顽强的意志品质,是不可想象的。积极的情感,源自内心的热爱,迷恋和执着是创新的真正灵魂。创新精神和创新能力的培养,就需要教师从小在学生的心灵播下热爱创新的种子。

◀━━ 学习与思考 ━━▶

1. 如何理解智育在全面发展教育中的地位?
2. 如何理解知识、技能与智能的关系?
3. 学生掌握知识的过程有哪些阶段与特征?
4. 学生形成技能的过程有哪些阶段与特征?
5. 如何理解发展学生的多元智能?
6. 如何理解与实施创新教育?
7. 案例分析:

我们缺什么

"创新是一个民族进步的灵魂,是国家兴旺发达的不竭动力。"面对今天的国际竞

---

① 爱因斯坦、英费尔德. 物理学的进化[M]. 上海:上海科学技术出版社,1962:66.
② 联合国教科文组织国际发展委员会编著. 学会生存[M]. 北京:教育科学出版社,1996:188.

争,创新教育的重要性与紧迫性已日益彰显。在基础教育领域,我们的学生拥有较扎实的"双基",我们的学生也怀有使命感和责任感;但是,我们的创新教育却总是举步维艰;阅读国外《蚯蚓》一课的教学片断,请思考:

问题1:在创新教育中,我们的教育缺少了什么内容?

问题2:在创新教育中,我们的教师缺乏了什么素养?

美国某小学三年级上《蚯蚓》课,教师将许多活蚯蚓分发给学生,整个教室到处都是蚯蚓,学生边抓蚯蚓边观察。以下是师生之间讨论的片断。

……

生:我看见蚯蚓没有脚,可能是爬。

师:好。

生:那不是爬,是蠕动。

师:你说得更好。

生:我发现蚯蚓身上是一环一环的。

师:你观察得很细致。

生:我尝了尝,蚯蚓是咸的。

师:我不如你,你很勇敢。

生:我拴了一根线,把蚯蚓吞下去,又拉出来,我发现它还活着,说明它生命力很强。

师:你真了不起,我应该向你学习勇于为科学献身的精神。(教师站了起来,严肃地说。)

……

我曾经将这一教学片断展现给一些师范类专业的学生,一些学生,尤其是女生,他们的直接反应是:脏,脏死了……

第七章
体育、卫生与心理健康教育

学习提要：体育、卫生与心理健康教育工作是人的全面发展教育的重要组成部分。体育以人体活动的生物节律为客观依据，按人体新陈代谢的超量恢复原理，指导学生科学地锻炼身体；学校卫生则从作息时间、学校设施、疾病防治等方面保护学生的正常发育；心理健康教育旨在全面提高学生的心理健康水平，激发学生的潜能。学校体育、卫生与心理健康教育工作是相互配合、互相促进的，共同保护和促进学生的身心健康，增强学生的体质。

第一节 体 育

体育有广义和狭义之分。广义体育亦称"体育运动"。它是以锻炼身体、丰富社会文化生活为目的的一种有组织的社会活动。由学校体育、群众体育、竞技运动等方面构成。

狭义体育主要是指学校体育。它是向学生传授锻炼身体的知识、技能，培养运动能力和良好锻炼习惯，促进身体正常发育，增强体质的教育。体育是全面发展教育的重要组成部分之一。本节主要就学校体育方面进行研究。

一、体育的意义和任务

（一）体育的意义

1. 体育增强学生体质

学校体育的根本意义在于促进学生身体的正常生长发育，增强机体各器官系统的功能。青少年的生长发育涉及很多因素，如遗传素质、营养条件、体育锻炼以及疾病的预防和控制等等。其中，体育锻炼能够增强学生的体格、体能和身体适应能力，使学生拥有强壮的身体、健康的体魄。体育锻炼能增强学生体质，是由于身体锻炼的每一动作都表现为肌肉的动作，并增加骨骼、韧带的负荷量；由于肌肉工作量的增加，肌肉纤维将不断地变得粗而有力；同时不断增加氧气和营养物质的供应量并加速新陈代谢，从而使心脏机能达到更高水平，肺活量逐渐增大，大脑神经系统的功能得到提高。由于体育锻炼经常在户外进行，机体受阳光、空气、水和其他自然条件的刺激较多，因而有利于神经系统的调节和有关器官功能的发展，从而提高机体适应环境的能力。

健康体魄是青少年为祖国和人民服务的基本前提，是中华民族旺盛生命力的体现。毛泽东同志早在1917年所发表的《体育之研究》一文中，就生动形象地指出："体者，载知识之车而寓道德之舍也。""体育于吾人，实居第一之位置，体强壮而后学问道德之进修勇而收效远。"[1]他在 1951 年曾提出"健康第一"的口号,1953 年又向全国青少年发出"身体好、学习好、工作好"的号召。从现状来看,我国中小学生身体素质不容乐观。据中国、美国、澳大利亚合作开展的防治儿童近视研究项目前期调查显示,我国人口近视发生率为 33%,全国近视眼人数已近 4 亿,为世界平均水平 22% 的 1.5 倍。而近视高发群体——青少年——近视发病率则高达 50% 至 60%,我国近视眼人数居世界第一。[2] 中小学生在身体素质上凸现出不正常的胖、硬、软,即营养太好、体重超重者多,关节硬、身体的柔韧性差,耐力持续下降,不少学生一运动腿就发软。另据报道,我国六成以上的 7 岁至 17 岁儿童青少年不参加健身运动,18 岁至 44 岁的群体中,这个比例高达九成以上。[3] 这都反映出中小学生运动时间严重不足、学校体育没有起到应有的作用。因此,学校教育要确实树立健康第一的指导思想,切实加强体育工作。

2. 体育促进学生全面发展

体育与智育、德育、美育等是相互联系、相互促进的。

体育为学生学习文化科学知识提供身体前提条件,有利于他们顺利完成学习任务。学生学习文化科学知识时,脑力劳动占优势,在学习一段时间以后,适当参加一定的体育活动,不仅可以使已经疲劳的神经细胞及时得到休息,消除大脑的紧张状态,而且还能促进神经系统的新陈代谢,提高神经系统的活动能力,以利更好地学习。此外,体育本身还直接包含智育的内容,例如,通过体育教学使学生掌握体育运动的知识、技能,学习人体生理发展及体育卫生知识。

体育是向学生进行思想品德教育的重要手段。学校体育活动具有丰富的思想品德教育内容。通过体育活动可以激发学生的民族自尊心和民族自豪感,培养学生的爱国主义热情;通过体育比赛,可以培养学生的竞争意识、合作精神和坚强的毅力,培养学生刻苦耐劳、勇敢顽强、灵活机智、奋发向上的进取精神,可以培养学生的组织性、纪律性。

体育和美育是融为一体的。通过体育锻炼不仅可以使学生身体健壮,而且可以使学生具有优美的体型,其中符合韵律的动作,有利于培养学生正确的审美观点。像艺术体操、舞蹈等活动更体现了健与美的有机结合。

3. 体育促进精神文明建设

学校体育是社会主义精神文明建设的重要组成部分。体育发展水平及普及程度可以反映一个国家、民族的精神文明水平。学校体育是国家体育发展的基础,学校体育运动开展得越广泛,运动水平越高,则国家群众性体育运动的普及程度就越高,竞赛性运动基础和水平也就越好。积极健康、奋发向上的体育运动,内容丰富多彩,形式生动活泼。既可以丰富学生的课余生活,使学生在健康文明的体育活动中培养良好的情操和道德风貌;学校体育活动所养成的良好习惯和个性品质,能使学生以其健康向上的思想和行为抵制社会上一些庸俗低级的活动,促进社会的精神文明建设。

---

① 毛泽东. 体育之研究[J]. 北京:新青年第三卷,第二期.
② 徐林林. 惊悉中国近视眼人数世界第一[EB/OL]. http://www. china. com. cn/news/comment/2010 - 01/04/content_19176448. htm. 2010 - 1 - 4.
③ 参见钱江晚报 2005 - 10 - 9.

（二）体育的任务

学校体育的基本任务是：指导学生锻炼身体，促进学生身体正常发育，增强学生的体质；使学生逐步掌握体育的基本知识和技能、技巧，学会科学锻炼身体的方法，逐步养成自觉锻炼的习惯，不断提高运动技术水平；培养学生良好的思想品德，如爱国主义、集体主义、守纪律、坚毅、勇敢、合作、竞争、进取等品德。

三项基本任务相辅相成、互相渗透，统一于体育过程之中。

二、学校体育的内容

学校体育的内容是根据学校体育的任务和学生的年龄特征确定的。通常有以下几项内容：

（一）田径运动

田径运动是由走、跑、跳跃、投掷等活动所组成。它是各项运动的基础，是学校体育的主要内容。

田径运动能促进人体的新陈代谢，全面发展身体素质（速度、耐力、灵敏、力量、柔韧等）；增强内脏器官的机能；有助于培养学生勇敢顽强、坚韧不拔、克服困难等优良品质。田径运动项目一般分为田赛和径赛。田赛由跳跃和投掷项目组成；径赛由竞走和各种跑的项目组成。

（二）体操

体操是指徒手的或借助器械进行的各种身体操练的一类体育项目。体操是学校体育教学的重要内容之一。

体操运动可以增强骨骼、肌肉、关节、韧带的力量，提高灵敏、柔韧和协调平衡的能力；培养学生勇敢、果断、机智、灵活、遵守纪律、服从指挥和团结一致等品质；发展学生的审美能力。

体操的种类很多，通常分为基本体操，如队列队形操练、徒手操、器械操、保健操等；竞技体操，如自由体操、单杠、双杠、吊环、鞍马、支撑跳跃等。

（三）球类运动

球类运动是篮球、足球、排球、羽毛球、乒乓球等球类项目的总称。其中篮球、足球、排球是中学体育教材中规定的必选内容。

球类运动是青少年喜爱的综合性体育活动，它不仅要求人们具备良好的跑、跳、投等基本活动能力，而且要求熟练地掌握和运用各项球类的专门技术。由于球类运动竞赛性强，常在激烈的对抗中进行，因而它有利于提高人体机能和基本活动能力，促进身体素质的全面发展，培养学生的集体主义、自觉纪律和机智果断等品质。

（四）游戏

游戏是青少年喜爱的一种集体体育活动。游戏亦称体育游戏或活动性游戏，以区别于一般的智力游戏。体育游戏构成的基本要素是身体活动、情节、规则、方法、结果等,其中身体活动是体育游戏不可缺少的。它具有一定的竞赛因素,思想性强,形式生动活泼,内容丰富,简单易行。

(五)武术

武术是以攻防格斗技能为主要内容所组成的各种徒手的和器械的功夫、套路和单势练习,是中国民族体育运动项目。武术的动作表现刚柔相济,动静分明,矫捷有力,舒展大方。武术的特点是讲究手法、身法、步法、腿法、眼法,整套动作起伏转折,连续多变。它不受场地、季节、年龄、性别、设备等条件限制,因而在学校易于开展。武术活动对增强身体素质特别是对加强民族文化意识,增强民族自豪感有重要作用。

(六)游泳

游泳是利用不同温度的水等自然因素对身体进行全面锻炼的体育运动。经常游泳对人体的肌肉、骨骼、内脏器官等的生长发育,发展各种身体素质都有重要作用。组织学生游泳必须做好安全保健工作。

(七)军事体育

军事体育活动包括无线电、航空模型、航海模型、射击、跳伞、驾驶摩托车以及投弹、障碍跑、匍匐前进等。学生参加军事体育活动,不仅可以增强体质、增强战略观念,锻炼坚强意志,而且还有助于掌握基本的军事科学知识和技能。

学校体育除上述几项内容外,还包括利用日光、空气、水等自然条件的锻炼,也包括因地制宜所开展的旅游、野营、爬山、滑冰、滑雪等多样性活动。

三、体育的过程

体育过程是学生掌握体育知识、技能、技巧,科学地锻炼身体,形成经常锻炼的习惯,发展身体素质,增强体质,培养良好道德品质的过程。

(一)体育过程的特点

1. 体育过程是身体活动与认识活动相结合的过程

体育活动不单纯是一种身体的活动,而是在认识活动(主要是思维活动)参与的情况下,通过体育运动知识、技能和技巧的掌握以及身体的反复练习相结合的活动。例如,游泳运动就不仅仅是运用躯干和四肢在水中游进或活动,其中包含一系列游泳的知识、技能和技巧,只有将这两者有机地结合起来,才能达到游泳运动的目的。

2. 体育过程是掌握体育理论与参加体育锻炼相结合的过程

学生只有掌握体育运动的有关理论知识,才能使运动的技能、技巧和锻炼习惯的形成建立在科学理论的基础之上。体育运动知识的掌握不是体育活动的终结,而是必须从知识的掌握过渡到身体的反复练习,才能达成发展身体素质和增强体质的最终目的。例如,学习游泳就不仅是学习一系列理论知识,更主要的是在理论知识的指导下,运用躯干和四肢能在水中游进或活动,并通过反复练习,促进身体素质的有效提高。

3. 体育过程是增强体质与形成良好思想品德相结合的过程

学校体育的根本任务是增强学生体质。在体育过程中要使学生掌握知识、技能和技巧,养成经常进行体育锻炼的习惯,使体育有效地起到增强体质的作用。与此同时,要根据体育的内容和学生的实际情况,将思想品德教育渗透于体育的全过程之中,在完成增强学生体质任务的过程中,促进学生思想觉悟的提高,形成良好的道德品质。例如:爱国主义、集体主义精神,竞争、合作的品质,刻苦耐劳、坚韧不拔的意志,等等。

(二)体育过程的阶段

一般而言,体育过程包括三个阶段。

1. 开始阶段

开始阶段是组织教学和进行准备活动阶段。其内容主要有通过整队,迅速将学生组织起来,说明教学任务、要求和内容,集中学生注意力,做好教学的准备。接下来便是使学生全身各主要肌肉群、关节、韧带从原来的相对静止状态进入活动状态,使身体各器官、机能为下阶段的剧烈活动作好准备。这一阶段任务完成得好坏,直接影响下一阶段任务的完成,特别是对防止伤害事故有重要意义。

2. 基本阶段

这一阶段是体育过程的主要阶段,所占教学时间最长,任务是按教学计划安排的教材和活动方式进行身体的主要锻炼。从动作技能形成过程而言,这一阶段一般由动作技能的粗略掌握、掌握和熟练三个部分组成。

(1)动作技能的粗略掌握。这个阶段在运动生理学上叫"泛化过程"。大脑皮层中的兴奋过程呈现扩散状态,条件反射暂时联系还不稳定,出现泛化现象,表现为动作僵硬,不协调,缺乏控制能力,并伴随多余动作。因此,这个阶段的教学应将动作的过程和要领讲解清楚,做好示范动作,将动作先分解再统一进行练习和指导,并及时、准确地评定学生最初掌握的动作,肯定正确,纠正错误。

(2)动作技能的掌握。这一阶段的特点是大脑皮层的兴奋和抑制不断分化,初步建立动力定型,但尚不牢固,表现为动作间的联系加强,多余动作减少,紧张情绪减弱,动作逐渐向协调、轻快方面发展。这个阶段的教学主要是经过反复练习,运用正误对比加深学生对动作的理解,促使大脑皮层兴奋、抑制过程加速分化,以便顺利形成动力定型,提高动作的质量。

(3)动作技能的熟练掌握。这一阶段大脑皮层的兴奋和抑制在时间和空间上更加集中和精确,形成了牢固的动力定型,表现为能准确、熟练、省力地完成动作,并能在各种变化的条件下,随机应变、灵活自如和轻快地加以运用。这个阶段的教学仍应加强适度练习,使动作更加完善和提高。如果长期中断练习,就会使自动化的动作逐渐消退。

以上三个阶段是相对而言的,教师在教学中应根据教学任务和内容、学生年龄特征,灵活把握每个阶段的教学。

3. 结束阶段

这个阶段的主要任务是进行有效的放松活动,有组织地结束体育活动,使学生的生理和心理恢复到相对安静状态，并进行简要的小结，布置课外锻炼作业。

在体育过程的每一阶段，教师应根据具体任务、学生的实际情况以及生理机能活动规律和动作技能形成的规律，使学生掌握体育知识、技能和技巧，发展身体素质、增强体质，适时进行思想品德教育并发展其智力。

四、体育的组织形式

学校体育的教学组织形式一般有以下几种：

（一）体育课

体育课是学校体育的基本组织形式。体育课的任务是使学生系统地学习、掌握体育基础知识和基本技能、技巧，使学生的身体得到全面锻炼。同时，也要结合体育教学特点和学生实际，对学生进行思想品德教育。体育课教学应充分调动学生学习的主动性和积极性，使每节体育课都有适当的密度和运动量，以促进学生身体素质的全面提高。

（二）早锻炼和早操

早锻炼和早操使人从睡眠的抑制状态迅速转入到兴奋状态，从而提高一天的工作效率。早锻炼的内容有跑步、武术、球类、爬山、广播操以及其他专项运动。锻炼的时间和运动量要根据学生的身体状况、性别和年龄特点，提出不同的要求。

（三）课间活动和课间操

课间活动虽然只有十分钟，却是学生的大脑皮层经过一节紧张的文化课的学习后的积极性休息。可以消除大脑的疲劳，提高下一节课的学习效果。生理学家认为积极性休息比消极性休息效果更好。谢切诺夫曾做过一个著名的实验，他用自己设计的测力器，自己作受试，在右臂工作疲劳后以两种方法来恢复：一是让手静息，一是在右臂休息时让左手活动，然后用测力器对右臂进行自测，结果证明右臂的工作能力在活动的休息过程中不但比静止休息恢复得快，而且还超过原来的工作水平。[①] 课间操有课间广播操及眼保健操等。课间操应认真组织，坚持不懈。各科教师应当准时下课，并且督促学生走出教室进行活动。但是，课间活动不宜太激烈，以免上课后脉搏呼吸不能很快恢复正常。

（四）课外体育活动

课外体育活动是巩固和扩大体育课的效果，使学生得到全面的经常锻炼，完成体育任务必不可少的组织形式。同时，课外体育活动也是丰富学生课余文化的一种有效措施。每周应安排两个下午的课外体育活动时间。课外体育活动一般是按班级、性别组织锻炼小组进行。活动内容应该以《国家体育锻炼标准》为主，进行身体的全面锻炼。

---

① 张定璋.教学研究与实验求索[M].杭州：浙江教育出版社，1999.

（五）各种专项运动

在广泛开展课外体育活动的基础上，选拔对某项运动特别爱好，并有一定基础的学生组成各种运动队，利用课外活动时间进行专项运动训练。这样可以培养体育骨干，推动群众性体育活动，提高各项运动水平。对运动队员应加强思想教育工作，并照顾他们的文化课的学习，以利于德、智、体的全面发展。

（六）体育运动竞赛

适当组织好各种类型的体育运动竞赛，是推动学校广泛开展群众性体育活动的有效方式，也是检阅成绩、交流经验，加强团结，促进学生积极锻炼，提高技术水平和思想道德水平的有效方法。体育竞赛分校内校外两种，竞赛内容应紧密结合《国家体育锻炼标准》，体育竞赛应尽量利用课余或假日进行。

以上各种体育的组织形式应相互配合运用，做到课内与课外相结合、普及与提高相结合，以推动学校体育广泛持久地开展，全面提高学校体育工作的质量。

五、体育的基本要求

根据体育的目的任务、体育过程的特点以及学生生长发育规律和各器官系统的特点，学校体育必须遵循以下几项基本要求：

（一）体育锻炼的全面性

体育锻炼的全面性是指通过锻炼使学生身体的各个部位、各器官系统的机能、身体的各种素质、基本活动能力和思想品德都得到全面发展。

人体是一个统一的有机整体，各个系统都是在中枢神经系统的统一指导下，分工合作，来维持人体正常活动的。各系统之间密切相关，相辅相成。增强学生体质，需要使学生身体各系统的功能得到整体提高。没有全身各个系统功能的提高，就不可能有某个系统功能的大幅度提高。每项运动虽然有益于整体发展，但有一定的局限性，只能重点发展某一部分机能素质和活动能力。因此，学校体育锻炼必须贯彻全面性原则，使学生掌握多种体育运动技能，培养他们参加多项体育运动的兴趣和能力，使身体得到全面锻炼。

（二）体育锻炼的循序性

体育锻炼的循序性一方面是指运动量的安排应根据学生的实际情况由小到大，另一方面是指体育动作技能的掌握应由易到难，由简单到复杂。体育锻炼只有适量，才能对人体机能和健康产生积极的影响。运动量过大，会使学生过度疲劳，有损身体健康；运动量过小，又达不到锻炼身体的目的。

体育动作技能的形成要经过粗略掌握、掌握和熟练掌握三个阶段。学生掌握任何动作技能都不可能一蹴而就，必须由易到难，由简单到复杂，由分解到整体，逐步掌握并形成技巧。否则，急于求成，勉强作体力和技术不能达到的高难动作，不仅不易学会，而且会造成伤害。

（三）体育锻炼的经常性

体育锻炼的经常性是指学生身体的锻炼必须持之以恒,长期不断。因为动作的熟练掌握过程是一个条件反射的形成和逐渐巩固的过程,条件反射必须及时与经常适时强化才能保持和巩固,否则,就会逐渐消退。同时,体育锻炼引起人体构造和功能方面的显著变化,不是短时期内就能见到效果的,只有经过长时间系统的锻炼才能使体质增强。如果中断锻炼,则人体内各器官和系统的构造以及功能上的有利变化,同样会逐渐消退。因此,学校必须保证每个学生每天有一小时的体育锻炼。教师应该引导学生把锻炼身体与培养坚强的意志结合起来,不怕严寒酷暑,冬夏不断,持之以恒。

（四）体育锻炼的差异性

体育锻炼的差异性是指体育运动应适应学生的年龄、性别和个体差异。人体各器官和系统的发育,因年龄、性别而有不同。即使同一年龄和性别的学生,也存在着发育、健康水平和原有锻炼基础的差异。因此,体育锻炼的起点、选择的项目和运动量都应该适应学生的年龄、性别和个体差异。例如13—14岁的少年,在身体发育方面有较急剧的变化,表现在神经系统对运动机能的调节作用有所降低,心血管和呼吸系统的发育赶不上运动系统,肌肉的发育也落后于骨骼系统。因而这个阶段的少年耐力和力量等素质发展不显著,女孩尤为明显。这一时期可适当地进行长跑、球类运动和游泳,发展一般耐力和速度耐力。15—17岁的青年初期的学生,与成年人相比,各器官的功能水平仍不够高,并且容易疲劳,所以不宜训练超长距离的项目。在此年龄阶段,男女学生身体发育和机能水平的差别颇为显著,女生身体发育比男生早,但肌肉力量一般比男生小,耐力也比男生差。组织体育锻炼时应注意这些特点,在一般要求的基础上区别对待。

除上述四项要求外,学校还应贯彻勤俭办一切事业的精神,发扬自力更生、艰苦奋斗的作风,积极创造条件,因地制宜,克服各种困难,大力开展体育活动。

第二节 学校卫生

学校卫生是学校保证学生身心正常发育和健康成长的卫生要求和措施。它与学校体育工作相结合,共同保护学生健康,促进学生体质的增强。

一、学校卫生的意义和任务

（一）学校卫生的意义

1. 保护和促进学生身心健康

青少年正在生长发育时期,对环境的适应能力以及对某些致病微生物的免疫能力较差,容易感染某些疾病,损害发育和健康。学生学习、生活活动所接触的环境中的某些因素,如大气污染也会有害,对青少年的身心健康产生不利的影响。不科学的作息制度以及不符合卫生要求的教学设施和设备也会影响学生的健康。学校通过积极的卫生保健和防治疾病工作,改变对身体有害的外部环境因素;通过对学生进行系统健康教育,把卫生知识技能传授给学生,培养其良好的卫生习惯,增强自我保健意识和能力,从而有效促进学生身心健康发展。

2. 促进社会文明建设

卫生保健情况如何,是一个国家社会文明程度高低的标志之一。世界卫生组织近年来倡导的"健康促进学校,健康促进社会"行动,提倡通过健康教育,改造不良的行为习惯,不断提高人的素养,提高社会文明水平和生活品质。卫生保健工作水平和学生健康状况是一所学校文明建设的重要体现。学校认真执行国家的有关卫生保健制度,全面推进卫生保健工作,对促进本社区爱国卫生工作具有重要的示范作用;学校组织学生参加保护健康的社会工作,既可以培养其社会责任感,同时还能为家庭和社会树立科学的卫生观念,养成文明的社会行为,产生积极的影响。

(二)学校卫生的任务

学校卫生保健工作的根本任务是保护学生健康,增强学生体质。其具体任务主要是:加强宣传教育工作,使学生树立健康第一,卫生光荣,不讲卫生耻辱的思想;使学生掌握基本的卫生知识,了解科学营养知识,养成良好的卫生和饮食习惯;按照卫生的要求,科学地组织教育、教学工作;搞好学校的各项卫生设施,为学生创造健康的学习环境;做好疾病尤其是心理疾病的防治工作,保证学生身心的正常发育与成长;指导学生科学用脑,开发大脑潜能,提高学习效率。

二、学校卫生工作的主要内容

(一)环境和设备的卫生

学校环境和设备的卫生是指,学校要选择和使用符合生理和健康要求的环境和设备。主要包括:

1. 校址的选择与场地要求

校址应尽可能选择在空气流通,阳光充足,地势平坦,易于排水的地段,避免设在有较严重污染和强烈噪声的地区;位置要适中,交通要方便。

学校要有足够的占地面积,保证能合理布置建筑物、绿化带和活动场地。运动场地每生应占面积是:小学 2.3 m²,中学 3.3 m²。中学运动场地的面积为 4000—8000 m²(包括篮、排、足球场,器械和田径场地),以保证体育教学任务的完成和课外体育活动的进行。运动场应设在校园深处,尽可能远离教室。学校应有充足的绿化面积,据规定应达到下列要求:小学 0.5 m² 每生,中学 1 m² 每生,中师幼师 2 m² 每生。

2. 各室的卫生

教室、实验室、图书馆等建筑,要符合卫生标准。包括朝向的选择要合理,面积大小应合适,采光和照明要适度,通风取暖要适宜,配有防火设施等。入口和楼梯应注意安全,便于疏散。厕所数量足够,大小适中,通风防臭良好。

3. 课桌椅的卫生

课桌椅要适合就座儿童的身材,提供维持良好姿势的客观条件,不妨碍儿童的正常生长发育,保护视力。学校课桌椅尺寸必须符合中华人民共和国国家标准局 1983 年 12 月制订的"中小学校课桌椅标准"。此外,书籍、教具等都应符合卫生要求。

(二)教育教学卫生

教育教学卫生是指学校作息制度、课程安排和教学活动,都要符合卫生学的要求,使学生能够保持最佳的生理、心理状态,充分发挥大脑的潜力,提高学习效率,防止疲倦和过度疲劳,保护学生的健康,促进正常发育。

1. 作息制度的安排要合理

人的生理活动是有一定的节律性的,节律性要求我们要合理安排作息制度,注意劳逸结合。学生在一日中大脑皮层的工作能力是不相同的。在安排课业学习(课堂学习和家庭作业)、课外文体活动、饮食、睡眠等全部时间时,应该与学生的年龄相适应,符合大脑皮层机能活动的特点。每天课业学习时间,初中不超过 8 小时,高中不超过 9 小时。必须保证中学生每天 9 小时睡眠时间。课间休息是消除疲劳的重要措施,应该采用活动性休息,到室外吸取新鲜空气,游戏、散步或远眺等形式。课间休息时间最少应该有 10 分钟,有效的休息时间是 15 分钟。课外活动包括体育锻炼、文艺、科技、社团活动和社会工作等,它可以促进体力和智力的发育,并起到机能轮换的作用,不能任意取消。进食要定量定时,饭后要休息半小时到 1.5 小时,体力活动后至少要休息 10—20 分钟才能进餐。

2. 课程表的编排要科学

学校应根据学生一日和一周中工作能力变化规律,合理编排课程表,并严格执行,以形成一周的动力定型,既提高学习效率又预防学习过度疲劳。在一日中要把最难的课程排在上午第二、三节,较难的课排在上午第一节和下午第一节,最容易的课程排在上午第四节和学习日的末尾。一般认为,外语、数学、物理和化学最难,其次语文、历史和地理;音乐、体育、图画和手工比较容易。在一周中,星期二、三、四可以安排较难的课程,星期五的课程应该容易些。早晨第一节课前应安排短时间早读,以适应大脑皮层的始动调节。考虑大脑皮层镶嵌式活动特点,不要连续安排两节以上性质相同的课程,应交叉安排,使学生能转换兴奋中心,提高效率,减少疲劳。

3. 教学工作的组织安排要卫生

教学应根据学生身心发育水平和机能活动的规律,加以合理组织,促进学生的生理和心理得到健康发展。教学内容要适合学生心理发展和知识水平,由浅入深,合理编排;要根据学生的年龄特征及教学目的任务要求,优化组合、灵活选择各种教学方法;教学过程中,要注意培养学生良好的卫生习惯,使学生在听讲、阅读、写字时保持正确的姿势,特别要重视用眼卫生的指导,教育他们不要走路乘车时看书,不要在直射光及昏暗光线下阅读,不躺着看书。要定期调换座位。要严格控制学生的作业量,减轻过重的学业负担。

(三)膳食卫生

学校必须重视膳食的卫生和管理,为学生的发育和健康创造良好的条件。大量实验证明:膳食的营养对儿童的生长发育,在形态、机能和智力的发展各方面都会产生暂时或永久性的影响。膳食卫生主要包括以下几个方面：

1. 营养素的供给量

儿童和青少年学生每天要摄入充足的营养素，并较好地消化、吸收，才能促进其健康和生长发育，提高机体对疾病的抵抗力。学生一日膳食营养的摄入量要符合中国生理科学会、营养学会所制订的《儿童及青少年一日膳食营养与供给量》。

表 7-1　青少年一日膳食营养素供给量

		能量（千卡）	蛋白质（克）	钙（毫克）	铁（毫克）	维生素 A（微克视黄醇当量）
少年男子（体重 47 公斤）（体重 53 公斤）	13 岁—16 岁—	2400 2800	80 90	1200 1000	15 15	1000 1000
少年女子（体重 45 公斤）（体重 48 公斤）	13 岁—16 岁—	2300 2400	80 80	1200 1000	18 18	1000 1000
		硫胺素（毫克）	核黄素（毫克）	尼克酸（毫克）	抗坏血酸（毫克）	维生素 D（微克）
少年男子（体重 47 公斤）（体重 53 公斤）	13 岁—16 岁—	1.6 1.8	1.6 1.8	16 18	60 80	10 10
少年女子（体重 45 公斤）（体重 48 公斤）	13 岁—16 岁—	1.5 1.6	1.5 1.6	15 16	60 60	10 10

2. 合理膳食

合理膳食的首要问题就是为学生提供均衡的营养。

中国营养学会于 1997 年 4 月制订了一份《中国居民膳食指南》，它要求：(1)食物要多样，谷类为主；(2)多吃蔬菜、水果和薯类；(3)每天吃奶类、豆类或其制品；(4)经常吃适量鱼、禽、蛋、瘦肉，少吃肥肉和荤油；(5)食量与体力活动要平衡，保持适宜体重；(6)吃清淡少盐膳食；(7)饮酒要限量；(8)吃清洁卫生不变质食物。

合理膳食的基本卫生要求是：(1)膳食的营养成分能够充分满足学生身体生长发育。(2)食物必须新鲜。(3)食物的运输、储存、选配加工符合卫生要求。(4)膳食多样化。(5)有合乎要求的膳食制度和进餐环境。(6)有良好的饮食卫生习惯。

3. 食堂卫生

学校要加强对食堂的领导和卫生管理工作。重视添置必要的设备，如食堂的降温设备，冷藏和消毒设备，防尘、防蝇、防鼠和食堂环境卫生设备等。加强食堂卫生的指导和监督，定期对炊事员进行健康检查，发现有传染病或健康带菌者，要及时调离食堂，进行治疗。学校食堂里的食品一定要新鲜，生熟食品要分开，食具要严格消毒，认真搞好食堂环境卫生和炊事员个人卫生，严格操作制度。

（四）卫生保健和疾病防治

学校要积极开展卫生保健教育。有计划地开设生理卫生课等健康教育课程,要利用课余时间开展多种活动,如举办卫生知识讲座、卫生保健期刊和卫生图片展览,放映有关卫生知识的幻灯、电影、录像等,向学生传授卫生知识和技能,提高卫生知识教育的效果。

要注意培养学生卫生行为习惯,在中学阶段要注意下列卫生习惯的培养:

(1)清洁卫生习惯:勤洗手、剪指甲,勤理发洗头,勤洗澡换衣,早晚刷牙,饭后漱口等。爱护公共卫生,不随地吐痰,不乱丢果壳纸屑。

(2)饮食卫生习惯:饭前洗手,饮食定时定量,不乱吃零食,不偏食,不喝生水等。

(3)生活卫生习惯:按时作息,早睡早起,养成正确坐立行姿势,每天有充足的睡眠等。

(4)运动锻炼的卫生习惯:每天参加运动锻炼,每天做广播操、眼保健操,养成户外活动的习惯。

(5)用眼卫生习惯:看书写字要保持正确姿势,做到"一尺、一寸、一拳头",培养良好的阅读卫生习惯,保护视力。

(6)青春期卫生习惯:不吸烟不喝酒,注意保护嗓子,不挤压面部粉刺。男生要防止手淫,女生要注意经期卫生等。

学校要建立学生每年进行一次体检的制度,为每个学生建立健康卡片。体检的主要内容包括身高、体重、胸围、坐高、血压、皮肤、淋巴、脊柱、四肢、五官、视力、口腔、心、肺、肝、脾、肾脏、泌尿生殖器等。通过体验和健康卡片,了解学生身体健康情况,防病治病,促进生长发育。

学校要积极防治常见的急性传染病和学校常见病。在我国学校中,急性传染病目前仍是对学生学习和身体发育影响最大的疾病。学校必须严加防治猩红热、流感、流脑、痢疾、结核病、病毒性肝炎等常见的急性传染病。学校要对学生中的沙眼、肠道寄生虫病、龋齿、近视、鼻病、脊柱弯曲等常见病,采取积极的措施加以控制和治疗。学校应该贯彻以预防为主,积极治疗的方针,努力控制发病率,不断提高学生的健康水平。

三、学校卫生工作的管理

（一）建立学校卫生工作的组织

学校的卫生组织是爱国卫生委员会或体育卫生委员会。在分管体育卫生工作的校长领导下,由教导主任、总务主任、团委负责人、工会代表、校医(保健教师)、体育教师、生活老师等组成。各委员分工负责,督促检查和总结学校卫生工作。

学校各班级可选派1—2名积极分子参加校卫生委员会,或由3—5人组成卫生小组,由学生会领导,校医进行业务指导。一般中学还可以成立红十字少年组织,在全校各班级选择学生参加,经过一定训练,与卫生室配合,协助开展卫生工作和校外服务。学校各班级的班委会中应设一名卫生委员,协助班主任做好各项卫生工作。

（二）明确工作人员职责

学校各有关人员,如校医、保健教师、班主任、课任教师、生活指导教师、总务人员等,必须明确自己在卫生教育方面的职责,切实抓好学生的卫生保健工作。其中,校医和班主任的责任更直接。

1. 校医的职责

(1)积极当好学校领导的参谋,做好业务技术指导。每学期开始,拟订学校卫生保健计划及实施意见。

(2)做好防病治病工作。

(3)做好宣传教育工作,培训卫生骨干。

(4)卫生室要积累有关卫生资料,进行分析研究。每个学校应有必要的卫生记录卡片、簿册,以便调查统计,不断提高学校卫生工作的质量。

2. 班主任的卫生工作任务

(1)了解全班学生的病史,掌握学生的健康情况。

(2)贯彻执行学校爱国卫生委员会布置的卫生工作任务,布置、组织、检查以及督促本班学生搞好经常性的卫生工作,并积极参加爱国卫生活动。

(3)利用班会、晨间检查活动及其他机会,对学生进行健康教育,培养卫生习惯。

(4)对学生缺课应及时调查家访,如发现学生患传染病,或怀疑是传染病,应及时与学校校医、保健教师及家长联系,学校、家庭共同配合做好观察隔离和消毒工作。

(5)组织定期或突击抽查学生个人卫生。检查教室、寝室、环境卫生,参加卫生评比工作。

(6)向学校和任课教师提出改善学生学习、劳动、体育锻炼、生活条件、饮食营养方面的合理化建议。

(7)掌握本班学生视力情况,做好保护学生视力的工作,督促学生做眼保健操,端正学生坐姿,培养学生正确看书和写字的习惯,每两周调换学生座位。

(8)做好本班学生疾病、健康发育情况和清洁卫生习惯登记统计工作。

(三)健全卫生工作制度

学校应在领导负责和依靠群众的基础上,建立和健全一些必要的卫生工作制度。如环境卫生管理制度、教室卫生制度、寝室卫生公约、学校公共场所卫生制度、作息制度、膳食制度等等。采取定期检查和突击抽查相结合的原则,使学校卫生保健工作制度化、规范化。

第三节 心理健康教育

心理健康教育是现代学校教育的重要组成部分。大力加强学校心理健康教育,已成为世界教育改革的一种共识。教育部 2002 年颁布的《中小学心理健康教育指导纲要》中明确指出:"良好的心理素质是人的全面素质中的重要组成部分。心理健康教育是提高中小学生心理素质的教育,是实施素质教育的重要内容。"

一、心理健康教育的内涵

（一）心理健康的含义

《简明不列颠百科全书》将心理健康解释为："心理健康是指个体心理在本身及环境条件许可范围内所能达到的最佳功能状态，但不是十全十美的绝对状态。"

心理健康的含义有广义和狭义之分。从广义上讲，心理健康是指一种积极、满意、高效而持续的心理状态；从狭义上讲，心理健康指人的心理活动过程内容完整、协调一致，能较好地适应社会。心理健康的基本特征：

（1）同一性。指个体的心理活动与外部环境是否相一致，一个人的所思、所想、所为能否准确地反映外部世界，有无明显的差异。

（2）完整性。指个体的认知过程、情绪情感过程内容是否完整协调。

（3）稳定性。在没有重大外部事件的前提下，个体的个性心理是否相对稳定，行为是否表现出一贯性。

（二）心理健康的标准

虽然不同的心理学家对心理健康的标准有着不同的看法，但是基本内涵包括以下几个方面：

（1）正常的智力发展水平。智力是以思维为核心的各种认识能力和操作能力的总和，也是衡量一个人心理健康的重要标志之一，个体智力发展水平应与其实际年龄相吻合。

（2）稳定与协调的情绪。经常保持轻松、愉快、稳定、协调的情绪，良好的心理状态，有助于积极健康的发展。积极的情绪，能提高心理功能，有助于发挥自身的内在潜能。

（3）正确的自我认知。能正确认识自己，清楚自己存在的价值，有自己的理想，对未来充满信心。

（4）和谐的人际关系。心理健康的人乐于与他人建立平等、互助、和睦相处的伙伴关系。

（5）稳定、协调的个性。能对自己个性倾向和个性心理特征进行有效控制和调节。

（6）良好的环境适应能力。环境适应能力包括对环境的正确认识和处理环境的能力。

中小学生处于身心迅速发展的时期，在评价学生的心理健康时，同时要注重学生的可塑性与成长性，切忌给学生贴标签。

二、心理健康教育的功能

中小学生心理健康教育的目标是提高全体学生的心理素质，充分激发他们的潜能，培养学生乐观、向上的心理品质，促进学生人格的健全发展。根据学校心理健康教育的目标，心理健康教育要发挥三大功能：

1. 发展性功能

它是心理健康教育最根本、最重要的功能。学校心理健康教育旨在促进中小学生人格健全发展,形成良好的个性心理品质,提高中小学生的心理健康度,增强他们全面、主动地适应学习、生活和社会的能力,为实现全面发展打下坚实的基础。通过专门的心理课程、学科教学的渗透、学校心理咨询等多种途径,有效地促进学生的心理健康。

2. 预防性功能

它是学校心理健康教育的学习性功能。在学生的成长过程中,总会遇到各种问题,如果得不到及时、适当的引导与帮助,往往会产生各种心理行为问题。因此,学校就要通过对中小学生进行系统化、有序化、长期的心理健康教育,使他们掌握面对各种困惑与问题的方法,坚强地面对学习与生活中的各种挫折和考验,帮助他们健康成长。

3. 补救性功能

它是学校心理健康教育的干预性功能。由于成长环境或学生自身的原因,在成长过程中,难免会有一些学生会出现心理问题。这些心理问题如果得不到及时的矫治,往往会严重影响他们的学习、生活和健康成长。而及时通过某种方法帮助他们进行调整和改变,可以解决问题或者避免更为严重的后果。因此,心理健康教育的另一个功能就是针对学生已经产生的现实问题,提供具体的个别心理咨询和辅导,帮助中小学生排除心理困扰,使他们重新自信地面对生活。

三、学校心理健康教育的原则

为了有效地开展心理健康教育,应该遵循一些基本要求。这些基本要求是为了实现心理健康教育的目标必须严格遵守的职业准则和道德伦理要求。

(一)面向全体与个体心理咨询相结合的原则

学校心理健康教育工作,主要包括针对全体学生的心理健康教育和针对个体问题学生的心理咨询两个方面。针对全体学生的心理健康教育既是心理教师的重要职责,也是班主任与其他各科教师的重要职责;既是学校教育的职责,也是家庭教育与社会教育的共同职责。针对个别问题学生进行咨询是学校心理健康教育职责之一,做好这一工作需要教师具有专业的知识与技能。面向全体与个体心理咨询相结合的原则是实现学校心理健康教育目标的重要原则。贯彻这一原则的基本要求是:

(1)加强对全体学生的心理健康教育。学校的心理健康教育是面向全体学生的教育,与任何科目的学习一样,每一个学生都是心理健康教育的对象,每一个学生都有进行心理健康学习的潜在需求。学校在制定教学目标时,要将心理健康教育作为必要的学习科目加以规划。

(2)重视对个别学生的心理咨询。心理健康教育是以全面促进全体学生的心理健康为目标的,为了达成这种目标,必须开展有效的个别心理咨询。建立心理咨询室,进行制度化建设是必须的。

(3)整合校内外各种教育资源,有效提高学生心理健康的水平。心理健康教育是一项长期、复杂而又充满挑战的工作,需要校内、校外各种教育力量的有机整合。专职教师、班主任、各科任教师、学校的其他工作人员、学生等都是不可忽视的教育力量;需要学校与家庭、社会的共同合作。

（二）尊重与理解相结合的原则

尊重与理解相结合的原则，就是要尊重学生的人格与尊严，尊重每个学生存在的权利，承认他们是不同于其他人的独立的个体，承认他们与教师、与其他人在人格上具有平等的地位，理解学生的需求与心理。在尊重与理解中，学生会慢慢地感受到自己内在的成长力量、自己的真实需要，唤醒自己成长的潜能。贯彻这一原则的基本要求是：

1. 尊重学生的权利

在心理健康教育过程中，教师对学生的扭曲行为不能加以简单地训斥，不能羞辱、挖苦、讽刺学生，不能用粗暴的、强制性的手段解决学生身上的问题，而要我们无条件地关怀和接纳学生。在咨询过程中，特别是当学生出现阻抗或流露出消极的、偏激的想法时，教师不能简单地以自己的价值观念去贬低、挖苦他，而是要以尊重的态度和宽容的胸怀，耐心倾听，真诚接纳。

2. 尊重学生的选择

每一个人都生活在自己的现象场之中，都拥有成长与发展的空间。教师要认可每个学生自主的权利，相信每个人选择的能力。教师不要把自己认为正确的观念；远大的理想强加给学生，我们必须分清学生能做的与应该做的之间的区别。任何美好的改造蓝图，都必须建立在现实的根基上。在我们的引导下，让学生自己选择、自己负责、相信自己。

3. 善于倾听

教师要认真倾听学生所言，仔细理解学生的所思，设身处地了解学生的感受，积极对学生进行疏导性的对话，从而促进学生的健康成长。

（三）发展性与干预性相结合的原则

发展性更多的是指针对全体学生进行发展性教育，干预性原则更多的是针对某个或某类学生问题的心理干预。贯彻这一原则的基本要求是：

1. 心理健康教育要从小开始

许多心理学家都认为，早期的经历对人一生发展具有重大影响。心理健康教育越早开始越能发挥作用。尤其是年龄越小的儿童，他们的可塑性越大，教育也更能够发挥作用。

2. 系统制定心理健康教育内容

从纵向看，要将整个教育阶段的心理健康教育内容系统化；从横向看，要将发展性的教育内容与干预性的教育内容有机地整合起来。发展性的教育内容主要有学习辅导、智能训练、情感教育、社会适应辅导、人际关系的指导、性心理教育，干预性的辅导内容有学习适应问题、人际交往问题、常见的行为问题等。

3. 关注处境不利的学生

环境对个体发展的影响的作用是无法忽视的，一些处境不利的儿童较易出现心理问题。学校在建立心理健康档案时，要重点关注这些学生，及时、更好地做好预防工作。

（四）全员性与专职性相结合的原则

心理健康教育是项系统工程，需要学校全体教职员工的全员参与；同时，心理健康教育又是一种专业性很强的教育，它更需要有受过专业训练的专职教师。贯彻这一原则的基本要求是：

（1）建立专兼结合的心理健康教育师资队伍，学校要配备受过系统专业训练的心理健康教育专职教师。

（2）加强心理健康教育制度建设。明确专业教师的工作职责与要求，逐步建立在校长领导下，以专兼结合、全员共同参与的工作体制。

四、心理健康教育的内容

（一）学习心理辅导

学习心理辅导的内容主要包括帮助学生提高学习抱负水平、认识自我学习潜能、提高学习技能及应试能力与心理调适能力等。它主要结合学科教学活动来进行，旨在提高学生的学习成效。

（二）心理健康知识

内容主要包括了解心理的实质、心理健康的概念和标准、常见心理问题产生的原因及调试方法等。通过传授必要的心理健康知识，帮助学生了解心理现象及其规律，形成心理健康的概念，掌握一些自我心理调节的方法。

（三）生活辅导

生活辅导主要包括情绪辅导、交往辅导、休闲辅导、消费辅导及性心理辅导等。在实践中，我们可以根据学校的实际情况及学生的特点，增加心理潜能的开发、创造力的训练、恋爱观的教育等内容。

五、心理健康教育的方法

（一）渗透性活动

心理健康教育应该渗透于学校教育的全过程，贯穿于学校教育的各个阶段，要采用多种方式进行。

1. 学科渗透法

所有的学科都蕴涵着心理健康的素材，所有任课教师都肩负着心理健康教育的责任。教师可以寻找学科教学内容中的人性的光辉，把握最佳的教学时机，对学生进行心理健康教育。在教学中，教师要灵活地运用教学方法，促进学生的人格和智能发展，引导学生主动学习、合作学习与探究学习，独立思考、大胆质疑，发展他们的主动性与自主性。在学习的过程中，要培养学生积极的学习情感、良好的意志、豁达的性格、尚美的能力。不论在何种教学中，教师的专业素养将直接影响到课堂的心理气氛，进而影响到学生的心理健康。因此，教师要锻炼自己良好的心理素质，以乐观、向上的精神对待教学，对待学生。

2. 班队活动法

班级、团队活动也是实施心理健康的重要教育途径。例如情境模拟、角色扮演、校园剧等班级、团队活动，是开展心理健康教育的有效手段。团结和谐的班级气氛，丰富多彩的班队活动,都可以陶冶学生的情操,磨炼学生的意志,锻炼学生的品格和提高学生的社会适应能力。

3. 班主任参与法

班主任是师生沟通、家校沟通之间的桥梁,与学生交往最多,联系最密切,对学生也最了解。班主任对学生的心理发展有十分重要的影响作用。没有班主任的积极参与,心理健康教育的开展势必会受到一定的影响。在班级管理工作中,班主任要有意识地运用心理学的理论来指导、渗透心理健康教育的内容,促进学生健康发展。

(二) 专门性活动

心理健康教育有其特殊性,为了实现心理健康教育的目的,必须开展专门性的活动。

1. 心理健康选修课

心理健康选修课是实施心理健康教育的重要途径。该课程将心理学的基本理论结合学生的发展,生动、系统地将心理健康知识传授给学生。通过学习,有助于学生树立心理健康意识,正确地认识自己的身心发展状况和特点,有效地开发自己的潜能;同时也有助于学生及时发现自身存在的心理问题,通过自我调适或寻求帮助来解决问题,保证身心健康,促进全面发展。心理健康选修课可以采用灵活多样的形式开展,让学生主动参与、自我教育、自主活动。

2. 个体心理咨询

个体心理咨询是全面实施心理健康教育必不可缺的方法,它是针对一些有特别需要的学生而设置的。目前,许多中小学都设置了心理咨询室,主要的功能就是进行个体心理咨询。个体心理咨询要求咨询师具有专业知识,拥有专业能力。在接待学生的来访过程中,遵循个体心理咨询的原则,对学生进行心理健康教育。

3. 团体辅导

团体辅导是学校开展心理健康教育的重要方法,是专职教师经常运用的有效方法之一。其他教师通过观摩学习,可将这种方法运用于班队活动及课堂讨论中。它围绕辅导目标,招收有某一需求的学生,进行团体形式的心理辅导。在团体辅导中,既要发挥咨询师的引领作用,又要发挥来访者自身的优势与潜能,激发来访者相互之间发生积极影响。

◀━━━ 学习与思考 ━━━▶

1. 学校体育的意义和任务有哪些?

2. 学校体育的主要内容包括哪些?

3. 体育过程有什么特点?

4. 体育锻炼应遵循哪些原则?

5. 学校卫生工作的意义是什么?

6. 学校卫生工作的主要内容有哪些?

7. 心理健康教育应遵循哪些原则?

8. 心理健康教育的途径有哪些?

案例分析

勇　气①

故事大纲:本剧本主要讲了学生李丽由于一次考试没考好,没有勇气告诉父母,怕父母失望,产生了重重心理障碍。后来在同学李林、杨杨的帮助下,终于鼓起勇气告诉了父母。人物:李丽(女)　李林(男,班长)　杨杨(女,副班长)

(李林、杨杨:从一侧上台,边走边在议论。)

李林:我们班的小丽同学最近有点不大对劲。

杨杨:我也发现她最近总是闷闷不乐的,是不是发生什么事了?

李林、杨杨:我们得帮助她。(这时,小丽背着书包无精打采地从右边上来)

李林:小丽你怎么啦? 为什么不高兴?

杨杨:你有什么心事能和我俩说说,或许我们还能帮助你呀!

李丽:(吃惊地说)你们,帮不了的。

李林:你不说,怎么知道我们帮不了你呢?

杨杨:对呀,说出来,或许我们能帮助你呀,看把你愁的,我们一起想办法,总会解决的呀。

李丽:低头不语。

李林:是谁欺侮你了?

李丽:摇头。

杨杨:是家里出了事吗?

李丽:还是摇头。

李林:我们平时都是好朋友,有什么话不能说的,你真是急死人啦。

杨杨:小丽,你还把咱俩当成好朋友,就说出来,我们好帮你呀。

李丽:我……我

李林:哎呀,我什么我,你就快说吧。

杨杨:对呀,说出来,我们一起想办法。

李丽:我……我不敢回家

李林、杨杨:为什么?

李丽:我怕惹妈妈生气。

李林:你惹妈妈啦?

李丽:没有。

杨杨:那妈妈为什么要生气呀?

李丽:你们不知道,今天的数学测验,我考得不理想,要是妈妈知道,一定会责怪我的,我不敢告诉她。

李林:偶尔一次没考好,妈妈不会责怪你的。

① 柳壕中心小学.[EB/OL]. http://www.tzsy.cn/eduarticle/guanli/jiaoyuxinli/200805/06 - 53555. html.
2008 - 06 - 07.

李丽：你不知道，妈妈一向对我要求很严的，特别关注我的学习成绩，一看见我的考卷，就会生气，况且妈妈身体又不好，所以……

杨杨：嗨，就这事呀，我以为什么事呢！这还不好办呀！

李林：快说出来听一听。

杨杨：首先你必须振作起来，不要垂头丧气的，回到家里不要让妈妈看出你有什么异常。然后，说一些妈妈高兴的事，正当妈妈高兴时，你可以说妈妈，我今天做了一件让您不高兴的事，我说出来，你要答应我，你不生气才行。妈妈正在兴头上，一定不会生气的。

小丽：这能行吗？我还是没有勇气说出来。

李林：要不，回家就告诉妈妈，今天考试了，考得很不理想，您不要生气，我已经查找了原因，下次争取考好。

杨杨：你自己要有信心，有勇气地说出来，妈妈也会原谅你的，不妨试一试。

李丽：好吧，我试一试，谢谢，你俩真是我的好朋友。

第二场：上学路上

李林、杨杨：边走边说上学去。（这时小丽从后面跟上来，非常高兴地对她俩说）

李丽：我终于鼓起勇气跟妈妈说了，妈妈不但没生气，还很高兴。她说我长大了，懂事了，知道有错就改，不需要妈妈太操心，她还相信我，说我一定行的。（高兴地说）多谢你俩为我出的好主意。

李林、杨杨：嗨，谢什么谢，谁让我们是好朋友啦！

（三人手拉手上学去）

阅读以上案例，谈谈你自己还会以什么方法来告诉家长？

第八章
美　育

学习提要：美育在教育活动中具有独立的价值和功能，它以陶冶人的情感为核心，通过对自然美、社会美和艺术美的感受，提高人们对现实世界美的鉴赏和创造能力。教育活动要追求科学美与艺术美的高度统一。"情境教育"是实施美育的基本模式之一。

美育的历程表明，美育是人类文明发展的必然结果，也是人类自身发展的必然要求。美育在教育活动中具有独立的价值和功能。《国家中长期教育改革和发展规划纲要》中指出："加强美育，培养学生良好的审美情趣和人文素养。促进德育、智育、体育、美育有机融合，提高学生综合素质，使学生成为德、智、体、美全面发展的社会主义建设者和接班人。"

第一节　美育的意义与任务

一、美育的意义

（一）从美育的历程看

美育是人类文明发展的必然结果，也是人类自身发展的必然要求。美育作为一门独立的学科，它的思想和实践，历史悠久，源远流长。早在中国古代人们就十分重视美育。在周礼中"六艺"（礼、乐、射、御、书、数）的教育内容就包含美的因素，其中"乐"不仅指音乐，还包含舞蹈与诗歌。孔子也曾说"兴于诗，立于礼，成于乐"。认为乐可以陶冶人的性情与德行，从而把人的道德境界与审美境界统一起来。荀子则强调了"乐"的社会功能。他认为"乐合同，礼别异，礼乐之统，管乎人心！"[1]虽然在我国古代封建社会中对美育的价值、美育藉以实施的途径都有一定的认识，但是直到近代才明确提出"美育"的概念。

蔡元培在德国美学思想的影响下，对美育的本质、内容、作用和途径作了系统的阐述，他认为："美育者，应用美学之理论于教育，以陶养感情为目的者也。"[2]并提出了以"美育代宗教"的口号，力图通过美育让人们的情感从宗教的桎梏中解放出来。因为美育对感情的陶养与宗教对感情的刺激是有本质区别的。"美育是自由的，宗教是强制的；美育是进步的，宗教是保守的；美育是普遍的，宗教是有界的。"[3]蔡元培的这一声呐喊还蕴涵着更

---

① 《荀子·乐论》
② 蔡元培．蔡元培美学文选[M]．北京：北京大学出版社，1983：174．
③ 同上书：180．

深远的意义,它表明,要用自由、进步、普遍的精神和法则,来统帅整个教育,完成人的培养。他的美育观已超越了美育作为教育的组成部分的观点,而把美育视为教育的本义、教育的灵魂与核心。

在西方美育史上,柏拉图、亚里士多德都论述了美育对个体成长的价值,尽管柏拉图的美育思想强调美育与德育的结合,而亚里士多德则强调美育与智育的结合,但是美育对人的情感陶冶的价值已成共识。

"美育"这个概念,在西方一般认为是由德国剧作家、诗人席勒(1759—1805)在《美育书简》中首次使用的。席勒对美的根本看法,是把美看作人性建立的一个必要条件。席勒认为,人的发展的逻辑程序是:感性人(物质人)→审美的人→理性人(伦理人)。美不仅使人的感性和理性得到统一,而且它是人的理性发展的逻辑前提。人的理性建立必须首先通过审美,而进入到"自己装饰自己"的较高阶段上。此时,美将把关注的目光转向塑造人的本身,美将与教育合辙并行。①

(二) 从真、善、美的关系看

对真、善、美三者的关系,在历史上曾有过不同的看法。对于美与善的关系和统一的问题,在中国古代和古希腊哲学家中就有不少论述。有人认为善高于美,有人认为美高于善,甚至有人认为美善是合而为一的。无论美、善的地位、作用如何,美对善能产生重大影响是不可否认的。因为个体的审美情感可以作为连接伦理道德结构的渠道和中介,使之成为行为的动力。只有这种动力的推动,道德认识、道德理想、道德信念才能向道德行为转化。人在审美状态中,对人生价值的领悟可以进入一种"超凡脱俗"的崇高境界。这种体验一旦在内心巩固下来,有助于道德教育从道德规范的外部强制要求转变为意志自由的培养,道德的他律将日益转化为个体的自律。正如席勒所说:"从感觉的被动状态到思想和意志的主动状态这一转变过程,只有通过审美自由这个中间状态才能实现。"

至于美与真的关系,是以后才提出来的。如法国古典主义者布瓦洛就强调"只有真才美,只有真才可爱"。② 真是美的基础,而美不仅能导善,更能启智。列宁说:"没有人的情感,就从来没有,也不可能有对真理的追求。"美好的情感能激发人的求知欲、创造欲,而作为审美主导的艺术,更能通过其美的因素开启人的智力。1993 年,美国科学家弗朗西丝·劳舍尔进行的一项实验表明,聆听莫扎特的 D 大调双钢琴奏鸣曲的大学生的推理能力以及空间识别能力都有所提高。这就是在美国风靡一时的"莫扎特效应"。

(三) 从教育的价值取向看

在教育理论上,可以依据目标价值取向的不同把教育分为四种最基本的类型:能力型教育、知识型教育、情感型教育、认知型教育。不同的教育流派、不同时期的教育实践对不同类型的教育有所侧重。现阶段人们把目光集中在情感教育上,这是因为过去人们对它

---

① 桑新民,陈建翔. 教育哲学对话[M]. 石家庄:河北出版社,1996:173.

② 黄济. 教育哲学通论[M]. 太原:山西教育出版社,1998:602.

的忽视。这从三位一体的教学目标的倡导中可见一斑。新课程突出了教学的三维目标的整合,这就是知识技能目标、过程和方法目标、情感态度价值观的目标。当然情感教育并不排斥能力和知识,只是情感居整个教育的核心地位,能力和知识必须服从情感发展的需要。有学者认为[①],从个体发展的内在逻辑来看,总体上是遵循"情感—认知—能力—知识"这样一种顺序。按年龄阶段来看,整个教育可分为三个不同质的阶段:10 岁以前是"(人的)潜能刺激阶段",情感发展是教育的核心所在;10 岁至 15 岁是"完善潜能阶段",这是由情感向认知发展的过渡阶段,即情感和认知协调发展阶段;15 岁以后是"能力提高阶段",认知活动是这一阶段教育的核心。由此可见,尤其是小学低段教育而言,主导教育的类型应该是"情感型"。而美育的实质是通过对个体美感的陶冶为核心,进而扩展到人的审美观与审美能力的提高,因此,美育无疑是情感型教育,它是教育价值取向的新趋势。

(四) 从美育的功能看

美育在素质教育中具有整合功能。一方面,美育通过理性的直觉与直觉的理性的统一,形成了学生合理的文化心理结构;另一方面,美育通过自觉的理性力量,使素质教育成为有机体。

"理性"与"直觉"之间不仅具有内在的相通性,而且,它们的有机结合有助于形成良好的文化心理结构。理性的直觉是指发生于以理性思维为主导的思维过程中的直觉,直觉的理性是指直觉思维中蕴涵丰富的理性因素。一个理想的文化心理结构应该是直觉思维与理性思维的有机结合。审美教育就是通过对规律的直观把握与对直观的规律性探索,有效地促进直觉与理性的统一,进而形成直觉与理性相统一的文化心理结构。[②]

美育不同于别的教育,就在于它是一种自由的形态,通过"寓教于乐","随风潜入夜,润物细无声",使人的心灵得以净化。它运用人类社会创造的一切美,对人进行美化自身的教育,使人具有一颗丰富而充实的灵魂,并渗透到整个内心世界与生活中去,形成一种自觉的理性力量,并把其他教育带动起来,形成为一个有机体。

二、美育的任务

(一) 什么是美育

美育也称审美教育。它是以陶冶情感、培养情操为特征,以生动形象为手段,提高学生感受美、理解美、创造美的能力,进而促进学生全面、自由发展的一种教育形式。

恩格斯把美育称为关于美学方面的教育,它既是美学的,又是教育的,是审美与教育的结合。因此,美育具有美的基本特征。美的认识和实践与科学的认识和实践的不同之处,最根本的有两点:美的形象和美的情感。它要通过一切美的因素培养学生的审美观,陶冶学生的审美体验,发展学生感受美、理解美、创造美的能力,与此同时,促进审美主体用美的规律塑造自身。

① 方展画. "情境教育"模式对建构教育原理的启示[J]. 课程 教材 教法,1999,7.
② 杨杰. 论美育在素质教育中的动力机制[J]. 南京师大学报(社会科学版),2005,2.

（二）美育的特征

1. 情感激励性

审美教育区别于其他教育的本质特征,在于美感教育。情感本来广泛存在于人们的日常生活和活动之中——在道德中,在宗教信仰中,在认识活动中都有情感的作用存在。但是这些情感与美感相比,又有各自的特点。道德情感出于内心的谴责和对社会的责任心,宗教情感出于对神的信仰和虔诚,认识情感服务于科学认知,而美的情感则出于对美好事物的愉悦和陶醉。[①] 这表明,无论是出于道德的,出于宗教的还是出于认识的情感,都出于合功利、合法则的被动强迫状态,只有出于美的情感才是自由的、愉悦的。这种超越于功利、超越于迷信、超越于逻辑法则的美好情感,有极大的感染力和激励作用。1824年5月,贝多芬在维也纳举行第一次《D调弥撒曲》和《第九交响曲》演奏会,演奏获得了空前的成功,许多人被感动得哭了,交响曲引起了狂热的骚动,贝多芬自己也在终场之后激动得不省人事,被抬到朋友家去,和衣而睡,直睡到次日早晨。

2. 认知形象性

美育是以生动鲜明的形象为手段对学生的认知与情感产生影响的,美育的这一特点与美本身的特点密切有关。美是人类物质和精神生产所达到的合规律性和合目的性的统一,即理念与感性显现的统一,理性与感性的统一,内容与形状的统一。美,不论是现实美,还是艺术美,都表现为具体可感的形象。古罗马学者朗吉弩斯(213—273)说:"风格的庄严、恢宏和遒劲大多依靠恰当地运用形象。……诗的形象以使人惊心动魄为目的,演说的形象却是为了意思的明晰。但是两者都有影响人们情感的企图。"[②]车尔尼雪夫斯基说:"形象在美的领域中占着统治地位。"因为美的事物都是具体可感的个别形象,他们以其鲜明生动的形象(由色彩、线条、形体、声音等形式因素构成)诉诸人的感官,影响人的情感。一首诗、一幅画、一支歌、一座雕塑,都是我们可以用五官感觉去感知去领受的。它们的声音、色彩、线条等感性材料,能够带领我们进入美妙无穷的艺术世界。如罗中立的油画《父亲》,看画里那憨厚憔悴的父亲形象,我们会怦然心动,这是你的父亲,也是我的父亲,是千百年来在这片贫瘠又厚实的黄土地上坚韧顽强地耕耘着生活着的父亲形象。美的表现形式,无一例外地呈现出具体感性的特点,直接观照、感觉和把握美的形象,通过外在的形象才能进入内在的美的精神世界。那么,美的形象与科学认识的形象有无差别呢?我们认为具有美育价值的形象,是具有情感感染力的形象,是让人产生各种美感(优美感、壮美感、谐美感)的生动、具体的形象。它不同于科学认知中的图解知识的形象。

3. 意志自由性

美育是受教育者处在愉快、自由的状态中受到的教育,所谓"随风潜入夜,润物细无声"。无论人们在欣赏美,还是在创造美,都表现出个体的意志自由性。席勒说:"只有美才能使全世界幸福,谁要是受到美的魅力的诱惑,他就会忘掉自己的局限。"席勒把审美活动称作"游戏"。他所谓的"游戏"是与"强迫"相对立的。他认为人只有在游戏时,才感觉不到自然和理性的强迫要求,才是自由的、活的形象,才能成为美。他强调:"只有当人充

---

① 黄济.教育哲学通论[M].太原:山西教育出版社,1998:597.
② 王善忠.美感教育研究[M].长春:吉林教育出版社,1993:71.

教育学

分是人的时候,他才游戏,只有当人游戏的时候,他也才完全是人。"因此,审美的自由性是个体获得和谐发展的重要标志。尽管在席勒那里,审美活动是逃避现实的一种乌托邦式的幻想,但他揭示了审美活动中意志自由的重要性。它表明任何强迫的、枯燥乏味的艺术教育是无法跨入审美殿堂的。审美的意志自由性还表现在创造美的过程中。唐代诗人刘禹锡在《浪淘沙》中写的"九曲黄河万里沙,浪淘风簸自天涯。如今直上银河去,同到牵牛织女家。"黄河来自青藏高原上巴颜喀拉山脉北麓,东去入海。它怎么会直上银河,奔牵牛织女家呢？这正是诗人展开想象的翅膀,对黄河滔滔水势形象进行的审美"自由"创造。再如王维的画《雪中芭蕉》。谁都知道,芭蕉为南方热带植物,雪为北国寒天特有的景致,二者同时并存于一个空间中,无论怎么说也是反规律、反逻辑和非科学的,然而,人们并不指责这幅画是非科学的,甚至还赞赏这幅画的创新和富有表现力,妙悟其寓意——作者借雪之茫茫一片与蕉心之内空,来表现某种朦胧的虚空情感,创作的心灵何等的自由？这种审美的联想和想象充分说明了在审美过程中个体的意志自由性。

(三) 美育的任务

审美教育过程中所产生的愉快和轻松的表象,并不能说明美育的进行是简单或轻而易举的。它不但规定和要求审美对象必须形式或内涵具有美的愉悦人的价值,而且审美主体应该含有相应的艺术素养和相当的审美能力,并与美的对象建立能沟通感情的适应关系,在某种诗性的氛围和语境中才能展开。费尔巴哈说:"如果你对于音乐没有欣赏力,没有感情,那么你听到的最美的音乐,也像是听到耳边吹过的风,或者脚下流过的水一样。"因此,培养学生的审美能力是美育的基本任务。那么审美能力的内涵是什么呢？有学者认为,审美能力就是对美的体验能力,它包括审美感受、审美直觉、审美联想、审美想象和审美评价。多数观点认为,学生的审美能力主要体现为感受美、理解美和创造美的能力。我们认为,如果说感受美是对美的感知、联想、想象的话,那么理解美就是对美的理性把握,对美的评价。而审美直觉是审美主体经过审美体验的积累,对审美对象产生的独特的、直接的审美体验。这在艺术家身上表现得特别突出。莫奈作为"伦敦紫雾的发现者"对雾有着独特的审美体验。正如罗丹所说:"所谓大师,就是这样的人,他们用自己的眼睛看别人看过的东西,在别人司空见惯的东西上能够发现出美来。"但是,学生的审美能力仅着眼于审美体验的内化过程是不够的,也是难以评价的。审美能力应该包括学生对美的表现这一外化过程,主要是指对美的体现与创作。因此,审美能力是指体验美和表现美的能力。

1. 体验美的能力

审美主体对美的体验是以审美感知为基础,通过审美联想、审美想象、审美评价得到发展,最终产生独特的审美直觉。

(1) 审美感知是审美体验的开始。黑格尔认为,审美主体"通过常在注意的听觉和视觉,把现实世界丰富多彩的图形印入心灵里。"[1]美感是和听觉、视觉不可分离地结合在一起的,离开听觉、视觉,是不能设想的。这是因为视觉和听觉较之嗅、味、触等感觉更高级

---

① 黑格尔. 美学(第一卷)[M]. 北京:商务出版社,1979:357.

一些。视觉和听觉离审美对象距离较远,可以在某种程度上超越生理的需求而对对象进行高级的精神上的观照,从而产生有距离的美感。瑞士美学家布洛认为:"美,没有距离的间隔就不可能成立。"相比之下,嗅、味、触等感觉则是较低级化的。当然,尽管审美感知以视觉和听觉为主,但是也并不排斥其他感觉的参与。法国著名雕塑家罗丹在谈到他对于古希腊雕塑《维纳斯》的审美感受时说:"抚摸这座雕像时,几乎觉得是温暖的。"

(2)审美联想是审美体验的发展。联想是由事物唤起的记忆,联想是经验与经验的呼应。审美联想是同审美体验有关的审美经验的回忆,尤其是审美的情感体验。它由审美感知而来,又进一步成为审美想象的基础。审美联想与一般联想一样,也可分为类比联想与对比联想两种。所谓类比联想是由经验之间的相似性引起的联想,它包括时空的接近性和性质的相近性。《红楼梦》第二十三回写林黛玉经过梨香园的墙角外,听到里面十二个孩子演唱明代汤显祖的《牡丹亭》。听到杜丽娘"伤春"一段,不觉被吸引住了。特别是听到"只为你如花美眷,似水流年"一句,"仔细忖度,不觉心痛神痴,眼中落泪"。杜丽娘的伤春之感,让黛玉感叹自己的身世,不免伤心落泪。每当人们经过"映日荷花别样红"的西湖,就会想起苏轼"欲把西湖比西子,淡妆浓抹总相宜"的佳句。

对比联想是由经验之间相反的特点而引起的联想。审美过程中,由鲜明的对比引起的审美联想比比皆是。如由"朱门酒肉臭"引起的"路有冻死骨"的联想。

(3)审美想象是审美体验的深化。审美想象是审美主体在审美感知、审美联想的基础上,经过对原有审美经验的加工、改造,创造出一种新的形象的过程。在这一过程中,审美主体可以超越现实、超越科学法则,而进入完全自由的审美创造境界。如描写庐山瀑布壮观景色的"飞流直下三千尺,疑是银河落九天",形容楼高的"危楼高百尺,手可摘星辰",倾诉哀怨之情的"白发三千丈,缘愁似个长"等等。

(4)审美评价是审美体验的理性升华。毛泽东在《实践论》中说:"感觉了的东西,我们不能立刻理解它,只有理解了的东西,我们才能更深刻地感觉它。"审美活动也不例外,只有运用理性的审美尺标,才能把握美的内在意蕴。为了培养学生鉴赏美和评价美的能力,就需要给学生一些有关美学和艺术欣赏的基础知识,使学生具有正确的审美观点和审美标准,学会对生活和艺术中的美与丑、高尚与低级、文明与野蛮作出正确的评价。当然,审美体验中的理性因素不同于抽象的逻辑判断,它离不开具体的感情和形象,并与形象感受、情感体验紧密结合在一起,它对审美对象的评价往往难以用明确的逻辑语言概括出来,而是把感情和鉴赏结合在一起。

2. 表现美的能力

如果体验美对学生来说是内化过程的话,那么,表现美就是对美的外化。而学生对美的外化能力是与其体验美的能力密不可分的。在学生时代,体验美的能力显得更为重要。但是,这并不表明人们可以忽略学生表现美的能力。学生表现美的能力主要包括对美的体现与创造。

所谓体现美,主要是指学生在学校、家庭、社会生活中,通过自己的言语、行为表达自己的审美观点,达到语言美、心灵美、行为美、环境美等要求。

所谓创造美,就是指学生在艺术活动中,把自身的审美体验,经过艺术加工,通过艺术作品加以表达的过程。

受教育者在审美活动中欣赏美,获得意志自由是一方面,更重要的是在审美过程中开放自我、丰富自我、修养自我和塑造自我,使自我具备审美的素养和能力。审美教育的终极目标便是创造内外兼修、身心俱美的人。马克思曾说过:"如果你想得到艺术的享受,你本身就必须是一个有艺术修养的人。"因而要有意识地训练和培养审美主体。审美教育是一种崇尚参与的创造性活动,被动消极的灌输和接受与它无缘,而这种创造性,取决于美的本质是人的本质力量对象化的结果。美来自于自由的创造,是自由的象征,是人的感受力、认知力、理解力、想象力、情感力、意志力、创造力的总和及确证。

第二节　美育的内容和实施

美的具体形态是丰富多彩的,按照美的事物产生的条件,人们一般将美分为自然美、社会美和艺术美三种。不同形态的美蕴涵着不尽相同的教育价值,同时它们也构成了美育的具体内容。

一、美育的内容

(一)自然美

自然美是指自然事物或自然现象本身的美,但它是人类社会发展和实践的产物。自然界起初是作为一种完全异己的、有无限威力的不可制服的力量与人对立的。这种异己的、与人对立的自然界,对人类来说,是变幻莫测、神秘可怕的,人类对之只有恐惧感,无美可言。但是,随着人类社会的发展,人们在长期的劳动实践中逐渐掌握了自然界的规律,了解并改造了自然,使自然成了"人化的自然"。那么何为"人化的自然"?那些并没有经过人类实践加工、改造的自然物,例如灿烂的阳光、皎洁的月色、虚幻的海市蜃楼、苍茫的雪山草地……是否也可以称之为"人化的自然"呢?我们认为,所谓人化的自然,是表示人与自然的一种特殊的关系,人和自然的关系可以是实践的关系,也可以是在实践中产生的意识关系。阳光、月色、大海、雪山、草地……虽然不是人类劳动的产物,也难以打上人类劳动的印记,但是随着科学的发展,人类对这些自然现象有了充分的认识,它们成了人类意识的对象。自然现象中的某些性质、特征成了人类"表征自己"、"复现自己"的客观存在,人类因此不再惧怕自然,而是把自然视为自身的审美对象。

自然美以其丰富多彩、自然天成的形式,成为审美教育的重要内容。因此,自然美重在形式美。自然的某些属性如色彩、形状、声音等具有不可忽视的审美意义。马克思在《政治经济学批判》中论述到金银的美学属性时说:"色彩的感觉是一般美感中最大众化的形式。"如果综合这些自然属性,具体来说,我们可以将自然美归结为雄、奇、秀等具体形式。

1. 雄伟的自然美

雄伟的形式是凝重而高耸,其气势磅礴,给人以强烈的心灵震荡和崇敬之感。如称为五岳之首的泰山,耸立于辽阔坦荡的华北平原,以其高大磅礴的恢宏气势,层峦叠嶂的起伏节奏,凌驾于齐鲁丘陵之上,给人以"举头红日近,回首白云低","会当凌绝顶,一览众山小"的雄伟之感。

2. 奇异的自然美

所谓奇异是说它独特、出人意料，并以其变化多端、变幻莫测的形态给人以强烈的感官刺激，使人惊叹不已。被誉为"天下奇"的黄山，以其千姿百态的七十二峰，变幻莫测的云海以及松石相间的奇景令人叹为观止；而桂林则以其峰、石、洞、水融为一体称奇；雁荡山之奇则是峰、嶂、洞、瀑交辉。

3. 秀丽的自然美

秀美是一种小巧玲珑、纤柔和谐之美。大自然色彩的翠黛雅丽，声音的莺语呢喃，让人油然而生一种怜爱之感。"淡妆浓抹总相宜"的西子湖，山水交融，莺语柳垂，可谓"水光潋滟晴方好，山色空濛雨亦奇"。

（二）社会美

社会美是指社会生活中的美，它是以人为核心，体现了人在社会生活、生产中对美的理解与追求。社会美是艺术美的基础，也是自然美的根源。因为生活不仅是艺术创作的客观基础，而且是体验、理解自然美的根本动力，自然美是为人的生活而存在的。社会美具体包括人的美、劳动产品的美、生活环境的美。

1. 人的美

社会生活是以人为核心的，人是社会生活的主体，社会美首先是指人的美。它包括人的外在美和内在美两个方面。人的外在美主要是指人的形体美和姿态美。人的形体美不仅指人的身体各部分之间比例协调，如人的上身与下身的比例符合黄金分割率 5：8；而且指人的肌肤光洁饱满，富有弹性。人的姿态美包括站、坐、行、动四大类动作的美，要求姿态自然、大方，行动轻、灵、巧。

人的美重在内在美。它主要是指人的品德、情感、学识、性格等方面的美，它主要通过人的语言、行为表现出来。中国古代所谓"诚于中而形于外"，说明事物的内在品质对外在形式的决定作用，人的美正是这一决定作用的具体体现，这是因为：①内在美的决定性。自然美与人的美的一个重要区别就是自然美是由其形式决定的，而人的美是由其本质决定的。人的本质不在外形，而在心灵。民谚中有"鸟美在羽毛，人美在勤劳"。人的内在本质决定了人的美，进而也会影响人的外在姿态美，一个人的学识、品德通过个体的言语和行为直接影响了他的姿态美。②内在美的持久性。歌德曾说："外貌只能取悦于一时，内心美才能经久不衰。"人的内在美不像生理特征那样易于消逝。古希腊哲学家苏格拉底说过："美色不常驻。"培根也曾说过："美犹如盛夏的水果，是容易腐烂而难于保存……因此把美的形貌与美的德行结合起来吧。只有这样，美才会放射出真正的光辉。"人内在美的持久性是由于人的品德、情感、性格具有相对稳定性。人的品德、情感、性格是在长期的社会实践中形成的，它是个体经历的积淀。③内在美的发展性。人的学识是人内在美的重要组成部分，它与"明年不似今年好"的外貌有本质不同，美貌会随着岁月的流逝而消失，而学识却会随着人经历的丰富而增长。

2. 劳动产品的美

人类的自由自觉的创造性劳动是"按照美的规律来建造"的活动，其劳动产品是人的创造力、智慧和力量的物化形态。在历史上,物质生产领域内美的创造,是一部"无言的美学"。无论是宏伟的建筑设计还是平常的日用百货,都凝聚着劳动者的审美观和创造力。但是劳动产品的美与艺术作品的美截然不同,一般情况下,劳动产品的美都是和实用直接相联系,是在实用基础上体现一定时代的审美情趣的。它包括产品的功能美、产品的造型美、产品的质料美、产品的色彩美、产品的包装美等。

3. 生活环境的美

人总是生活在一定的环境中的。对环境的理解包括自然环境与社会环境两方面,这里涉及的是社会环境。社会环境又包括时空环境和人文环境。在现实生活中大到城市规划,小到居室布置都体现了环境美的要求。城市美的研究体现了人们对环境美的整体要求,它有着比建筑美更广泛的内涵,它不仅包括对一个城市完整的构思,如"旧北京城整体的美,就达到很高的境界,城楼的安排,皇宫的布局,中轴线的运用,干道系统与胡同的组织等,是一套完整的构思和章法。景山是全城的几何中心,也是全城的制高点,从景山上能看到整个北京城,一种严谨与变化的整体美的韵律,使人喟然惊叹!"[①]与此同时,城市的个性美也是构成城市美的重要因素。它主要通过城市的道路、建筑、雕塑、标志等硬件来体现,也可以通过城市的传统、文化、精神来弘扬。

(二)艺术美

艺术美是存在于艺术作品中的美。艺术作品是艺术家借助于一定的手段和方式对现实生活进行创造性反映的产物。如果说自然美和社会美是现实美,那么艺术美就是一种观念形态的美,它是美的高级形态,它来源于现实美,又高于现实美,是现实美的集中表现。艺术美一是艺术形象对现实的再现;二是艺术家对现实的情感、评价和理想的表现,是主观与客观、再现与表现的高度统一。与现实美相比,艺术美具有以下的基本特征:

1. 典型性

自然界和社会生活中的美千姿百态,但它们却往往是彼此孤立和分散的,各种美的现象之间缺乏内在联系,而艺术作品中的形象既具有鲜明独特的个性,又能反映一定社会本质的审美倾向,并寄寓着艺术家的审美理想和审美情感。因此,从生活到艺术的过程也就是典型化的过程,艺术的典型形象是典型化的结果。毛泽东同志说:"文艺作品中反映出来的生活却可以而且应该比普通的实际生活更高,更强烈,更有集中性,更典型,更理想,因此就更带普遍性。"这说明艺术典型具有高度的概括性,它揭示了社会生活的本质,是带有普遍性的事物的共性,然而每个艺术形象都应具有鲜明独特的个性。艺术的典型性是指运用典型化方法所达到的概括化与个性化相结合的程度。艺术作品通过塑造典型人物、典型场景、典型情节等来表现艺术的典型性。艺术美是通过艺术作品来表现的,艺术作品是直观可感的。它能够直接作用于人的感觉器官而在大脑中产生感觉、知觉和表象,并进而产生联想或想象。

2. 纯粹性

在现实生活中,美虽然很生动、丰富,但往往比较粗糙分散,美与不美常常交错并存于

---

① 杨辛,甘霖.美学原理新编[M].北京:北京大学出版社,1996:79.

一体，不大为人注意，在艺术中由于精粹、集中，形成整体，美的特征就更显著。正如亚里士多德所说："美与不美，艺术作品与现实事物，分别就在于美的东西和艺术作品里，原来零散的因素结合成为统一体。"①因此，艺术化的过程又是对现实生活去粗存精、不断提炼的过程，艺术最忌有多余的东西，只要不妨碍美，应当把不必要的东西尽量去掉。在艺术创作中艺术家还自觉地运用美丑对比，使人物的本质特征表现得更加鲜明。高尔基曾说："艺术的目的是夸张美好的东西，使它更加美好；夸大坏的——仇视人和丑化人的东西，使它引起厌恶。"正是由于艺术中所反映的美比较集中、精粹，加上美丑的对比，所以特征很鲜明，给人的印象很强烈。

3. 统一性

自然美重在形式美，社会美重在内容美，艺术美是形式与内容的高度统一。罗丹说："一幅素描或色彩的总体，要表明一种意义，没有这种意义，便一无美处。"这说明了艺术作品立意的重要性。中国传统美学中把"意"看作艺术美的精髓，强调"意在笔先"、"意在笔中"、"意在笔外"。同时，艺术作品总是通过一定的形象加以表现的，这些艺术形象直接作用于人们的感观，让欣赏者产生审美知觉，进而产生审美联想和审美想象，这就是形式的审美价值。高尔基说："要使一部文学著作无愧于艺术品的称号，就必须赋予它以完美的语言形式。""我所理解的'美'，是各种材料——也就是声调、色彩和语言的一种结合体，它赋予艺人的创作——制造品——以一种能影响情感和理智的形式，而这种形式就是一种力量，能唤起人对自己的创造才能感到惊奇、自豪和快乐。"②忽视形式，就是忽视艺术美的特征，这样的艺术形象是不会有感染力的。而衡量形式完美的标准要看它表现内容如何，脱离内容去追求形式，便会导致创作的失败。因此，艺术美体现了形式与内容的高度统一。

艺术可以分为造型艺术、表情艺术、综合艺术等。不同的艺术类型有不同的审美特征。造型艺术是指用一定的物质材料，通过对事物形体的塑造，以反映社会生活，传达思想感情的再现性空间艺术。如绘画、雕塑等。造型艺术是"以形传神"，以线条、色彩和构图塑造视觉形象，给人以美感。表情艺术主要包括音乐和舞蹈两种样式。音乐和舞蹈在情感的表现方面最纯真、最直接、最强烈，其突出的审美特征是"以情传神"，它通过韵律、节奏扣人心弦。综合艺术是指戏剧、电影、电视等，它综合了音乐、绘画、文学等多种样式，并充分利用高科技手段，营造时空、视听效果，让人有身临其境之感，以体现其审美价值。

二、美育的实施

（一）美育实施的途径

美育区别于其他教育的本质特征是以情感陶冶为核心。"情感教育的最大利器，就是艺术。音乐、美术、文学三件法宝，把'情感秘密'的钥匙都掌（握）住了。艺术的权威，是把那霎时间便过去的情感捉住他，令他随时可以再现，是把艺术自己的个性的情感，打进别

① 杨辛,甘霖.美学原理新编[M].北京:北京大学出版社,1996:118.
② 同上书:130.

人的情阈里头，在若干时间内占领了他心的位置。"①蔡元培在《美育与人生》一文中，将情感培养的途径从艺术教育扩大到了各门学科教育。他认为，在小学"课程中如游戏、音乐、图画、手工等，固为直接的美育；而其他语言与自然、历史之课程，亦足以引起美感。"在中学，"智育之课程益扩加；而美育之范围，亦随之俱广。例如，数学中数与数常有巧合之关系。几何学上各种形式，为图案之基础。物理、化学上能力之转移，光色之变化；地质学的矿物学上结晶之匀净，闪光之变幻；植物学上活色生香之花叶；动物学上逐渐进化之形体，极端改饰之毛羽，各别擅长之鸣声……以及其他社会科学上各类大同小异之结构，与左右逢源之理论；无不于智育作用中，含有美育之原素；一经教师之提醒，则学者自感有无穷之兴趣。"②

从中我们不难看出，美育实施的主阵地是艺术教育，而其他学科课程也是实施美育的重要途径。

（二）美育实施的基本模式——"情境教育"模式

美育作为教育的组成部分之一，总是处在相对受人忽视的地位，其原因当然是多方面的。建国以来，人们把注意力集中在是否提倡美育的问题上，并没有深入地探讨美育的具体实施，更没有从理论上探讨美育的模式。这可能是美育无法真正落实的原因。因此，我们认为，对美育模式的探讨是美育研究的重要内容，也是美育实施的重要依据。那么，在现有的、通过实践证明有价值的教育模式中是否有具有美育价值的教育模式呢？我们认为，"情境教育"模式可以作为美育模式。

"情境教育"模式是李吉林在长期的教改实验中逐步形成、发展并完善起来的教育模式。所谓情境是指对人引起情感变化的具体的自然环境或具体的社会环境。情境教育是从教育的需要出发，教师依据教材创设以形象为主体、富有感情色彩的具体场景或氛围，激发和吸引学生主动学习，达到最佳教育效果的一种教育模式。这一教育模式可以成为美育实践的模式。因为，从这一教育模式的特征看：直观形象性、情知对称性、智能暗示性、意象相似性、理论潜在性，它们涵盖了美育的特征：情感激励性、认知形象性、意志自由性。从这一模式的主线看：以"形"为手段，以"美"为突破口，以"情"为纽带，以"周围世界"为源泉，强调了"美"的价值。从这一模式的情境创设方法看：联系生活展现情境、运用实物演示情境、借助图画再现情境、播放音乐渲染情境、扮演角色体会情境、锤炼语言描绘情境，图画、音乐、表演等艺术形式得到了大量的运用，通过充分运用这些有效的直观手段来刺激学生的感官，诱发学生的兴趣，培育学生的美感。总之，这一教育模式以情感的激发与调动为核心，它是一种比较典型的情感型教育，符合美育的特征。

学习与思考

1. 什么是美育？如何理解美育的情感性？
2. 什么是审美能力？审美联想与审美想象有何不同？

---

① 董远骞. 中国教学论史[M]. 北京：人民教育出版社，1998：254.
② 同上书：256.

3. 自然美有哪些具体形式？如何理解"人化的自然"？

4. 教育活动如何培养人的内在美？

5. 如何理解审美教育的终极目标是创造内外皆修、身心俱美的人？

6. 你如何看待"情境教育"的美育价值？

7. 联系教育实际，谈谈美育实施的途径与方法。

8. 案例分析（请选择两个案例进行分析）：

（1）蔡元培先生说："数学中数与数常有巧合的关系，几何学上的各种形式是图案的基础等等，无不于智者作用中，含有美育的元素，一经教师提醒，则学者自感有无穷之兴趣，其他若文学、音乐之本属于美育者，无待言矣。"（请分析蔡元培先生的观点。）

（2）初中第二册（下）第82课"The Moonlight Sonata"讲述的是伟大的音乐家贝多芬如何在一对热爱音乐的穷苦兄妹启发下创作出月光奏鸣曲的故事。首先，我让"moonlight sonata"的美妙乐音萦绕整个课堂，在音乐的烘托下，和谐的气氛中，我利用多媒体向学生展示贝多芬的资料。这位伟大的音乐家居然是个聋子！学生们的敬佩之情油然而生。这时我向学生展示画有课文场景的一幅挂图，图中月色如水，清贫的兄妹正享受着醉人的音乐。"Can you find that the little girl is blind? Although she was blind, she never gave up playing the piano, we should learn from her."学生们频频点头。课堂的最后，我与大家一起欣赏了舞蹈"千手观音"，我利用自己的舞蹈特长与影像中的演员们一同起舞，也鼓励学生们一起随音乐而舞。完全听不到音乐的残疾人居然能跳出如此震撼人心的舞蹈，试问我们这些正常人还有什么不能克服的困难呢？整节课，学生在悠扬的音乐和舞蹈中感悟了许多人生的道理，可说是荡涤心灵。（请分析这位音乐教师的教学行为。）

（3）方块汉字是人类文字史上历史最长、始终生机勃勃、既形象美丽又富含智慧的文字。方块汉字从图画表意到符号表意，再到"形、意、音三元有序统一的表意文字"的历史发展过程，完全符合认识论的客观规律性。象形文字具有绘画美的因素，古代中西各民族似乎都有过一段使用象形文字的历史，也可以说"书画同源"。方块汉字的"象形"独具特色，演化至今的"形声字"历史最长、字数最多。儿童认识方块汉字时，教师要充分揭示其中"绘画美"的因素，欣赏它的优美造型。同时，教师也要剖析日常用字的"造字法"，使儿童领略字形结构之美和所含的意义。"形声"是最有创造力的一种造字方法，像"躲、炯、搞、叹、嘛"是历史不长的形声字；"进、园、惊、态、钟、护"这些1950年代公布的简化字，也是用形声的方法造的。这些汉字不仅绘其形，摹其声，而且显其意，儿童认读和书写汉字的同时也受到了美的熏陶。（请您谈谈如何利用汉字的特点在语文教学中渗透美育。）

第九章
劳动技术教育和
职业技术教育

学习提要：教育与生产劳动相结合是马克思主义的重要教育原理，是全面发展教育的重要组成部分。学习本章主要了解：教育与生产劳动相结合的必要性；中小学实施劳动技术教育和职业技术教育的一般原理；对学生进行职业定向指导，帮助学生正确选择专业或职业。

第一节　教育与生产劳动相结合

教育与生产劳动相结合是马克思主义的重要教育原理，是我国社会主义全面发展教育的重要组成部分。

一、早期思想家们关于教育与生产劳动相结合的思想

早在欧洲文艺复兴时期，空想社会主义奠基人，英国的莫尔，在《乌托邦》一书中，就提出要对所有的国民和男女儿童实行公共的、平等的、普遍的教育，使他们成为有文化、有教养的人；同时，从小就要学习农业，在城市附近的田地里实习，每人至少学习一门手艺作为专门的职业。莫尔提出的教劳相结合的思想对后世有很大的影响。

17世纪，英国经济学家贝勒斯也是早期欧洲教育与生产劳动结合的倡导者。他认为，儿童从四五岁开始，除了学习读、写、算外，还要学习纺织、机工和其他手工艺。这样的教育，不仅能养成劳动习惯，增进智慧，而且有助于消除广大人民群众的贫困。到了18世纪，法国启蒙思想家卢梭在他的长篇教育哲理小说《爱弥儿》中，提出少年期是劳动、教导和勤学的时期，应当进行知识教育和劳动教育，发展智力，获得正确的观念和判断力，并学会农业劳动和一种手工业技术。瑞士教育家裴斯泰洛齐，受卢梭的影响，主张儿童要一面学习读、写、算，一面要从事农业和手工业劳动，进行职业教育，把教育与生产劳动结合起来。他还办了一个示范农场，取名"涅伊果夫"（新庄），进行教育与生产劳动相结合的试验。

19世纪，英国空想社会主义者欧文提出未来社会教育的基本原则，是实行全民平等的社会公共教育，使受教育者成为智、德、体全面发展的有理性的人，主张教育与生产劳动相结合，并认为体力劳动和脑力劳动的结合，是"自然的价值标准"。[①] 他还创办各种学校，试验把教育与生产劳动结合起来。他在新拉那克的试验取得很大的成功，马克思高度

---

① 上海师范大学教育系.欧文选集(第1卷)[M].北京：商务印书馆，1979：329.

评价欧文的这种试验,称之为"未来教育的幼芽"。[①]

上述思想家、教育家关于教育与生产劳动相结合的思想和实验,由于历史的局限,有空想性质,未能真正实现和成为科学的理论。但是,其中积极的、合理的部分内容,为马克思主义创始人批判吸收。

二、马克思主义创始人关于教育与生产劳动相结合的原理

马克思主义创始人在《共产党宣言》中,明确提出要把"教育同物质生产结合起来"。[②]

他们论证了现代大生产的本性要求把教育与生产劳动结合起来,培养全面发展的人。马克思在《资本论》中写道:"大工业的本性决定了劳动的变换、职能的更动和工人的全面流动性。"[③]并且把能否适应这种要求,看成是关系到大工业本身发展的"生死攸关的问题"[④],是"社会生产的普遍规律"[⑤]。那么怎样去适应呢?马克思指出,在大工业基础上自然发展起来的工艺学校、农业学校和职业学校,是重要的举措,还预言在工人阶级掌握政权以后,"将使理论的和实践的工艺教育在工人学校中占据应有的位置。"[⑥]马克思主义创始人高度评价教育与生产劳动相结合的意义,认为"它不仅是提高社会生产的一种方法,而且是造就全面发展的人的唯一方法"。[⑦]"生产劳动和教育的早期结合是改造现代社会的最强有力的手段之一。"[⑧]

列宁在 19 世纪末特别是在十月革命后的新历史条件下,进一步论述了教育与生产劳动相结合的原理。他强调"没有年轻一代的教育和生产劳动的结合,未来社会的理想是不能想象的;无论是脱离生产劳动的教学和教育,或是没有同时进行教学和教育的生产劳动,都不能达到现代技术水平和科学知识现状所要求的高度。"[⑨]要求把普遍的教育与普遍的劳动结合起来。他还提出要避免过早专业化,在所有的职业技术学校里扩大普通学科的范围,使这些学校里的学生具有综合技术的见识和综合技术教育的基本知识。

三、教育与生产劳动相结合的原理在我国的发展

在我国,早在 1934 年 1 月,毛泽东同志就把教育与生产劳动相结合作为苏维埃文化教育的总方针的重要内容提了出来。新中国成立后,又明确规定提出,"教育必须为无产阶级政治服务,必须与生产劳动相结合。劳动人民要知识化,知识分子要劳动化。"[⑩]提倡实行"半工半读"、"以工养学"、"勤工俭学"、"学校办工厂、农场,同工厂、农场挂钩",集中或分散地组织学生参加各种工业、农业劳动,以实现教育与生产劳动相结合的方针。强调教

① 上海师范大学教育系.马克思恩格斯论教育[M].北京:人民教育出版社,1979:159.
② 同上书:86.
③ 同上书:163.
④ 同上书:163.
⑤ 同上书:163.
⑥ 同上书:164.
⑦ 同上书:159.
⑧ 同上书:195.
⑨ 上海师范大学教育系.列宁论教育[M].北京:人民教育出版社,1979:18.
⑩ 毛泽东同志论教育革命[M].北京:人民教育出版社,1967:11.

育与生产劳动相结合的思想政治教育意义,并通过教育与生产劳动相结合改革学校教育。

在新的历史时期,邓小平同志精辟地论述了教育与生产劳动相结合的原理。1978年4月22日,邓小平《在全国教育工作会议上的讲话》中说:"我们必须认真研究在新的条件下,如何更好地贯彻教育与生产劳动相结合的方针。""现代经济和技术的迅速发展,要求教育质量和教育效率的迅速提高,要求我们在教育与生产劳动结合的内容上、方法上不断有新的发展","更重要的是整个教育事业必须同国民经济发展的要求相适应。不然,学生学的和将来要从事的职业不相适应,学非所用,用非所学,岂不是从根本上破坏了教育与生产劳动相结合的方针?"①强调教育事业的发展必须与国民经济的发展相适应;教育与生产劳动相结合要以现代科学技术为结合点;教育与生产劳动相结合的内容和方法上要不断有新的发展。

在"三个代表"重要思想和科学发展观的指导下,我国的教育与生产劳动相结合又在理论和实践上有了新的发展。1995年颁布的《中华人民共和国教育法》以法律形式规定了"教育必须为社会主义现代化建设服务,教育必须与生产劳动相结合,培养德、智、体等方面全面发展的社会主义事业的建设者和接班人"。1999年6月《中共中央国务院关于深化教育改革全面推进素质教育的决定》又指出:"教育与生产劳动相结合是培养全面发展人才的重要途径。各级各类学校要从实际出发,加强和改进对学生的生产劳动和实践教育,使其接触自然,了解社会,培养热爱劳动的习惯和艰苦奋斗的精神。"2010年颁布的《国家中长期教育改革和发展规划纲要(2010—2020年)》明确规定:全面贯彻党的教育方针,坚持教育为社会主义现代化建设服务,为人民服务,与生产劳动和社会实践相结合,培养德智体美全面发展的社会主义建设者和接班人。

我国学校实施劳动技术教育和职业技术教育,是根据马克思主义关于教育与生产劳动相结合的原理,结合我国社会主义建设的具体情况提出来的。

第二节　劳动技术教育与职业技术教育概述

一、劳动技术教育与职业技术教育的概念

劳动技术教育,主要是指在普通学校中进行的使学生获得积极劳动体验,培养劳动观点、劳动习惯和艰苦奋斗的精神,了解必要的通用劳动技术,形成初步的技术意识和技术实践能力的教育。我国义务教育课程计划规定,从小学三年级起到初中三年级设综合实践活动课,内容包括信息技术教育、研究性学习、社区服务与社会实践活动、劳动与劳动技术教育。高中设技术课,包括信息技术和通用技术。通用技术教育以提高学生技术素养为主旨,以设计学习、操作学习为主要特征,是学习通用劳动技术的基础课程。

职业技术教育,又称职业教育,是指培养学生从事某种职业或生产劳动所需要的职业道德、职业知识和技能、提升职业素质的教育。职业技术教育偏重于理论的应用和实践技能、实际工作能力的培养,旨在培养各种层次的技术人员、管理人员、技术工人和其他城乡

①　中共中央文献编辑委员会. 邓小平文选(第二卷)[M]. 北京:人民出版社,1983:107.

劳动者。职业技术教育是国家工业化、生产社会化和现代化的重要支柱,是把智力因素转化为现实生产力的桥梁,对于国家的经济建设具有重要意义。

二、劳动技术教育与职业技术教育的特点

劳动技术教育、职业技术教育与一般文化知识教育有密切联系,但又有自己的特点,主要是:

(一) 实践性

劳动技术教育和职业技术教育要求把学习基础知识和劳动实践结合起来,做到理论和实践相结合。教学中要以活动为主,强调学生亲身经历,让学生亲身参加到各种活动中去,在"做"、"考察"、"实验"、"探究"、"设计"、"创作"、"想象"、"反思"、"体验"等一系列活动中发现和解决问题、体验和感受生活,学习通用劳动技术,发展创新精神和实践能力。实践性这一特点要求防止以讲课代替劳动实践。在劳动技术教育过程中,要把劳动实践和学习技术结合起来。职业技术教育要实行产教结合,把教学活动与生产实践、社会服务、技术推广及技术开发紧密结合起来,鼓励学生在实践中掌握职业技能。实践性是劳动技术教育和职业技术教育区别于一般文化知识教育的明显特点。

(二) 综合性

劳动技术教育和职业技术教育具有高度的综合性,是对学科体系的超越。它强调各学科、各方面知识的联系与综合运用。学习中,学生不仅要综合运用已有的语文、数学、物理、化学、生物、历史、社会、艺术等学科的知识,还要融合经济、法律、伦理、心理、环保、审美等方面的意识。学生的技术学习活动不仅是已有知识与技能的综合运用,也是新的知识与能力的综合学习。

(三) 技术性

劳动技术教育和职业技术教育主要是为了让学生掌握生产劳动或职业技术的基础知识和基本技能。劳动技术是其内容的主干。在我国历史发展的不同时期,劳动技术教育和职业技术教育有着不同的目标取向。在当前的教育改革中,劳动技术教育和职业技术教育从我国社会主义现代化建设的需要出发,根据学校的性质和任务,立足素质教育,明确提出要以提高学生的通用技术素养和职业技术素养为主要目标,强调技术性。使学生能更加理性地看待技术,以更为负责、更有远见、更具道德的方式使用技术,以更亲近技术的情感参与社会生活、参与社会对技术的决策、参与技术创新的实践。

(四) 教育性

学校实施的劳动技术教育和职业技术教育,和一般的社会生产劳动不同。社会生产劳动主要着眼于生产物质产品。劳动技术教育和职业技术教育的着重点在于培养人,不仅使学生掌握劳动技术或职业技术的基础知识和基本技能,而且发展他们良好的道德品质,如爱护公共财产、勤劳朴素、艰苦奋斗、集体主义精神、组织纪律和职业道德等,使他们

成为全面发展的社会主义建设者和接班人。教育性是劳动技术教育和职业技术教育的劳动区别于企业劳动的重要特点。

劳动技术教育和职业技术教育的这些特点是密切联系的。劳动技术教育和职业技术教育是把参加劳动实践,掌握一定的生产技术,与培养德、智、体全面发展的社会主义建设者和接班人结合起来的教育。

三、劳动技术教育与职业技术教育的意义

劳动技术教育和职业技术教育是面向人人、面向社会的教育,是工业化和生产社会化、现代化的重要支柱,是现代教育的重要组成部分。在经济全球化的背景下,在日趋激烈的国际竞争环境中,在世界科技革命迅猛发展的浪潮里,需要拥有一批以技术科学为指导、掌握各种理论技术和智力技能的高等技术型应用型专门人才,即高素质劳动者和技能型专门人才。加强劳动技术教育,发展职业技术教育,是推动经济发展、促进就业、改善民生、解决"三农"问题的重要途径,是缓解劳动力供求结构矛盾的关键环节,必须摆在更加突出的位置。劳动技术教育具体有以下几个方面的意义:

(一) 是促进学生全面发展的有效途径

早在一百多年前,马克思就提出教育与生产劳动相结合是造就全面发展的人的唯一方法。在劳动技术教育和职业技术教育的实施过程中,学生既动手又动脑,能得到多方面的实际锻炼。例如,浙江丽水地区盛产柑橘,当地农村中学一般都开设柑橘栽培的劳动技术课或职业技术课;青田是石刻之乡,中学就把蜡石篆刻引入学校教育,这样既能让学生获得比较完全的知识,又能使之掌握一定的实用技术;既提高了学生服务当地经济发展的能力,又培养了学生的劳动观念、劳动习惯和良好的思想品德。适当的体力劳动、适度的疲劳能促进人体的新陈代谢,增进呼吸系统、循环系统、消化系统的功能,能强健人的筋骨;同时因为劳动创造了美的自然界、美的生活和美的艺术,创造了经济价值,因而也"创造出懂得艺术和能够欣赏美的大众"[①],促进了学生"体"和"美"的发展。前苏联教育家苏霍姆林斯基在论述劳动教育的意义时指出,"体力劳动对于小孩子来说,不仅是获得一定技能和技巧,也不仅是进行道德教育,而且还是一个广阔无垠的、惊人地丰富的思想的世界。这个世界激发着儿童的道德的、智力的、审美的情感,如果没有这些情感,那末认识世界(包括学习)就是不可能的。"[②]

(二) 是转变经济增长方式,走新型工业化道路,加快新农村建设的必然选择

当前,我国各行各业迫切需要技能型人才的情况相当突出。我国现有工人队伍中,技术工人只占总数的一半,在技术工人中,初级工占了2/3。[③] 技能型人才的紧缺,已经成为

---

① 马克思恩格斯全集(第12卷)[M].北京:人民出版社,1972:742.
② [苏]苏霍姆林斯基.滕星等译.给教师的建议(下册)[M].北京:教育科学出版社,1981:42.
③ 改革开放30年中国教育改革与发展课题组.教育大国的崛起(1978—2008)[M].北京:教育科学出版社,2008:223.

我国经济结构调整、产业转型升级、增长方式转变的瓶颈。在新农村建设中,进一步加强对农村劳动力转移的职业教育和培训工作,实现农村富余劳动力向非农产业和城镇转移,是解决"三农"问题、帮助农民增收致富的根本出路;实施农科教结合和"三教统筹",大力推进科教兴农,把农业技术推广、科技开发和教育培训紧密结合起来,是促进农村和农业现代化的重要举措。只有面向人人、面向社会,以服务为宗旨,以就业为导向,大力加强劳动技术教育和职业技术教育,才能加快培养现代制造业、服务业和新农村建设所需要的高素质技能型人才,才能加快新农村建设,走中国特色的新型工业化道路。

(三)是加快普及高中段教育,满足多样化教育需求的必然选择

目前,高中阶段毛入学率仅为 66％,中等职业教育在校生也仅占高中教育阶段在校生总数的 39％。也就是说,每年还有约 700 多万初中毕业生没有机会接受职业教育和培训[①]。因为受到高等教育发展规模的制约和大学生就业困难的影响,有些地方出现了高中生拒绝参加高考的情况,普通高中教育发展的空间已经很小;同时人民群众接受多样化教育的呼声也越来越强烈,而企业用人单位对高素质劳动者和技能型人才的渴求和金融危机后大量民工荒的出现,都要求调整中等教育结构,加强劳动技术教育和职业技术教育,以实现教育事业全面协调可持续的发展。

(四)是落实科教兴国战略,建设人力资源强国的需要

当今世界,科技革命迅猛发展,突出表现为从科学技术到产品生产的周期缩短,高新技术的产业化和产业结构的提升加快,对劳动者的类型结构和素质要求都在不断提高。由于我国地域广阔,人口众多,各地经济社会、科学技术和教育发展的水平很不平衡,能否把巨大的人口压力转换为人力资源优势,就取决于教育的发展水平。有材料表明,发达国家高级技工、技师占技术工人总量的比例是 22％—40％,而我国只占 3.5％。[②] 我们要落实科教兴国战略,就必须正视这一现实,那就是:我国虽然是个人力资源大国,但还不是人力资源强国。人力资源强国需要培养大量的生产服务第一线的高素质劳动者和技能型人才,就要大力加强劳动技术教育和职业技术教育。

第三节 劳动技术教育和职业技术教育的实施

一、劳动技术教育与职业技术教育的任务

(一)培养学生的劳动观点、劳动习惯和艰苦奋斗的精神

通过参加生产劳动,使学生在初步了解了生产劳动是人类最基本的实践活动的基础

---

① 改革开放 30 年中国教育改革与发展课题组. 教育大国的崛起(1978—2008)[M]. 北京:教育科学出版社,2008:254.

② 同上.

上,认识劳动创造了物质文明和精神文明,劳动创造了世界的一切,包括人类本身,从而培养学生尊重和热爱劳动人民、热爱劳动的思想、树立劳动观点、培养良好的劳动习惯。在生产劳动实践中,还要教育学生认识社会财富是靠劳动者的双手辛勤劳动创造出来的,培养学生爱护劳动成果和勤俭节约的品质,以及艰苦奋斗的精神。

(二) 要求学生初步掌握现代生产的基础知识和基本技能

使学生在劳动过程中亲自动手操作,了解一般的生产过程,初步掌握一些现代工农业生产及服务性劳动的基础知识和基本技能,学会使用简单的生产工具。结合物理、化学、生物等自然学科的教学和参加现代生产劳动的实践,使学生懂得现代科学技术如何运用于生产并推动生产力发展、创造社会的巨大财富的,从而激发学生学习、研究现代科学技术的兴趣和求知欲,培养学生的创新精神和实践能力。职业教育还要培养学生掌握从事某一职业的基本知识和技能。

(三) 了解和掌握组织生产和管理生产的初步知识和技能

组织和管理生产是现代社会生产的重要组成部分之一,是提高经济效益的重要条件。劳动技术教育和职业技术教育过程中,要使学生积极参与有关学科学习、调查访问、组织生产等活动,从而初步了解和掌握现代管理的一般理论和方法,形成一些技能。

(四) 了解和掌握信息技术的基本知识和技能

在信息时代,信息技术已经深化为改造人类生产与生活方式的基本手段,信息素养是信息时代公民必备的素养。信息技术教育要培养学生对信息技术的兴趣和意识,让学生了解和掌握信息技术基本知识和技能,了解信息技术的发展及其应用对人类日常生活和科学技术的深刻影响。通过信息技术教育,提高学生的信息技术素养,使他们发展成长为适应信息时代要求的合格公民。

(五) 初步树立学生的职业观和职业道德

实施劳动技术教育和职业技术教育要有计划、有组织地进行职业教育和职业指导,让学生广泛接触社会各种职业,学习职业知识和技能,培养职业理想、职业兴趣、职业道德和纪律,做好就业前的职业准备。

二、劳动技术教育和职业技术的内容

(一) 劳动技术教育的内容

按照劳动技术教育的任务,我国中小学劳动技术教育的内容,一般有下列几个方面:

(1) 现代工业和手工业生产劳动的知识和技能。在义务教育阶段,其主要内容有:木工、泥工、钳工、电工、无线电技术、电脑及其软硬件、识图和制图、手工工艺制品等。在高中段,学习通用技术,主要是学习设计。此外,还有选修技术,内容有电子控制技术、建筑及其设计、简易机器人制作、现代农业技术、家政与生活技术、服装及其设计、汽车驾驶及其保养,由学生选修。现代工业和手工业生产劳动的知识和技能,是中小学劳动技术教育的最重要内容。

（2）现代农副业生产劳动的知识和技能。在中小学阶段,学习的主要内容有农作物栽培、蔬菜种植、植树造林、果树栽培、食用菌栽培、家畜家禽饲养、鱼类养殖、校园绿化、花卉栽培和盆景制作、农副产品加工技术、农业机械使用和维修,以及泥工、服装制作技术等。

（3）服务性等第三产业劳动的知识和技能。主要包括裁剪、缝纫及缝纫机的保养与维修,烹饪、洗涤、自行车维修、摩托车和汽车的保养与维修、照明电路的安装及维修、家用电器的使用与保养、打字文印、旅游、财会、商业外贸、金融保险等内容。

（4）信息技术。主要内容包括信息的获取、加工、管理、呈现和交流,运用信息技术解决学习中遇到的问题,学会利用信息技术进行学习,感受信息文化,增强信息意识和责任等。

（5）管理生产的初步知识和技能。主要内容有:工农业生产的管理体制、组织生产过程、制订生产计划,以及物质、财务、人事管理及合同等的一些初步知识和技能。

（6）个体经营和参加市场竞争的知识技能等。

（二）职业技术教育的内容

《中共中央关于教育体制改革的决定》对职业技术教育的内容有原则的规定:"中等职业技术教育要同经济和社会发展的需要密切结合起来,在城市要适应提高企业的技术、管理水平和发展第三产业的需要,在农村要适应调整产业结构和农民劳动致富的需要。要着重职业技能的训练,训练的范围不要太窄,基础教育也要适当配合,以适应长期广泛就业、进行技术革新和继续进修的需要;同时还要重视职业道德和职业纪律的教育。"

中等职业技术教育主要设有财经、机械、电子、电工、家电、服装、公关、文秘、农业、工艺美术、汽车修理、计算机、建筑、旅游服务、幼师、内贸、外贸等当地经济和社会发展需要的专业,其内容因专业设置的不同而不同。

劳动技术教育和职业技术教育都要开展一般文化知识、职业道德和遵纪守法的教育。

三、实施劳动技术教育与职业技术教育的原则

（一）教育性原则

教育性原则要求在教学过程中,全面体现本学科的目的和要求,把掌握劳动的基础知识、基本技能与思想品德教育结合起来,培养德智体诸方面全面发展的社会主义事业建设者和接班人。贯彻教育性原则的要求是:

（1）要培养学生正确的劳动观点和自觉的劳动态度,以及艰苦奋斗的精神。

（2）在劳动中加强纪律教育和职业道德教育。

（3）教育学生爱护公共财物。

（4）教育学生热爱和尊敬劳动人民,向劳动人民学习。

（5）使学生认识掌握劳动技术和职业技能对社会主义现代化建设的重大意义,确立"振兴中华"的崇高理想。

（二）操作性原则

操作性原则要求在开展劳动技术教育和职业技术教育时，要以劳动实践为主，加强实际操作训练，培养动手能力。要把教学活动与生产实践、社会服务、技术推广、技术开发结合起来，做到理论和实践相结合。贯彻操作性原则的要求是：

（1）明确实际操作的目的，了解操作任务和要求。

（2）要有理论指导操作实践，要在实践操作中加深对相关知识的理解，发展操作技能。

（3）教师要加强对操作过程的指导，帮助学生掌握比较合理的操作方法。

案例：　　　　　　　　　　　　　　设计和制作台灯

高一（1）班的同学对本校学生的需求进行了调查，经过全班的讨论，决定每个小组设计并制作一个学习用的台灯。设计要求是大小适当、使用方便、安全可靠、稳定性好、成本不要太高，并规定两周内完成。

第一小组的同学参观了商店中陈列的各种成品台灯，在图书馆中查阅了台灯式样流行趋势的图片，了解制作台灯要用到的各种材料。然后，他们设计了几个方案，并进行了反复比较，最后选中了一个可调光的台灯的设计方案。

小组进行了分工。一些同学负责电路部分，他们画出了电路图，收集了灯泡、灯头、变阻器、电线、开关等电路元件，并进行了试验。结果发现虽然可以调节光的强度，但使用时间一长，变阻器就会发热，容易断路。在教师的启发下，他们学习了可控硅的知识，用可控硅代替了变阻器，取得了比较满意的效果。另一些同学负责制作灯罩，他们根据草图中的尺寸先用铁丝做成架子，再把带有图案的塑料布固定在架子上，做成一个漂亮的灯罩。其余同学的任务是制作台灯座，他们选择的材料是木头。他们先画出了加工图样，利用锯、钻等木工工具加工成形，再打磨、黏接、油漆。各部分都完成后，大家一起进行组装，并作了测试。结果表明：一切正常，达到设计要求。为了让台灯更漂亮，有的同学还在灯座上添加了一些小装饰品。

第二小组做的是日光台灯，他们用竹筒制作灯座。做完测试后发现，由于日光灯管比较长，竹筒较轻，台灯稳定性不好。为解决此问题，他们又在灯座上加了配重来保持台灯的平衡。

两周后，全班召开总结会。每个小组汇报了自己小组的设计总结报告，并展示了成果。各小组都有自己的特色，有的台灯可以遥控，有的台灯具有多种功能（如带有温度计或小钟表），有的利用了废旧材料来制作灯座。

大家决定为学校办一个灯展，除展示自己的作品外，还展示了收集到的各种关于照明发展史和台灯式样的资料，有照片、剪报、录像等。灯展还进行了安全用电、节约用电和保护视力的宣传。　　　　　（根据名师网提供的普通高中通用技术课程标准。）

（三）综合技术原则

综合技术原则要求学生掌握现代生产的一般基本知识和技能，打好劳动就业的基础，具有较广泛的适应性。贯彻综合技术原则的要求是：

（1）在劳动时，要指导学生认识各种生产的共同因素，掌握基本的生产知识和技能。

（2）使学生了解物理、化学、数学、制图、生物、计算机等学科的知识与劳动实践的紧密联系。学生能用有关学科中学到的基本知识指导劳动实践活动，是贯彻综合技术原则的核心。

（3）发展学生的创造才能和探索精神。

（4）有计划有目的地组织学生到工厂、农村参观、劳动，使他们了解现代工业生产和农业生产的发展现状，以及现代企业的生产设备、组织机构、文明生产的特点和要求等。

（四）安全保健原则

安全保健原则要求在安排劳动内容时，要根据学生的年龄、性别等生理特点和知识水平，选择他们力所能及的、无毒害、无危险的劳动项目。贯彻安全保健原则的要求是：

（1）学生参加劳动的时间和强度要适度。

（2）要做好劳动保护，讲究劳动卫生，教育学生严格遵守操作规程，确保安全。

（3）体弱多病的学生和女学生的生理特点要给予照顾，不要让学生上夜班或参加有碍身体健康的劳动。

（五）效益性原则

效益性原则是指在实施劳动技术和职业技术教育时，要以尽量少的人力、物力、财力的投入，取得尽可能好的教育效果，获得尽可能高的经济效益和社会效益。贯彻效益性原则的要求是：

（1）使学生树立起做任何事都要讲究效益的观念。

（2）减少人力、财力、物力、时间等的耗费，尽可能提高产出。

（3）尽可能把学校掌握的实用技术、新科学技术知识向社会推广，为促进地方经济建设和社会发展服务。

（六）创新性原则

创新性原则要求引导学生在动手中动脑，鼓励学生在学习和实践中创新，通过大胆实验和创新实践，不断改进技术手段和工艺流程，提高产品质量和劳动生产率，发展学生创造性的分析问题、解决问题的能力。贯彻创新性原则的要求是：

（1）要建立教学民主的环境，引导全面发展与独立思考相结合。

（2）在实践中，学习和领悟创新技法；在实际操作中学会创新思维，培养创新能力。

四、劳动技术教育与职业技术教育实施的途径和方法

（一）在各科知识教学中进行渗透

在各科知识教学，特别是物理、化学、生物、地理、数学、信息技术等学科的教学中，要渗透劳动技术教育和职业技术教育。例如，现代生产过程中各种能量的取得和利用，各种材料的加工，都是以物理学的基本原理为基础的；生物学中关于动物、植物和遗传等科学

的原理,是与农业生产紧密联系的。即使人文社科类课程也有关于劳动知识和劳动态度等的培养问题。教师在讲授各科知识时,要紧密联系工农业生产和学生生活实际,可能利用直观教具和生产现场,养成学生正确的劳动观和职业观;使学生正确理解这些知识在现代工农业生产中的作用机理,引导学生把书本上所学到的科学原理运用到劳动生产实践中去,并用来解决劳动实践中需要解决的问题。

(二)在劳动技术课和职业技术课中进行专题、专项、专业教育

劳动技术课和职业技术课是实施劳动技术教育和职业技术教育的基本途径。教学中要注意下列问题:

(1)改革课程设计方式,开设"模块化"课程。课程模块化的设计是从职业活动的实际需要出发,是以某一能力或技能的形成为主线,以问题为中心来组织教学内容的。模块化的课程结构,强调能力本位和知识的"必需、够用",不但能及时体现新知识、新技术、新工艺和新方法,大大增强教学内容的适用性,而且能在一定程度上适应学习基础、发展需求各异的受教育者的需要。一般可将课程分成基础理论、行业技能和学科前沿信息三类模块。模块的设计要建立在职业分析的基础上,要符合专业设置标准、学生个性选题要求以及市场和行业发展需求。

(2)要从当地经济建设和社会发展的实际出发,因地制宜,加强劳动技术基础知识和基本技能教育,既要注意基本原理的讲解,又要注意实际操作的训练,更要着眼操作能力的培养。

(3)组织学生到工厂、农村参观,充分运用直观教具或现场教学,通过演示和实际操作,使学生更好地理解教学内容。

案例: 　　　　　　　　　　劳动技术课制作模拟灭火的机器人

　　某小组同学运用学到的知识和技能,提出了一个能自动模拟灭火(比如吹熄蜡烛)的简单机器人模型的设计与制作方案,并在听取老师的意见后进行了修改。接着,他们把机器人模型划分为三个部分:第一部分是由光敏传感器组成的接收电路;第二部分是由程序及单片机组成的软、硬件;第三部分是由电动机、继电器、齿轮箱和风扇等组成的执行机构。在协商的基础上,大家作了分工,并开始制作。

　　同学们分别完成各部分的制作后,在对各部分进行功能试验的基础上,进行总装调试。当接通电源时,机器人模型一摇一晃地迈步行走,同学们可高兴了!但刚走了几步,机器人模型摔倒了!大家不约而同地惊叫起来。接着,七嘴八舌地讨论起摔倒的原因:有人认为整个装置的重心过高;有人说传动机械未调试到最佳状态;也有人认为机器人脚掌的面积太小⋯⋯于是,大家动手把四节电池分别安装到机器人的两条腿上,还增大了脚掌的面积,解决了连杆机构不够灵活的问题。机器人模型步行起来果然平稳多了。

　　在试验中,大家注意到机器人模型只能发现巡行正前方向的火源并进行"扑灭",还不能在其他方向上发现火源,更不能自动转向。由此引发了同学们对一些深层次技

术问题的思考：如何使机器人准确定位火源位置？如何对火源进行自动搜索？如何改装机器人模型，使它在接收指令后灵活地改变运动方向？如何将传感器接收到的信息，通过单片机的处理发出指令，指挥机器人模型接近火源目标？……

虽然解决这些问题可能会碰到各种困难，需要学习更多的知识、方法和技能，但同学们信心十足，决定申请立项，把这些问题作为技术课程的研究课题，在老师指导下进行继续研究。

（根据名师网提供的普通高中通用技术课程标准。略有删节。）

（三）在各种形式的劳动中体验锻炼

各种形式的劳动，包括社会生产劳动、校办工厂和农场的劳动、勤工俭学活动，公益劳动和家务劳动等，是进行劳动技术教育和职业技术教育的必要途径。学生参加各种形式的劳动，能帮助自己更深刻地理解有关生产的原理，激发起对生产技术的兴趣和钻研精神，同时还能培养劳动观念、劳动习惯和热爱劳动人民的思想感情。组织学生参加各种形式的劳动时应注意下列问题：

（1）事先要周密计划。对要达到的目标、活动的安排、人员的配置、操作的技术、产品的质量及注意事项等都要周密考虑，并向学生说明。

（2）过程要加强指导。在劳动中，要引导学生充分利用学过的有关知识来分析现象、发现问题和解决问题；要注意保护学生的积极性和创造性；要加强安全教育。

（3）结束要考核评定。

第四节 中学生的职（专）业定向指导

中学生的职（专）业定向指导，是根据普通中学的任务，使学生在正确认识自己的基础上，了解就业和升学的方针、政策，了解当地有关学校和主要职（专）业的情况，职（专）业特点和对不同职（专）业人员素质的要求，学习择业的一般常识，根据国家的需要及自身条件，正确选择定升学或就业。职（专）业指导是沟通学校与社会的桥梁，使学生能顺利走向生活、社会，在未来的学习和工作岗位上，更好地发挥才能。

一、职（专）业定向指导的发展

职（专）业定向指导始于 20 世纪初。1908 年，美国在波士顿建立了波士顿职业局，从事职业咨询工作，这是美国开展职业指导的开始；1910 年又规定地方教育机关要承担职业指导的任务。法国在 1936 年提出职业指导问题，规定中学第一学年（即六年级）为方向指导期，在第二学年，学生按成绩分别升入古典、现代、技术三类中学。英国把职业指导看成是教导过程的一个独立部分。国家设立安置青年就业局，综合中学和现代中学里都设置职业方向指导课，配备专职的职业指导教师，帮助学生确定职业方向。二战后，联邦德国和前苏联也相继推行职业指导。联邦德国的儿童 6 岁开始进一般学校受教育，在四——

六年级时经职业指导,决定上文科中学或上十年制中学(五至九年级或十年级阶段),或上一般中学。文科中学毕业的学生大约有 80％能上大学,十年制中学和一般中学毕业的学生一般上职业学校。前苏联把职业定向指导看作是学校工作的重要组成部分,要求普通学校对中小学生进行劳动教育、职业预备教育及职业指导教育,职业学校也要对学生进行职业指导教育,使他们了解国民经济所需要的各行各业。

我国职业定向指导始于 1920 年代。1919 年中华职业教育社出版《职业指导专号》,并决定成立职业指导部,规定该部的任务是:调查本地重要职业;调查各校将要毕业学生的年龄、体力、学业、品性、能力、志愿等;收集各实业家对于雇用毕业生的要求和必要条件;本地各学校学生毕业之前由该社派人前往演讲选择职业的要求,介绍毕业生进入相当学校或劳动部门。

新中国成立后,政府教育行政部门和学校,针对毕业生的升学和就业进行了不少教育、指导工作,取得了一定的成效。但是,职(专)业定向指导还没有做到经常化、制度化,直到最近几年才引起重视。

二、职(专)业定向指导的过程

一般说来,职(专)业定向指导的过程可分几个阶段来进行。

(一)研究学生

学校首先要对学生的心理能力、个人兴趣、能力倾向、个性特征等进行调查研究或测验,然后作出鉴定。例如,有的学生活泼热情,善于交际,宜做文艺、公关工作;有的学生性情温和、工作细致、耐心,宜做工艺美术、雕塑、图书资料等工作;有的学生抽象思维发达、判断推理和分析问题能力强,宜做理论研究工作;有的学生善于处理人际关系、组织管理能力强,宜做行政管理工作,等等。此外,对学生的健康状况、学业成绩、家庭情况、社会背景、经济状况、习惯、课外活动等情况,也要详细了解。学校要为每一个学生设一个职业定向指导的资料袋,把收集到的各种材料放置其中。

职业定向指导中常常运用心理测验的方法了解学生,常用的测验量表有四类:

1. 智力或学习能力倾向的测验

这种测验与学业成效测验不同,其目的不是测定学生现有的成绩,而是推断未来的学习潜力,测定一般学习能力。在西方最流行的是修订斯坦福—比纳智力测验和韦克斯勒智力量表。在我国,湖南医学院在 1979—1981 年主持修订的"韦克斯勒智力量表",适用于 16 岁以上所有年龄的成年人。在职业指导中,智力测验可提供学生学习能力的信息,供选择教育计划时参考,但在选择职业定向时还需有专门的特殊能力测验加以补充。

2. 特殊能力测验

主要目的是了解学生有哪些特殊能力,为选择职业作参考。在职业指导中,常用的量表是分辨能力倾向成套测验(DAT)和一般能力倾向成套测验(GATB)。分辨能力倾向成套测验(DAT)包含 8 个子测验:①语言推理;②数学能力;③抽象推理;④空间关系;⑤机械推理;⑥书写速度和准确性;⑦语言使用:拼写;⑧语言使用:句子。一般能力倾向成套测验(GATB),包含12个子测验,用于测量人的九种不同的能力因素:①一般能力因素(包括词汇、算术推理和三维空间3个子测验,其成绩是根据3个测验分得出的);②语言能力;③计算能力;④空间判断能力;⑤形态知觉;⑥书写知觉;⑦运动协调;⑧手工灵巧;⑨手指灵活。[①]

特殊能力测验除上述两个成套测验外,还有各种各样的专门测验,如空间关系测验、运动灵活测验、专业能力倾向成套测验、音乐能力倾向测验、艺术能力倾向测验等。

在我国,上海市教育科学研究所在GATB量表的基础上,编制了"中学生一般能力倾向测验"。这些测验都可为学生提供就业方向方面的参考。

3. 职业兴趣测验

主要是确定被试对哪些职业最有兴趣,作为选择职业的参考。常用的测定职业兴趣的量表有:①库特尔职业兴趣量表(1976年);②斯特朗—卡姆贝尔兴趣记录(1974年);③职业偏爱记录(1977年)。其基本方法是向被试提出一系列问题,列举各种职业活动和情况等,让被试回答在各种选择中自己比较喜欢或爱好哪一种或哪几种。

4. 人格类型的测量

在职业指导中,目前影响较大的是霍兰于1970年编制、1977年修订的"教育和职业计划的自我指导探索"(简称SDS量表)。它包含五个部分:①职业愿望;②活动,按六种人格类型划分成六组,每组包括11种具体活动,让被试回答"喜欢"还是"不喜欢",旨在测定被试者的职业兴趣;③能力,也按六种人格类型分为六组,每组包括11种具体职业能力,让被试回答"是"还是"不是",旨在测定被试者的职业能力;④职业,同样分成六组,每组包括14种具体职业,要求被试者回答是否感兴趣,旨在测定被试者喜欢的职业;⑤自我估计,被试者了解自己人格类型后,可寻找出与自己人格类型一致的职业领域,计算机也会根据被试者的人格类型显示一系列具体的可选择的职业。

必须指出,通过上述测验获得的资料,只是学生确定职(专)业方向的参考,不能作为职(专)业定向指导的唯一依据,使用时要十分慎重。

学生职(专)业定向资料,一般应包括下列内容:学生的一般情况,家庭情况,学生的身体情况,学习情况,一般学习能力,特殊学习能力,思想品德,个人职(专)业意向和职(专)业期望的形成、变化和发展,职(专)业兴趣,职(专)业活动,家长对于女的期望,职(专)业指导者的建议,升学或就业的情况及其跟踪记录等。在整理这些资料时要注意准确性、发展性、简明性、建设性。职(专)业定向指导要全面了解学生,也要让学生正确认识自我,这是进行职(专)业定向指导的基本环节。

(二) 帮助学生了解各种职(专)业

这是职业指导中的一个重要阶段,主要是使学生了解各种职(专)业信息,包括:(1)经济建设对各种职(专)业的需求以及升学和就业的方针政策;(2)当地有关学校的情况;(3)各种职(专)业对劳动者素质的要求;(4)职(专)业的性质、工资待遇、工作条件以及提升的可能性;(5)求职的最低条件,包括学历、专门训练、体力要求、年龄性别等;(6)为准备

---

① 9项子测验加上一项一般能力因素包含的3个测验,共12个子测验。

就业而设置的教育课程计划,以及提供这种训练的教育机构、学习期限、入学资格与费用等。这是向学生介绍各种职(专)业的基本资料。在指导的过程中,要使学生增进对职(专)业的认识,培养职(专)业兴趣,学习一些基本的职(专)业技能,确立从业志向,发挥和培养学生的职(专)业决策能力。

(三) 帮助学生树立正确的职(专)业观

在进行职业定向指导时,要特别注意帮助学生形成正确的职(专)业观。正确的职(专)业观对正确选择职业,发展个性,在职(专)业生活中为社会主义建设作出贡献有重大意义。

人们选择职(专)业,对职(专)业的要求主要是从维持生活、发展个性和承担社会义务这三方面来考虑的。维持生活,即为了生存而工作,这是人们工作的一般的动机。发展个性,即要从事适合于个人能力和适应性的工作,以发展个人才能。承担社会义务,是从伦理道德出发,把工作看成是为社会和人们而劳动。人们的职(专)业观,因上述三个方面中哪一个占多大比重而异。

人们的职(专)业观受所处时代的影响也相当大。例如,我国 1950 年代的青年的职(专)业观,从社会义务的角度来考虑比较多,当时流行的口号是:"祖国需要,就是我的志愿"。八十年代的青年,由于处在改革开放、市场经济的发展年代,职业观就有所不同了。此外,人们的职(专)业观也因年龄而异,如青年希望选择需要拼搏、奋斗,甚至冒险的工作。因此,职(专)业定向指导,必须帮助学生正确处理个人理想、期望与社会提供给个人的职(专)业选择的可能性之间的关系,树立正确的职(专)业观。

(四) 咨询

职(专)业咨询是指指导人员通过与需要帮助的学生商谈,协助他们解决选择职业、接受训练和获得就业机会等问题的过程。

在这个阶段,指导人员的任务是帮助学生了解党和政府的有关政策,让他们根据自己的特点和学校提供的大量的介绍各种职(专)业的资料,确定自己打算从事的专业或职业。职(专)业咨询的目标是促进学生自我认识的发展,引起学生行为的变化,影响学生对职(专)业的选择,为实现职(专)业目标拟订行动计划。指导者对学生进行职(专)业定向指导处于辅导地位,进行指导一定要尊重学生的心愿,要持商量的态度,提出建设性的意见,不能包办代替,更不能强迫。美国职业指导专家凯斯顿说过,每个人应该自己决定自己的职(专)业,科学无论发展到什么程度,都不能代替个人担负这个责任。职(专)业咨询一般是个别进行的,也可以按小组进行。

职(专)业咨询步骤一般是:(1)确定咨询关系;(2)引导学生敞开思想,充分表达个人的思想情感,以及本人对职(专)业的认识,所遇的困惑,需要哪些帮助;(3)经过共同分析与讨论,明确急需解决的问题,确定问题的性质以及造成的原因,在这个基础上确定咨询的具体目标;(4)采取措施,帮助学生解决职(专)业咨询中的决策问题;(5)咨询效果的追踪和补充追踪。

（五）推荐

职（专）业定向指导的最后阶段是帮助学生找到合适的职（专）业。推荐既要看到社会的要求，又要考虑到学生的志愿。同时，还要考虑到学生的个性、特长、爱好，既存在着差异性，又存在着可变性。中学生正处在长身体、长知识时期，他们对职（专）业的选择还是初步的。有的职业指导专家认为，小学是职（专）业定向指导的启蒙阶段，初中是探索阶段，高中是准备阶段，随着年龄的增长，学识的提高，社会活动的增多，会使他们的个性发生变化，从而使选择的职（专）业也会发生相应的变化。职（专）业定向指导者要用发展观点来帮助学生确定职业，推荐或安排适当的工作。

三、职（专）业定向指导的途径

中学的职业定向指导，一般可通过下列途径进行：

（一）各科教学

在各科教学中，教师要努力使学生注意当地工农业发展对各种专业人员的需求；了解随着产业结构的变化，各种职业结构将要发生的变化，当代社会，第三产业迅速发展，需要大量从事这方面工作的人员；向学生说明本地区国民经济发展的前景。

（二）职（专）业指导课

职（专）业指导课是进行职（专）业指导的专门途径。旨在使学生了解关于就业和升学的方针政策，了解当地有关学校和主要职业的情况、职（专）业特点和不同职（专）业人员的素质要求，学习择业的一般常识。使学生能够根据国家需要及自身条件正确选择升学和就业的方向。

（三）劳动技术课、职业技术课和公益劳动

在学习劳动技术和职业技术知识和技能、参观工农业生产、参加公益活动时，教师都要使学生了解各种专业和职业的特点，培养职业兴趣，并试验一下自己的职（专）业才能。

（四）课外活动和校外活动

通过兴趣小组、参观访问、讲演谈话、读书讨论与辩论会、与各行各业的英雄模范人物会面等，有目的地使学生了解生活，熟悉社会，促进学生的职（专）业定向。

全体教师都要承担对学生进行职（专）业定向指导的任务，但班主任起着特别重要的作用。班主任在进行职（专）业指导时，要依靠共青团组织，并吸收家长与有关的知名人士参加。职（专）业定向指导具有社会性，它涉及学校、社会、家庭、学生个人等许多方面，因此班主任还要努力做好协调一致的工作，使社会需求、学生的志愿、家长的希望尽可能都得到满足。

学习与思考

1. 现代社会的学校为什么必须把教育与生产劳动结合起来？

2. 根据本章提出的原理，设计一次公益劳动活动。

3. 调查一所初中是怎样进行劳动技术教育的。

4. 教师进行职业定向指导要注意哪些事项？

第三编　实施全面发展教育的
载体与主体

第十章
我国的教育制度和学制

学习提要：我国的教育制度主要由学校教育制度，义务教育制度、职业教育制度、学位制度和民办教育制度等构成。学校教育制度，是国家整个教育制度的主体，它规定着各级各类学校的性质、任务和培养目标、入学条件、修业年限，以及各级各类学校之间的关系。学习本章，应着重于研究学制和教育方针、教育目的之间的关系，科学地确定学制应遵循的原则，以及我国的义务教育、职业教育和民办教育制度的特点，及其在国家社会主义现代化建设中的地位和作用。

第一节　学校教育制度概述

一、学制的概念

国家的学校教育制度，简称学制。

国家依据既定的教育方针和教育目的制定学制，规定各级各类学校的性质、任务和培养目标、入学条件、修业年限，以及各级各类学校之间的关系，其目的就在于保证教育方针的贯彻和教育目的的达成。

学制，无不具有民族和时代的特点，在阶级社会更具强烈的阶级性，体现统治阶级的意志，为他们的利益服务。

学校，作为对年轻一代进行教育的专职机构古已有之，但那时并无复杂的学制。据南宋大教育家朱熹讲，我国早在夏商周时，就十分重视设学校，对年轻一代进行教育，他说："三代之隆，其法浸备，然后王宫、国都以及巷间，莫不有学。人生八岁，则自王公以下，至于庶人之子弟，皆入小学，而教以洒扫、应对、进退之节，礼、乐、射、御、书、数之文；及其十有五年，则自天子之元子、众子，以至公卿、大夫、元士之适子，与凡民之俊秀，皆入大学，而教之以穷理、正心、修己、治人之道。"[①]也就是说，在我国古代社会，面向"王公以下至于庶人之子弟"，即为奴隶主和封建贵族的年轻一代已广设学校，那时的学校教育分为小学和大学两级：面向 8 至 15 岁少年儿童，教之以洒扫应对进退之节，和礼乐射御书数之文的学校，称"小学"；"学习修己治人之方"的"大人之学"，招收 15 岁以上学生的学校，称"大学"。至汉唐宋明，随着社会生活的复杂，特别是科学文化的发展，与小学平行的初级教育出现了塾学，大学则分化为许多平行的类，如唐时分为六学二馆（国子学、大学、四门学、书学、

---

① 朱熹：《四书集注·大学章句序》。

算学、律学和弘文馆、崇文馆），平行的有民间办的书院。

在西方，中世纪时学校教育完全为天主教会所控制，办有一些以培养教士为任务的学校。随着资本主义的兴起和资产阶级民族国家的出现，特别是义务教育制度的推行，学校教育得到迅速发展。18世纪时，就形成了包括初等教育、中等教育和高等教育的学校系统，并通过制定一系列的法律，对这三级教育机构的各类学校的性质、任务和培养目标、招生对象、入学条件和手续等等做出规定，形成了由初等教育机构（含学前教育机构）、中等教育机构和高等教育机构所构成的现代学校教育制度，并逐步影响到世界各地。

现在，世界各国的学制，基本都由年限不一的初等（含学前）、中等和高等三级教育机构的学校和幼儿园所构成。

二、学制制定的依据

学制通常都是由国家的法律和行政性法规明确规定。正确地制定学制，对于整个国民教育系统有至关重要的作用，而且直接关系着整个国家的国民精神、民族素养和劳动者的素质，以及综合国力，乃至国家和民族的兴衰。

制定学制的依据是：

首先，国家既定的教育方针和教育目的是制定学制的首要依据。古往今来，任何国家制定学制时，对各级各类学校的性质、任务和培养目标等所作的诸多规定，在一定意义上，就是把它的教育方针和教育目的进行分解和具体化。换言之，方针和目的决定学制，学制则体现着方针和目的。各级各类学校的培养目标，可以说是教育目的的分解和具体化。

其次，学制的制定要受学生身心发展规律的制约。从三四岁的幼儿到20岁左右的青年的这段时期，不仅身心发展极其迅速，而且各年龄段无不具有非常显著的身心特点，这是一种不依人们的意识和意志为转移的客观规律，而且早为人们所共识。所以，在确定学制，对各级各类学校的任务和培养目标等作规定时，人们不得不从这一实际出发，作不同的规定，而不管他们主观上是不是意识到这一点。

最后，学制的制定还要考虑文化科学技术的发展水平和一个国家民族的文化传统。学校教育的任务是通过系统的教育、培养和训练，使年轻一代成长为符合国家和社会所需要的新成员。在古代社会，由于社会生产力和科学技术水平的低下，而且发展缓慢，所以学制比较简单，也比较稳定。而现代社会生产力和科学技术高度发达，而且结构复杂，发展又极为迅速，所以需要通过多种学校进行教育、培养和训练，于是就有了日益复杂的学校系统，而且不得不不断地进行调整和改革。第二次世界大战结束以来的六十余年中，文化科学技术发展迅速，世界各国无不建立起庞大而复杂的学校系统，并不时进行调整和改革。

第二节　我国的现代学校教育制度

一、我国现代学制的建立与沿革

发生在19、20世纪之交的"废科举、兴学校"，是我国教育史上具有里程碑意义的大事,是建立我国现代教育制度和现代学制的发端。

1902年,清政府发布"兴学诏",拟定了以日本学制为蓝本的《钦定学堂章程》(壬寅学制)。未及实施,1903年就另颁了《奏定学堂章程》(癸卯学制),这是我国现代学制之始。该学制规定,全部学校教育分为三段五级:初等教育九年,分初等小学堂(五年)和高等小学堂(四年)两级;中等教育段五年,为中学堂,不分级;高等教育段(七年),分高等学堂(三年)和大学堂(三—四年)两级。学生7岁入学至28岁大学毕业,共需学习逾20年。此外,与高等小学堂平行的有初等实业学堂、实业补习学堂、艺徒学堂等实施职业教育的初等职业学堂;与中学堂平行的有初等师范、中等实业学堂等实施职业教育的中等职业学堂;与高等学堂平行的有优级师范学堂、高等实业学堂等实施职业教育的高等学堂。所有学堂均只招收男性学生,不收女生,女子完全被剥夺进学校受教育的权利。

辛亥革命后,南京临时政府于1912年颁布《壬子癸丑学制》。学堂改称学校,一大进步是承认了女子进学校受教育的平等权利,允许学校可以招收女生入学。初等教育由九年改为七年,初小四年高小三年,中等教育由五年改为四年,总的修业年限缩短了三年。

在流行于当时美国的所谓"进步主义教育思想"等的影响下,民国政府教育部于1922年颁布壬戌学制(见图10-1),主要是把中小学由原来的小学七年、中学四年的"七四制",改为小学六年(初小高小四二分段)、中学六年(初中高中三三分段)的"六三三制"。

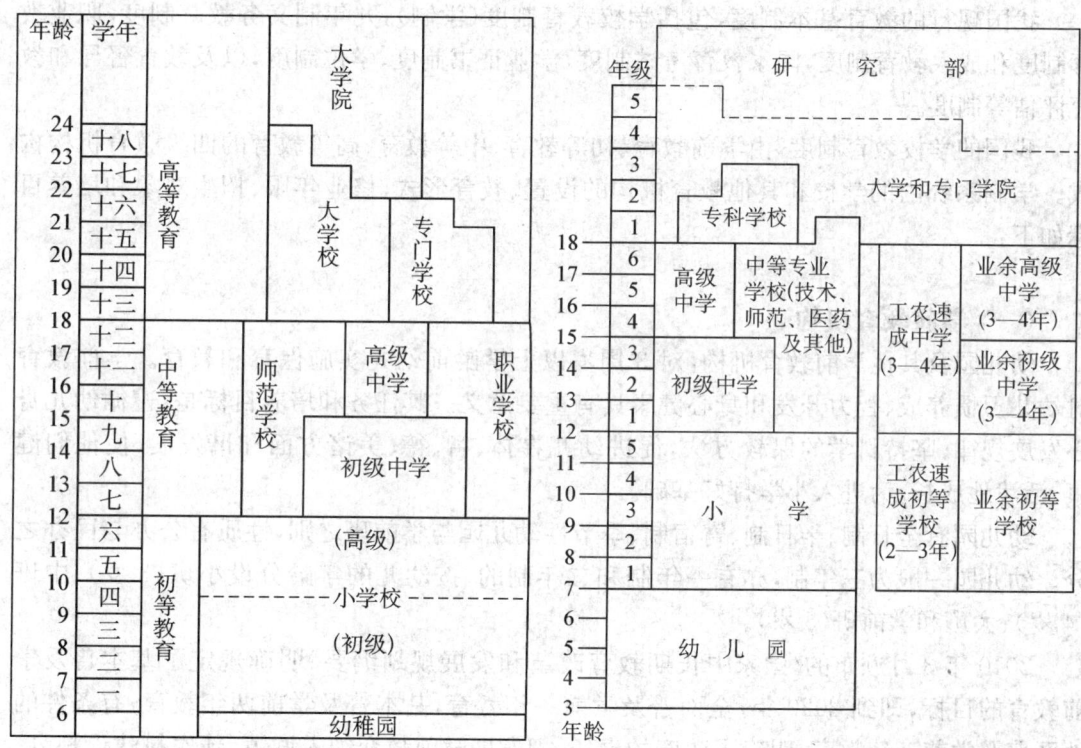

图10-1 壬戌学制系统图(1922年颁布)　　图10-2 中华人民共和国学校系统图(1951年颁布)

新中国成立后,中央人民政府政务院于1951年10月,颁布了《关于改革学制的决定》(简称新学制),规定了新中国的学制(见图10-2)。《新学制》的整个学制系统,由幼儿园、小学和工农速成初等学校、业余初等学校、初级中学、高级中学和中等专业学校、工农速成中学和业余初级中学、业余高级中学、专科学校、大学和专门学院、研究部，以及各级政治学校和政治训练班等构成。此外，还有各级各类补习学校、函授学校及盲聋智残的特殊教育机构等。从小学到大学的学习年限为十五六年。此后，陆续进行了局部的调整，如1953年停止推行小学五年一贯制，仍沿用四二制；1955年停办对知识分子进行政治教育的学校和工农速中；1964年推行"两种教育制度"；发展短期职业大学；创办夜大学和高等函授、网络远程教育等。但直至1995年3月《中华人民共和国教育法》（以下简称教育法）的制定和施行，国务院没有颁布新的国家学制系统。

在十年"文革"的动乱中，包括学制在内的整个国民教育事业无不遭到严重破坏。党的十一届三中全会以后，才得以拨乱反正，经一系列法律和行政规章的制定和实施，九年义务教育制度的确立，中等教育结构改革，建立学位制度和完善培养研究生制度，特别是《教育法》的制定和施行，不仅使我国的学制改革重新回到正确轨道，而且对包括学制在内的国家基本教育制度，从法律上作了系统、全面的规定。使得贯彻教育为社会主义建设服务的方针，和达成培养社会主义现代化建设者和接班人的目的，从法律和制度上得以保证。

二、我国的现行教育制度和学制

我国现行的教育基本制度，包括学校教育制度（学制），九年制义务教育制度，职业教育制度和成人教育制度，国家教育考试制度，学业证书制度，学位制度，以及教育督导和教育评估等制度。[①]

我国的学校教育制度，由学前教育、初等教育、中等教育、高等教育的四级教育机构构成。学制系统内的学校和其他教育机构的设置、教育形式、修业年限、招生对象和培养目标如下：

（一）学前教育机构

幼儿园及其他学前教育机构，对3周岁以上学龄前幼儿实施保育和教育。学前教育对幼儿习惯养成、智力开发和身心健康具有重要意义。其任务和培养目标是：遵循幼儿身心发展规律，坚持科学的保教方法，促进幼儿在体、智、德、美诸方面和谐发展，使他们健康、活泼地成长，为进入小学打好基础。

幼儿园有全日制、半日制、寄宿制、季节性幼儿园与学前班之别，性质有公办与民办之分。幼儿园一般为三年制，亦有一年制和二年制的，按幼儿的年龄分设小班（3岁）、中班（4岁）、大班和学前班（5岁）。

2010年3月颁布的《国家中长期教育改革和发展规划纲要》明确规定了基本普及学前教育的目标，即到2020年，全面普及学前一年教育，基本普及学前两年教育，有条件的地区普及学前三年教育；明确了政府的责任，把发展学前教育纳入城镇、新农村建设规划。同时建立政府主导、社会参与、公办民办并举的办园体制。积极发展公办幼儿园，大力扶持民办幼儿园。明确提出重点发展农村学前教育，努力提高农村学前教育普及程度。

---

① 见《中华人民共和国教育法》第二章教育基本制度。

（二）初等教育机构

初等教育是我国社会主义现代化建设的重要基础,政治建设、经济建设、社会建设、文化建设和生态环境建设,无不由此开始起步,开始奠基。

实施初等教育的机构为小学,是学校教育的初等阶段。小学招6周岁儿童入学,对受教育者进行文化知识基础教育和初步生活准备教育,修业年限六年,实行一贯制。

小学的培养目标:是使学生具有爱祖国、爱人民、爱劳动、爱科学、爱护公共财物等品德;拥护社会主义,拥护中国共产党;具有初步的阅读、写作和计算能力,初步的自然常识和社会常识,有良好的学习习惯;身心得到正常的发展,有健康的体质和良好的生活习惯和劳动习惯。

（三）中等教育机构

中等教育是在初等教育基础上,实施的中等普通教育和职业教育,承担着培养高素质的劳动者和为高等教育机构输送合格新生的双重任务。实施中等普通教育的机构为进行普通教育的中学,分初级中学和高级中学两阶段,分别招收小学和初中毕业生,修业年限各三年。分设的称初级中学和高级中学,合设的称中学或完全中学。

普通中学的培养目标,是使学生具有热爱社会主义祖国,热爱中国共产党,初步树立为人民服务的思想,为社会主义现代化建设献身的责任感,具有社会主义的思想品德和讲文明礼貌的良好习惯,有一定的分辨是非和抵制不良影响的能力;掌握必需的文化科学知识,必需的基本能力,实事求是的科学态度和不断探求新知的精神,初步掌握正确的学习方法,独立思考和动手操作的能力;具有健康的体魄,奋发向上的精神和一定的审美能力;具有劳动观点、劳动习惯和生活自理能力,初步掌握一些生产劳动的基础知识和基本技能。

与普通中学平行、进行中等职业技术教育的学校,为中等职业技术学校。过去曾有职业初中、"2+"或"3+"的实施职业技术教育的分流班、注入职业技术教育因素的普通初中等承担初等职业教育的任务,其修业年限一般为3—4年。初等职业教育的发展对于欠发达地区农村劳动力的培养和义务教育的普及发挥了重要作用。① 随着九年义务教育的全面普及,中等职业技术教育成为我国职业技术教育的主要组成部分。它包括职业高中、中等技术学校和技工学校三类,是在高中教育阶段进行的职业教育,也包括部分高中后职业培训。这些学校主要招收初中毕业生,修业年限一般为3—4年。其定位是在义务教育的基础上培养大量技能型人才与高素质劳动者。中等职业学校在对学生进行高中程度文化知识教育的同时,根据职业岗位的要求,有针对性地实施职业知识与职业技能教育。

《国家中长期教育改革和发展规划纲要》明确规定:"根据经济社会发展需要,合理确定普通高中和中等职业学校招生比例,今后一个时期总体保持普通高中和中等职业学校招生规模大体相当。""逐步实行中等职业教育免费制度,完善家庭经济困难学生资助政策。"通过大力发展中等职业教育,作为普及高中段教育的突破口。

---

① 在城市和东部沿海地区,以及经济和教育基础较好的农村,初级职业中学呈萎缩的态势。

（四）高等教育机构

1999 年 1 月施行的《中华人民共和国高等教育法》第十五条至第二十二条明确规定：

高等教育包括学历教育和非学历教育两种类型，采用全日制和非全日制教育两种形式。

高等学历教育分为专科教育、本科教育和研究生教育三种层次。专科教育应当使学生掌握本专业必备的基础理论、专门知识，具有从事本专业实际工作的基本技能和初步能力；本科教育应当使学生比较系统地掌握本学科、专业必需的基础理论、基本知识，掌握本专业必要的基本技能、方法和相关知识，具有从事本专业实际工作和研究工作的初步能力；硕士研究生教育应当使学生掌握本学科坚实的基础理论、系统的专业知识，掌握相应的技能、方法和相关知识，具有从事本专业实际工作和科学研究工作的能力。博士研究生教育应当使学生掌握本学科坚实宽广的基础理论、系统深入的专业知识、相应的技能和方法，具有独立从事本学科创造性科学研究工作和实际工作的能力。

专科教育的基本修业年限为二至三年，本科教育的基本修业年限为四至五年，硕士研究生教育的基本修业年限为二至三年，博士研究生教育的基本修业年限为三至四年。非全日制高等学历教育的修业年限应当适当延长。高等学校根据实际需要，报主管的教育行政部门批准，可以对本学校的修业年限作出调整。

大学、独立设置的学院主要实施本科及本科以上教育。高等专科学校实施专科教育。经国务院教育行政部门批准，科学研究机构可以承担研究生教育的任务。其他高等教育机构实施非学历高等教育。

高级中等教育毕业或者具有同等学力的，经考试合格，由实施相应学历教育的高等学校录取，取得专科生或者本科生入学资格。本科毕业或者具有同等学力的，经考试合格，由实施相应学历教育的高等学校或者经批准承担研究生教育任务的科学研究机构录取，取得硕士研究生入学资格。硕士研究生或者具有同等学力的，经考试合格，由实施相应学历教育的高等学校或者经批准承担研究生教育任务的科学研究机构录取，取得博士研究生入学资格。允许特定学科和专业的本科毕业生直接取得博士研究生入学资格，具体办法由国务院教育行政部门规定。

接受高等学历教育的学生，由所在高等学校或者经批准承担研究生教育任务的科学研究机构根据其修业年限、学业成绩等，按照国家有关规定，发给相应的学历证书或者其他学业证书。接受非学历高等教育的学生，由所在高等学校或者其他高等教育机构发给相应的结业证书。结业证书应当载明修业年限和学业内容。

国家实行高等教育自学考试制度，经考试合格的，发给相应的学历证书，或者其他学业证书。

国家实行学位制度。学位分为学士、硕士和博士。公民通过接受高等教育或者自学，其学业水平达到国家规定的学位标准，可以向学位授予单位申请授予相应的学位。

我国的高等职业教育诞生于 1980 年代，以培养既掌握较高技术技能又有一定理论知识的高层次技术人才为目标[①]。高等职业技术教育的机构，主要有高等职业技术学院、高

[①] 改革开放 30 年中国教育改革与发展课题组. 教育大国的崛起（1978—2008）[M]. 北京：教育科学出版社，2008：231—232.

等技术专科学校、职业大学、普通院校中的职业教育学院、成人高校中的高等职业教育试点等，主要招收高中毕业生，修业年限一般为 2—4 年，学历有专科和本科两个层次。

当前，世界上许多国家都在进行学制改革，特别是儿童入学年龄提前，延长义务教育年限和推行终身教育等动向，最为引人注目。如德国经多年试验和讨论，现在不少小学开始接受 5 岁儿童入学。法国在试行"幼儿教育与小学教育一体化"，想让 5 岁的孩子接受小学教育。在英国已明确规定满 5 岁的儿童进入第一级学校。在美国，有人提出孩子应在 4 岁开始上学，并在考虑改革中等教育，使基础教育年限延长到 3 年。俄罗斯中小学由十年一贯改为十一年一贯制，义务教育延长了一年。西班牙由 4 岁允许离校延长到 6 岁，然后还要进行两年职前教育，义务教育实际上是延长到了 8 岁。瑞典将普通中学与职业学校合并，成立综合中学，把三年制高中延长为四年制。特别是终身教育的推行，使欧美这些国家的学校体系越来越庞大，种类繁多。按学校级别分：有学前教育机构、初等学校、中等学校和高等学校。按学校类型分：有普通学校、专业学校、职业学校、特殊学校、成人学校。还可按教学时间分为全日制学校、半日制和业余（进修）学校。有的除了各级各类学校系统外，还把各种校外教育机构，如图书馆、俱乐部、博物馆、文化宫等，正式纳入其教育体系。

第三节　我国的义务教育制度

一、义务教育制度的兴起与特点

"义务教育是国家统一实施的所有适龄儿童、少年必须接受的教育，是国家必须予以保障的公益事业。"[①]

教育的普及历来为人们所追求。我国春秋末期的伟大思想家、教育家孔子就提出"有教无类"的主张，并身体力行四十多年。"有教无类"的主张和他的教育思想，以及丰富的教育教学经验，是中华民族乃至全人类的宝贵财富，受到全世界人民的高度赞颂。

但是，以法律强制实施义务教育制度，则诞生于近代的欧洲。14—16 世纪时，欧洲的社会生产力开始迅猛发展，资本主义制度逐步取代黑暗的中世纪，从事劳作的无产者、作为公民参与社会生活的普通百姓，都需有一定的文化科学知识，这就是义务教育制度首先在欧洲诞生和发展的客观需求。

德国的马丁·路德领导的宗教改革运动，捷克教育家夸美纽斯等人的普及教育主张的提出和传播，对义务教育制度的诞生起到了很大的推动作用。

1619 年，德意志魏玛公国颁布教育法令，第一次把"教育"与履行法律"义务"联系起来，规定父母必须送 6—12 岁的子女入学校，否则由政府强迫其履行这一义务，并给以惩罚。这个法令，被认为是全世界第一个实施义务教育的法律，义务教育制度由此诞生。此后，欧美诸国及亚洲的日本，为适应当时资本主义生产技术革新和巩固资产阶级共和国的

---

① 见《中华人民共和国义务教育法·第二条》。

需要,以及工人运动的压力,在1870年代开始,也都先后制定法律,实施义务教育。进入20世纪后,制定义务教育法律,建立义务教育制度,遍及各大洲,无形中成了一个国家和地区走向现代社会的重要标志。据联合国教科文组织第十一届国际会议公布的文件,向会议提交报告的199个国家中,只有27个国家未实行义务教育,1个情况不明,171个国家都建立了义务教育制度;义务教育年限不等,长的十二年,短的五六年,多数在八至十年间①。

世界各国在实施的义务教育中,无不把培养年轻一代的民族意识和爱国心放在首位,并重视设置公立学校,改变由教会垄断学校教育的状况。实施义务教育的学校,其课程和教学内容无不带有明显的民族色彩,本民族语文的教学通常被置于第一位,并占有最多的教学时间;乡土地理、本国地理,特别是本国的历史,无不占有特别突出的地位。

不少国家实行义务教育之初,往往并不免费,所以"义务教育"和"免费教育"之间并不能划等号。只有在实践表明仅仅靠法律的"强迫"还不能达到普及的目的后,才开始陆续实行免费,但免费的范围和程度各不相同。

为了使视、听、智、肢体等有残障的教育对象接受义务教育,各国陆续都举办有专门接受残障的少年儿童入学的学校。在我国还为"有严重不良行为的适龄少年设置专门的学校实施义务教育。"②

义务教育制度的产生和发展,是与民族国家的出现和资产阶级民主制度的发展相联系的。它是资产阶级取得国家和民族的领导权以后"发明"的。所以,义务教育制度从诞生的那一刻起,就深深打上了资产阶级的阶级烙印。使劳动者普遍受到教育,其目的首先就在于把他们训练成为"对资产阶级有用的奴仆,既能替资产阶级创造利润,又不会惊扰资产阶级安宁和悠闲"。③ 在社会主义条件下,义务教育的阶级性,突出地表现在实施义务教育,"毫无疑问,应当把坚定正确的政治方向放在第一位"。④

二、我国实施义务教育的历史

我国在鸦片战争后,逐渐沦为半殖民地半封建社会。在国家、民族生死存亡的关头,先贤们纷纷提出救国救民、富国强兵之道。在众说纷纭的诸多主张中,一个重要的观点认为,中国受列强蹂躏而处于危亡境地的根本原因,在于中国教育落后,特别是教育的不普及,人虽多但智力没有开发。因此,救亡之道在于通过实施义务教育来普及教育。倡导这种"教育救国论"的主张中,影响最大的是维新运动的康有为、梁启超、谭嗣同等人。

康、梁认为,当今世界"才智之民多则国强,才智之士少则国弱",而"才智之士"需由教育培养,中国衰弱的原因就在教育不良。因此,他们建议废科举、兴学堂、乡乡办小学,儿童7岁入小学,"不入学者,罚其父母"。这是在我国历史上首次明确提出实行义务教育制度的主张。

---

① 国家教育发展研究中心、中国联合国教科文组织全国委员会编:《三十五国教育发展》(1986—1988)[M].北京:人民教育出版社,1990:862.
② 见《中华人民共和国义务教育法》第二十条.
③ 列宁.列宁全集(第四卷)[M].北京:人民出版社,1972:346.
④ 邓小平.邓小平文选(1975—1982)[M].北京:人民出版社,1983:101.

戊戌维新虽然只有百日就失败了,但未能扼杀实行义务教育以"开民智强国家"的思想。清政府终于不得不废科举兴学堂,所颁布的《试办义务教育章程案》和《强迫教育章程》(1911年),被认为是我国由中央政府提出的第一个义务教育的法令,而这个腐败的清政府,在两个月后就被辛亥革命所推翻,根本没有,也不可能实施这一法令。

辛亥革命后,民国政府从1912年开始,先后数次颁布实施义务教育的法令,宣告要实行四年制的义务教育,但收效甚微。在1944年、1945年和1948年又几度颁布法令,把义务教育延长为六年(6—12岁),小学改称"乡(镇)中心国民小学"和"保国民小学",并作出了对于不送子女入学的父母以处罚等多项规定,然而也仅一纸空文。在这期间,以人民教育家陶行知(1891—1946)等为代表的不少爱国知识分子,曾经为教育的普及作过种种努力,作出了积极贡献,影响深远。但直至1949年,全国农村学龄儿童(6—12岁)入学率,一直未超过20%。

在中国共产党领导下的革命根据地和老解放区,人民一旦掌握政权就立即着手实施义务教育。1930年3月,中央革命根据地闽西第一次苏维埃工农兵代表大会决议就规定,"6岁以上14岁以下之男女应入学校读书,父母不得阻止"。闽西苏维埃政府规定,"凡6岁至11岁的儿童有必须受小学教育的权利和义务"。1933年10月,中华苏维埃共和国中央文化建设大会通过的《苏维埃学校建设决议》中规定,对"一切儿童自满7岁至13岁,施以免费的强迫教育"。1940年3月,陕甘宁边区政府颁布的《实施普及教育暂行条例》规定,"7岁至13岁儿童均应一律就学,读毕小学课程","应入学之儿童,家长不送其入学者,应先向家长进行说服教育。经说服教育无效者,得由当地政府强制执行之"。当时的根据地和解放区,虽然经济十分困难,生活十分艰苦,但是在实施义务教育和普及初等教育上,取得了惊人的成绩。据毛泽东《长冈乡调查》,江西省兴国县长冈乡全乡473户,1784人,办有小学4所,在校学生187人,占全乡学龄儿童数的65%。据1934年第2次全国苏维埃代表大会所公布的材料,赣、闽、粤三省革命根据地的2932个乡中,办了小学3052所,学生89710人,其中的兴国县学龄儿童入学率达到61%强。

中华人民共和国成立后,普及初等教育一直被作为"大政"列于政府工作的突出位置。在中央人民政府成立的前夕,1949年9月的《中国人民政治协商会议共同纲领》,即提出"有计划有步骤地实行普及教育"为新中国文教工作的方针和任务。1951年,我国制定了普及初级教育的目标:从1952年开始,五年内培养百万小学教师,十年内基本普及小学教育。1956年,最高国务会议通过的《1956年~1967年全国农村发展纲要(草案)》,和刘少奇在中共八大的《政治报告》,都提出"在12年时间内分区分批普及小学义务教育"[1]这是新中国成立以后党和国家的正式文件中首次明确提出实施小学义务教育,其年限为五年(7—11岁)。

1982年12月的《中华人民共和国宪法》规定:"国家举办各种学校,普及初等义务教育。"这是新中国在宪法中,首次把实施义务教育列入国家的基本教育制度。

1985年5月,《中共中央关于教育体制改革的决定》提出,"现在,我们完全有必要也有可能把实行九年制义务教育当作关系民族素质提高和国家兴旺发达的一件大事,突出

---

① 何东昌主编:《中华人民共和国重要教育文献》(1949—1975)海口:海南出版社,1998:689.

地提出来,动员全党、全社会和全国各族人民,用最大的努力,积极地、有步骤地予以实施"。1986年4月,全国人大就紧接着通过了《中华人民共和国义务教育法》,在拥有13亿人口的中华民族开始实施义务教育,由此翻开了举世瞩目的教育史上伟大的新篇章。

为了义务教育的实施,1992年4月,国务院颁布了《义务教育法实施细则》,各省、市、自治区人大纷纷制定在本地区实施义务教育的地方性法规,直至乡规民约,形成了从中央至乡村的实施九年义务教育完整的法律体系。2006年6月,全国人大常务委员会依据《教育法》(1995年3月)和20年来全国各地的经验,对《中华人民共和国义务教育法》进行了全面修订①,新的《中华人民共和国义务教育法》(以下简称《义务教育法》)对我国的义务教育制度从指导思想、教师、学生和学校、教育教学、经费保障,以及各有关方面的法律责任等作了明确规定。

(一) 关于义务教育的指导思想

《义务教育法》开宗明义第一条就指出,"为了保障适龄儿童、少年接受义务教育的权利,保证义务教育的实施,提高全民族素质,根据宪法和教育法,制定本法。"②第二条明确规定了我国实施义务教育的指导思想、任务和培养目标:"义务教育必须贯彻国家的教育方针,实施素质教育,努力提高教育质量,使儿童、少年在品德、智力、体质等方面全面发展,为培养有理想、有道德、有文化、有纪律的社会主义建设者和接班人奠定基础。"③

基础教育是教育的基础,更是普遍提高国民素养和全民族素质的基础。没有认识到这一点,往往导致把升学率作为唯一价值追求目标的错误倾向。这一错误倾向长期得不到纠正,带来严重恶果。为此,《义务教育法》作了一系列的规定,如"适龄儿童、少年免试入学"、"就近入学"、"为其提供平等接受义务教育的条件"、不得分"重点校非重点校和重点班非重点班",以及"不得以任何名义改变或者变相改变公办学校的性质"等等。

(二) 实施义务教育的管理体制和步骤

义务教育,是国家必须予以保证的公益事业。为了确保所有具有中华人民共和国国籍的适龄儿童、少年,不分性别、民族、种族、家庭财产状况、宗教信仰等,都能平等地享受接受义务教育的权利,并依法履行接受义务教育的义务。《义务教育法》规定,义务教育的实施实行国务院领导,省、自治区、直辖市人民政府统筹规划,县级人民政府为主的管理体制。县级以上政府教育行政部门具体负责实施工作,其他有关部门在各自职责范围内负责义务教育实施工作。各级政府的教育督导机构对义务教育执行法律法规情况等进行督导,并将结果向社会公布。

(三) 义务教育的办学条件与经费保障

实施义务教育需要一系列的办学条件。建立稳定、可靠并能不断增长的经费渠道,确

---

① 见中华人民共和国主席令第五十一号。
② 《义务教育法》第一条。
③ 《义务教育法》第二条。

保必要的教育事业费和基建投资,逐步改善办学条件,是实施义务教育的重要保证,也是拥有 13 亿人口的发展中大国实施免费的九年义务教育的最大困难。为此,国家决定将义务教育全面纳入国家财政保障范围,义务教育经费由国务院和地方各级人民政府负责筹措,予以保证,向学校及时足额拨付,确保学校的正常运转和校舍安全,确保教职工工资按照规定发放。

《义务教育法》对义务教育经费保障,做了将义务教育经费纳入财政预算、财政预算中将义务教育经费单列、学校的学生人均公用经费基本标准由国务院财政部门会同教育行政部门制定、特殊教育学校(班)学生人均公用经费标准应当高于普通学校学生人均公用经费标准、政府对家庭经济困难的适龄儿童、少年免费提供教科书并补助寄宿生生活费等一系列的规定,由国务院和地方各级人民政府依法予以保障。

(四)关于国家、社会、学校、家庭的法律责任

对政府和机关工作人员、社会、学校和教师、父母或监护人在实施义务教育中所承担的责任和义务,以及不依法履行其责任和义务的,如何追究责任进行处罚,在《义务教育法》的许多条款中,特别是在第七章,分别作了明确规定。

自《中共中央关于教育体制改革决定》和全国人大通过《中华人民共和国义务教育法》以来,全国各族人民在中国共产党领导下,实施九年义务教育取得了举世瞩目的伟大成就。至 2008 年底,实现"两基"(基本普及九年义务教育和基本扫除青壮年文盲)验收的县(市、区)累计达到了 3038 个,占全国总县数的 99.1%,"两基"人口覆盖率达到 99.3%[①]。

三、我国实施义务教育的主要经验

(一)统一认识,制定地方性法规、条例

《义务教育法》的诞生,在我国几千年的文明史上是个光辉的里程碑。为了切实地贯彻实施,还需要由国务院制定"实施细则"等行政法规,省级人民代表大会或它的常务委员会制定相应的地方性法规,国务院教育行政部门和省级政府根据情况,制定一系列行政规章;县(市、区)、乡(镇)由同级人民代表大会或它的常务委员会根据各自的情况,作出相应的决议、决定;村则由村民委员会经全体村民讨论,制定执行《义务教育法》的乡规民约。有了这一系列自上而下的一整套法律、法规、条例、办法、规章和乡规民约,并切实贯彻执行,使义务教育的实施得到保证。而制定条例、法规等过程也是各级党政领导机关和全国人民提高和统一认识的过程。

(二)因地制宜,分区规划,分步实施

实施九年制义务教育,首先要具备必要的条件,如提供能容纳全部适龄少年儿童入学的校舍和必要的设施,培养相应的师资,筹集数量足够的经费等等。我国地域辽阔,各地自然条件、文化基础和经济发展很不平衡,在全面实施义务教育的过程中,我国政府坚持树立正确的速度观和质量观,既不消极等待,也不盲目攀比;而是从实际出发,因地制宜,

---

① 据教育部 2009 年 7 月发布的《2008 年全国教育事业发展统计公报》。

通过调查研究,采取了分区规划、分步实施的推进策略。义务教育分批实施,分类指导,在一个省、自治区和直辖市内,甚至就是在同一个县(市、区)内也不搞"一刀切"、"齐步走",而是通过逐乡逐村的调查研究,根据当地少年儿童人数的变化,对师资、经费、校舍和设备作出分区规划,统筹安排,同时把它纳入县(市、区)、乡(镇)的经济和社会发展的总体规划之中,义务教育的规划要经由当地的县(市、区)和乡(镇)人民代表大会审议通过。在实施义务教育过程中,强调县(市、区)和乡(镇)政府组织实施的责任,建立了向人民代表大会就执行情况的定期报告制度,切实有效地推进了义务教育的全面实施。

(三)实行以县为主,中央、省、地(市)、县(市、区)和乡(镇)分工负责的管理体制

县级政府处于承上启下的一个十分重要的关键地位,在义务教育管理中,无论是资金统筹、师资调配,还是学校布局、教育教学管理等,都需要县级政府来负责才能有效实施。各地的经验证明,只有实行"以县为主"的管理体制,把教职工工资发放、人事管理、教育教学管理、学校建设等职责从乡镇收到县,才能从根本上解决农村义务教育存在的许多现实问题。

(四)建立义务教育经费保障机制,保证农村、山区、海岛和少数民族聚居地区的义务教育投入

《义务教育法》明确规定:国务院和地方各级人民政府用于实施义务教育财政拨款的增长比例应当高于财政经常性收入的增长比例,保证按照在校学生人数平均的义务教育费用逐步增长,保证教职工工资和学生人均公用经费逐步增长。这就从法律上为义务教育提供了明确的经费保障。

同时,为适应建立"稳定而不会经常波动"、"可靠而不会因某些干扰而变动"和"能不断增长"要求的义务教育经费保障机制,三十余年的各地实践证明,采取以下措施是十分必要的:(1)省地县各级人民政府应调整财政支出结构和县、乡财政体制。省级人民政府通过调整财政体制和财政支出结构,逐县核实财力,统筹安排解决财力困难县农村、山区、海岛和少数民族聚居地区的中小学教职工工资的发放问题,并实行省长负责制。县级人民政府需结合本级财力和上级给予的转移支付资金,将农村中小学教职工工资全额纳入本级财政预算,由县统一按时足额发放农村、山区、海岛和少数民族聚居地区的中小学教职工工资,保证农村、山区、海岛和少数民族聚居地区的中小学公用经费。(2)建立专项资金和专项补助制度。国务院和省级人民政府设立专项资金和专项补助,扶持贫困地区、少数民族地区的农村中小学学校建设,重点扶持困难地区的农村中小学危房改造;各级地方政府设立的中小学危房改造专项资金和中小学进一步发展所需的校舍建设项目,由县级人民政府列入基础设施建设统一规划,购置教学仪器设备和图书资料所需经费,由县级人民政府安排,明令农村中小学不得举债建设。

(五)建设一支数量足够的、能胜任教育教学工作的、相对稳定的教师队伍

实施义务教育的另一个基本条件是师资。没有数量足够的、能够胜任教育工作、相对稳定而又相对均衡配置的教师队伍,单纯依靠法律的强制手段,也是不可能实施义务教育

的。建设好各种各类教师教育机构和教研机构,是建设好实施义务教育教师队伍的基础。处理好民办教师和代课教师队伍问题、合理编制义务教育阶段学校的编制等,都是我国实施义务教育中的特殊课题。从政策上、业务上关心和爱护教师,是建设好义务教育教师队伍,顺利实施义务教育、促进义务教育均衡发展的基本经验之一。

(六) 建立检查督导制度,不断地进行检查督导

各级人民代表大会及其常务委员会,定期对政府执行《义务教育法》的情况进行执法检查和工作监督。在中央和地方各级政府所建立的督导机构,既对学校和地方各级教育行政部门实施义务教育情况进行检查、监督、评价和指导,又对地方各级人民政府贯彻执行《义务教育法》的情况进行定期检查督促。较为完善的检查督导制度,是九年制义务教育有步骤地实施的重要保证。

(七) 保证入学,制止辍学,严禁雇用童工和实行"两免一补"

通过大力加强《义务教育法》,以及《未成年人保护法》、《劳动法》等的宣传教育,共同关心少年儿童入学、辍学、失学等问题,严格制止雇用童工等违法行为,使全社会都明白实施义务教育的重要性,形成强有力的社会舆论,树立了履行义务教育法光荣,不履行义务教育法可耻,违反义务教育法要受法律制裁的社会风气。2001年开始,对农村家庭贫困的学生实施"两免一补",免除杂费、免除书本费,并对住宿生实行生活补贴,2006年开始在西部农村,2007年到中部和东部农村,2008年全国城乡全面推行免费的义务教育,使义务教育真正成为面向人人、面向大众的全民教育。这从最大程度上和最大范围内促进了教育的公平,体现了社会主义教育的本质要求。[1]

(八) 深化教学改革,不断提高教学质量

随着《义务教育法》的实施,小学和初级中等教育的普及程度迅速提高,办学条件也逐步得到改善,教学质量的状况日益引起社会各界的关注。实际经验证明,《义务教育法》的贯彻和义务教育的实施,不仅促进国民基础教育的普及,而且也促进教学质量的提高。关键是要建立符合义务教育的性质、目的和任务的教学质量观,建立正确评估义务教育教学质量的标准,全面规划,分类指导,不断改善实施义务教育学校的教学设施和办学条件,深化教学改革,改革课程教材,改进教学方法,教育和引导学校和教师,全面贯彻国家的教育方针,面向全体学生,不对任何学生采取歧视的态度,减轻过重的课业负担,把学生在学校中的生活搞得丰富多彩、生动活泼、富有吸引力,不断提高教学质量。

(九) 不断地调整学校网点布局,使学校保持适度规模

计划生育政策的强力推行,有效地控制了我国人口的增长,也导致了学龄儿童和少年数量的变化;随着我国城市化进程的加快和产业结构的调整,以及农村人口流动的增加,

---

① 改革开放30年中国教育改革与发展课题组. 教育大国的崛起(1978—2008)[M]. 北京:教育科学出版社,2008:320—322.

我国对实施义务教育的学校网点布局不失时机地进行了调整。布局调整坚持就近入学和适度规模为原则,既有利于义务教育的实施和少年儿童的健康成长,又兼顾了办学效益。

(十) 减少大量留级、复读现象,科学地管理学籍

由于多方面的原因,特别是片面追求升学率倾向的影响,我国农村的小学和初中长期以来存在着大量留级、复读的现象:如1987—1989年,全国农村小学招生5046.8万人,而同期一年级在校生却有6434.3万人,留级、复读率高达27.49%。各地教育行政部门从端正办学指导思想入手,通过改进学籍管理办法,加强对包括小学、初中学生的入学、转学、休学、复学和退学的管理及成绩考核、升级、跳级、留级、肄业、毕业的管理,有效地控制和减少了大量留级、复读等现象,从而确保了义务教育的顺利实施。实践表明,建立起科学严格的学籍管理制度,是我国推进义务教育的重要经验之一。

第四节　我国的职业教育制度和中等教育结构改革

职业技术教育,又称职业教育,是我国基本教育制度的重要组成部分,其任务是使受教育者获得从事某种职业或生产劳动所需要的职业道德、职业知识和技能的教育。它的培养目标主要是造就受过职业技术教育的各种中级技术人才,以及受过职业训练并具有一定文化水平和专业知识技能的劳动者。职业技术教育是国家工业化、生产社会化和现代化的重要支柱,是把智力因素转化为现实生产力的桥梁,对于国家的经济建设具有重要意义。

一、职业教育的兴起

近代职业教育产生于18世纪末的欧洲,形成于现代机器大工业生产的基础上。19世纪中叶以后,随着资本主义生产的发展,生产社会化程度越来越高,要求对劳动者的文化水平和技术熟练程度的要求也越来越高,传统手工业的学徒制培训方式不再适应机器大工业生产对劳动者的要求。中等教育阶段的职业学校应运而生,企业自行培训劳动力的任务,逐步改由专门的职业教育机构来承担,职业教育成为各国教育体系的重要组成部分。二战以后,许多经济发达国家开始在高等教育阶段发展职业技术教育,如举办短期职业大学等。

我国的职业教育体制确立于1902年的《钦定学堂章程》,实施职业教育的称实业学堂,分简易实业学堂、中等实业学堂、高等实业学堂三级,修业年限分别为三年、四年、三年。1903年颁布的《奏定实业学堂通则》,初等、中等、高等农工商实业学堂章程,实业补习普通学堂章程、艺徒学堂章程、实业教员讲习所章程,对职业教育的学校类型、学习科目及职业教育的师资培养等都作了具体的规定。1913年,南京临时政府颁布《实业学校令》和《实业学校章程》,规定实业学校以"教授农、工、商必须之知识技能"为目的,分甲乙两种实业学校。甲种实业学校以省立为原则,施以完全的普通实业教育,修业四年,其中预科

一年,本科三年;乙种实业学校以县立为原则,施以简易的普通实业教育,修业四年。[①]

1917 年,黄炎培等 48 人在上海发起创办中华职业社,实业教育由此改称为职业教育。

在国内革命战争和抗战时期,革命根据地对职业教育非常重视,发展了一批半工(农)半读的农业学校,培养了农、林、牧、兽、医等方面的技术人才,对根据地的建设发挥了积极作用。

新中国成立后职业教育得到迅速发展,1951 年政务院发布的《新学制》中,明确规定了各类职业技术学校和专科学院在学制中的地位。特别是 1953 年大规模经济建设开始后,对于技术人员和技术工人的急需,促使中等专科学校(包括中等技术学校和中等师范学校)、技工学校、职业中学等各类职业技术学校形成新中国成立以来第一次发展高峰,为国家的经济建设和社会发展作出了重要贡献。但在总体上它仍然是我国各类教育中的薄弱的部分,"文革"十年动乱时期更是各类教育中的重灾区。党的十一届三中全会以后,职业教育事业的发展虽然回到正常轨道,引起社会的广泛关注,迅速恢复和发展,但仍严重落后于客观的需要。

二、我国现行的职业教育制度

我国现行职业教育分为初等、中等和高等职业技术教育三级体系。

初等职业教育主要有职业初中、"2＋"或"3＋"的实施职业技术教育的分流班、注入职业技术教育因素的普通初中等,修业年限一般为 3—4 年。初等职业教育的发展对于欠发达地区农村劳动力的培养和义务教育的普及发挥了重要作用。[②]

中等职业技术教育是我国职业技术教育的主要组成部分,包括职业高中、中等技术学校和技工学校三类,这些学校主要招收初中毕业生,修业年限一般为 3—4 年。

高等职业技术教育的机构,主要有高等职业技术学院、高等技术专科学校、职业大学、普通院校中的职业教育学院、成人高校中的高等职业教育试点等,主要招收高中毕业生,修业年限一般为 2—4 年,学历有专科和本科两个层次。

三、我国职业教育发展的经验

改革开放 30 年来,我国的职业教育得到了快速的发展,表现出需求旺、规模大、体系全的特征,形成了独具特色的中国经验。主要有以下六个方面[③]:

(1) 坚持科学发展观,把职业教育放在更加突出的位置,大力发展,促进职业教育与经济社会协调发展,职业教育与教育事业协调发展。

(2) 坚持以服务为宗旨,在服务中求生存、求支持,在服务中求改革、求发展,办好让人民满意的职业教育。

---

① 舒新城.中国近代教育史资料(中册)[M].北京:人民教育出版社,1961:750—795;顾树森.中国历代教育制度[M].南京:江苏教育出版社,1981:248—250,261—262.

② 在城市和东部沿海地区,以及经济和教育基础较好的农村,初级职业中学呈萎缩的态势.

③ 改革开放 30 年中国教育改革与发展课题组.教育大国的崛起(1978—2008)[M].北京:教育科学出版社,2008:252—253.

（3）坚持以就业为导向，立足于满足城乡居民对职业教育的多样化需求，全面贯彻党的教育方针，全面推进素质教育，坚持面向全体学生，促进学生的全面发展。

（4）坚持以能力为本位，加强实践教学，遵循职业教育规律，促进职业教育与生产劳动和社会实践紧密结合，实行灵活多样的人才培养模式。

（5）坚持以改革促发展，适应社会主义市场经济体制，不断改革管理体制、办学模式、运行机制和教学模式。

（6）坚持以政府为主导，发挥行业、企业和社会的作用，统筹社会各方面资源支持职业教育发展。

以科学发展观为指导，解决好农业、农民和农村的"三农"问题，是我国建设现代化社会主义和谐社会的重中之重。贯彻教育必须为社会主义建设服务的方针，达成培养社会主义事业的建设者和接班人的目的，在义务教育基础上，抓好中等职业教育的发展。使职业教育与农村的经济社会协调发展，一方面，实施农科教结合和"三教统筹"，大力推进科教兴农，把农业技术推广、科技开发和教育培训紧密结合起来，共同促进农村和农业的现代化；另一方面，进一步加强对农村劳动力转移的职业教育和培训工作，实现农村富余劳动力向非农产业和城镇转移，是解决"三农"问题、帮助农民增收致富的根本出路，意义重大。

目前，我国的职业教育正朝着主动应对社会主义现代化建设提出的新的迫切要求，促进职业教育发展与工业化和城市化进程的紧密结合，促进职业教育与社会主义市场经济的相互融合，促进职业教育与产业结构调整和科学技术进步的有机协调，以就业为导向，向促进办学体制多样化，增强学制灵活性，形成以普教职教分轨而又能适当沟通，兼取综合制之长，包括实施普通教育、职业技术教育和实施综合高中教育三个部分的高级中等教育方向发展。

四、中等教育结构改革

职业教育担负着培养数以亿计的高素质劳动者的重要任务，是我国工业化、现代化和经济社会发展的重要基础。社会主义现代化建设不但需要高级科技专家，而且迫切需要受过良好职业技术教育的中（初）级技术人员、管理人员、技术工人和城乡劳动者。树立和落实科学发展观，加快经济增长方式的转变，走新型工业化的道路，在本质上就是人力资源得到充分利用的工业化，必须依靠数以亿计的高素质劳动者，依靠规模宏大的技能型工人。改革开放以来，我国的产业结构和劳动力结构加速发生深刻变化，对生产、服务一线劳动者的数量和质量都提出了新的要求。随着经济的快速发展，我国各行各业对技能型人才的紧缺都表现得相当突出，对职业技术教育提出了强烈的社会需求。没有他们，即使有先进的科学技术和先进的设备，也不能成为现实的社会生产力。发展中等职业技术教育，既是战略的，又是战术的；既是当前的，又是长远的；既是教育的，又是经济的，意义重大。但由于多方面的原因，职业技术教育恰恰是我国整个教育事业中最薄弱的环节，客观上存在着对高级中等教育的结构进行改革和发展职业技术教育的强烈要求。

党的十一届三中全会以后，针对大批中等专业学校和技工学校停办，农业中学、职业中学被摧残殆尽，中等教育结构单一化，严重影响劳动生产率提高的情况，1978年4月，邓小平同志在全国教育工作会议上提出,要扩大农业中学、各类中等专业学校、技工学校的比例,调整中等教育结构。1983年5月,中共中央、国务院发出《加强和改革农村学校教育若干问题的通知》,指出:"改革农村中等教育结构,发展职业技术教育,是振兴农村经济,加速农业现代化建设的一项战略措施。各地要根据本地区的实际需要与可能,统筹规划,有步骤地增加一批农业高中和其他职业学校。……力争1990年,农村各类职业技术学校在校生数达到或超过普通高中。"[①]1985年5月的《中共中央关于教育体制改革的决定》提出:"社会主义现代化建设不但需要高级科学技术专家,而且迫切需要千百万受过良好职业技术教育的中、初级技术人员、管理人员、技工和其他受过良好职业培训的城乡劳动者。没有这样一支劳动技术大军,先进的科学技术和先进的设备就不能成为现实的社会生产力。但是,职业技术教育恰恰是当前我国整个教育事业最薄弱的环节。一定要采取切实措施改变这种状况,力争职业技术教育有一个大的发展。"把改革中等教育结构,发展职业技术教育提到新的高度,并把我国高级中学的结构改革推进到一个新的阶段,由此开始了全国规模的中等教育结构改革。

(1)中等教育结构改革的方针和要求:主要是改革高中阶段的教育,使它与社会主义现代化建设的需要相适应,实行普通教育与职业技术教育并举,全日制学校与半工半读学校、业余学校并举,国家办学与业务部门、厂矿企业和农村集体办学并举的方针。县以下教育事业应主要面向农村,为农村各项建设服务。通过调整,使职业技术学校学生数在高中教育中的比例大为增加,力争五年内各类高中阶段的职校招生数相当于普通高中的招生数。

(2)中等教育结构改革的内容和途径:在普通高中增设职技班,改部分高中为职业技术学校,各行业举办职技校,大中城市试办职教中心,发展和办好技工学校,办好中等专业学校等。

(3)中等教育结构采取的措施:进行转变鄙薄职业技术教育的陈腐观念的思想教育;恢复和发展技工学校,改革劳动就业制度,变先就业后培训为先培训后就业,实行持证上岗,对各类职业技术学校的经费、教师、招生办法等进行改革。

第五节　我国的教育体制改革和民办教育

随着我国经济体制改革的深化,从计划经济向社会主义市场经济转变,至1990年代基本完成了这一转型,形成于计划经济时代的教育体制与之不相适应的矛盾日益突出,依据教育必须为社会主义现代化建设服务的方针,开始了教育体制改革。

教育体制改革的方针和任务:采取综合配套、分步推进的方针,改革教育事业的管理体制、投资体制、高校招生和毕业生就业制度、办学体制,建立同社会主义市场经济体制、政治体制和科技体制相适应的教育新体制。

---

① 人民教育出版社.教育改革重要文献选编[M].北京:人民教育出版社,1986:417.

一、教育管理体制改革

依据《教育法》和《中国教育改革和发展纲要》的规定,调整中央和地方,政府和学校,政府、学校和社会的关系,建立政府宏观管理、社会积极参与、学校自主办学的体制。

对高校的管理,由政府直接对学校实行行政管理,改变为通过立法、拨款、信息服务、政策指导和必要的行政手段进行宏观管理;确立中央和省级政府分级管理、分级负责的体制,中央简政放权,扩大省级政府对高教的决策权,大部分国务院行业主管部门管理的高校,改由省级政府管理或共建,专科层次的高等职业教育主要交由省负责,中央只做政策上的宏观指导;高校内部的管理体制,也开始进行改革,如后勤社会化等。

中等及中等以下教育的管理体制,主要是进一步深化"分级办学、分级管理"的领导管理体制和中小学人事制度改革。

二、教育投资体制改革

随着社会主义经济体制逐步确立和科教兴国战略的实施,为保证教育经费的稳定和持续增长,解决好国家、社会、集体和个人合理分担教育经费的问题,进行了完善教育经费筹措机制,确定国家财政性教育经费支出占国内生产总值应达到 4% 的目标,明确教育经费投入的财政主渠道地位,制定中央本级财政支出中教育经费比例,开征地方教育费附加,进一步完善农村义务教育投入体制,建立、完善贫困学生的资助体系等的一系列改革。

三、改革高校招生和毕业生就业制度

取消高校招生中国家任务为主和委培、自费为辅的"双轨制"的两种计划,建立上大学学生需缴纳部分费用和建立奖学金、贷学金制度,毕业生包分配改革为以市场为导向的双向选择。

四、办学体制改革

改革的任务和目标,是改变政府包揽办学的格局,鼓励多渠道、多形式的社会集资办学和民间办学,以及利用外资办学,以期充分发挥社会各方面的办学积极性,逐步形成政府办学为主体、社会各界共同参与办学的新体制,以及公办学校和民办学校共同发展的格局。

我国自古有民间办学的传统,几千年的教育史,就是政府办的官学和民间办的私学相互补充、平行发展的历史。新中国建立后,除了那些直接受国外教会所控制的教会学校由国家接管为公办学校以外,国家在城市里提倡街道、机关、厂矿企业办学;在农村,提倡群众集体办学,并把它概括为"两条腿走路"的方针。

随着经济体制和教育体制改革的发展,1990 年代,在一些城市,特别东部经济先发展起来的城市,涌现出一批以所谓"高质量、高服务、高收费"为特色的民办学校,在国家的"积极鼓励、大力支持、正确引导、加强管理"的政策下迅速发展,我国的办学体制开始发生深刻变化,由国家单一办学变为国家办学为主、社会各界参预,多种形式办学的体制和公办学校及民办学校共同发展的格局。2002 年 2 月,全国人大常委会通过《中华人民共和国民办教育促进法》，2004年3月，国务院发布《中华人民共和国民办教育促进法实施条例》，从法律和行政规章上进行了总结，使我国民办教育逐步纳入法制的轨道。2008年，全国各级各类民办学校(机构)10.09万所，在校生2824.4万人。其中民办高校640所(含独立学院322所)，在校生401.3万人；民办其他高等教育机构866所，各类注册学生92.02万人；民办普通高中2913所，在校生240.30万人；民办中等职业学校3234所，在校生291.81万人。民办普通初中4408所，在校生428.4万人；民办职业初中7所，在校生0.20万人。民办普通小学5760所，在校生480.4万人。民办幼儿园83119所，在园幼儿982.03万人，成为我国社会主义教育事业的重要组成部分。[①]

我国自1951年10月颁布《关于改革学制的决定》、公布学校系统图以后，进行了许多改革和改革的试验、探索。其中有成功的，取得很好成效，并已从法律和制度上肯定下来，如实施九年义务教育和进行中等教育结构改革；也有失败的，并已纠正过来，如过度缩短和频繁地改变基础教育的修业年限，高校的推荐入学和"上管改"的改革等。1985年《中共中央关于教育体制改革的决定》和1996年《教育法》的颁布，我国教育体制改革和学制改革进入了一个新阶段。

当前，我国教育事业的结构和体制、教育观念和教育教学方法等，尚不能完全适应现代化建设的需要。为此，国家正在继续深化改革，为形成具有中国特色、面向世界、面向未来的社会主义教育体系，使我国的社会主义教育事业更好地适应提高整个中华民族的素质的需要，为我国今后经济和社会的持续和谐发展准备大批合格的社会主义建设者和接班人。

◀◀━━━━学习与思考━━━━▶▶

1. 我国的基本教育制度和学制的主要内容，及其与教育方针的关系如何？
2. 什么叫义务教育？义务教育有哪些特点？
3. 我国实施九年制义务教育的意义何在？
4. 《义务教育法》的基本内容是什么？
5. 调查了解你所在的乡(镇)或县(市、区)实施义务教育的情况。
6. 访问学校所在地的县级教育行政部门，了解中等教育结构改革的情况、问题和经验，并访问一所职业技术类的高中或综合高中。

---

① 中华人民共和国教育部：《2008年全国教育事业发展统计公报》。

第十一章
课　程

学习提要：课程规定学校具体培养什么人、用什么内容培养人，是实现教育目的、完成教学任务的基本保证。课程受社会发展、科学技术的进步和学生身心发展规律的制约。课程有各种各样的类型，课程开发要根据一定的原理和程序来进行。课程设计具体表现为课程计划、课程标准和教科书、教学方案三个层次。优化课程结构，转变课程功能，提高学生综合素质，是当前国内外课程改革的共同趋势。

第一节　课程概述

课程体现国家对未来人才的培养要求，课程规定学校培养什么人、用什么内容培养人，即对学生进行德育、智育、体育、美育和劳动技术教育的具体目标和途径。科学地设计和实施课程，是实现教育目的、完成教学任务的基本保证。课程目标既是实施教学的基本依据，也是评价教学效果和学习成果的重要标准。

一、课程的定义

我国最早使用"课程"一词是唐代的孔颖达，他在《五经正义》里为《诗经·小雅》的"奕奕寝庙，君子作之"一句作疏时说："教护课程，必君子监之，乃得依法制也。"此处"课程"的意思是"该做的事情、该遵守的法则"。宋代朱熹在著作中多次使用"课程"一词，例如"宽著期限，紧著课程"，"小立课程，大做功夫"等。朱熹所说的"课程"主要指"功课及其进程"，这与今天人们理解的课程概念已经十分相近。

课程的英语单词为 Curriculum，源于拉丁语 Currere，含有"跑道"的意思。转意为教育术语后，意为"学习的路线"、"学习的进程"。"课程"的意思是"引导学生前进，以达到一定的培养目标"。当代西方学者对"课程"的解释众说纷纭，莫衷一是。美国课程论专家奥利弗根据人们对课程的不同理解，从广义到狭义列出七种定义：

（1）课程是儿童所有的经验（不管这些经验在何时何地发生）；

（2）课程是学校指导下，学习者经历的全部经验（不管这种经历是否有意识）；

（3）课程是由学校提供的全部学程；

（4）课程是某种特定学程的系统安排；

（5）课程是特定学科领域内所提供的学程；

（6）课程是某种教学计划；

（7）课程是学生修习的科目。

西方比较一致的看法是,课程是学习者在学校教育中所获得的一系列经验。

课程的定义与世界观、价值观、知识观和课程观密切相关。重教育结果,还是重教育过程,抑或是两者的整合,课程的定义就大不一样。美国课程专家古德莱德认为,教育实践中存在着五个层次的课程:即研究人员心中的理想课程、教育部门颁发的正式课程、任课教师理解的领悟课程、课堂教学中的运作课程以及学生实际获得的经验课程,不同层次的课程,含义自然各不相同。

在我国教育著作中,课程有广义和狭义之分。广义的课程指为实现教育目的而选择的教学内容的总和,包括学校开设的全部学科以及课外活动,如中学课程、小学课程、幼儿园课程等;狭义的课程指某一门学科,如语文课程、数学课程等。

二、制约课程的主要因素

课程受到多种因素的制约。纵观课程发展史和当代各国所进行的课程改革,课程发展主要受到社会发展需求、科学知识进步和儿童身心发展研究三方面因素的制约。

(一)社会发展需求

社会发展包括政治经济的发展、社会意识形态的变化、文化传统的变迁等。学校课程是社会发展多种需求综合作用的结果。社会需求变化影响课程目标的确定、课程内容的更新和课程设计模式的选择。但社会需求对课程的影响往往不是直接的,而是通过教育方针、教育政策、课程法规等中间环节来实现的。

历史上颁布教育法规或课程法规,是实现课程回应社会需求的重要手段。1957 年,苏联第一颗人造卫星上天,这事件震惊了美国政界,也震惊了美国教育界。苏联人造卫星之所以能上天,是因为苏联通过教育变革培养了一大批高素质的科技专家。美国反思自己的基础教育时发现,与苏联相比,美国学校的教学内容明显落后。1958 年,美国通过了《国防教育法》,增加教育拨款,同时对各级各类学校的数学、外语、自然科学进行了重大变革,组织专家重新编写了理科和数学教材,把现代科技知识充实到教材中。又如,1980 年代,英国认为,过于多样的中小学课程体制导致国家科技水平下滑、国际竞争力下降。有鉴于此,英国于 1988 年颁布了一项教育改革法,加强国家对中小学课程的监督和管理,实行统一的国家课程标准和学段证书考试制度,把数学、英语、科学、历史、地理、技术、音乐、艺术、体育和现代外语作为义务教育的必学课程,其中英语、数学和科学 3 门为核心课程,另外 7 门为基本课程[①]。

(二)科学知识进步

人类积累的科学知识是课程的重要源泉。原始社会,人们在渔猎、采集果实、举行祭祀活动中积累了一定的知识经验,这些知识经验代代相传,成为教育下一代的主要内容,形成了课程形态的最初萌芽。社会在发展,人类的知识经验不断丰富,学校课程内容也不断地发展变化。现代课程内容是从人类几千年积累的知识总和中,根据一定的标准精选

---

① 张俊华. 浅析英国发展基础教育的六大举措[J]. 教师教育研究,2008,5.

出来的,体现了人类文明的要素和精华。

科学知识的进步,首先影响课程设置。在古代,人们对客观世界的认识处于朦胧状态,对宇宙和物质的结构尚未作精细的研究,不可能对科学知识作出严格的分类,科学教育通常渗透在道德、礼仪、劳动教育之中。到了近代,自然科学不断分化为相对独立的研究领域和学科,学校开设的科目基本上与科学学科的发展是同步的。20世纪下半叶,计算机的应用越来越普及,信息技术成为现代学校的必修科目。

科学知识的进步,还对课程目标和课程内容产生极大的影响。20世纪很长一段时期,我国把传授科学知识作为学校教育的主要目标,掌握基础知识、培养基本能力(简称"双基")是学校课程的主要任务。然而,人类科学知识正以几何级数的速度不断增长,近50年来,人类社会所创造的知识比过去3000年的总和还要多。学校的课程内容不可能囊括人类积累的所有知识,传授知识不再是现代学校教育最重要的目标,而培养终身学习能力和创新精神成为新时期教育的终极目标,终身教育成了指导世界各国构建现代课程体系的重要理念。

(三)儿童身心发展规律的研究

学校教育就是通过一定的课程,促进儿童身心的健康发展。要学生掌握课程并内化为自身的素质,课程必须是学生能够接受的,是适合学生身心发展需要的。儿童的身心发展规律和学习规律,是设计和实施课程的重要依据。可以这么说,有什么样的儿童观和学习观,就有什么样的课程论和教学论。

首先,学生的心理发展顺序制约着课程教材的逻辑顺序,儿童身心发展规律的研究成果很大程度上决定了不同学段的课程目标和课程结构的设计。布鲁纳关于儿童学习的"认知发现说",强调激发学习者的内部动机,主张发展学生的智力结构,他所倡导的结构主义课程论,有力地促进了20世纪美国的理科和数学教学改革。苏联心理学家维果茨基的"最近发展区"理论,直接引发了赞科夫的"小学教学新体系"课程和教学改革实验。上述心理学理论对中国的课程和教学也曾产生过重大影响。

现代学者研究认为,个体发展有六个方面的需要:认识活动的需要、价值定向活动的需要、操作活动的需要、社会交往的需要、审美活动的需要、体力活动的需要,课程设置必须满足学生的这种多方面的需求,才能促进学生素质的全面提高。因此许多国家所设计的课程体系中几乎都包含了上述六个方面的内容。我国宪法规定:"国家培养青年、少年、儿童在品德、智力、体质等方面全面发展",是符合青少年身心发展规律的,是进行各类课程设计的基本指导思想。

综上所述,社会需求规定了学校课程发展的方向;知识的更新促进了课程内容的更新及组织形式的改变;学生身心发展规律的研究影响了学校的课程计划、课程标准及教材组织和编制。社会需求、知识进步和儿童身心发展规律三者的交互作用,决定着课程的发展变化。

三、课程的类型

依据不同的标准,可以把课程分为不同的类别:依据社会思潮,分成实用主义课程、人文主义课程、结构主义课程、后现代课程等;依据管理方式,分成国家课程、地方课程和学校课程;依据教育方式,可分为显性课程和隐性课程。依据内容组织方式,分为学科课程和综合课程,综合课程又分相关课程、融合课程、广域课程等。本章按最后一个分类维度,重点讨论六种课程类型。

(一) 学科课程

学科课程也称分科课程,指以学科为中心设计的课程。通常学校的课程计划由一定数量的不同学科组成。每门学科基本上与一门科学相对应,分别安排教学顺序、教学时数和期限。学科课程论认为,学科的逻辑体系反映了客观事物和现象的本质,以学科为单位编写课程有利于学生系统地接受人类的文化遗产,正确地认识周围世界。孔子曾以礼、乐、射、御、书、数"六科"教育弟子,有人认为这是分科课程的开始。古希腊学校的语法、修辞、逻辑、算术、几何、天文学、音乐"七艺"教育,也是分科课程。在中国,自清末民初"废科举兴学堂"以来,中小学基本沿用分科课程的思路编制和实施课程。当今世界各国的课程设置中,学科课程仍然占主导地位。

学科课程的关注点是社会需要,主张教育为学生的未来生活做准备,课程应当包括学生未来生活最需要、最有价值的知识和技能。学科课程的不足之处是:过分强调学科知识的系统性,容易把解决问题的相关知识分割在各学科,导致教育脱离生活实际;过分强调社会发展需求,较少考虑学生的需要,不利于培养学生的学习兴趣和主动探究能力。因此,从 20 世纪初开始,西方国家不断对学科课程进行了改良,并尝试编制以"学习者为中心"、"以问题为中心"、"以活动为中心"的综合课程。

(二) 相关课程

相关课程在保留原来学科的独立性基础上,寻找两个或多个学科的共同点,加强学科之间的联系。相关课程打破了各科知识的相互孤立、各自为政的状态,使不同学科的教学内容和教学顺序能够相互联系、相互照应。例如,在设计课程时,有意识地寻找语文和历史、历史和地理、数学和物理、化学与生物等相邻学科之间的知识联系点,使各学科之间保持密切的横向联系。现在许多国家在制定学科课程标准、编写教科书时,都明确要求注意不同学科内容安排的同步协调。

(三) 融合课程

融合课程又称合科课程,就是把性质相关的学科合并,构成一种范围较广的新学科。例如,将政治、历史、人文地理合并为社会科学,将物理、化学、生物、自然地理合并为自然科学。融合课程意在增强知识的完整性,以满足人类适应实际生活环境的需要。近现代西方国家的课程改革中,加强知识间的联系,整合课程内容,是一项相当普遍的改革措施。

(四) 广域课程

广域课程是依据学科及活动性质,将学校分科课程进行整合,构成领域更广的几类课程。例如,将学校课程分为语言文化科、普通社会科、普通理科、普通技能科、体育与保健科等五类。广域课程更具有综合性,更加接近生活实际,可以减少学校课程设置中的科目数量。融合课程与广域课程存在两大问题:一是如何把学科知识综合起来,没有得到很好解决;二是高等院校培养的师资专业过于精细,不适应广域课程的教学。目前,联合国教科文组织正在亚太地区推广广域课程。

(五) 核心课程

核心课程又称问题中心课程,是以个人或社会的重大问题为核心,将学科教学内容围绕问题组织起来,由一位教师或教师小组连续教学的课程。与融合课程、广域课程不同,核心课程打破了学科的界限,课程设计始于学生和社会生活,课程内容与学习者的生活相联系,学校直接选择对于学生有意义的论题或概括性问题进行教学。核心课程认为,学科本身并不重要,只有那些有助于学生研究和解决核心问题的学科知识,才具有教育意义。核心课程提供了对现代社会成员非常重要的共同教育经验,并试图将社会生活和学科知识统一起来。核心课程在各个教学阶段都有一定的中心主题,教学活动基本上可以预先计划和安排,并注意教师的指导和组织作用。核心课程的内容主要由两个方面组成:一是教师和课程工作者事先拟定的核心问题;一是学生和教师共同商定的所要解决的核心问题和所要进行的活动。前者称为"规划核心",后者称为"开放核心"。

核心课程的另一含义是国家指定的必学学科或共同基础课。如英国规定,小学生主要学习英语、数学、科学这三门学科,并把它们称为核心课程。这种意义的核心课程不在本章的讨论范围。

(六) 活动课程

活动课程也称经验课程、生活课程、儿童中心课程。它是从儿童的兴趣、需要出发,以儿童的活动为中心,为改造儿童的经验而设计的课程。它的倡导者是美国教育家杜威以及"进步主义"教育家。活动课程意在把各种活动引入学校,以学生原有生活经验为基础,由儿童自己组织活动,儿童通过活动获得经验,培养兴趣,解决问题,锻炼能力。例如,在美国的弗吉尼亚州,曾试验以卫生健康、生计、持家、宗教礼仪、审美、安全保护、社会公民行为及相互合作、文娱闲暇、改善生活的自然环境等九个方面的活动组织课程,开展教学。

活动课程尊重学生的主动精神,甚至在一定程度上崇尚学生的自发性,有助于发挥学生主体性,培养学生丰富的个性和兴趣,让学生获得对现实世界的直接经验和真实体验,提高解决实际问题的能力。但是活动课程过分地夸大了儿童个人经验的重要性,忽视了系统知识的学习,容易导致"功利主义"。离开科学知识的内在逻辑顺序,学生只学到一些支离破碎的知识,不利于学生发展思维能力和其他智力品质。另外,对于习惯了学科课程教学方式的教师而言,活动课程的组织比较困难。

以上各类课程各有优缺点,可以取长补短,结合使用。学科课程仍然是当前世界各国最常用的课程类型。

我国最近几次基础教育课程改革也倡导采用综合课程。例如,把算术、几何、代数等内容综合为数学课,小学阶段把物理、化学、生物、地理等知识综合为常识,中学阶段把物理、化学、生物、生理学、天文学和自然地理等,综合为自然科学,把历史、政治、经济、法律等综合为历史与社会,等等。这些综合课程保留了分科课程的知识系统,不过是传统学科课程的改进和扩展,还没有实现学科知识的真正融合。我国的综合课程类似于融合课程和广域课程,但编制课程的出发点和课程内容的组织方式都与西方有所不同。

综合课程

图 11-1　只学一门综合课程

　　目前我国学校自行设计和实施的活动课程,是指学科课程之外学校有目的、有计划地通过活动和体验的方式让学生综合运用所学知识、提高动手实践能力的补充性课程。我国的活动课程以实践性、自主性、趣味性、创造性为特征,与西方"儿童中心主义"教育思想基础上发展起来的活动课程也不完全相同。

第二节　课　程　设　计

　　课程设计也称课程建设、课程编制,是按照学校教育目标和课程理论,拟订课程计划、课程内容及其组织的过程。课程设计包括确定指导思想、制订课程计划、编制课程标准、编写教科书和配套教学资源等工作。课程设计需要教育学专家、学科教学法专家、课程研究专家来阐述课程计划的一般原理和方法,指导学科课程标准和教科书的编写,也需要经过调研、编辑、审定、实验、评价的过程,最后形成不同层次的设计方案和文本。因此,课程设计既是一个理论研究过程,也是一个实践探索过程。

一、课程设计的层次

　　根据所承担的任务和产生的结果,可以将课程设计大致分为以下三个层次:

（一）宏观的课程设计:课程计划

课程计划是根据一定的教育目的和培养目标,由教育行政部门制定的有关学校教育和教学工作的指导性意见,是学校必须遵照执行的文件。新中国成立后制定的中小学教学计划,以及目前正在实施的义务教育课程计划、普通高中课程计划,都属于这个层次上的课程设计。设计课程计划必须认真研究学校课程的基本理念,对课程的价值取向、根本目的、主要任务、基本结构等作出明确的回答,然后以规范性文本的形式呈现出来。课程计划的主要内容由下列几部分组成:

（1）课程设置。根据总的教育目的和各级各类学校的任务、培养目标和修业年限,确定学校应该开设的学科和活动,包括文化课、晨会、班团队活动、体育活动、社会实践活动和学校传统活动等。

（2）学科开设顺序及活动课的安排。根据学习年限、各学科的内容及其联系,以及学生的年龄特征和教学法要求,确定各学科的开设顺序和活动课安排,明确学科和活动设置的基本要求。

（3）各门学科和活动的教学课时数。根据培养目标和各门学科的教学任务、教材分量、难易程度以及教学方法上的要求,规定各门学科的教学课时数,包括各门学科的总课时数、每个学年的课时数、每周课时数。

（4）地方课程和校本课程的课时安排。地方课程和校本课程,可以单独开设,也可以综合设置;可分散教学,也可集中教学。学校可根据本地、本校实际情况和需要制定课时安排方案。

（5）学周安排。即规定周课时总量,包括各年级每周上课时数和活动总课时。一般以学年为单位统一安排学周,具体落实所有学周的课程教学、学校传统活动、社会实践活动、复习考试、节假日等。学周安排是学校工作正常运作的基本保证。

制定课程计划的一般程序为:①分析学校教育目标;②了解学生身心发展;③研究学生已有的知识和能力基础;④调查社会发展需要;⑤研究国内外同类课程的改革经验及发展趋势;⑥调查学生个人生活需要;⑦确定开设的学科门类、课程类型、开设顺序、时间分配等;⑧研究原有课程计划,继承其优点,摈弃其不足。

（二）中观的课程设计:课程标准和教科书

宏观的课程设计完成之后,接下去的工作就是制定各门课程的标准或大纲,并且以教科书或其他形式的教材为载体表现出来。

1. 课程标准

国家课程标准是教科书编写、教学、考试评价的依据,也是国家管理课程的依据。课程标准体现了国家对不同阶段学生在知识、技能、能力、情感态度和价值观等方面的基本要求,规定了各门课程的性质、目标、内容框架,提出教学实施、教科书编写、教学评价的建议。

课程标准一般包括下列几方面内容:

（1）说明。简要指明课程的性质、基本理念和设计思路。

（2）课程目标。包括总目标及知识技能、过程方法、情感态度与价值观等方面的目标。

（3）课程内容。提示本课程设计的知识和技能框架,包括内容要点、实验、实习、练习、作业及其他相关内容,有些课程标准还详细列出了教师参考用书、学生课外读物、教学仪器、教具、视听教材等。

（4）实施建议。说明本门课程的教学和评价、教学资源的开发和利用、教科书编写等方面的建议。

教学内容编排是课程标准的核心部分。内容编排有圆周式和直线式两种。圆周式编排的课程,各学段教学内容的框架基本相同,具体内容和要求上逐步加深、螺旋式上升,最典型的是语文和英语的课程标准。直线式编排的课程,各学段内容前后衔接,但不反复出现,最典型是数学和历史的课程标准。编写课程标准时,可根据学生的年龄特点和学科性质,选用其中的一种,或把两者结合使用。

与国外课程标准相比,我国课程标准重视教学内容的具体化,而对教学和评价的建议比较笼统,更缺少对学生学习困难的分析、设计良好问题情境的建议等,影响了课程标准实践指导价值的发挥。

制定课程标准的一般程序为:①分析本学科的性质、目的;②拟定本学科的教学目标;③确定本学科教学内容安排及教材编写的框架;④拟定各年级的教学目标、教学内容和教学时间;⑤设计本学科参观、访问、调查、实验、实践、实习等项目,并给这些活动安排适当时间;⑥提出教学建议和评价建议;⑦研究如何在本学科教学中渗透德育。

2. 教科书

教科书也称教材、课本,是根据课程标准和学科教学法的要求,系统而具体地呈现一门学科教学内容的教学用书。教科书一般由目录、课文、作业、图表、注释、附录组成。教科书是教师教学、学生学习的基本材料,也是进行教学评价的重要依据。

编写教科书是一项实践性很强的专业工作。教科书编写者不仅要熟悉课程标准,还要懂得学生学习心理和本学科教学法,能科学地安排教学目标序列,选择合适的教学材料,设计良好的学习情境。编好教科书的基本要求是:

（1）科学性和思想性的统一。教科书要有时代性,能反映最新科学技术成果,在科学性上准确无误。教科书要体现主流价值观和民族优秀传统文化,加强人文精神的教育。要结合本学科特点和学习内容,渗透思想政治教育和道德品质教育。

（2）知识内在序列和学生心理发展的统一。教科书不同于科学著作,也不是科学知识的通俗化或浓缩。教科书内容的安排和呈现要考虑学科知识的内在逻辑,也要符合学生生理、心理发展的顺序。要按不同年龄阶段学生的发展水平组织知识和技能,还要注意文字、插图、练习、实验等各个组成部分的协调和统一。

（3）传授知识和培养能力的统一。要处理好理论与事实、观点与材料、知识和能力之间的关系,深入浅出地把一门学科的基本事实、概念和原理讲清楚。教材内容要贴近学生生活和社会实际,重视学生独立思考能力、动手实践能力和创新能力的培养。

（4）内容和形式的统一。教科书的内容叙述要层次分明、条理清楚、前后衔接;文字表述要简练精确、生动流畅、适合不同学生的阅读水平,让学生容易理解和接受,并对学习内容产生兴趣。封面、插图要美观,字体大小适中,装订要牢固耐用,以方便学生使用。

(5)注意与其他学科教科书的联系。教科书应该以学生已掌握的知识为基础,注意前后衔接;同时要注意和并行学科的联系,避免不必要的重复,也要避免本学科教学内容与其他相关学科教学内容相脱节,造成学生学习困难。

编写教科书的一般程序为:①研究有关课程计划和课程标准;②研究古今中外的相关教科书;③了解教科书适用年级儿童的学习准备;④按课程标准的要求选择合适的材料;⑤考虑教材的结构,教材分成几个部分,用什么形式呈现等。⑥确定教材的组织,把知识和技能合理分解,排列成便于教学的序列;⑦设计每个教学单元的结构和组织方式,如引言、正文、小结、练习、注释等;⑧采用或绘制插图、安排实验或实习等。

(三)微观的课程设计:教学方案

教学方案简称"教案",设计教案又称"备课"。教案是教育活动中起关键作用的课程载体,只有通过师生的课堂教学活动,实现课程重建,理想的课程才能转化为学生获得的经验课程。教案设计一般不涉及课程总目标和学科目标体系的再设计,而是在接受和认可现有目标的前提下,对较大的目标进行分解,进行一个单元或一个课时教学的设计。

教学方案设计的一般程序为:

(1)确定本单元或本课的教学目标。明确学生要做什么。

(2)进行教学分析。对目标进行详细分解,明确需要学生掌握的技能及它们之间的关系。

(3)确定教学起点。确定教学开始前学生必须掌握的知识技能。

(4)编写教学具体目标。具体说明当教学完成时,学生能做什么,要有具体可操作的行为表现。

(5)设计检测试题。注意教学目标和试题要求之间的一致性。

(6)制定教学策略。确定教学准备活动、信息呈现、指导、练习和反馈的基本方法。

(7)开发和选择教学材料。综合利用教科书、课外参考资料以及其他教学资源。

(8)设计和实施形成性评价。

(9)修正教学方案。根据评价结果对教学作出调整,形成新的教学方案,供下一次教学参考。

由于过去我国长期实行大一统课程管理制度,教师主要扮演课程执行者的角色,课程的宏观及中观设计基本上为国家和学科专家所控制,甚至微观设计都由教学研究人员包办了,教师只要按照统一的教材、统一的教学参考书、统一的单元测试卷、统一的复习用书等进行教学就行了。但即使在这样的条件下,微观的课程设计仍然客观存在,许多优秀教师都是微观课程设计的专家。目前,我国基础教育的国家、地方、学校三级课程管理制度正逐步建立,课程结构的灵活性和弹性都会增加。虽然国家和专业研究机构依旧在课程设计中担任主要角色,但学校和教师都将承担比以往更多的课程设计任务,微观课程设计的作用将越来越重要。

二、课程设计的模式

自 20 世纪初开始,伴随着课程理论的繁荣,西方出现了各种各样的课程设计模式。

一般把课程设计的模式分为两大类：一类是以实证主义哲学和行为主义心理学为基础的"目标导向"模式；另一类是以进步主义教育理论和发展心理学为基础的"过程导向"模式。

（一）"目标导向"的泰勒模式

"泰勒模式"是国际上著名的"目标导向"模式。泰勒在其代表作《课程与教学的基本原理》中提出了适用于所有课程设计层次的设计框架。他认为，编制任何一个课程都要回答以下四个问题：

（1）学校应该达到哪些教育目标？根据学习者的需要、当代社会生活的需要以及专家的建议提出教育目标。学校则要根据信奉的教育哲学和社会哲学，即最基本的社会价值观，以及学习心理学所揭示的基本准则，选择课程目标。课程目标的表述要可操作，既要指出希望学生养成的具体行为，又要说明这种行为能运用的生活领域。

（2）提供哪些学习经验才能实现这些目标？选择学习经验有五条原则：必须使学生具备有机会实践目标所包含的行为；必须使学生在实践上述行为时有满足感；选择的学习经验应该在学生力所能及的范围之内；可以用多种的经验达成同一目标；同一经验会产生多种结果。后来他又提出学习经验的四个"有利"标准：有利于培养思维技能；有利于获得信息；有利于形成社会态度；有利于培养兴趣。

（3）怎样才能有效地组织这些教育经验？组织教育经验有三大准则：连续性，使学生有重复练习和逐步提高所学技能的机会；序列性，后一经验是前一经验基础上的泛化和深化；整合性，注意课程之间的横向联系。

（4）怎样才能确定这些目标正在实现？泰勒认为，评价是课程设计的一项重要工作。评价首先判断学生获得的经验是否达到预期目标的要求，其次要发现课程方案的长处和不足。

泰勒模式可以概括为："目标"、"内容"、"方法"、"评价"八个字。泰勒模式具有简明性和可操作性，直到现在仍被世界各国的课程设计者经常采用，中国的课程设计基本上沿用泰勒的目标导向模式。后人也对泰勒模式提出诸多批评：这一模式缺乏对知识本质的研究，缺少建构知识本身的原则；只重视可观察、可测量的行为目标，忽视那些无法具体表达和检测却十分重要的教育目标，忽视学生社会准则和价值观的学习；过分强调目标的作用，过分强调教师的作用，容易把教师和学生束缚在既定的目标框架内，歪曲了教育的本质。

（二）"过程导向"的斯坦豪斯模式

英国学者斯坦豪斯在1975年出版的《课程研究与开发导论》一书中，对泰勒模式进行了批判，提出了课程设计的"过程导向"模式。该模式认为，为了使教育目标具有意义，须将目标当作"程序性原则"，而不能视之为终极结果。所谓"程序性原则"，是指课程设计者（教师）指导课程实施的价值观。因此，课程开发关注的应是过程，而不是目标。课程设计不宜从具体描述目标开始，而要先详细描述"程序性原则"及实施过程，然后在教育活动中不断予以改进和修正。"过程导向"模式的基本原理可以概括为以下三个方面：

1. 课程开发的依据

斯坦豪斯认为，教育与课程意味着向学习者传授具有价值的东西，即发展学习者的知识和理解力，所以教育与课程有自己固有的内在价值和优劣标准。人们完全可以通过详细说明"课程内容"和"程序性原则"来合理地开发课程，而不必用目标预先指定所希望达到的结果。"课程内容"指能反映各学科领域内在价值的概念、原则和方法。"程序性原则"指贯穿于课程活动始终的总目的或总要求。但此总目的不同于目标模式的预设目标，它并不构成最后的评价依据，是非行为性的，主要功能是概述教育过程中可能出现的学习结果，使教师明确教学过程中的内在价值标准，而不是指向课程实施的最后结果。

2. 选择课程内容的标准

既然过程导向模式重视的是知识、活动的内在价值，那么什么是最有内在价值的活动呢？斯坦豪斯提出了 12 条标准[①]：

(1) 允许儿童选择，并对自己选择的后果负责任的活动；

(2) 允许学生在学习情境中充当主动角色而不是被动角色的活动；

(3) 要求学生探究各种观念、运用智慧解决个人问题或社会问题的活动；

(4) 要求学生利用实物教具（即真实的物体、材料与人工制品）开展的活动；

(5) 不同能力水平的儿童通过努力都能成功地完成的活动；

(6) 要求学生在新的背景下反思已有的观念、已开展的活动、已研究过的问题的活动；

(7) 要求学生审视一般人很少关注或被大众传媒所忽视的专题或问题的活动；

(8) 儿童与教师共同参与"冒险"、可能成功也可能失败的活动；

(9) 要求学生改写、重温及完善已经进行的探索和尝试的活动；

(10) 让学生掌握与应用有意义的规则、标准及原则的活动；

(11) 能让学生与别人共同制定计划、一起执行计划及分享实施结果的活动；

(12) 与学生自我表达密切相关的活动。

3. 课程评价的方法

斯坦豪斯认为，课程评价不应以预期行为目标的实现情况为依据，而应以在多大程度上反映知识特点、实现"程序性原则"为依据。要特别重视形成性评价和诊断性评价，重点评价教学活动过程中体现教师价值观的"程序性原则"的贯彻落实程度。学习评价应建立在学生的自我评价基础上，然后由教师进行诊断与评析。教师通过评析学生完成的活动，帮助学生改进学习过程，提高学习能力。

过程导向模式强调课程设计的开放性和生成性，肯定课程目标和课程内容的内在价值，并强调学习者的主动参与、体验和探究，重视培养学生的思考能力和创造性，在一定程度上弥补了目标导向模式中的行为主义和机械主义偏向，使课程开发更趋于成熟和完善。

过程导向模式也有局限性。它虽然论证了课程开发过程中的基本原则和方法，但没有提出一个明确、可操作的课程设计方案。因缺乏具体的实施步骤，课程开发者难以开展

---

① 汪霞.课程开发的过程模式及其评价[J].外国教育研究,2003,4.

卓有成效的工作。该模式涉及的"需要"、"兴趣"、"成长"、"发展"等价值概念,很难明确界定和说明,课程设计的客观性存在一定的问题。另外,过程导向模式的课程对教师的要求太高了,实践起来十分困难。

(三)课程设计的一般程序①

从上述两类模式的比较中,我们发现课程设计模式受多种因素制约,很大程度上取决于课程设计者和课程决策者的理念,也取决于学科特点和本地区的条件。这些模式也有共同的规律可循,通常课程设计包括"调研""开发""推广"三个阶段,具体程序如下:

1. 前期调研阶段:确定课程设计的目的或总目标

(1)社会对知识需求和人的素质要求的调查分析;

(2)现有课程与教学现状的调查分析;

(3)对国外课程的比较、研究与借鉴;

(4)对影响课程设计的理论进行分析与研究;

(5)对相关的课程与教学实践成果的消化与吸收。

2. 研究开发阶段:编写课程计划、课程标准和教学用书

(1)制定课程设计的指导思想和基本原则;

(2)研制课程目标;

(3)研究课程设置、课程结构及教学时间的分配;

(4)研究各学科和课程领域的基本要求;

(5)设计课程评价和考试方式;

(6)编写教学用书,包括教科书、教师手册、学生练习册等。

3. 实验推广阶段:评价课程设计,推广课程方案

(1)制定课程实验的评价目标和评价范围;

(2)确定课程实验范围,开展课程实验;

(3)编制课程实验评价量表,如问卷、访谈提纲等;

(4)处理与分析所收集的数据和资料;

(5)撰写评价报告,总结实验经验;

(6)根据评价和实验结果修订课程设计;

(7)推广修订后的课程。

第三节 课程改革

课程改革是教育改革的核心问题,因为课程是主流教育思想和教育观念的集中体现,是实现学校培养目标的施工蓝图。课程改革是一个综合系统工程,受着多种因素的制约,因此世界各国的课程改革呈现出不同的价值取向和特点。回顾和分析国内外课程改革的

---

① 裴娣娜主编. 现代教学论(第二卷)[M].北京:人民教育出版社,2005:22—24.

历程,找出具有普遍性的发展规律和总体趋势,对我国实施新一轮的课程有着重要的启发意义。

一、西方发达国家课程改革综述

发达国家每隔一个时期都要开展大规模的课程改革,20世纪世界课程改革经历了三次大浪潮。三次课改都有其特有的历史背景和时代特征,反映了西方课程实验的科学化和现代化的具体进程。

(一)第一次课程改革浪潮:活动课程、综合课程实验

20世纪二三十年代,受实验科学的影响,西方兴起了儿童科学研究,形成了实验心理学、实验教育学。这为第一次课程改革浪潮提供了坚实的社会基础和可靠的方法论支持。这次课改浪潮发生于进步教育运动中,主要开展了活动课程和综合课程实验。其目标是打破以赫尔巴特为代表的传统教育中的教师中心、教材中心和课堂中心(简称"旧三中心"),倡导杜威提出的儿童中心、活动中心和社会中心(简称"新三中心")。在所有实验中,美国芝加哥大学实验学校的活动课程实验和泰勒领导的"八年研究"的综合课程实验最为典型。

第一次课程实验范围广、规模大、持续时间长、效果显著。实验过程中除了运用自然观察法,还大量运用标准化测验、数理统计等知识,实验的科学化水平显著提高,实验的设计和管理都上了一个新的水平,课程实验的独立地位得以确定。

(二)第二次课程改革浪潮:结构课程实验

20世纪五六十年代,世界政治上进入冷战时期,经济上开始复苏提速,科技上经历了第二次科技革命,科学主义重新抬头,人们期待以实证科学的精神来拯救惨遭战争破坏的经济。在教育领域,各国普遍关注课程改革。以美国在1958年颁布的《国防教育法》为标志,西方各国掀起了第二次课程改革浪潮。本次课程改革是对进步教育运动的纠正,人们重新审视知识及知识结构在儿童发展中的作用,强调课程的高难度、高强度。影响较大的课程理论有:布鲁纳的结构课程论、布卢姆的掌握学习理论、奥苏伯尔的有意义学习理论、沙塔洛夫的"纲要信息法"、赞科夫的"小学教学新体系"实验等。

与第一次改革浪潮相比,第二次课程改革浪潮地区分布更广,影响力更大。其特点表现在:第一,政策导向明显,政府和社会团体、企业对课程改革支持力度大。第二,课程改革都有较完整的理论支持。第三,课程实验的系统性、整体性更强,科学水平进一步提高。第四,实验由点到面,逐步推广。

(三)第三次课程改革浪潮:人本主义课程实验

1970年代后,人本主义思潮在全世界重新盛行并渗透到教育领域。本次课程改革特别关注课程同社会生活和学生经验的联系,追求课程的人文化和个性化;重视学习者的内心体验,注重教育环境的熏陶和感染作用,构建地位平等、相互尊重、相互信任的师生关系,以培养学生健康的人格和积极的情感。比较著名的课程实验有:美国心理学家马斯

洛、罗杰斯等人进行的人本主义课程实验,英国的"综合学校"的"综合课程"实验和"纳菲尔德校本课程"实验,法国的"觉醒学科"课程实验,德国的"比勒菲尔德综合课程"实验,苏联苏霍姆林斯基的"和谐教育"实验和阿莫纳什维利的"没有分数的教育"实验,其中尤以"比勒菲尔德综合课程"实验和苏霍姆林斯基长达22年的"和谐教育"实验最为典型。

第三次改革浪潮有以下四个特征:第一,课程目标人文化。课程体现人文关怀和人文精神,智力开发、知识传授与人格发展密切结合,国家需要与地方特色、学校特色有机统一。第二,课程结构多样化。调整基础学科与选修学科、国家课程与地方课程的结构比例,大量增设选修课,以满足学生个性发展的需要。重视综合课程和道德教育课程,以解决经济和社发展带来的各种道德和信仰问题。第三,课程管理的民主化。第四,课程实验得到政府和社会广泛支持。

实际上发达国家近现代课程改革的情况十分复杂,往往前一阶段没有结束,后一阶段已经开始,同一时期经常出现几种课程改革相互交织的现象。1980年代开始,发达国家的中等教育走向普及,终身教育思想开始传播。科学技术突飞猛进带来了生产的不断变化和社会的深刻变革。教育必须培养所有学生适应未来知识经济社会的全面素养,那种强调学术性和统一性的学校课程不能适应"大众教育"时代的要求,以建构主义、后现代哲学、人类智能新理论为基础的新一轮课程改革正在兴起,有人称它为"第四次课程改革浪潮"。本次改革浪潮现在仍在延续。

二、新中国历次课程改革概述

新中国成立后至"文革"结束,我国基础教育课程改革经历了曲折的发展过程。直到1978年,我国实行改革开放,课程改革才进入了健康、快速发展的新时期。回顾和总结我国历次课程改革的历史经验,对把握未来课程改革的走向具有非常重要的意义。

(一)1949—1952年的第一次课程改革

新中国成立初期,百废待兴。国家政治上采取"一边倒",即倒向当时以苏联为首的社会主义阵营。中小学课程基本上移植苏联的课程体系,采取全国"大一统"的课程模式。1950年8月,教育部颁发了《中学暂行教学计划(草案)》,这是新中国第一份教学计划。1952年3月,颁布《中学教学计划(草案)》,同年10月,颁布了建国以来第一个五年制《小学教学计划》。这一时期的课改特点是:强调中央集权,全国统一,只设必修课,不设选修课;以学科为中心设置课程,课程结构单一;课程内容方面注意科学性和思想性的有机结合;模仿苏联的痕迹明显,课程管理过于划一,某些课程在一定程度上脱离中国实际。

(二)1953—1957年的第二次课程改革

随着国民经济的恢复,教育势必要作出相应的变动。1954年4月,政务院颁布的《关于改进和发展中学教育的指示》中指出:中央教育部应根据国家过渡时期的总任务和中学教育的目的,有计划地修订中学教学计划,修订教学大纲和教科书,并为教师编辑一套教学指导用书。这四年间,国家共颁布了五个教学计划,其中在1953—1955年颁布的三个计划中,大幅削减了教学时数,首次在教学计划中设置劳动技术教育课。1956年编写发行新中国成立以来的第二套中小学教材。这一时期的主要问题是：模仿前苏联的痕迹仍很深；教学计划变动过于频繁，教材编写跟不上，致使教学工作不能完全按照计划执行；部分学科相互联系和配合不够紧密，课程设置不尽合理。

（三）1957—1963年的第三次课程改革

这一时期是我国经济发展的重要时期，同时也是"左"倾思想萌芽的时期。1958年"大跃进"引发了"教育大革命"，学校大大缩短学制，精简课程，增加劳动。但由于劳动时间过多，正常教育秩序受到冲击。1961年开始，对中小学课程进行整顿和改革，制定了新的教学计划和教学大纲，编写了第四套全国通用教材。但因种种原因，修改后的教材并没有在学校正式推广使用。这一时期也有好的经验：注重思想教育，重视学科的育人作用；出现多种学制的改革试验；首次提出设置选修课；实行了国定制与审定制相结合的教科书制度；重视地方教材、乡土教材的编写等。

（四）1964—1976年的第四次课程改革

前阶段的调整和整顿基本上扭转了课程编写和实施中的混乱局面，但仍存在"教材内容过深过难"、"学生学习负担过重"等问题。1964年初，毛泽东发表了关于中小学教育的"春节讲话"，提出学制要缩短，课程要精简。同年7月教育部发出了《关于调整和精简中小学课程的通知》，对过高的课程要求作了微调。1966年，"文化大革命"开始，调整取得的成果随之付诸东流。"文革"期间，中小学教学秩序遭到严重破坏，教学计划、教学大纲和教科书处于无政府状态，各地自编的教材、生产和劳动，构成了学校课程的全部。由于片面突出政治和联系实际，大幅度削减基础知识，教育质量严重下降。

（五）1978—1980年的第五次课程改革

"文革"结束后，为尽快提高各级各类学校的教育质量，我国教育界进入拨乱反正时期，基础教育的课程改革走上了健康发展的轨道。1978年颁布了新修订的《全日制中学暂行工作条例（试行草案）》和《全日制小学暂行工作条例（试行草案）》，对课程设置作了原则性规定。教育部制定了教学计划草案，颁布了全国统一的教学大纲。人教社以1963年教材为基础编写了第五套全国通用的中小学教材，于1978年秋开始在全国使用。新教材吸取了国际中小学课程改革的经验和教训，进行了教学内容的现代化改革。这套教材清除了十年动乱时期出版的教材中的许多谬误，纠正了在政治与业务、理论与实践等问题上的一些不适当的处理方法，注意到基础知识的选择，智力的启迪和能力的培养，其主要缺点是"深、难、重"。

（六）1981—1985年的第六次课程改革

经过两年的课程领域内的拨乱反正，教育秩序和课程实施趋于正常化。1980年代后，国内国际形势发生了巨大的变化，各国的竞争与国内的主要需求都集中在人才上，教育日益受到重视，1978年颁布的教学计划在课程设置等方面存在一些问题，已跟不上新形势的要求。1981年教育部根据邓小平"要办重点小学、重点中学、重点大学"的指示精神,颁发了《全日制六年制重点中学教学计划(修订草案)》,并修订颁发了五年制小学和中学教学计划。根据新教学计划的要求,人教社组织编写了第六套教材。1984年教育部颁发了六年制城市小学和农村小学教学计划,在数学、外语、自然常识、劳动课程上分别提出了不同的要求,同时对教学大纲也进行重新修订,于1986年颁发了小学、初中各科教学大纲。

(七) 1986—2000年的第七次课程改革

经过第六次课程改革,基础教育取得了显著成就,但在个别问题上,如普及义务教育、教育体制僵化等仍需进一步改革。1986年《义务教育法》出台,国家教委公布了义务教育教学计划初稿,突出大众教育的具体要求,适当增加了基础学科的教学时数,把课程分为学科类和活动类,给课外活动留出足够的空间。与此同时,国家教委组织制订了各学科教学大纲,并允许有条件的地区(如上海、浙江等)按大纲要求编写义务教育各科教材。为配合义务教育法的实施,1992年国家教委颁布《九年义务教育全日制小学、初级中学课程计划》,首次将"教学计划"更名为"课程计划"。实行九年义务教育后,初中课程已从中学课程体系中分离出去,原教学计划中高中的课程结构也不够合理,一些学科的要求偏高。于是国家教委于1990年颁发了《现行普通高中教学计划的调整意见》,作为过渡性教学计划。1996年颁发了同义务教育课程计划相衔接的《全日制普通高中课程计划(试验稿)》。期间,由人教社负责重新编写和修订的第七套全国通用中小学教材,于1988年秋开始使用。

这一时期的课改的特点是:课程管理体制开始打破"集权制"的绝对支配地位,确立了"一纲多本"的课程改革方略;在课程目标、内容、组织、结构等方面突破了以往的诸多禁区,"个性发展"、"综合课程"、"选修课程"、"活动课程"等内容在各地的课程计划、课程实验方案中有不同程度的体现。

三、新世纪我国基础教育新一轮课程改革

我国以往的七次课程改革,对促进我国社会、经济的发展起到了重大的作用,但也存在一些不足,有些还比较严重。主要问题是:教育观念滞后,人才培养目标不能适应时代发展需要;思想品德教育的针对性、实效性不强;课程内容"繁、难、偏、旧",学生学业负担过重;课程结构单一,学科体系相对封闭,难以反映现代科技、社会发展的新内容,在一定程度上脱离了学生经验和社会实际;课程评价过于强调学业成绩和甄别选拔功能,题海战术普遍存在;课程管理强调统一,课程难以适应当地经济、社会发展和学生多样化发展的需求。为了全面推进素质教育,实现科教兴国战略,进一步改革我国中小学课程就成为一项十分迫切的任务。

1999年,《中共中央、国务院关于深化教育改革全面推进素质教育的决定》指出,要"调整和改革基础教育的课程体系、结构、内容,建立符合素质教育要求的新的基础教育课程体系"。2001年,《国务院关于基础教育改革与发展的决定》提出"加快构建符合素质教育要求的课程体系"的任务。同年7月,经国务院批准,教育部颁发了《基础教育课程改革纲要(试行)》。2002年9月,义务教育新课程实验教材首次在实验区试用,一场规模空

前、深入持久的基础教育课程改革实验在中国全面启动。

（一）新课程的整体设计

1. 指导思想

基础教育课程改革要以邓小平同志关于"教育要面向现代化，面向世界，面向未来"和江泽民同志"三个代表"的重要思想为指导，全面贯彻党的教育方针，全面推进素质教育。

2. 培养目标

要使学生具有爱国主义、集体主义精神，热爱社会主义，继承和发扬中华民族的优秀传统和革命传统；具有社会主义民主法制意识，遵守国家法律和社会公德；逐步形成正确的世界观、人生观、价值观；具有社会责任感，努力为人民服务；具有初步的创新精神、实践能力、科学和人文素养以及环境意识；具有适应终身学习的基础知识、基本技能和方法；具有健壮的体魄和良好的心理素质，养成健康的审美情趣和生活方式，成为有理想、有道德、有文化、有纪律的一代新人。

3. 学段重点目标

本次课程改革涵盖幼儿园教育、义务教育和普通高中教育。幼儿园教育要依据幼儿身心发展的特点和教育规律，坚持保教结合和以游戏为基本活动的原则，与家庭和社区密切配合，培养幼儿良好的行为习惯，保护和启发幼儿的好奇心和求知欲，促进幼儿身心全面和谐发展。

义务教育课程应体现普及性、基础性和发展性，让绝大多数学生经过努力都能够达到，体现国家对公民素质的基本要求，着眼于培养学生终生学习的愿望和能力。

普通高中教育课程在坚持使学生普遍达到基本要求的前提下，有一定的层次性和选择性，并开设选修课程，以利于学生获得更多的选择和发展的机会，为培养学生的生存能力、实践能力和创造能力打下良好的基础。

4. 各类学校课程结构

在课程设置上，区分义务教育和非义务教育，整体设置九年一贯的义务教育课程。

小学阶段以综合课程为主。小学低年级开设品德与生活、语文、数学、体育、艺术（或音乐、美术）等课程；小学中高年级开设品德与社会、语文、数学、科学、外语、综合实践活动、体育、艺术（或音乐、美术）等课程。

初中阶段设置分科与综合相结合的课程，主要包括思想品德、语文、数学、外语、科学（或物理、化学、生物）、历史与社会（或历史、地理）、体育与健康、艺术（或音乐、美术）以及综合实践活动。积极倡导各地选择综合课程。学校应努力创造条件开设选修课程。在义务教育阶段的语文、艺术、美术课中要加强写字教学。

高中以分科课程为主，课程分为语言与文学、数学、人文与社会、科学、技术、艺术、体育与健康、综合实践活动八大学习领域。开设的科目和专题有：语文、外语、数学、思想政治、历史、地理、物理、化学、生物、信息技术、通用技术、艺术（或音乐、美术）、体育与健康，以及研究性学习、社区服务、社会实践等。为使学生在普遍达到基本要求的前提下实现有个性、有选择的发展，课程标准应有不同水平的要求，在开设必修课的同时，设置丰富多样的选修课程，开设技术类课程。积极试行学分制管理，学生的必修和选修的学分必须达到

教育学

一定数量方可毕业。

(二) 新课程的六大特色

新一轮基础教育课程改革,在优化课程结构、调整课程门类、更新课程内容、改革课程管理体制和考试评价制度等方面,都取得了突破性进展。具体表现在:

1. 课程目标现代化

新课程吸收了全民教育、终身教育、创造教育、建构主义的教育理念,把科学教育和人文教育相融合,确定了新时期的培养目标:培养有国际视野又有民族文化根基,能适应 21 世纪社会、科技、经济发展需要的一代新人。课程目标上,改变过于注重知识传授的倾向,全面落实"三维目标",强调形成积极主动的学习态度和良好的学习习惯,使获得知识与技能的过程成为学会学习和形成正确价值观的过程,实现学生智力和人格的协调发展;强调价值观和道德教育,注重基础学力的提高、信息素养的养成和创造性思维的培养。

2. 课程结构多样化

新课程将义务教育九年一贯整体设计,减少学科门类,设置综合课程,增加选修课、地方课程和校本课程,给学生全面基础上的有个性发展留出了时间和空间。在保持传统学科课程的同时,加强科学和现代技术教育,科学、综合实践活动的课时比重有所上升。农村中学在达到国家课程基本要求的同时,可根据现代农业发展和农村产业结构的调整因地制宜地设置符合当地需要的课程,深化"农科教相结合"和"三教统筹"等项改革,试行通过"绿色证书"教育及其他技术培训获得"双证"的做法。城市普通中学也要逐步开设职业技术课程。

3. 课程内容生活化

针对教学内容"繁、难、偏、旧"和过于注重书本知识的现状,新课程关注学生的学习兴趣和生活经验,注重课程内容的现代化、生活化与适应性。新开设的综合实践活动从小学至高中都是必修课程,目的在于提高学生动手实践能力和综合运用知识的能力,增进学校与社会的密切联系,培养学生的社会责任感。新课程还强调课程资源的多样性、丰富性和开放性,对开发和利用校内外课程资源提出了具体建议。在课程的实施过程中,加强信息技术教育,培养学生利用信息技术的意识和能力,了解必要的通用技术和职业分工,形成初步的实用技术能力。

4. 学习方式主体化

新课程针对目前过分强调接受学习、死记硬背、机械训练的现状,倡导学生动手实践、主动参与、探究发现、交流合作,增强学生课程学习中的主体地位。在教学过程中,引导学生提出问题、分析问题和解决问题。指导学生要根据不同的学习内容,选择合适的学习方式。新课程强化探究性和实践性的教学目标,倡导为学生创建开放的、面向实际的、有利于探究体验的学习环境。强调学生亲身经历知识的发生和发展过程,要求学生积极参与到各项活动中去,通过"考察"、"实验"、"探究"、"设计"、"制作"、"想象"、"反思"、"体验"等一系列活动,理解知识和生活的联系,培养创新精神和实践能力。

5. 教学评价多元化

新课程倡导发展性评价和鼓励性评价,强化评价的诊断、激励和改进功能,淡化评价的甄别与选拔功能。注重对学生素质的综合考查,强调评价指标的多元化,评价方法的多样化。考试评价不仅要检查学生对知识、技能的掌握情况,还要综合评价学生在情感、态度、价值观、创新意识和实践能力等方面的进步与变化。改进测验技术,利用多种评价手段,如行为观察、情境测试、成长记录等,对学生的学习过程和学习结果进行全面的评价。

6. 课程管理分权化

新课程建立了国家、地方、学校三级课程管理政策:国家制定课程发展总体规划,确定国家课程门类和课时,制定国家课程标准,宏观指导课程实施。省级教育行政部门根据国家对课程的总体设置,规划符合本地特点的课程实施方案,包括地方课程的开发与选用;学校在执行国家课程和地方课程的同时,开发或选用适合本校特点的课程。本次课改重新划分了国家、地方、学校课程在整个课程计划中所占的比重,在课程内容和课时安排上,减少硬性规定,体现了一定程度的弹性。三级课程管理政策给了学校和教师进行课程开发、参与课程决策的机会,为"办学有特色、学生有特长"目标的实现创造了条件。

学习与思考

1. 举例说明不同课程定义对开展教学工作的指导意义。

2. 制约课程的因素有哪些？它们之间的关系怎样？

3. 分析几种主要课程类别的长处和不足。

4. 试述课程计划、课程标准和教科书的含义。

5. 试述教师微观课程设计的意义和步骤。

6. 分析比较目标导向和过程导向两种课程设计模式的差异。

7. 发达国家课程改革给我们带来哪些启示？

8. 新世纪我国新一轮课程改革有何特点？

第十二章
教师与学生

学习提要：教师是承担全面发展教育的责任主体,学生是全面发展的实践主体,良好的师生关系是实现全面发展教育的保障条件。教师资格制度是国家对教师实行的一种特定的职业许可制度。教师在享有权利的同时,应很好地履行义务。教师工作是一种专门的职业,需要教师具有专业素养。教师专业发展是一个持续不断的过程,教师只有努力提高自己的专业化发展水平,才能成为品格优秀、业务精良、职业道德高尚的教育工作者,才能把年轻一代培养成德、智、体诸方面全面发展的社会主义事业建设者和接班人,为建设人力资源强国服务。

第一节　教师和学生是教育活动的主体

　　教师和学生是实现全面发展的教育目的的活动主体。在教育活动中,教师作为教育者,承担着传道、授业、解惑、育人的任务,通过教书的过程实现育人的目的,教师是教育的主体;在接受教育的过程中,学生也不是消极地被教育,而是随着其心智的成熟,不断发挥其个人的主观能动性,个体不断发挥其自主选择和自主发展的功能,是教育目的得以实现的发展转化主体。这两个主体在不同发展阶段有其不同的地位和作用。

一、教师是承担全面发展教育的责任主体

　　教师是经过专业训练,受社会委托,承担传道、授业、解惑、育人任务的专业工作者。在我国,教师要遵循党和国家的教育方针,按照德、智、体等诸方面全面发展的教育目的,把学生培养成为社会主义事业的建设者和接班人。

（一）教师的具体任务

　　（1）教好功课。学校对学生的培养,主要是通过各科的教学工作来实现的,因此教师的首要任务是教好功课,努力提高教学质量。

　　（2）做好学生的思想政治、品德、纪律、法制教育工作。

　　（3）组织学生开展各种课外活动,主要是培养学生多方面兴趣,发展学生特长,增强学生体质。

　　（4）参与学校管理,关心学校工作。教师对学校的各项措施和活动要有主人翁精神,从整体利益出发做好教育教学的各项事务工作。

　　（5）积极参加教育科研和各种进修活动,这是教师提高自身素质,在工作中不断探索

创新,使自己适应现代社会要求的重要途径。

(6)协调学校、家庭和社会的关系,宣传党的教育方针和教育思想,把学校、家庭和社会三方力量汇合成流,齐心协力为塑造新人献计献策。

(二)教师是承担全面发展教育的责任主体

1. 教师是人类文化的传播者

人类长期积累下来的社会精神财富,包括文化科学技术知识、文学艺术以及社会思想、哲学观点、生活习俗等,主要依靠教师的传播。正是教师担负着承前启后的传递任务,才使得人类文化得以延续和不断发展。社会越文明,生产力越发达,科学技术越进步,教师的作用越显得重要。所以,人们赞誉教师是"用知识在凡是有人的地方盖起房屋的建筑师",把教师看作是"克服人类无知和恶习的大机构中最活跃最积极的成员,是过去历史上所有高尚伟大人物跟新一代之间的中介人,是过去和未来之间的一个生活环节"。①

2. 教师是学生心灵的塑造者

乌申斯基曾说过:"教师个人对学生心灵的影响所产生的力量,无论什么样的教科书,无论什么样的思潮,无论什么样的奖惩制度都是代替不了的。"儿童步入学校后,其智力的开发和知识的获得,道德观、人生观、个性的形成都与教师的启蒙和塑造密切相关。学生都有"向师性",他们崇拜教师、尊敬教师,把教师看成自己学习的榜样,所以教师的影响是有特殊作用的。教师正是利用自己的这种特殊作用,像雕塑家一样,对不同的教育对象采取不同的方法精雕细刻,塑造学生的心灵。

3. 教师是社会政治、经济、文化建设的促进者

教师在传递生产经验、技能和科学知识的同时,也为社会传递政治思想和道德意识,培养社会所需要的人,从而积极地促进了政治、经济制度的巩固和发展。教师虽不直接参加物质生产,但通过培养人,提高劳动者素质,对社会的经济发展起着作用。现代劳动力的形成,主要靠教师的教育和训练。教师不仅能提高劳动者的文化素质,使劳动者具有现代生产条件下的熟练劳动的能力,而且能使他们具有对科学成果物化的能力和科学管理能力,以及职业变换的能力。教育能生产劳动能力,教师的劳动是现代物质资料的生产和再生产的必要条件,也是劳动能力生产和再生产不可缺少的重要条件。

4. 教师是素质教育的推进者和执行者

全面推进素质教育,培养适应21世纪社会主义现代化建设需要的新人,直接关系到科教兴国的能否成功,社会主义现代化建设能否实现。建设一支高素质的教师队伍,是全面推进素质教育的基本保证,也是建设人力资源强国的关键。邓小平同志说:"一个学校能不能为社会主义建设事业培养合格的人才,培养德、智、体全面发展,有社会主义觉悟的有文化的劳动者,关键在教师。"②列宁也指出:"学校的真正性质和方向,不是由地方组织的良好心愿决定的,不是由学生'委员会'的决议决定的,也不是由'教学大纲'等等决定

① 乌申斯基. 乌申斯基全集(俄文版,第二卷)[M]. 32.
② 中共中央文献编辑委员会. 邓小平文选(第二卷)[M]. 北京:人民出版社,1983:105—106.

的,而是由教学人员来决定的。"①《中华人民共和国教师法》明确规定:"教师是履行教育教学职责的专业人员,承担教书育人,培养社会主义事业建设者和接班人、提高民族素质的使命。教师应当忠诚于人民的教育事业。"因此,教师是承担全面发展教育的责任主体。

二、学生是全面发展的实践主体

学生是全面发展的实践主体,首先因为他是哲学意义上独立的个人的存在,是具有主观能动性的人。无论是感性认识的获得,还是理性知识的掌握,或者是实现认识上的两个飞跃,都必须充分发挥其主观能动性,经过自己的积极思维和活动来实现,这是教师无法包办代替的。其次,从内因、外因来看,教师的教是外因,学生的学是内因,外因是通过内因而起作用的。教师如果不能启发学生开动脑筋、积极思考,如果不能发挥学生学习的主动性、积极性,教师的教育内容也不能内化为学生自己的精神财富。在教育教学过程中,学生既是教师教育的对象,是教师教育活动作用的客体;同时也是对所接受的教育进行选择和转化的主体,是自我教育的主体。教师对学生所实施的全面发展的教育,都要经过学生这一主体的过滤和选择,通过学生的主动吸收与加工处理,方能发挥其作用。在此期间,学生的知识基础、能力水平和价值观念,学生主体的发展品质如主动性、独立性、自觉性和创新性等,都会直接对其产生影响。可以说,随着学生年龄的增长、知识水平的提高,学生越来越能承担起实践全面发展的主体责任。

实施全面发展的教育,首先就要确立以生为本的发展理念,树立正确的学生观。明确学生是具有主体性的人,充分尊重和发挥学生的主观能动性;用发展的眼光看待学生,要根据青少年学生不同发展阶段的生理、心理特征,适时而教,因势利导,因材施教,不能违背其发展规律,揠苗助长;把学生当作一个真正的人,尊重学生的个性差异,重视其潜能的开发。正如杜威所说的,"我们所需要的是儿童以整个的身体和整个的心灵来到学校,并以更圆满发展的心灵和甚至更健全的身体离开学校"②,从而促进学生个性的有差异的全面发展。

三、良好的师生关系是实现全面发展的保障条件

(一)用辩证的观点看待教师和学生这两个主体的作用

1. 两种不同的观点

教师在教育过程中的地位和作用问题,历来存在着"教师中心说"和"学生中心说"两种截然不同的观点,这一争论也是"传统教育"和"现代教育"的根本分歧之一。

"教师中心说"强调教师在学生中的权威作用,其代表人物是德国教育家赫尔巴特。他认为,学生的心智成长全仰仗于教师对教学形式、阶段和方法的定式指导。为此,他十分强调教师的权威,宣称:"学生对教师必须保持一种被动的状态"③,并指出:"按照方法

① 列宁. 列宁论国民教育[M]. 北京:人民教育出版社,1958:116.
② 杜威. 杜威教育论著选[M]. 上海:华东师范大学出版社,1981:56—57.
③ 张焕庭. 西方资产阶级教育论著选[M]. 北京:人民教育出版社,1979:294.

培养心智的任务,从总体上讲应留给教师。"①当代的要素主义等学派基本上也属于这种"教师中心说"。他们认为,"教育过程中,主动权应在于教师,而不在于学生"②,提出要"把教师置于教育宇宙的中心"。③

"学生中心说"主张从学生的需要和学生的兴趣出发来设计教学,教师对学生不应多加干涉。它的代表人物是卢梭和杜威,他们把学生的发展看成是一种自然的过程,教师不能主宰它,而只能顺应它。卢梭认为:"凡是出于造物主手中的东西都是好的,人一插手就变坏了。"④杜威宣称:"现在,我们教育中将引起的改变是重心的转移。这是一种变革,这是一种革命,这是和哥白尼把天文学中心从地球移到太阳一样的那种革命,在这里儿童变成了太阳,而教育的一切措施则围绕着他们转动,儿童是中心,教育的措施便围绕他们而组织起来。"⑤

2. 教师在教育过程中起主导作用

从教育是一种社会实践活动来看,教师在这一社会实践活动过程中的主体地位,决定了他对教育实践对象——学生起主导作用。教师受社会的委托,依照学生身心发展规律,对学生的身心施加一定的影响,发展学生的个性,体现了在教育过程中的主导作用。从学校教育是一种有计划、有目的、有组织的活动来看,教师是这一活动的组织者和指导者,教育的方向、内容、方法和组织形式,都是由教师来设计和决定的。再从学生的发展过程来看,在知与不知、知之较多与知之较少的矛盾中,教师闻道在先、术业有专攻,通过"传道、授业、解惑",使学生把前人积累起来的知识经验,转化为自己的精神财富,获得科学的认识方法,处于矛盾的主导方面。近年来的一些教育实验也进一步证明,教师主导作用是存在于教育过程中的一种客观规律。

3. 学生主体的发展是教师主导作用成效的体现

学生是其发展的主体。学生主体的发展是在教师的培育引导下,从弱到强、由小到大逐步展开的。由于学生的知识水平和发展水平的限制,学生的主体能力是有限的。因此,教育过程始终离不开教师的指导和控制。在教育过程中,教师要充分发挥其主导作用;不能因此放弃对学生的严格要求。

我们肯定教师的主导作用,决不是否定学生在教育过程中的主体性。这是因为:一切教育活动只有在学生自身有目的有意识的活动中才能得到内化;一切教育工作都是为促进学生的主体发展,教是为了不教。学生主体发展水平既是教师开展有效教育的条件,也是教师主导作用成效的体现。教师最终是要以学生主体发展水平的高低作为自己教育成功与否的标志的。整个教育发展的过程就是从"以教为主"的导学阶段向"以学为主"的学导阶段转换的。⑥

---

① 张焕庭.西方资产阶级教育论著选[M].北京:人民教育出版社,1979;275.
② 中国大百科全书(教育)[M].北京:中国大百科全书出版社,1985;481.
③ 布里克曼.要素主义教育的精神[J].学校与社会杂志(26卷,第2138期).1958;364.
④ 张焕庭.西方资产阶级教育论著选[M].北京:人民教育出版社,1979;95.
⑤ 赵祥麟,王承绪编译.杜威教育论著选[M].上海:华东师范大学出版社,1981;32.
⑥ 卢真金.试论教学过程中的师生关系[J].浙江教育学院学报,2001,1;39—41.

4. 教师主导作用的实现是有条件的

首先，教师只有具备了作为一名教师所必备的条件，遵循学生身心发展的规律，才能起主导作用。那些虽居教师地位，却不具备教师条件的人，或者不根据学生身心发展的规律，以一种纯粹自我规定的活动来施教，就很难发挥主导作用。其次，教师主导作用的发挥，还必须具备各种客观条件。如由于社会或其他原因，学校教育正常秩序遭到破坏，教师就很难起主导作用。因此，对教师的主导作用，一方面要看到它的必然性；另一方面还要看到它的条件性、辩证性。教师要努力创造条件，使主导作用得到充分发挥。此外，还要看到教师的主导作用和学生的主体性是相辅相成、辩证统一的，不能以一个方面去否定另一方面。

（二）建立良好的师生关系是实现全面发展教育的保障条件

师生关系是教育活动得以展开的前提。"师生关系作为一种背景条件，既作用着每一个学生的心理和学习行为，同时也有力地支撑和促发着教师的教学情趣和情绪。"[①]受一定社会的政治、经济所制约，受社会道德风尚的影响，在不同的社会制度下，会出现不同的师生关系。德国哲学家胡塞尔提出的主体间性的概念，使我们对师生之间关系的认识超越了传统的主客体关系，"消解了教育中主体中心和主客二元对立现象"[②]，教师和学生双方作为相互依赖的共生性存在，更强调主体之间的沟通交流、协商合作、尊重理解和视界融合，而这为建立新型的师生关系奠定良好的理论基础。民主、平等、尊重、理解成为衡量师生关系的标志，对话成为其有效手段。

良好的师生关系的建立是实施全面发展教育的条件。建立尊师爱生、民主平等、教学相长的新型师生关系，是办好社会主义学校，全面提高教育质量的重要保障。良好的师生关系的建立和发展，有赖于教师、学生、学校的共同努力以及学生家庭乃至社会的配合，但从根本上说，取决于教师本人的教育水平、专业知识、教育能力、思想品德（包括教育思想和教师职业道德）等职业品质修养水平。良好的师生关系的建立和发展是在教育过程中实现的。为建立这样的关系，教师应注意以下几点：

1. 理解学生

正确全面地理解学生是建立和发展良好师生关系的基础，教师要避免成见、偏见，或以"先入为主"、"第一印象"等错误认知看待学生，对学生中出现的问题或学生的各种需求，教师要在了解的基础上给予合理的解决和满足，使师生各自的认知能彼此相容和认可。

2. 以身作则

教师个人的榜样示范，对于青少年来说，是任何东西都不可代替的最有用的"阳光"。一个处处以身作则、一言一行都成为学生表率的教师，不仅是学生学习和仿效的楷模，而且会引起学生内心由衷的崇敬和向往。教师对学生的表扬和批评，都将使学生产生相应的情感体验，体会到教师的"拳拳之心"，激发其积极向上的责任感和使命感，使师生关系

---

① 吴岳军. 论主体间性视角下的师生关系及其教师角色[J]. 教师教育研究，2010，3：40.
② 同上：42.

处在和谐融洽之中。

3. 深入细致地工作

学生世界观、人生观、品德修养、知识能力、个性特点的形成需要一个较长的时期,这就要求教师要有耐心、恒心和毅力。当学生出现问题时,教师要做深入细致的工作,及时发现他们的"闪光点",用"润物细无声"的工作方法,促进学生的发展。

4. 做好家长及社会有关部门的工作

教育是一个系统工程,它的成功是多方面合力的结晶,除学校教育外,还需家庭、社会的配合。教师应通过家访、开家长会、短信和网络等形式,与家长保持经常及时的联系,取得家长的支持和配合,共同教育好学生。社会有关部门是教育学生的重要力量,教师要积极主动地与社会有关部门取得联系,开展教育活动,这不仅有利于学生的全面成长,而且对建立和发展师生关系也有促进作用。

第二节　国家教师制度和教师的权利与义务

一、国家教师制度

国家教师制度是指一国以法律规定和推行的教师制度的总称。通常由教师资格或许可制度、职务或职称制度、任用制度、培训进修制度和奖惩制度等组成。这里主要介绍中小学教师资格制度、职务制度和聘任制度。

（一）教师资格制度

教师资格制度是国家对教师实行的一种特定的职业许可制度。教师资格是国家对专门从事教育教学工作人员的最基本要求,是公民获得教师工作应具备的特定条件和身份,只有符合条件的人,才允许成为教师。教师资格一经取得,不受地域、时间的限制而具有在全国范围内普遍适用的效力。为了保证教师的素质,世界上许多国家对教师的资格标准有严格的规定,不少国家建立了教师许可证制度或教师资格证书制度。我国在《教师法》和《教师资格条例》中,规定了在各级各类学校实行教师资格制度,对教师的资格分类、教师资格条件、教师资格考试、教师资格认定作了具体规定。

（1）教师资格分类。主要分为:幼儿园教师资格、小学教师资格、初级中等学校教师资格、高级中等学校教师资格、学生实习指导教师资格、高等学校教师资格。

（2）教师资格条件。其基本条件包括:①必须是中国公民;②具有良好的思想政治素质;③具有良好的道德品质;④具有教育教学能力;⑤具备规定的学历或者国家资格考试合格。

（3）教师资格考试。不具备《教师法》规定的教师资格学历的公民,申请获得教师资格,必须通过国家教师资格考试。教师资格考试每年进行一次,考试科目、标准和考试大纲由国务院教育行政部门审定。

（4）教师资格的认定。符合思想政治素质要求,并具备《教师法》规定的教师资格学历条件或者通过国家教师资格考试,并不意味着当然取得教师资格,还必须经法定机构认定,才能取得教师资格。教师资格的认定机构是依据法律规定的负责认定教师资格的行政机构或依法委托的教育机构,其他机构认定的教师资格无效。教师资格认定工作应按规定程序进行。对取得教师资格者,由教育行政部门颁发国务院教育行政部门统一制作的相应的教师资格证书。教师资格证书终生有效,全国通用,具有权威性和稳定性。

(二)教师职务制度

教师职务是根据学校教学、科研等实际工作需要设置的,有明确职责、任职条件和任期,并需要具备专门的业务知识和相应的学术(技术)水平才能担负的专业技术工作岗位。教师职务制度,简单地说,就是国家对教师岗位设置及各级岗位任职条件和取得该岗位职务的程序等方面的有关规定的总称。我国《教师法》规定,国家实行教师职务制度。其主要内容:

1. 职务系列规定

按规定,普通中小学设三级教师、二级教师、一级教师、高级教师,其中三级教师、二级教师和小学一级教师为初级职务,中学一级教师和小学高级教师为中级职务,中学高级教师为高级职务。2010年颁布的《国家中长期教育改革与发展规划纲要》(公开征求意见稿)明确提出,教师还要设立正高级专业技术职务。

2. 任职条件规定

教师只有具备一定的任聘条件,才能受聘担任相应的教师职务。从现行各教师职务试行条件规定来看,一般包括以下几个方面:(1)具备各级各类相应教师的资格;(2)遵守《宪法》和法律,具有良好的思想政治素质和职业道德,为人师表,教书育人;(3)具备相应的教育教学水平、学术水平,具有教育科学理论的基础知识,能全面地、熟练地履行现职务职责;(4)具备学历、学位要求;(5)身体健康,能正常工作。

3. 评审规定。

一般说教师职务由同行专家组成的教师职务评审组织依据现行各教师职务试行条例规定的任职条件评定,报教育行政机关批准。教师职务评审的程序、权限以及评审组织的组成办法等,在教师职务条例中都有明确规定。

(三)教师聘任制度

教师聘任制度,是指聘任双方在平等自愿的基础上,由学校或教育行政部门根据教育教学需要设置的工作岗位,聘请具有教师资格的公民担任相应教师职务的一项制度。

1. 教师聘任制度的特征

教师聘任是任用教师的一种基本制度,它具有下列特征:

(1)聘任是聘任人和受聘人双方的法律行为。通过聘任确定教师与学校或教育行政部门之间的法律关系,聘任双方在平等地位上签订聘任合同。

(2)聘任双方在平等地位上签订的聘任合同具有法律效力。聘任合同对聘任双方均有约束力,它以聘书形式明确双方的权利、义务和责任。在聘任期间,无特殊理由一般不能辞聘或解聘。

（3）教师聘任制度应体现按劳分配的原则。

2. 教师聘任的几种形式

教师聘任形式依其聘任主体、实施行为的不同可分为以下几种形式：

（1）招聘。即用人单位面向社会公开择优选拔具有教师资格的所需人员。招聘需按国家有关规定，有组织、有领导地进行。

（2）续聘。即聘任期满后，聘任单位与教师继续签订聘任合同。

（3）解聘。即用人单位因某种原因不适宜继续聘任教师，双方解除合同关系。聘任合同具有法律效力，用人单位在解聘教师时，应有正当理由，否则要承担相应的法律责任。

（4）辞聘。即教师主动请求用人单位解除聘任合同的法定行为。教师因种种原因，不能继续履行聘任合同，给用人单位造成损失的，应依照聘任合同规定，承担相应的法律责任。

3. 教师考核的内容

实行教师聘任制度，学校有权对受聘教师进行考核，根据《教师法》的规定，对教师考核的内容是"政治思想、业务水平、工作态度、工作成绩"四个方面：

（1）政治思想。主要包括政治态度和职业道德两个方面。

（2）业务水平。主要指与教师所任职务相应的专业知识水平和业务能力。

（3）工作态度。指教师在履行教育教学职责中所具备的工作积极性、事业心和责任感。

（4）工作成绩。是指教师在本职务岗位从事教育教学和科研活动中所取得的成果及作出的贡献。

对教师的考核应坚持客观、公正、准确的原则，考核结果是受聘任职、晋升工资、实施奖惩的依据。

二、教师的权利与义务

教师享有宪法所规定的公民权利，并承担相应的义务。教师作为履行教育教学职责的专业人员，又具有与职业相联系的特殊的权利和义务。

（一）教师的权利

教师的权利，是指教师在教育教学活动中享有的由《教育法》、《教师法》赋予的权利，是国家对教师在教育教学活动中可以为或不为等一定行为的许可和保障。依据《教育法》和《教师法》，我国的教师具有以下基本权利：

（1）进行教育教学活动，开展教育教学改革和实验。简称教育教学权。

（2）从事科学研究、学术交流，参加专业的学术团体，在学术活动中充分发表意见。简称科学研究权。

（3）指导学生的学习和发展，评定学生的品行和学业成绩。简称管理学生权。

（4）按时获取工资报酬，享受国家规定的福利待遇以及寒暑假期的带薪休假。简称获取报酬待遇权。

（5）对学校教育教学、管理工作和教育行政部门的工作提出意见和建议，通过教职工代表大会或其他形式,参与学校管理的民主权利。简称民主管理权。

（6）参加进修或者其他方式的培训。简称进修培训权。

（二）教师的义务

教师的义务,是指教师依据《教育法》、《教师法》及其他有关法律、法规,从事教育教学工作而必须履行的责任,表现为教师在教育教学活动中必须做出一定行为或不得做出一定行为的约束。依据我国教育法的规定,教师应履行以下义务:

（1）遵守宪法、法律和职业道德,为人师表。

（2）贯彻国家的教育方针,遵守规章制度,执行学校的教学计划,履行教师聘约,完成教育教学工作任务。

（3）对学生进行宪法所确定的基本原则的教育和爱国主义、民族团结教育,法制教育以及思想品德、文化、科学技术教育,组织带领学生开展有益的社会活动。

（4）关心、爱护全体学生,尊重学生人格,促进学生在品德、智力、体质等方面全面发展。

（5）制止有害于学生的行为或者其他侵犯学生合法权益的行为,批评和抵制有害于学生健康成长的现象。

（6）不断提高思想政治觉悟和教育教学水平。

教师的权利和义务是统一的,不可分割的。没有无权利的义务,也没有无义务的权利。教师在享有权利的同时,应很好地履行义务。

第三节　教师工作是一种专门职业

百年大计,教育为本;教育大计,教师为本。教师是人类文明的播种者,是知识和文明的象征。在人类历史的发展进程中,教师发挥着特殊的作用。没有教师,人类的一切文明成果便不能延续;没有教师的辛勤劳动,便没有一代更比一代强的人才大军。邓小平同志指出:"不但学生应该尊重教师,整个社会都应该尊重教师。"[①]我们要深化对教师工作特点、性质的认识,提高教师的社会地位和物质待遇,切实保障教师的合法权益。

一、教师劳动的特点

教师的劳动是一种特殊的精神生产活动。教师劳动的特点是由教师劳动的目的、劳动的对象和劳动的手段决定的。教师劳动的特殊性决定了教师劳动的下列特点:

（一）教师劳动的复杂性

教师的劳动是复杂的劳动。人们常把雕塑艺术看成是很复杂的,往往用"精雕细刻"来形容。其实,塑造人的心灵比雕塑艺术更困难、更复杂。

① 邓小平.邓小平文选(第二卷)[M].北京:人民出版社,1983:109.

为了塑造人的心灵，使学生的德、智、体等诸方面都得到发展，教师肩负着教好功课，做好思想品德教育工作，增进学生身心健康，培养审美情操等职责。如在德育方面，除培养学生的道德认识外，还要培养学生的道德情感、道德意志和道德行为；在智育方面，除向学生传授知识外，还要培养学生的技能、技巧、发展学生的智力及创新精神和实践能力，等等，这一切都是十分困难和复杂的工作。

学生身心发展除受遗传、身体健康状况等自然因素的影响外，更重要的是受社会的影响，主要是教育的影响，如原有学习基础、学习能力、学习兴趣及与教师和同学的关系等。教师要全面了解这些情况，充分利用各方面的积极因素，排除并克服来自各方面的消极影响，以促进学生的成长。

教育过程是一个复杂的矛盾运动过程，在这种错综复杂的矛盾运动中，教师不仅需要掌握科学知识，懂得教育规律，而且还要不断地探求教育的艺术。教育工作中出现的奇效，常常是心灵的呼唤和爱的共鸣的结果，这就更增加了教师劳动的复杂性。

（二）教师劳动的创造性

教有法而无定法。教师劳动的创造性，首先表现在要从教育目的和学生的实际出发，精心设计学生的未来，塑造美好的心灵，纠正学生已经形成的不良行为习惯。人们常用"人类灵魂的工程师"、"塑造新一代的艺术家"等褒奖之词，颂扬教师的工作，这正好说明教师工作的创造性。

教好功课是教师的一项真正的创造性劳动。讲课的内容虽说有教科书，但必须进行教学法的加工，如从学生实际出发，突出重点、难点，理论联系实际，重组教材体系，等等。教师的备课就是创造过程中的"设计"阶段，课堂讲授就是创造活动的实施阶段。

教师在教育教学活动中，对不同的学生要区别对待，因材施教，既要发挥教师的主导作用，又要发挥学生学习的主动性、积极性。面对一个班级中几十个正在成长与变化的、具有主观能动性的学生，教师常会遇到意想不到的事情，怎样敏锐地觉察情况的变化，适时机敏地改变预定的教育内容和方法，使教育工作顺利地进行，这就需要教师有教育机智。所有这些，都说明教师的劳动具有创造性。

（三）教师劳动的长期性

"十年树木，百年树人。"学生知识的积累、智力的发展、能力的形成、道德品质的培养、世界观的确立，所有这些都是日积月累的结果。"立竿见影"是不可能的，"揠苗助长"更是错误的。教师劳动的成效并不是一时就可检验出来的，而是需要教师付出长期的大量的劳动才能看到结果，得到验证，教师的某些影响对学生终生都会发生作用。

（四）教师劳动的示范性

教师的教育劳动具有示范性的特点。教师劳动的示范性不仅表现在教师要把凝聚在教学内容中的智慧、情感乃至世界观，内化为自身的智慧、情感、世界观，并通过自身的知识、才能，运用自身的德性、人格、情感、意志、世界观等感染学生，而且还表现在教师自身的个性心理品质、自身各方面的修养，在教育教学活动中，作为一种极为重要的手段影响学生,作为学生学习模仿的榜样。这种示范作用在塑造学生心灵的过程中,是其他任何影响难以比拟的。这种最现实、最鲜明、最有力的教育手段也是其他任何教育手段无法替代的。德国著名教育家第斯多惠指出:"教师本人是学校里最重要的师表,是最直观的最有教益的模范,是学生最活生生的榜样。"[①]任何一个教师,不管他是否意识到这一点,不管他是自觉还是不自觉,都在对学生进行示范。

（五）教师劳动的个体性和劳动成果的集体性

教师的劳动是一种群体和个体相结合的劳动。教师的劳动方式虽然是个体的,但劳动的结果却是集体的。学生的身心发展,不是一位教师的个体劳动能独立完成的。它既是学校、教师集体劳动的结晶,又是家庭、社会影响的结果。但教师在教育教学工作的每一个环节上,往往依靠个人的知识和才干,以个体方式独立完成。教师的劳动是通过个体劳动的形式体现集体创造的结果。

二、教师工作是一种专门职业

职业是社会分工的产物,它有普通职业和专门职业之分。普通职业的从业者无须接受长期的专业训练,无须具备专门的知识和技能,主要通过个人体验和工作经历来积累工作经验,无内行与外行之分,只需按例规行事,工作仅仅是从业者的谋生手段。而专门职业具有较高的社会地位,具有不可或缺的社会功能,具有完善的专业理论和成熟的专业技能,具有高度的专业自主权和权威性的专业组织。其从业者要接受长期的专业训练,需要以掌握系统的专业知识和技能为前提,要按照科学理论和技术行事,不仅要通过高质量的专业服务来获得报酬,而且要有明确的研究意识和能力,工作不仅是其谋生手段,更是其追求的一种生活方式和事业。

1966年,国际劳工组织和联合国教科文组织在《关于教师地位的建议》中,明确提出:"要把教育工作视为专门的职业,这种职业要求教师经过严格的、持续的学习,获得并保持专门的知识和特别的技术。"

教师工作是一种专门的职业,这是因为:

（1）学生的成长是有规律的,教师需要了解学生的成长规律,树立正确的教育观念。

（2）现代教育不仅要传授系统的科学知识,而且要发展学生的各种能力,要注重学生创新精神和健全人格的培养,要指导学生学会做人、学会求知、学会做事、学会共处。为此,教师就要有教育教学的知识、技能和艺术。

（3）科学技术发展越来越迅速,教师既要有较高的学科专业知识,又要有宽广渊博的综合知识。

（4）现代教育技术需要教师理解、掌握并运用到教育教学中,教师要善于设计教学,善于在瞬息万变的信息面前,指导学生选择正确的学习路线和学习策略,学习和掌握收集信息、处理信息和应用信息的能力。

（5）现代师生关系需要建立在民主、平等、理解和信赖的基础上。

---

① 第斯多惠. 教育文选［M］. 莫斯科,1956:203.

这一切都要求教师必须经过严格的、长期的专业训练，并具有专门的知识和能力。教师工作是一种专门的职业。

三、教师的专业素养

专业素养是专门职业对从业人员的整体要求。教师的专业素质是"教师拥有和带往教学情境的知识、能力和信念的集合，是在教师具有优良的先存特性的基础上经过正确而严格的教师教育所获得的。"它一般由专业知识、专业技能和专业态度构成。

（一）专业知识

教师的知识素养一般包括三个方面：扎实的专业基础知识、比较广博的文化修养和丰富的教育理论知识。

在教师专业知识的研究中，最有影响的是舒尔曼所建立的分析框架。他强调教师要理解和推理、转化和反省，认为只有当教师知道如何把他所掌握的知识转换为学生能理解的表征形式时，教学才能成功。因此，教师必须具备以下七种知识：学科内容知识；一般的教学法知识；课程知识；与内容有关的教学法知识；有关学生及其特点的知识；教育环境的知识；教育目的宗旨价值及其政治、哲学和历史背景知识等。

安德森提出了三种不同性质的知识：陈述性知识，即主要通过书本学习和教师传授获得的是什么的知识；程序性知识，即怎么办的知识，包括应用于熟悉情境的熟练技能和应用于陌生情境的认知策略，主要通过实践和个人体验来获得；条件性知识，即何时、何地、需要什么条件等方面的知识。

阿尔代、普兰尼等提出明确的知识（理论知识、有形的知识）与缄默的知识（实践知识、无形的知识）。明确的知识是在个人间以一种系统的方法传达的更加正式和规范的知识，它通过文件、形象以及其他精确的沟通过程而传达；它是确定的、可分解的、可言明的，知识教学的过程是知识的打开、内化和外化的过程。

缄默的知识是存在于个体中的私人的、有特殊背景的知识。它依赖于体验、直觉和洞察力；它以我们内在携带的"意念模型"为中心。这些意念模型是概念、形象、信仰、观点、价值体系以及帮助人们定义自己世界的指挥原则，包含具体的技能和专门技术等一些技术因素以及来源于实践的经验。缄默的知识是不确定的、情境性的，是不可分解的；它是自组织性的，具有出奇而连贯的整体效应，具有不可言明性。缄默知识由辅助的细节、集中的目标和认识者构成，其中任一因素的变化都会导致知识结构的变化，是与知识主体合一的。缄默知识是从明确知识生成出来的工具性知识，是明确知识内化的结果；缄默知识是从结构性知识中生成出来的功能性知识，与特定的情境相联系；是从点状知识中生成出来的连贯知识，注意集中的焦点性与认识结论的整体性就要求认识者的经验和知识的全部参与才能得出恰当的结论。

野中和竹内认为：在知识的社会化和共享过程中，存在四种不同的知识转换模式：从缄默知识到缄默知识的社会化模式、从缄默知识到明确知识的外在化模式、从明确知识到明确知识的合并模式、从明确知识到缄默知识的内在化模式，这样知识从缄默流向明确又流回缄默，形成知识整合转换创造的螺旋式上升过程。

（二）专业技能

专业化的教师必须具备从事教育教学工作的基本技能和能力。专门职业需要专家技能，专家技能按程度可分技能、技巧和技艺三类：技能，是针对特定的具体任务或问题，经过多次的练习而形成的确保达到规定目标，并合乎规定标准的操作系统。技巧，是在正常条件下花较少努力，甚至无需多少意识或注意的监督都能熟练自如顺利完成教育教学任务的自动化的操作系统。技艺，是进一步完成更复杂任务的最优化的自动化的操作系统。

教育教学能力是教师达到教育教学目标，取得教育教学效果所具有的潜在可能性，它由许多具体的因素所组成，反映出教师个体顺利完成教育教学任务的直接有效的心理特征。教育教学能力通过教育教学活动来展现，表现在具体的教育教学行为中。按照类型分，教师的教育教学能力可分为：

（1）了解学生的能力。教师只有了解学生，才能使教育工作"有的放矢"，取得预期效果。为此，教师必须善于捕捉学生的真实思想，及时了解学生的内心世界和心理特点，根据学生在语言、表情、姿态、行为、心理等方面表露出来的情态，准确地判断学生的思想活动，作出迅速而正确的处理。马卡连柯认为，高明的教育艺术之一就在于观察。他善于洞察学生的外部特征，透过不可捉摸的"鬼脸"、谈话的腔调、走路的姿势，以及细小的几根卷发等现象，去对学生的内心世界作出正确的判断，有针对性地进行教育。

（2）加工设计和表达教育内容的能力。对教学内容的加工设计过程是一个同质异构的过程，其结果是产生预设的教案。加工设计能力是教师的一种重要能力。上海市特级教师于漪认为，课堂教学设计应达到：(1)牢牢吸引学生的注意力；(2)抓住关键重锤敲；(3)激起学生思想上的波澜；(4)创造机会让学生发挥聪明才智。课堂教学中，表达教育内容的过程是一个异陈异现的过程，任何一种因素的改变都有可能导致教师教学方案的调整，这是一个动态生成、个性纷呈的过程，需要教师有丰富多彩、多种多样的表达能力。如口头语言的表达能力、体态语言的表达能力、多媒体的表达能力、板书的表达能力等。

（3）组织管理协调能力。教师是教学、教育活动的组织者，班级是开展教育教学活动的组成单位，课堂是开展教育教学活动的主要场所。学校教育的特点之一，就是个体的劳动，集体的结晶。因此，教师要自始至终围绕全面发展的教育目的，开展教育教学活动；要善于协调各种教育因素，形成教育合力；要善于通过班集体的建设，加强班级的科学管理和学生的自我管理；要善于根据学生身心发展的规律，及时把握学生的思想脉搏，有针对性地进行教育，"长善救失"。

（4）教育科研能力。现代教育需要教师具有教育科研意识和一定的教育科研能力，主要包括：学术研究能力和学科性教学研究能力。前者有利于教师学术水平的提升，后者有利于提高教学的效率和质量，为学校的教学改革服务。

此外，教师还要具备自我监控能力和自我调控能力、教育直觉想象能力和即席创作能力、移情体验能力等。

（三）专业态度

它主要包括专业理想、专业道德、专业情操、专业性向、专业自我五个方面。

专业理想是教师对成为一个成熟的教育教学工作者的向往与追求，是推动教师专业发展的巨大动力。

专业道德是教师在教育活动中必须履行的行为规范。教师职业道德是顺利进行教育教学工作，履行自己崇高的社会责任的重要保证。《中小学教师职业道德规范（2008 年修订）》倡导教师要爱国守法、爱岗敬业、关爱学生、教书育人、为人师表、终生学习。

专业情操是教师对教育教学工作带有理智性的价值评价的情感体验，是构成教师价值观的基础，是构成优秀教师个性的重要因素，也是教师专业情意成熟的标志。

专业性向是指教师成功从事教学工作所应具有的人格特征或个性倾向。

专业自我是教师个体对自我从事教学工作的感受、接纳和肯定的心理倾向，包括自我意象、自我尊重、工作动机、工作满意感、任务知觉、未来前景等，这种倾向将显著地影响教师的教学行为和工作效果。

第四节　教师的专业发展

教师的专业发展是教师在整个专业生涯中，通过专业训练，习得教育专业知识、技能，实施教育自主，表现专业道德，并逐步提高自己从教专业素质，成为一个良好的教育专业工作者的专业成长过程。教育要顺利完成社会和历史所赋予的重任，必须努力推进教师专业化建设，提高教师专业素养，促进教师专业发展。

一、教师专业发展的两个时期

教师专业发展分两个时期。一是入职前的预期专业社会化阶段，指的是个体为适应将要承担的职业角色而进行的准备性的个体社会化。如师范生接受专门的师范教育；符合学历要求的人参加教师资格培训和考试等。二是指入职后的继续专业社会化阶段，即个体在承担某种职业角色后为更好地扮演角色而进行的社会化，如教师的工作实践研究；进入有关院校或培训机构脱产、半脱产学习；校本教研等。

教师专业发展一般是指教师入职以后在继续专业社会化阶段的发展。

二、教师专业发展的模式[①]

在继续专业社会化阶段，教师专业发展可以分为五个阶段。五个阶段对应于教师不同的成长时期，有着不同的发展基础和条件，有着不同的发展目标和要求，也面临着不同的困难和障碍，从而表现出不同阶段的发展特征。

（一）适应与过渡时期

适应与过渡时期是教师职业生涯的起步阶段，也是他与所从事职业的"恋爱期"。这

①　卢真金.试论学者型教师的成长规律及培养策略[J].高等师范教育研究，2001，1：31—36；卢真金.教师专业发展的阶段、模式、策略再探[J].课程教材教法，2007，12：68—74.

一时期的教师，由于对学校组织结构和制度文化了解甚少，对教师职业的角色要求和角色规范所知有限，跟教师实际工作相关的专业知识、经验和技能掌握不多，因而其碰到的困难大多与如何适应并完成常规的教育、教学和管理工作有关。一方面，他们对课程体系几乎不大了解，对学科内容的把握往往有偏失，不太懂得怎么教学，也不太懂得怎么去认识和影响周围的环境，不知道如何去评价学生，如何与家长沟通并取得家长的支持和家庭教育的配合等；另一方面，他们又面临着来自管理层、同事、家长和学生的评价的压力，面临着同事之间各种形式的竞争，面临着身份转换之后所产生的心理上的不适应和职业的陌生感，面临着理想的职业目标与平淡的生存现实之间的反差和失落，面临着满腔热情的投入与高耗低效的回报所导致的身心疲劳。这一时期，是教师专业发展较为困难的时期，特别容易感到疲劳、焦虑和无助，产生一种强烈的挫折感和失落感，甚至产生一种消极的逃避心态，而导致其工作热情降低、专业认识错位和职业情意失控，从而导致了对教师这一职业价值崇高性的低判断和对自己教学能力的低估计现象。

这一时期，教师专业发展的目标主要是尽快适应学校的教育教学工作需要。为此就面临着角色的转换、对学校制度文化的认同和专业技能的迅速发展的要求。尽管学校为培养新教师采取了相应的培养措施，如师徒结对、以老带新、校本教研与校本培训等，但在实际操作过程中，对新教师总是要求高、指导少，重结果、轻过程。特别是对新教师的入职心理辅导不够，职业生涯规划设计方向模糊，教学行为指导不够到位等。笔者曾就此对一些新教师做过口头调查，问题是他们怎么学习当教师，结果答案有四种：一是过去教师怎么教他们，他们也怎么教；二是在接受专业训练时，教师告诉他们该怎么教，他们就依此类推怎么教；三是参加工作后周围同事怎么教，他们也就怎么教；四是自己在教学工作中怎么教实际效果比较好，他们就怎么教。其中大多数认为主要是通过自己的实际摸索学会教学的，可见，学校对切实培养新教师适应学校的教育教学工作需要，还是缺乏有效的对策。

（二）分化与定型时期

分化与定型时期以适应型教师为起点。适应型教师，一方面已经摆脱了初期的困窘状态，但另一方面又面临着更高的专业发展要求。这是因为，一是他们的专业水平和业务能力还处于相对低位，在学校中的地位还比较低，既不能满足人们对他的期望与要求，自己也缺乏一种安全感；二是同事和他人的评价标准和要求也会随着教师资历的提高而提高，人们重点关注的不再是他们的工作态度而是工作方法和实际业绩，他们与其他教师之间的竞争处于同一起跑线上。而新教师刚入职时的那种"初恋"的激情和甜蜜开始分化。有的会慢慢地趋于平淡、冷漠甚至于厌倦，早期的职业倦怠现象开始出现，导致了教师专业发展的停滞不前甚至退缩；也有的由原先的困惑和苦恼进入初步成长的喜悦和收获的"蜜月期"。这部分教师对职业的悦纳感进一步加强，对专业发展的态度更加端正、稳定和执着，专业发展的动力结构既有外界的任务压力，更有自觉追求和发展的内驱力。这部分教师教学经验日益丰富，教学技能迅速提高，专业发展进入第一次快速提升期，并出现了定型化发展的趋势。绝大多数教师着重从教学技能发展出发，在自己的课堂教学实践中有意磨炼自己的教学技能，积累成功的教学经验，全面发展自己的专业能力，成长为一个具有相当水平和能力的教书巧匠——经验型教师，经验的丰富化和个性化，技能的全面化和熟练化，成为其明显的特征；也有一部分教师仍旧沿袭理论学习和发展的传统，在注重教育教学技能发展的同时，更侧重系统理论的学习，成为知识型教师，较之前者，他们明显地存在理论的优势和思想的超前，但在实践技能和教学经验的全面性和有效性方面与前者存在一定的差距，因而出现毁誉参半的局面；还有少量的教师则始终强调理论学习与实践技能的同步发展，表现出一种特色不明显，但各方面发展水平比较整齐的混合型特点。这三种类型教师发展道路的选择，在很大程度上跟教师的个性类型有关，更主要的是跟其生长的环境和同伴群体有密切关系。其中人数最多的是经验型教师，其次是知识型，最为难得的是混合型教师。从浙江省名、优、特教师的成长历程的研究分析中，我们发现，混合型教师成长速度最快但人数最少；经验型教师占据比例最高但中后期提升困难；知识型教师发展最有潜力但能坚持到底者不多，需要教师有明确的专业发展目标、自主发展意识和坚持不懈的精神。

（三）突破与退守时期

随着教师教学经验的积累和教学体验的增加，教师专业发展水平进入一个相对稳定的阶段。教师对职业的新鲜感和好奇心开始减弱，职业敏感度和情感投入度在降低，工作的外部压力有所缓和，职业安全感有所增加。教师技能的使用程度和对技术层面的依赖在不断增加，开始习惯于运用自己的经验和技术来应对日常教育教学工作所遇到的问题，工作出现更多的思维定势和程式化的经验操作行为。在这个阶段，尽管教师们都有进一步发展的意愿和动机，也付出了巨大的努力，但工作任务重，受干扰的因素多，精力容易分散；同时，家庭生活摆上重要的议事日程，谈婚论嫁、生儿育女；再加上专业发展进入了一个漫长的以量变为特征的相对稳定状态，感觉发展速度不快，效能不高，水平停滞不前，专业发展不如人意。教师容易出现普遍性的职业倦怠现象，他们对专业发展的态度也出现了分歧：有的满足于现状，转向对生活的追求；有的向上突破不能，就退而求其次，工作进入应付和维持状态；有的尽管希望继续向上发展，在专业发展上有更大的突破，但在发展道路和策略的选择上进入迷惘和困惑的状态。各种因素导致教师专业发展进入高原期。

突破高原期是这一阶段教师的共同任务和普遍追求。要突破高原期，既要解决知识与技能、过程与方法的问题，也要解决情感意志价值观的问题。为此，首先要客观冷静理性地认识和对待高原现象，不急不躁，练好内功，持续发展。其次，要进一步增强教师专业发展的自主意识，树立积极的工作态度，不仅把教师工作当作一种谋生的职业，更要使之成为自己所热爱的事业。第三，要充分发挥专家对教师专业发展的引领作用，具体表现为对教师专业目标和发展策略的引领。

突破高原期比较有效的方法是引进反思性教学。第一步是诊断。通过对自己的教育教学和管理工作进行诊断分析和反思性实践，查漏补缺，找到不足点；扬长补短，追求发展的边际效应。第二步是规划。引导教师对自己的职业生涯进行合理设计，明确专业发展定位，制定专业发展规划。第三步是整合。即通过建立反思性研究团队形成支持专业发展的氛围，通过专家的指导和引领，通过自主发展意识和技能的培养，来实现理论与实践的转化与整合。

突破高原期,关键是要通过明确的知识与缄默的知识两种知识的四种转化,找到专业发展的瓶颈并加以突破。例如,知识型教师要沉下去,重在对所掌握的知识的灵活运用,用所学的理论指导实践,在教育教学的实践过程中消化和发展所学的知识,使明确的理论知识经验化、体验化并内化成自己的缄默的知识,变成自己的教育思想或信念;同时更要注意转化成自己的教学技能技巧,在感性发展和技能技巧上下功夫。而经验型教师则要升上来,要加强教育理论的系统学习,用理论指导自己的实践而不是盲目实践,使自己的教育教学行为科学化、规范化、理性化;力图把自己在教学实践过程中形成的教育实践智慧(缄默的知识)转化成明确的知识,在理性发展上下功夫。其结果,是在理论与实践结合的基础上,以自己的悟性为基础,以教学个性类型为条件,通过系统的反思来整合,抓住薄弱点,把握关键期,突破高原期,把教育理论与教育经验有机整合起来,构建起一套理论与实践相结合、富有成效的教育行动理论,使自己成为准学者型教师。教育行动理论的建立是准学者型教师的一个重要标志。

教育行动理论是一种以正确的教育教学思想为指导,以教学论和学科教学法为基础的,跟具体的学科内容和当地的文化传统相联系的,跟教师的个性特征和教学经验相融合的,以解决实际问题、提高工作效率为目的的一种学科性的情境性的动态性的个性化知识体系和操作流程,表现出"岁岁年年教此课,年年岁岁法不同"和千人百面、异态纷呈的"个"的特征。

(四)成熟与维持时期

成熟时期的教师表现出明显的稳定性特征,同时也因其资深的工作经历、较高的教学水平和较为扎实的理论功底,使这些教师成为当地教育教学领域的领军人物。在这一过程中,就出现了几种分化发展的现象。有的教而优则仕,转向了教育教学管理的工作,担任校长和教育局长之类的教育行政管理工作,兴趣开始转向行政管理;也有的满足于现有的教育教学水平,以为自己功成名就,该是享受人生、享受生活,甚至该是赚钱养老的时候,因而精力分散,兴趣转移,不再愿意从事艰苦的创新性的教育教学和研究工作,这种专业发展态度的转移导致其出现了大量的维持行为,严重的甚至出现了"退化"、"缩水"、"名不副实"的局面;也有的尽管"烈士暮年,壮心不已",有继续发展的想法和行动,但受到个人的生活环境、工作经历、学术背景、教学个性、知识结构、能力水平、兴趣爱好及气质性格的限制,难以摆脱原有经验和框框的束缚,难以自我超越,客观上也表现出跟原有水平相差不大的维持特征。这时,就要以科学的发展观为指导,坚持可持续发展的道路;通过建立学习型组织,培养学习型教师。要引导教师学会系统思维,学会自我超越;教师自己要有与时俱进、开拓创新的精神,永不满足、勇攀高峰的态度,要以科学研究项目为载体,加强原始创新、集成创新和引进消化吸收再创新,或者创建一套在实践中切实有效的操作体系,或者在理论的某一方面建言立论,开宗立派,构建起自己的教育理论体系,成为某一领域的学术权威,从而完成从学习到整合,从整合到创造性应用,从应用到首创的这一质变过程,进而发展成为学者型教师。教育思想观点的形成、某种教育理论体系的构造和教育实践操作模式和教学风格的形成是其标志,体现出"类"的特点,其中创新是灵魂和核心。

（五）创造与智慧时期

学者型教师继续向上努力，就要以智慧型教师为专业发展的方向。这时教师的哲学素养高低、哲学视界的远近就成为制约其发展的重要因素。教师个人的教育理论发展能否找到一个更加合理的逻辑起点，建立在一个更高的思想层面上，同时能否从单一的实践经验和教育理论学科角度转移到系统科学研究上，能否实现集大成为大智慧，建立自己的教育哲学体系和教育信仰，就成为一个关键因素。其理想的结果就是成为真正的教育家。既有自己的原创性的理论体系，又建构起相对应的实践操作体系，二者水乳交融，使之成为真正的教育家。其核心标志是教育哲学体系的创造和教育理论体系的集成，具有普遍的意义。

教育智慧是良好教育的一种内在品质，表现为教育的一种自由、和谐、开放和创造的状态，表现为真正意义上尊重生命、关注个性、崇尚智慧、追求人生丰富的教育境界；是教育科学与艺术高度融合的产物，是教师在探求教育教学规律基础上长期实践、感悟、反思的结果，也是教师教育理论、知识学养、情感与价值观、教育机智、教学风格等多方面素质高度个性化的综合体现。教育智慧在教育教学实践中主要表现为教师对于教育教学工作规律性把握，创造性驾驭和深刻洞悉、敏锐反应及灵活机智应对的综合能力；在理论上，表现出既摆脱传统的经典教学体系的束缚，又摆脱价值取向的功利诱惑。它以追求人类自身的全面和谐发展为目标，站在教育的原初意义上来思考教育的终极问题，充分考虑教学的多样性、复杂性、特异性、灵活性、开放性、生成性、选择性和时代性，吸纳人类最新的理论成果和实践智慧，完成对传统教育理论体系和实践操作模式的超越；站在教育哲学的高度，用理性的眼光和宏观的视野，审视现实教育发展的需求和人类发展的目标，把握时代发展的趋势和教育发展的规律，实现教育思想的创新，创造性地构建起一个集人类教育智慧之大成的教育思想体系，促进人类自身更加完善、自由的全面发展和社会的和谐优化，引导人类走向更加灿烂的明天。[①]

三、教师专业发展的道路选择

从个体角度看，教师专业发展的过程贯穿教师整个职业生涯甚至生命全程，每个人都有终生发展的任务与意向；从整体上看，教师专业发展的过程又是一个不断分化、分流、分置并构成教师层级体系的过程。在这个过程中，不同的人有不同的发展动机，有不同的发展条件，有不同的发展速度，当然也会有不同的发展水平和不同的发展结果。从理论构建的角度看，教师专业发展有三种道路可供选择。

（一）影响教师专业发展的因素

影响教师专业发展既有外部因素，也有内部因素。教育的社会功能，教师的社会形象和角色规范，教师的社会地位和经济待遇、家庭经济状况是外因。学校教育既要承担科学文化的传承、传播和建设创新的任务，更要承担培养社会所需要人才的重要责任。学校教育在培养统治阶级所需要的人才的同时，客观上又会培养符合生产力发展所需要的但不

① 田慧生.时代呼唤教育智慧及智慧型教师[J].教育研究.2005,(2):50—57.

一定与统治阶级立场相一致的人才,这客观上导致了学校教育自主权的相对独立性。教师要传道、授业、解惑、育人,其社会形象和角色规范要求教师具有较高的职业道德、人格境界、学术素养和专业水平。社会地位的变迁和经济待遇的变化会影响人们对教师职业的选择及其工作态度,影响其专业追求。国家对教师教育专业的倾斜政策会更多地吸引经济困难的学生选择教师工作。

教师专业发展既是一种教师个体行为,又是一种组织需求。影响教师专业发展的内部因素有个体与组织之分。个体的内部因素有个人经历与经验、知识结构与能力水平、人格特质、个人悟性与主观能动性。组织的内部因素有学校的生态环境与组织文化、同伴群体的态度,与同事、学生的人际关系等。就个体发展而言,个体的内部因素是其变化的根据。个人的经历和经验会使人们对教师工作产生认同或排斥的态度;个人的人格特质如气质性格情感特征决定了其是否适合教师这一职业选择;知识结构与能力水平决定了他对教师工作的适合度和胜任度;个人的悟性和主观能动性决定了教师专业发展的空间、动机和态度。这些内因的有机整合,特别是教师明确的知识与缄默的知识的有机整合、主体发展意识和动力机制的建立,构成了教师发展的专业自主权,因而也使教师达到不同的专业发展水平。

因此,教师的专业发展水平是各种因素综合作用的结果。我们可以通过这样一个公式来表达:$L=aX+bY+cZ+\cdots\cdots$其中,L 代表教师专业发展的水平,X、Y、Z 分别代表不同的影响因素,a、b、c 分别反映各种影响因素的权重系数。教师的发展水平不同,原因当然不同;同样的发展水平,其原因也可能是多样的。影响教师水平的既有因素本身的类型、数量与质量的差异,还有因素间复杂关系的影响。如图 12-1 所示,处于同一等高线上的 A、B、C 三位教师,其专业发展水平是相同的,但其成因却有很大不同。因此,在教师专业的发展道路上,每个人都可以根据自身的情况来选择不同的发展策略,选择不同的通衢大道。

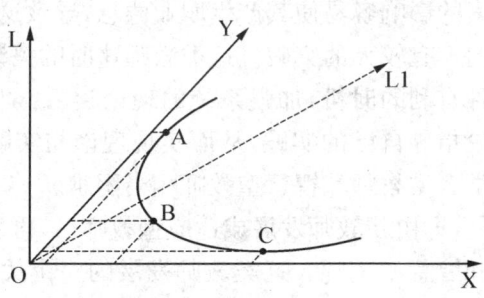

图 12-1　同一水平教师不同的发展原因

(二)可供选择的专业发展之路

在教师专业发展道路的诸多选择中,最理想的道路是"剑气合一"之路。即从新教师入职开始,教师专业发展就走理论与实践相结合的道路,其发展轨迹是新教师——适应型教师——混合型教师——准学者型教师——学者型教师——智慧型教师。这类教师在专业发展的任一阶段,尽管不同阶段有所侧重,但始终不渝地保持教学技能与教学知识的和谐发展,不断注意明确的知识(理论知识)与缄默的知识(实践经验)二者合理的互动与转换,二者之间保持结构的合理与比例的平衡。事实上,要这样做,对教师的基础素质要求比较高,难度比较大,教师必须有清晰的专业发展目标和科学的发展策略,并能及时得到专家的指导和自己锲而不舍的专业发展的自主支撑。在其发展过程中始终表现出也是也不是、既似又不似的模糊特征,很难将其明确地分类。

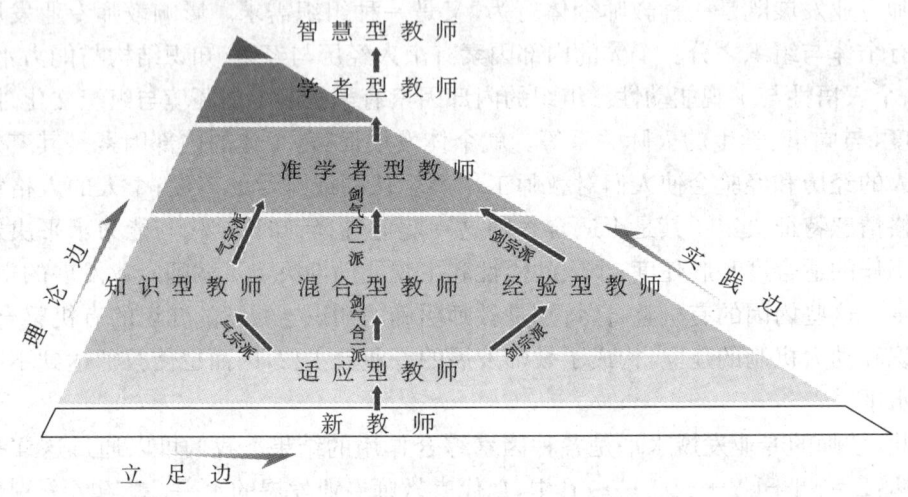

图12-2 教师专业发展道路选择

第二条道路是剑宗派。即由新教师发展成适应型教师,再发展成经验型(技能型)教师,再向上走成为准学者型、学者型和智慧型教师。绝大多数教师选择的是这条道路。走这条路的教师在分化发展阶段发展比较快,也容易获得外界的认可。但许多教师也会因理论知识的欠缺与知识结构的不完善,导致视野不够开阔,视界不高,因而缺乏发展的后劲和潜力;再加上教师个人的专业理想会因专业发展的挫折产生迷惘,家庭和社会生活的压力、同伴群体和其他因素的影响容易使其产生职业倦怠,导致这类教师往往在经验型教师阶段就停滞不前,很难向上有较大的突破。这类教师这时的关键,是要尽可能充分利用自己的先发优势,抓住各种有利的时机,加强系统的理论学习,全面提升自己的专业知识和理论素养,用正确的理论指导自己的实践,从而实现理论与实践的融合,创建自己的教育行动理论,否则要成为学者型教师和智慧型教师相当困难。

第三条道路是气宗派。即由新教师发展成适应型教师后,再发展成知识型教师,然后再成为准学者型、学者型和智慧型教师。这类教师发展的一个关键时期是在知识型阶段前后,教师如何正确对待外界的评价,是否能坚持自己正确的专业发展目标,将理论知识与实践需求有机结合起来,同时能否冷静地对待自己存在的技能不足的问题并加以及时弥补。

这三条道路在分化与定型阶段有不同的发展重点,或者说正是由于发展重点的不同,导致了不同教师发展的水平和类型的差异性。从现实情况看,年轻教师在这个阶段,也只有通过自己优势领域的优先发展,才能在尽可能短的时间里脱颖而出,才能有更多的发展时间、空间、机会和条件。这是由我国的人才培养政策所决定的。现行的人才培养大多是锦上添花而鲜有雪中送炭。正是在这个意义上讲,剑宗派是一条最为现实的发展之路,因为相对于经验型和混合型教师而言,经验型教师由于在这个阶段总体发展水平最为稳定而得到最高的评价,因而也就拥有了更多的发展机会和更好的发展条件。其次才是知识型教师,而机会最少的是混合型教师,因为他们始终生活在前面二类教师局部优势的阴影底下。

但教师发展的关键还是在突破与退守阶段,这个时期是教师专业发展的高原期;能否突破高原期,也是影响教师专业发展的瓶颈问题。因为在这个阶段,正如木桶理论所讲的,木桶装水的容量不是取决于最高的那块桶板,而是受制于最矮的那块桶板。而经验型教师和知识型教师如果还是原方向前进,尽管原先优势领域会有所发展,但其原先存在的不足就愈加成为制约其发展的限制性因素。因此,在这一阶段,最为重要的是以补短为重点的全面和谐发展策略,只有全面和谐的发展,才具有可持续发展的潜力和后劲。这也就是为什么到了这个阶段,不是经验型教师,也不是知识型教师,而是混合型教师专业发展速度最快,后来者居上的原因。因为在这一阶段,每个教师都面临着理论与实践、知识与技能、个体与群体、局部与整体、专业能力与专业情意的整合协调全面发展的问题。这一以补短为重点的全面和谐发展问题解决了,瓶颈问题也就突破了。一旦突破了高原期,教师的专业发展就可以"一览众山小",乘势而上,顺势而为;否则就可能"不识庐山真面目,只缘身在此山中",往往低水平重复和低层次发展,比较容易产生职业倦怠和退守行为,难以走出平庸,走向辉煌。

在专业发展过程中,每个教师都面临着发展道路的选择问题。这里我想说的是,没有最好的道路,只有最合适的道路。教师专业发展道路的选择始终是一个个性化的问题。

提高教师专业发展的水平,关键是要完善教师专业发展的教育机制,如建立完善的教师专业教育体系、开展卓有成效的培训工作、实施教师资格制度和教师专业评审制度等。专家引领和校本培训是在职教师专业发展的重要方法和途径。但由于教师专业发展的特殊性,教师主体的自主性对其专业发展就更为重要,主要表现在教师自己决定活动的目的,选择活动的方式和进程、自我监控和调节自己的活动等几个方面。教师专业自主发展的策略主要有系统的理论学习、完善的技能训练、科学的自我反思、自觉的科学研究。[①]

振兴民族的希望在教育,振兴教育的希望在教师。教师只有努力提高自己的政治素质、文化知识水平和教育教学工作能力,并且具有健康的心理和身体,才能担当起为中华民族的伟大复兴培养出德智体全面发展的社会主义建设者和接班人的重任。

◀━━学习与思考━━▶

1. 怎样正确认识教师的职业、地位和作用?
2. 教师的劳动有哪些特点?
3. 教师享有哪些权利? 并应履行哪些义务?
4. 社会主义条件下师生关系有哪些特点?
5. 如何建立良好的师生关系?
6. 教师专业发展可分哪几个阶段? 怎样提高教师的专业发展水平?

---

① 卢真金.试论学者型教师的成长规律及培养策略[J].高等师范教育研究,2001,1;31—36.

7. 案例分析题①：一天中午,读小学二年级的女儿满脸泪痕地回到家,口气坚定地表示不再去上学了。原来,那天上午,女儿在数学测试中得了 80 分,是全班最后一名。老师大怒,不仅将女儿叫到办公室斥责了一通,而且用红笔在考卷上写上了大大的"84 人 84 名"(注:该班有 84 个学生),命令女儿把考卷带回家,找家长签个意见。这一案例是一学生家长写给《人民日报》编辑部的信的摘录,请谈谈今天怎样当教师?

① 郝洪. 今天怎样当老师[N]. 人民日报(华东新闻)第 1371 期,2000－5－19.

第四编　学校教育的各项工作

第十三章
教学工作（上）

学习提要：教学工作是实现教育目的、完成德智体美劳五育任务的基本途径,学校工作必须坚持教学为主。教学过程是一种特殊的认识过程,教学过程阶段的理论为教学工作奠定了理论基础。教学原则是根据教学目的和规律制定的,也是教学实践经验的总结和概括,是教学工作的基本要求。

第一节　教　学　概　述

一、教学的意义

（一）教学的概念

教学是教师的教与学生的学的共同活动。学生在教师有目的、有计划的指导下,以教材等为中介,积极主动地掌握系统的文化科学基础知识和基本技能,发展智能,增强体质,形成良好的思想品德和审美情操,促进个性的全面发展。这种师生双边活动的过程就是教学。

教学与教育这两个概念是部分与整体的关系。教育是个大概念,包括学校培养人的全部工作,而教学只是学校进行教育的一条基本途径。除教学外,学校还通过课外活动、校外活动及其他社会实践对学生进行教育。

教学不同于智育。智育是指向受教育者传授系统的文化科学知识和技能,专门发展受教育者智能的教育活动。教学是智育的一条主要途径,但并不等同于智育。

教学也不等于上课。上课是教学工作的基本组织形式。但教学工作还包括课外辅导、作业批改、成绩检查与评定等重要环节。

（二）教学的意义

教学是学校实现教育目的的基本途径。学校要培养德智体美劳全面发展的社会主义事业的建设者和接班人,主要是通过教学这条基本途径实现的。教学是师生合作的共同活动,它使智育突破时空的限制和个体直接经验的局限,扩大了学生的认知范围,提高了学生的认识效率,使学生能在短时间内,用较少的精力顺利地掌握人类历经几千年所积累的科学知识,促进其智能的发展。教学是德育的重要途径,它既为德育提供了科学的认识基础,又包含着丰富的德育因素,是强有力的德育阵地。教学为学生的身体发展提供了有利条件,专门的体育课增强了学生的体质,并为科学地锻炼身体提供了理论知识和方法指导。教学也为学生的审美能力和劳动技术能力的培养和发展提供了有效途径。总之,教学对学生的德智体美劳诸方面的发展起着非常重要的作用,教学工作是培养人才、实现教育目的的基本途径。

学校工作要以教学为主。教学在学校教育工作中所占时间最多,涉及面最广,对学生的发展影响最全面深刻,对学校教育质量的影响也最大。因此,要提高学校教育质量,培养高素质人才,就要坚持以教学为主的工作方针。教育实践的经验和教育发展的历史告诉我们,什么时候坚持以教学为主,学校教学秩序就稳定,教学质量就提高,教育事业就健康发展,学校就能有效地实现其社会职能;反之,教学秩序就混乱,教育质量就下降。所以学校的其他工作如行政管理、总务后勤、团队工作、社会活动等,都要围绕教学工作这个中心来安排。但学校工作以教学为主,并不等于以智育为主,更不是教学唯一,学校工作要在保证教学为主的前提下全面统筹、合理安排。

教学为主还要正确处理教与学的关系。在教学活动中,教师的教是为学生的学服务的。因此不能以教师的教的价值取代学生的学的价值①,更不可以教师的教授时间挤用学生的学习时间,以教师的教学效果评价学生的学习效果,教学为主实际上强调的是以学论教、以学评教,因为学生的学习才是教学活动的最终目的,学生学习的评价也不仅仅是其知识技能掌握的水平,还包括学习经验、学习方法、学习态度和学习习惯等的养成。

二、教学的任务

教学任务是学校教育目的的具体体现。它既是教学活动的出发点,也是确定教学内容、选择教学方法和教学手段的依据。教学任务是有层次的。一般意义上的教学任务主要表现在以下几个方面:

(一)传授和学习科学文化基础知识和基本技能

教学的首要任务是传授和学习基础知识和基本技能。基础知识是教学大纲所规定的学生必须掌握的关于自然、社会和人类思维的基本知识,具体表现为各门学科教材中的基本事实、概念和定理、法则及其体系,它是一门学科知识的基本要素和基本结构。② 基本技能是各门学科中最主要、最常用的,针对特定的具体任务或问题,经过多次的练习而形成的确保达到规定目标、并合乎规定标准的操作系统。它由智慧技能、动作技能和认知策略三部分构成。智慧技能是通过练习而形成的完成一定的智力活动的能力,在加涅看来由辨别、具体事物分类、定义分类和单一规则和多条规则运用等构成;动作技能是通过练习而形成的完成一定的肌肉运动的能力,它以明显的行动表现出来;而认知策略是学生用

---

① 曾文捷.试析教学领域的文化错位[J].教育发展研究 2010,4.36—40.
② 杜威把知识分为四类:一是理智地获得的技能,即知道如何做的知识;二是熟悉了解;三是通过向他人学习而间接地获得的东西,即学问;四是理性的知识,即被归纳为普遍原理并以系统的方式联系起来的知识。认知心理学家安德森主张把知识分为两类:一是知什么的知识,即陈述性知识,这种知识包括我们所知道的事实,它可以用语言来表达和传递;二是知如何的知识,即知道如何进行的程序性知识,它包括智慧技能、认知策略和动作技能三类,它是无法言传只能体验实践而获得的知识。目前知识经济中所提倡的知识是指广义的知识,由四种类型的知识构成:一是关于什么的知识,即关于事实方面的知识;二是关于为什么的知识,即关于原理和规律方面的知识;三是关于怎样的知识即操作能力;四是关于谁的知识,即包含了特定社会关系的形成,以便可能接触有关专家并有效地利用他们的知识,也就是关于管理的知识和能力。这里我们所指的主要是狭义的知识,即陈述性知识。

来调节自己内部认知活动的技能。上述技能经过反复练习达到自动化的程度,做到迅速精确、运用自如,就成为技巧。知识是形成技能技巧的基础,而技能技巧的形成又有利于进一步理解和掌握知识,并为学生学习新知识提供条件。

(二)发展学生的智能、创造才能和体力

现代教学要自觉发展学生的智能、创造才能和体力。智能集中表现为反映客观事物的深刻、正确、完全的程度和应用知识解决实际问题的速度和质量。创造性才能是个体首创新颖的有社会价值的产品或对问题作独特解答的能力。随着知识经济时代的到来,创新精神和创造能力的培养日显重要。一个没有创造力的民族永远摆脱不了落后挨打的命运,这是历史的深刻教训。由于中学阶段是学生生理和心理迅速发展的关键时期,教学过程尤得注意学生的身心发展特点,教学不但要适应学生的发展水平和需要,切实减轻学生过重的学业负担,同时还要促使学生掌握锻炼身体的知识和技能,养成锻炼身体和讲究卫生的习惯,达到增强体质、促进发展的目的,因此教学还要十分重视发展学生的体力。

(三)陶冶学生的思想品德和美感,促进学生个性的全面、和谐和可持续发展

培养学生良好的思想品德,既是我国社会主义教育目的所决定的,也是学生自身发展的需要,更是教学工作自身规律性的体现。教师进行教学,始终会以一定的思想政治观点和道德品质影响学生,教书与育人始终是联系在一起的。教学活动中大量的审美性因素,既是进行审美教育的有效手段,更是教学活动的有机组成部分。培养学生健康的审美观念,提高其感知美、欣赏美和创造美的能力,既能陶冶学生高尚的道德情操,又能形成高雅的审美情趣,从而促进学生的身心的健康发展。

上述三项基本任务是相互联系相互促进的,其中传授和学习基础知识和基本技能是基础,发展体力是保证,思想品德教育是方向,而发展智能是核心,教学活动要着力提高学生的学习能力、实践能力、创新能力,教育学生学会知识技能,学会动手动脑,学会生存生活,学会做事做人,主动适应社会,实现个性的全面和谐和可持续发展这一理想目标。尽管这一理想目标未必能实现,或者说实现的程度会因人而异,但它始终是我们教育发展努力的方向并贯穿于教学全过程。

第二节 教 学 过 程

教学过程是在一定的时空条件下,通过一系列的教学活动分阶段完成教学任务,以实现教学目的的发展进程。它由活动的主体、活动的内容、活动的条件和方式组成。在教学过程中,教师和学生都是活动的主体,不过二者在教学过程中的地位有所不同。在基础教育阶段,教师处于主导和引领地位,学生处于服从和选择性发展的地位,这是由教师的社会角色、资历和智能水平所决定的;活动的内容以课程内容为主体,是师生在课堂教学过程中传授和学习的对象,也是学生得以发展的中介和工具;活动的条件和方式包括教学的时空条件、教学的组织形式、教学的手段和方法等。

如何选择教学过程诸多因素的优化组合模式,取得教学过程的整体最佳效果,是教学过程理论研究的中心问题,也是切实有效提高教学质量的关键。

一、教学过程的特点

(一)教学是一种特殊的认识活动

教学认识活动的特殊性表现在以下几个方面:

1. 教学内容的间接性

教学认识活动不同于科学研究活动。后者是以探究未知为主,而教学则主要是学习已知,即人类几千年文明所积存下来的真理性知识和智慧,具体体现在课程内容上。课程内容是从人类知识宝库中经过精心挑选并加以科学组织的最基本、最核心的间接经验,对学生认识世界具有普遍的指导意义。学习这种间接经验,可以大大提高学生的认识起点,缩短认识过程,发展认识能力。教学内容的间接性特点,要求我们正确处理好直接经验与间接经验的关系,遵循和贯彻直观性教学的原则和要求。要利用和激发学生原有的以生活经验和感性知识为核心的直接经验,激活旧知识,引出新知识。同时,教学活动要坚持循序渐进原则。由浅入深,由表及里,由感性到理性,使教学活动循序、系统、连贯地进行。要处理好学科知识系统、课程内容系统、学生的认知系统和教学系统之间的有机联系,做到学科知识结构、课程逻辑结构、学生认知结构、学生生理节律和教师的教学结构的和谐共振。

2. 教学环境的潜隐性

教学总是在特定的时空环境里进行,这种环境又可分为物理环境与心理环境二类。前者包括社区环境、校舍建筑、教学设备和教室布置;后者包括人际关系环境、信息交流环境、组织文化氛围、组织活动作风(校风、班风、教风、学风)等。这些因素都对课堂教学活动产生了重要的影响,但其影响方式更多的是以隐性的形式来进行的,"随风潜入夜,润物细无声"。移情体验是教学环境发挥作用的关键。

3. 教学中介的多样性

在教学活动中存在着各种各样的教学中介,如教师、教材、教学环境、教学手段和工具、学生集体等。就其性质来说,它们是中性的,关键是在何时、何地、谁以及如何用的问题。用得恰当适时、顺势适度,能发挥助力作用;反之则会起阻碍作用。病态性教学行为的出现绝大多数是这些中介性因素运用不当所致。教学中介的选择要因人而异、因地制宜,目的在于追求教学活动的最优化。

4. 教学发展的高效性

教学发展的高效性,不仅体现在学生的发展速度上,短短十几年的学校教育使学生很快由一个可能的劳动力变成一个现实的劳动力,掌握了一个社会劳动者所必须具备的知识技能、体能基础和道德素养;也落实在学生发展的深度和广度中。智力因素和非智力因素得到了协调发展;学习能力、动手能力和创新能力得到了较好的发展,个性素质得到了全面的提高。

要实现教学发展的高效性,一方面要求教师要选择一条距离最短、时间最省、速度最快、成本最低的通途,以最有效的方法,以最恰当的速度,以最合理的路径,把最有用的知识教给学生,并指导学生以最有效的方式进行知识的转化和应用,进而强化能力培养;另一方面,又要辩证认识发展的快与慢、高与低的关系，避免欲速而不达、拔苗助长、只重数量不重质量等问题。要坚持科学性、思想性和艺术性相统一的原则，要求教师以科学之真、艺术之美，并以教育之善，指导并促进学生德智体的全面发展，使之成为真善美合一的一代新人。

5. 教学主体的发展性

主体的发展性具体表现在以下几个方面：

一是教师主体的发展。随着教学经验的不断积累和教学反思的同步发展，教师的实践智慧不断养成，专业水平不断提高，教学自主权不断加强，主体意识和主体地位得到强化。

二是学生主体的发展。随着学生受教育程度的提高和身心健康发展，学生主体意识和能力也不断发展，独立发现问题、分析问题、解决问题的水平也在不断提高。

三是师生主体的互动发展。一方面，教师对学生的发展负有指导、启发、促进的责任，处于主导地位。但要发挥主导作用，教师权威是其中必不可少的条件。教师权威由角色权威、学术权威和人格权威等构成。角色权威是对学生进行教学教育的前提，学术权威是对学生进行智慧征服和吸引的基础，人格权威是教师发挥主导作用的根本。教师主导作用的结果是促进学生主体的发展。移情体验是教师主导要求内化成学生主体意识，并转化成学生主体作用的催化剂或机制。[①] 另一方面，教师和学生在教学过程中的地位也是此消彼长、动态变化的过程。学生的年龄越小，主体意识、知识、能力发展水平越低，教师的主导作用就越大，教师的教就成为矛盾的主要方面，这时教学发展处于导学阶段，教师的教决定着学生的学。只有不会教的老师，没有教不好的学生。而随着学生年龄的增长，受教育程度的提高，主体意识、知识水平和智慧的增强，教师的影响力就逐渐下降，学生开始由全盘接受发展到批判地接受的扬弃阶段，这时学生的学成为矛盾的主要方面，教学就进入学导阶段。教学过程就是这样一个从教师激发学习、引导学习、教给学习，到学生学习去学习、学会学习、主动学习、创造学习的发展过程。当然，不同学生的转化过程和发展阶段是不同的。速度有快有慢，质量有高有低，时间有迟有早，这就要求教师在促进学生由导学阶段向学导阶段的转化时，要坚持循序渐进、因材施教的原则，既把握学生整体发展水平，又照顾学生的个别差异，耐心对待每个学生的由"教"到"悟"到"化"的这一渐进过程，从而真正促进学生的主体发展。

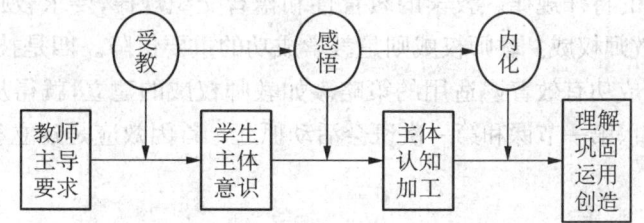

图 13-1　教学主体的发展性

（二）教学是一种情知交融的认识活动

人类的认识活动始终离不开认知操作系统和情意系统的协作与参与。以观察力、注

---

① 卢真金.教师权威论[J].浙江教育科学,1998,5.

意力、记忆力、想象力和思维力等因素构成的认知操作系统,是进行正常教学活动的前提和保证;而以兴趣、情感、意志、动机、性格、个性等因素构成的非智力因素则是教学活动的动力系统,是催化剂,后者对教学活动起着调控的作用。教学活动就是这样一种情知交融的活动。从教学活动本身来看,教学内容本身有情感,内容情感确定了教学活动赖以开展的基调;主体交往有情感,师生、师师、生生之间的情感交往,为教学活动的正常开展奠定了基础,所谓亲其师而敬其道、感其情而效其行;教学环境所赋予的情感内涵,成为教学情感培养的磁场,是产生教学移情体验的温床。

(三) 教学是一种有规可循的科学认识活动

教学活动有规可循。这是因为:①教学内容本身及其设计有规律,无论是课程的设置还是教材的编排,无论是单元课文的划分还是练习插图的设计,都有其内在的科学依据。课程设置的逻辑结构和学科教材本身的知识结构就是其内在的规律。②教师和学生的生理活动有节律。我国学者对中学生的脑力工作能力的研究表明,一周之内,脑力工作能力最高的是星期四,其次是星期二和星期六,星期三最低;一日之内,脑力工作时间最佳是上午第二节课后,其次是下午末节课后;一个学时之内,脑力工作能力有三个高峰期,第一次在第 10 分钟到 15 分钟期间,第二次在第 20—25 分钟期间,第三次在第 35—40 分钟期间。[①] 人体生理节律的变化是我们进行教学设计和教学活动的基础。③学习本身有认知规律和学习规律。不同学科其认知规律不同,导致教学方法与学习方法的不同。因此我们要注意其本身的特殊性。

认识并遵循科学的教学规律,是教学活动成功有效的保障。教学规律可以分为四种:一是共有规律,如教学的教育性规律。正如赫尔巴特所指出的,不存在无教学的教育,也不承认有无教育的教学。教学过程始终承担着教育发展的任务。二是由共有规律派生出来的派生规律。教学的教育性规律告诉我们,教学不仅培养着学生的智能,而且还培养着学生多方面的兴趣,因为人的追求是多方面的,所以教育者所关心的,也应当是多方面的,只有这样才能促进人的多方面的和谐发展。由此我们可以推断出人的全面发展的教育理念,派生出德智交织的教学规律。[②] 三是共有规律和派生规律在各个不同的社会形态、专业领域中应用而形成的特殊规律。教学的教育性和德智交织规律,要求教师应该是经师和人师的统一,要形成教师权威。教师权威则是教学成功的重要保障。四是技巧性规律,也就是一种解决特定问题成功有效普遍适用的策略。如教师权威的建立,就得从首次角色行为如第一句话、第一件事、第一节课和第一次班会活动抓起。首因效应是建立教师权威的一条技巧性规律。

(四) 教学是一种限制性的艺术创造活动

1. 教学是一种创造性的艺术活动

与科学活动不同,教学活动不是去探究和发现事物内在的秩序和联系,而是一个再现

---

① 李蔚. 中学生学习疲劳实验研究[J]. 教育研究,1994,6.

② 董远骞. 中国教学论史[M]. 北京:人民教育出版社,1998:110.

事物内在秩序和联系的过程。因此对同一对象,我们可以有不同的再现手法。教学如同文学评论一样,有一个二度创作的过程。这种创造性反映在教学过程的不同阶段:

(1) 备课是一种同质异构的艺术创造活动。不同年龄、不同性别、不同地方、不同个性、不同经历的教师即使在对同一课文进行备课时,备出的教案都会有一定的不同。这些不同,有的是教师个人的原因所致,有的是时代特征和文化传统造成,也有的是受地域文化的影响,更重要的是受学生的基础水平和当时的教育理念的限制。所以同一内容经过不同教师的艺术加工,就会产生出若干种各具特色的好教案。教案是教师在研究学生、研究教材、研究教法、研究学法基础上,进行教学预设的产物。

(2) 上课是一种异陈异现、动态生成的艺术表现活动。教学内容的呈现和陈述主要是依赖教学言语等媒体来进行的。教学言语的个性化和瞬时化,导致了教师在课堂教学中所传播的教学信息和意义的流动性和变化性,这既使教师的临场发挥和即兴创造成为可能,也使教师的教学成为一种不可重复、不会雷同、不断变化的一种异陈异现的活动。教学活动无法像自然科学那样定量化和程式化,而表现出更多的个性化艺术创造的特点。任何一种教育因素的改变,如学生不同、教案不同、教师不同、时空不同,以及教学活动的主体——教师和学生当时心境、情绪的改变、价值观和思想认识的差异都会导致产生不同的教学结果。这是由教学活动的流动性所决定的。

(3) 评课是一种"空筐"艺术。教案和课堂教学活动成为人们进行二度创作,并传播自己的教育理念和价值标准的载体。不同的人在评课时会借机生成并表达自己的不同观点和看法。从不同的标准、不同的角度、不同的经历和不同的教育观念出发,当然会得出不同的评价结论。

2. 教学活动是一种有限制性的艺术创造活动

这种限制性的因素有:成文的教育目的和公众的教育期望、教育教学制度、客观的办学条件与教学设备、师生个人的生活经历、文化背景、知识基础、技能条件与个性特征、教师职业的角色特点与道德规范等。这些因素使教师在教学的艺术创造活动中不得不成为"带着镣铐跳舞的艺术家"。

二、教学过程的基本阶段

教学工作是分阶段进行的,不同阶段的教学工作构成了一个完整的教学过程。在教育史上,中外教育家从不同角度对教学过程的阶段理论进行了系统的分析和研究,提出过多种多样的阶段理论。

(一)教学过程阶段理论的雏形

孔子总结了自己多年的教育教学经验,提出教学是学、思、行结合的过程。"学而不思则罔,思而不学则殆",强调学习的同时还必须"笃行"。荀子认为教学过程是闻见知行的过程。《中庸》则将我国古代教育实践经验概括为"博学之、审问之、慎思之、明辨之、笃行之"五个阶段。而朱熹的学生所归纳的六条朱子读书方法——循序渐进、熟读精思、虚心涵泳、切己体察、著紧用力、居敬持志,也论及了教学过程的有关问题。

在西方,古希腊哲学家苏格拉底认为,教学过程可以分为三步,首先是诘问,借机使对方认识自己的观点的混乱和自相矛盾之处;然后是归纳,使之引出明确的定义和正确的概念;最后是助产,即引导学生自行思考、得出结论。

(二) 教学过程阶段理论的建立

捷克著名教育家夸美纽斯从感觉论出发,认为知识的传授必须从感官的感知开始,然后才由想象的媒介进入记忆的领域,再后才由细微末节生出普遍的理解,最后才有对业已领会的事实的判断,这样就建立起"感知——记忆——理解——判断"的教学过程阶段理论。

赫尔巴特根据统觉心理学理论,把教学过程分成四个阶段:明了——给学生明确讲授新知识;联想——新旧知识的联系;系统——作出概括和结论;方法——把所学知识应用于实际。与这四个阶段相对应的心理状态分别是注意、期待、探究和行动。他认为这四个阶段决定着各种课堂教学的顺序。后来他的学生席勒和莱茵在其基础上发展为五个阶段,分别是分析、综合、联合、系统、方法(席勒),预备、提示、联合、总括、应用(莱茵)。"五段教学法"在 19 世纪下半叶后曾风靡世界,至今仍有深远影响。

杜威从其实用主义的哲学出发,反对赫尔巴特的以教师为中心的教学过程阶段理论,提出以"儿童为中心"和"从做中学"为基础的教学过程的阶段理论。他认为人的思维是从疑难情境趋向于确定情境的过程,这一过程一般分五步:情境、问题、假设、推理和验证。他主张教学要与思维过程相适应,教学也因此可以分为五步:①为学生创设或提供一个真实的经验情境,即学生感兴趣的活动;②使学生因此产生真实的问题,并作为思维的刺激物;③让学生占有知识资料,进行必要的观察,并设法解决这个问题;④引导学生论证假设,找到解决问题的方法;⑤让学生把设想付诸实验,检查其思维是否有效。后来杜威的学生克伯屈根据杜威的这一思想进一步具体化,提出了设计教学法,并将其教学程序分为四个阶段:决定目的——拟定计划——实施计划——检查结果。杜威学派的教学思想在 1950 年代前盛行于世界各国,至今还对欧美各国有较大的影响。

(三) 当代西方教学过程的阶段理论

当代西方教学理论对教学过程阶段的研究非常活跃。教育心理学界的实证研究更为我们今天的教学过程理论奠定了扎实的基础。下面我们选择数种流派加以简单介绍。

1. 程序教学流派

以斯金纳为代表的程序教学理论,以行为主义心理学理论为基础。他们认为,学习即刺激——反应之间联结的加强,教学的艺术在于如何安排强化。由于学生的行为深受行为结果的影响,若要学生形成某种合乎需要的行为反应,必须形成某种相倚关系,即在行为后有一种强化性的后果,倘若一种行为得不到强化,它就会消失。程序教学的教学过程就是相倚组织的教学过程。它可分为五个阶段:具体说明最终的行为表现——评估行为——安排相倚关系——实施方案——评价方案。小步子前进、呈现明显反应、及时反馈、自定学习步调是程序教学的四个要素。在具体的教学设计上,教学流程如下:

教育学

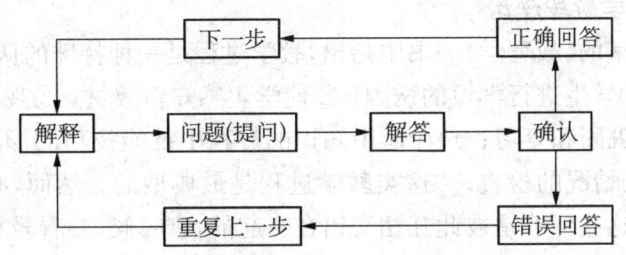

图 13-2 程序教学之流程

2. 认知教学流派

认知心理学家认为,学习的基础是学习者内部心理结构的形成和改组,而不是刺激反应联结的形成和行为习惯的加强或改变,教学过程就是促进学习者内部心理结构的形成或改组过程。其代表人物是布鲁纳和奥苏伯尔。布鲁纳认为,发展学生的智力是教学的主要目的,学科知识结构是主要的教学内容,发现法是主要的教学方法。发现教学的程序是①提出问题;②创设问题情境,促使学生形成对未知事物进行探究的心向;③提出假设;④评价、验证、得出结论。但在教学过程中,必须坚持四项原则:即动机原则、结构原则、序列原则、强化原则。奥苏伯尔认为,发现学习难以成为一种有效的首要教学手段,绝大多数知识仍然需要通过"接受式"的学习来掌握。接受学习并不都是机械式的学习,它完全可以成为有意义的学习。有意义的接受学习是一个积极主动的学习过程:①学习,即习得一定的意义,把有潜在意义的观念和信息同认知结构中有关的观念系统联系起来;②保持,即了解新旧知识的异同点,并保持认知重组后所习得的意义;③再现,把所保持的材料再现出来。然而,有意义的接受学习,必须要有潜在意义的材料和有意义的学习定向,要遵循渐进分化和综合贯通的原则,要充分强调先行组织者的作用。

3. 情感教学流派

它以人本主义心理学理论为根据,罗杰斯的非指导性教学是这一流派的代表。非指导性教学强调,学习即成为,教学即促进,促进学生成为一个完善的人。教师在教学过程中起促进者的作用。教师通过与学生建立起融洽的个人关系,促进学生的成长。这种教学过程以解决学生的情感问题为目标,通常包括以下五个阶段:①鼓励学生自由表达自己的感情,以确定帮助的情景;②鼓励学生自己来界定和探索问题;③让学生自由讨论问题,形成自己的观点;④学生自行计划和抉择初步的决定;⑤ 支持学生整合知识并付诸行动。罗杰斯认为,教师作为促进者,在教学过程中的作用主要表现在以下四个方面:一是帮助学生澄清自己想要学习什么;二是帮助学生安排适宜的学习活动和学习材料;三是帮助学生发现他们所学东西的个人意义;四是创设和维持某种促进学习过程的心理气氛,其中真诚、接受和理解是师生人际关系中最为重要的态度品质。

(四)前苏联的教学过程阶段理论

前苏联的教学过程阶段理论,对我国影响甚大。它们往往从教学的哲学取向出发,围绕教学的目的来讨论教学过程阶段的理论。

1. 凯洛夫的教学阶段理论

凯洛夫在其主编的《教育学》一书中指出,教学过程是一种特殊的认识过程,包括一系列的阶段和环节:①学生进行学习的诱因;②使学生感知新教材;③观念的形成;④概念的形成;⑤知识的巩固和复习;⑥在运用知识的过程中技能技巧的形成;⑦对于学生掌握知识、技能和技巧情况的检查。"这类教学进程是最典型的。然而,必须考虑到在实际的教学过程中所有这些环节是彼此互相交错在一起的,有时候,要看教材的内容和学生掌握这种教材的准备程度来多少改变它的顺序。"①

2. 巴班斯基关于教学过程的结构和环节的理论

巴班斯基认为,教学活动过程应该包括社会方面的成分(目的、内容)、心理方面的成分(动机、意志、情绪、思维等)和控制方面的成分(计划、组织、调整、控制)。因此,他把教学过程的结构成分规定如下:教学目的和任务、教学内容、教学方法、教学组织形式、教学结果。他认为"把教师和学生列为教学过程的直接因素是不对的。把物质条件同活动的目的、内容、形式和方法相提并论也是错误的"。教师、学生、条件都是"教学过程中发挥作用的整个体系的诸要素,但不是过程本身的直接成分"。考虑教学环节应该把内容(完成一定教学任务的工作)和活动统一起来,把师生的相互作用包括进去,他提出的教学过程最优化程序,分为四个阶段:①综合设计教学任务,使任务、内容具体化,重在备教材、学生和教学条件。②选择最合适的解决教学任务的方案,作出教学法决策。③实施所选定的方案,按控制与自我控制的联系,组织一轮完整的教学过程。制定计划、执行计划和效果分析是三个相互联系的工作程序。在执行过程中,须将提出学习任务、激发学生的学习动机、组织落实计划、检查活动进程和效果及调整方案计划四个环节统一起来。④按最优化的标准,从时间和效果两个维度,分析教学结果。

3. 达维多夫的发展性教学阶段理论

达维多夫从他的学习活动理论出发,指出传统的学习活动是以形式逻辑为基础,因而形成的是经验型思维和经验型知识,而名副其实的学习活动则以辩证逻辑为基础,因而形成的是理论型思维和理论型知识。这种以内容抽象、内容概括和理论概念为中介的理论性知识为内容的发展性教学,有两个明显的特点:一是从一般因素向局部因素运动,二是辨明所掌握的概念的产生条件。其阶段可分六步:①改造任务的条件,以便发现被研究客体的普遍关系;②把已辨出的上述普遍关系用实物、图表、字母的形式体现为模型;③改造上述关系模型,以便研究这个关系的纯粹属性,即构成解决局部任务的一般方式;④采用一般方式来解决局部性任务,并将这些任务构成一个体系;⑤检查上述诸步行动的完成情况;⑥对作为该项学习任务的解决结果的那个一般方式的掌握情况加以评价。②

4. 克拉耶夫斯基的教学过程阶段理论

克拉耶夫斯基认为,教学过程可分内部和外部两个方面。内部方面是学生个人掌握社会经验的那个有组织的、反映掌握逻辑的过程。这个逻辑就是如下三项式:①学生接触学习内容的本质;②把该内容构建为带个人主观色彩的整体模型;③把该整体模型重新

---

① 凯洛夫等.教育学[M].北京:人民教育出版社,1975:134—135.
② 达维多夫.发展性教学问题[M].王义高等译.南昌:江西教育出版社,1996.19.

改建为终结性模型。外部方面则是师生旨在为实现内部方面而创设条件的种种活动，它有两项任务：一是为年轻一代参加未来生活（包括劳动）作准备性训练，二是吸引他们实际参加眼前的社会生活。教学过程可分三个阶段，分属课内和课外两个时段进行：第一阶段是使学生了解教养内容，第二阶段是组织学生的学习实践活动，使之能在复现和创造层次上运用所学知识，它们均属课内时段。第三阶段是把所学知识运用于生活实践中，并培养更高的责任心、创造性和自我监督能力，这属课外时段。课内时段，教学起主导作用；课外时段，教育起主导作用。[①]

（五）我国关于教学过程阶段理论的探索

我国关于教学过程的阶段理论，有三个分支：一是主要继承了赫尔巴特、凯洛夫学派的思想，如"四阶段说"和"六阶段说"；二是对以杜威为首的进步主义教育思想和程序教学理论的改造与发展，如卢仲衡的"自学辅导"教学；三是对我国多年的教学传统和经验的反思，并结合当前教育教学的实际加以改造，如李吉林的"情境教学法"、魏书生的"六步教学法"和黎世法的"六课型单元教学法"。下面依次择要简述。

1. "六阶段说"

我国出版的多数教育学著作，都认为教学过程是一种特殊的认识过程。学生掌握知识和技能一般包括引起求知欲、感知教材、理解教材、巩固知识、运用知识、检查知识技能和技巧六个阶段。尽管有些教材对这六个阶段或去其首尾，或去其一二，成"四阶段说"和"五阶段说"，但其实质一样，都是对赫尔巴特、凯洛夫学派的思想的继承和发展。这种理论在我国很有代表性，对我国教学理论与实践影响深远。

2. 卢仲衡的"自学辅导"教学

自学辅导教学是在验证程序教学实验的基础上，由我国学者卢仲衡经过多年的学科教学实验发展而来。它强调课堂要在教师的指导和辅导下，以学生的自学为主，通过课本、练习本和答案本进行自学、自练和自批作业，从而培养学生的自学能力，促进学科全面发展。自学辅导教学的教学程序为：①启（发），就是从旧知识引进新问题，激发学生的求知欲望，使他们有迫切需要阅读课本和解决问题的要求；②（阅）读，就是阅读课文；③练，即练习；④知，即当时知道结果，及时反馈；⑤结，即小结。启发和小结是教师面向全体学生进行的，这里的关键是教师要把握住教材的重点、难点、疑点和关键，要善于随机应变；教师要保证学生每节课有 30—35 分钟的自学时间，尽量做到不打断他们的读练知交替活动。这样，每节课学生以视觉为主，动手、动脑、动耳又动口，多感官相互作用，各皮层区域交替兴奋，效率就会较高，效果就会较好。

3. 魏书生的"六步教学法"

魏书生认为学生的知识、智力和能力的发展主要靠自学，学生走向社会后主要学习途径也是自学。因此教学改革应着重研究如何引导学生学习新教材，培养学习能力。他认为课堂教学主要可分以下几个环节：①定向，即明确本节的重点、难点，事先告诉学生，使学生心中有数，方向明确；②自学，即学生根据重点难点，进行自学，自己寻找答案；③讨

① 克拉耶夫斯基，王义高. 教学过程的理论基础[M]. 南昌：江西教育出版社，1996：20—21.

论,把自学中没有解决的问题,由学生共同讨论,寻求答案;④答疑,把经讨论仍未解决的问题交老师解答;⑤自测,即根据定向指出的重点难点,自拟一组十分钟的自测题进行自测,自己评分,自己检查学习效果;⑥自结,即由学生自己总结这节课的收获,从而及时强化所学的知识。

上述各种观点,都从不同角度对教学过程的阶段理论进行了深入的研究,都丰富了我们对教学过程理论的认识。然而,每一种理论的产生都有其特定的历史条件和社会背景,都有其固有的局限性,为此教师要根据教学的内容、学生的特点、教学的目的和任务、教学的环境和条件等,科学选择、灵活运用,并在教学实践中不断丰富和发展。我们主张在马克思主义认识论的指导下,让教学过程的阶段理论呈现多样化的局面,不搞单一化、绝对化。

第三节　教学过程的原则

教学原则是教学工作必须遵循的基本要求,是根据教育目的和教学过程的规律制定的,也是教学工作实践经验的总结和概括。教学原则既指导教师的教,也指导学生的学。正确贯彻教学原则,是完成教学任务的重要保证。现阶段我国中学教学原则主要有:

一、科学性与思想性相统一原则

科学性与思想性相统一原则,要求向学生传授反映客观实际的真理性知识和实际有用的知识技能,使教学内容具有严密的科学性;并在整个教学过程中结合知识技能的传授,对学生进行思想品德教育,使教学具有教育性,并将两方面有机地结合起来。

科学性与思想性相统一原则,是教学的教育性规律的反映,也是社会主义教育目的的基本要求。坚持科学性和思想性相统一原则,有利于正确处理掌握知识技能与提高思想品德的辩证关系,有利于学生在德、智、体、美、劳几方面的全面发展。

贯彻科学性与思想性相统一原则的要求是:

(1) 以符合科学要求的内容、方法和组织形式进行教学。教学内容要反映当代科学的最新成果。概念的表述、所作的论证及事实的阐述必须准确严谨,培养学生实事求是、尊重科学的态度。教学方法、教学组织形式的选择要遵循教育学、心理学原理,不仅要有利于学生正确高效掌握知识,更要教会学生掌握发现问题、分析问题、验证理论的科学方法,使他们学会学习。

(2) 根据各门学科的性质和特点,发掘教学内容的思想性。各门教学内容所蕴藏的思想因素是多层次、多方面的,是具有不同水平的。各科教学要从本学科自身的性质和特点出发,有所侧重,学科之间相互补充,从而构成一个完整的立体教育网络。教师要善于分析和挖掘教学内容中的思想教育素材,有的放矢,顺势而为,发挥科学知识的教育力量,重视培养学生的人文精神,在理性的知识传授中提高学生的认识水平,培养正确的世界观和方法论。

(3) 在教学活动过程中进行思想品德教育。无论在课内还是在课外,无论在教学活动还是在学习和研究活动，无论是教学的哪一环节，都要重视人生观和道德品质教育。思想品德教育的内容有马列主义、毛泽东思想和中国特色的社会主义理论的教育，无产阶级爱国主义和国际主义教育，革命传统和共产主义理想教育，人生观教育、学习的目的性教育、道德品质教育等。要从大处着眼，小处着手，从具体的行为规范培养入手，从我做起，从现在做起。

（4）教师要不断提高自身的思想水平和道德修养，率先垂范，以身教人。教学相长，不仅表现在知识技能方面，也表现在政治思想、道德品质方面。教师高尚的师德是一种强大的教育力量，会对学生产生深刻的影响。

二、理论联系实际原则

理论联系实际原则，是指教师在教学过程中要密切结合实际，讲清基础理论，使学生掌握系统的现代科学知识，培养学生运用知识解决实际问题的能力，达到学懂会用、学以致用。

理论联系实际原则是根据辩证唯物主义认识论和教学活动的特点提出的。由于学生正处于成长发展过程之中，其知识水平和认识能力相对较弱，再加上他们所学的书本知识主要是抽象的间接经验，学习缺乏必要的知识基础和直接经验，因此，教学应注意理论联系实际，正确处理好教学中的直接经验与间接经验、感性认识与理性认识、讲与练、学与用的关系，使学生掌握比较全面的科学知识，发展能解决实际问题的技能和技巧。

贯彻理论联系实际原则的要求是：

（1）正确处理理论知识与实际经验之间的关系。系统的理论知识的学习要以学生原有的知识基础和经验为起点，要以知识结构的更新和理论知识的系统掌握为目标，要正确认识科学理论在实践中的指导作用；要引导学生学懂理论、学好理论，成为指导自己实践的思想武器。同时，教师必须明确认识到，教师所传授的系统理论知识也只有经过实践的过程才能真正为学生所接受和内化，才能成为学生主体思想观念、能力的一个有机组成部分，成为认识自然、认识社会的强有力工具，才能真正转化成一种生产力。因此，教师在教学过程中要正确处理好直接经验与间接经验、感性认识与理性认识、实际经验与理论知识之间的关系。

（2）理论联系实际可以有多种多样的方式。教师可以联系学生原有的生活经验、已有的知识、能力、志趣、品德的实际，可以联系科学知识在生产建设和社会生活中的运用实际，可以联系当代最新科学成就的实际等。在教学中教师联系实际的方式有：讲解过程中的举例与演示，适当补充乡土教材，练习、实验、实习、参观等教学实践，课外活动、校外活动和其他社会实践活动。无论教师采用哪一种方式，都必须有明确的教学目的，要有利于学生了解和掌握系统的科学理论知识，要促进学生的书本知识向实践能力的转化，促进学生动手能力和创造能力的发展，要加深学生对我国国情的了解和社会责任感的增强。

三、因材施教原则

因材施教原则，是指教师要从学生的年龄特征、个别差异出发，有的放矢地进行教学，使每个学生都能扬长补短，在原有的基础上有所提高，尽可能获得最佳发展。

因材施教一词，最早见于朱熹的概括："孔子教人，各因其材。"由于学生的潜能及其身心发展的个别差异性，再加上社会发展要求的复杂性和多元性，就要求我们改变单一齐整的教学局面，坚持因材施教的原则。

贯彻因材施教原则的要求是：

1. 研究了解与科学诊断相结合，是因材施教的基础

由于社会发展变化的急剧性、学生发展的不可逆性和复杂性，教师影响导向的深远性，都要求教师在施教之前，必须深入观察、全面系统地了解学生，细心研究每个学生的个性特征、心理倾向，以及学习、生活的各方面情况，并利用有关工具进行科学的诊断，从而使自己的教学能从学生实际出发，做到有的放矢。在此过程中，教师必须时刻保持一种警醒反思的心态和高度的责任感，切忌主观武断乱贴标签，看死学生，看扁学生，误导学生，而成为"扼杀"学生发展的"凶手"、社会的"罪人"。

2. 全面发展与因材施教相结合，是因材施教的保证

要全面实现我国社会主义学校的教育目的，就要对学生在德智体美劳几个方面严格要求。中小学教育是基础教育，学生潜能的开发，知识技能的全面掌握是其今后发展的基础。任何一门学科的偏废都会影响其今后的发展，就好像一只木桶，其装水的容量不是由最高的那块桶板所决定，而是受最矮的那块所制约。其实，就基础教育阶段的各科内容及其相应的标准和要求而言，除了极少数存在智力障碍的学生之外，都不存在学不了、学不好的问题；没有学不好的学生，只有不会教的教师。全面发展不是不可能的。因材施教并不等于鼓励学生的偏科发展，如果违背了全面发展的教育方向，因材施教就会演变成马克思主义所深恶痛绝的片面发展。因材施教强调要正视学生在成长过程中表现出来的才能和品德的差异，要允许其不同发展水平、发展方向和发展速度的存在，在此基础上区别对待，差异发展；强调要给学生以尽可能多的发展时间、空间和机会，从而使学生成为各种类型的全面发展的人才。台湾学者何福田教授在其《三适连环教育》一书中，提出了实施因材施教的具体策略，主张适性教育丢不得、适量教育比不得、适时教育急不得。[①] 所构建的三适连环教育理论，增强了因材施教的可操作性，进一步丰富了因材施教的内涵[②]。

3. "大面积丰收"与培养尖子相结合，是因材施教的目标

"大面积丰收"指教学要面向全体学生，根据教学计划的要求，保质保量地完成教学任务，达到多出人才、出好人才，提高民族素质的目的。尖子学生为数不多，他们是国家的宝贵财富，尤其在知识经济社会，更需要培养具有创新精神的知识精英和实践精英。因此，教师在教学中要善于发现和培养尖子，对他们可采取灵活的课时计划和教学措施，鼓励他们尽快发展。"大面积丰收"与培养尖子是一个普及和提高的关系。尖子是在"大面积丰收"的基础上产生的，反过来又可带动"大面积丰收"。

四、循序渐进原则

教学的循序渐进原则，是指教学要根据教材内容的逻辑结构，学生认识能力的发展和

---

① 何福田. 三适连环教育［M］.杭州:浙江教育出版社,2009:157—181.
② 卢真金. 一种经典教育思想的实现［N］.中国教育报,2009-11-3(12).

教育学

掌握知识的顺序,快慢适度地进行,使学生掌握比较系统的知识技能。

教学必须循序渐进,这是长期教学实践反复证明了的。《学记》强调"学不躐等","不陵节而施",否则"杂施而不孙,则坏乱而不修"。朱熹把循序渐进当作最重要的读书法。夸美纽斯主张"应当循序渐进地学习一切"。

循序渐进的原则,是由科学知识本身的系统性和严密性所决定的。其次还由于学生认识能力的发展存在着生理活动的节律性和心理发展的阶段性,此外学生认识活动进程本身也是有序的,是由简单到复杂,逐步深化的。因此,循序渐进的"序",既包括教材内容的逻辑顺序,学生生理节律的发展之序,学生认识能力发展的顺序和认识活动本身之序,是四种顺序的有机结合。只有循序渐进,才能使学生有效掌握系统的知识,发展严密的思维能力。

贯彻循序渐进原则的要求是:

1. 正确处理五种序之间的关系

教师的教学顺序要以学生的生理发展节律为基础,要考虑学生身心发展的阶段性特征;要以教材的逻辑顺序为主导,同时尽可能结合学生的认识能力和学生的认识顺序的发展,做到五序合一。这种结合的结果,使教材有关部分结构发生相应的变化,并以最有利于学生学习掌握和发展的方式在教学过程中体现出来。这样的教学既照顾了学生的身心发展的特点,不至于使学生因过度疲劳而对学习失去兴趣,影响其身心健康发展;同时也考虑了学生年龄发展阶段的特征和认识能力发展的规律,充分顾及了学生认识活动的特性,因而保证教学高速有效地进行。

2. 适时而教

教学活动总是在一定的时间和空间内进行的,教学内容只有通过一定的教学组织形式和活动方式并落实在特定的时空中,才能产生教育作用。作为一种必不可少的重要的教育资源,时间是影响教学活动的重要因素。循序渐进就要求加强课堂活动的时间设计和管理,做到适时而教。所谓适时,主要表现在五个方面:一是发展上的适时,即能够按学生身心发展阶段适时给予学习的机会,既不过早也不过晚;二是起点行为的适时,即开始学习某一特定知识单元时,刚好正是学生具备特定的起点知识、技能和态度的时候;三是及时,即在最适当的时间把握时机,并以最适当的方式及时引导学生获取最佳学习效果;四是进度上的适时,即能够将一系列的学习单元以适当的速度,在适当的时间逐个进行教学;五是管理上的适时,即在适当时机对学生进行指导、辅导和管理。[①]

3. 系统地传授新知识

在教学过程中,教师要做到:加强新旧知识的联系,以旧带新,以新固旧;要突出重点难点,做到主次分明;教师要随时指导学生对所学的知识进行及时的归纳整理,进行认知结构的重组;教师在讲课时既要注意本门学科的逻辑顺序,又要关注相关学科之间的横向联系。值得注意的是,循序渐进并不等于单向的直线前进,尽管教材中前面知识是后面知识的基础,后面知识是前面知识的继续和扩展。但是,由于教材结构本身的复杂性和学生学习发展的多端性,有时学生也可以跳过前面的一些难点内容,先学后面的其他知识,而

---

① 田慧生,李如密. 教学论[M]. 石家庄:河北教育出版社,1996:316.

后面知识的掌握反过来会加深学生对前面知识的理解。渐进中有跳跃,条理化之前是零乱,系统之前是无序,教学工作正是通过渐进、条理、系统的过程来促进学生的发展的。

4. 循序渐进还要注意教学环节之间的衔接

无论是旧知识的复习检查,还是新知识的系统传授,无论是教师的课堂教学还是学生的作业练习,都要循序渐进地进行,并注意培养学生良好的学习习惯。系统的学习习惯包括合理地计划学习活动,编制有逻辑结构的答题计划,善于把学到的新知识纳入到已有的知识体系中,系统地检查自己的学习,并及时加以强化。

五、最优化原则

教学最优化原则,是指教师在教学过程中,以明确的质量意识和效率意识为导向,对教学效果起制约作用的各种因素,实行优化组合、综合控制,以最低的投入,取得最佳的教学效果。

教学最优化原则,是以教学效果取决于教学诸因素构成的合力为依据的。教学最优化主要有两个标准,一是同样的投入有更多的产出,二是同样的产出只需更少的投入。这表现在教学活动中就是要充分考虑教学的时间资源、人力资源和物质资源的优化配置,以取得最大可能的教学效果。

贯彻教学最优化原则的要求是:

1. 在确保质量的前提下提高教学效率

教学质量不仅是指教师是否完成了教学的目的和任务,而且包括教师通过教学活动影响学生身心发展的程度。教学质量是教学活动有效性的检验标准。在注重质量的同时,教师还要树立效率意识。学生负担过重的问题,究其主要原因,就是教师习惯于传统的题海战术、时间战术,认为只要时间投入多,作业量大,学生的考试成绩就会提高,而忽视了学生身心负荷的可接受程度和时间资源的有限性。

2. 全面考虑教学中的各个因素

教学活动中的中介性因素有很多,各个因素之间组合配置的策略也多样化,要想取得最优化的整体效果,应在全面规划教学任务的基础上,使教学的各个要素按照它们内在联系的规律性合理地加以配置。这样,把每一个局部因素,综合到教学过程的整体结构之中,既充分发挥它们各自作用,又使教学取得最优的整体效果。

六、直观性原则

直观性原则,是指在教学过程中,教师通过语言的形象描述,或组织学生直接观察所学事物,或与学生的身边生活紧密联系,引导学生形成有关事物、过程的清晰表象,丰富他们的感性认识,从而为学生正确理解书本知识奠定基础,并发展其认识能力。

在教育史上首先明确提出直观性原则的是捷克教育家夸美纽斯,他说:"知识的开端永远必须来自感官。""在可能的范围内,一切事物都应该尽量地放到感官跟前。"如果得不到实物,就用图像、模型等直观教具代替。他认为这是教师教学的"金科玉律"。

直观性原则是根据教学过程的认识规律和学生认识活动的特点提出来的。教学中贯彻直观性原则,有助于提高学生的学习兴趣和积极性,有利于学生对书本知识的理解和概念的形成,并发展认识能力。

贯彻直观性原则的要求是：

(1) 直观教学要与学生的生活相联系。国内中学物理教材对"分子运动"内容的介绍都是从"布朗运动"开始的,而国外则大多从厨房讲起[1]。例如,孩子放学一回家,就知道晚上有好菜了,妈妈正在烧红烧肉,为什么? 因为酱油分子和肉分子钻进了鼻子里。这时再来讲分子运动,就能激发学生的兴趣,降低理解的难度,引导学生养成良好的观察习惯,尝试结合生活经验来理解学习的内容,用学过的知识来解释身边的现象,学习效果就好。

(2) 直观教具的选择和运用,要以教学目的、教材内容的特点和学生已有的知识经验为依据。教师必须明确,直观是手段,不是目的;直观是为了帮助学生获得必要的感性经验,以便形成科学概念,不能为直观而直观。运用时,要把握好直观材料呈现的时机,要以教学进程的需要和有利于集中学生的注意力为原则,不要使之变成干扰性因素;要根据教学需要,注意运用各种变式;要尽可能地引导学生多种感官的参与;还要根据具体情况选择不同的直观方式,或者是实物直观,或者是模型直观,或者是语言直观。

(3) 直观教具的演示和现场的观察,要与教师的言语指导相结合。教师要用确切的指导语,指示学生必须明确感知的目标;对于复杂的事物,教师要指导观察的步骤;对于学生容易忽略的地方,要进行适当的提示;进行对照性观察时,教师要引导学生进行对比。

(4) 指导学生自制直观教具和学具。这不但对于节约经费,满足教学工作的需要有重要意义,而且能培养学生的实际动手和操作能力,鼓励学生创造精神的发展,同时对树立学生的劳动观念、创造观念也有十分重要的意义。

七、启发性原则

启发性原则,是指教师在教学过程中要充分发挥教师的主导作用,最大限度地调动学生学习的积极性、自觉性,激发思维活动,引导学生主动探求知识,发展分析问题解决问题的能力。

我国古代教学素有注重启发的传统。孔子提出"不愤不启,不悱不发",强调启发教学的最佳时机在愤悱之时,也就是当学生产生某种强烈的欲望和需要之时。《学记》提出,教学要"道而弗牵,强而弗抑,开而弗达",认为只有这样才能"和易以思",达到"善喻"之境。古希腊苏格拉底把启发式谈话法称为"产婆术",主张通过诘问和对话,激发诱导学生自行得出结论。

启发性原则是在继承有关启发教学的优秀遗产的基础上,根据学生的认识规律,在现代心理学和教学实践经验的基础上提出来的。学生的认识过程,是在教师指导下进行的能动认识过程,没有教师的指导,学生的学习就不会迅捷和高效;没有学生的主动性、积极性,教师所传授的知识经验也不可能转化为学生自己的精神财富,成为自己主体知识结构和能力的一部分。

贯彻启发性教学原则的要求是：

---

[1] 张绪培. 对创新人才培养的四点思考[J]. 教育发展研究,2010,6,47.

1. 激发学生正确的学习动机

"动机"一词,就是用来说明学生发动和维持某种学习行为以达到一定目标的各种因素的一个中介变量。一般说来,它涉及兴趣、需要、驱力、诱因等现象。动机有广义和狭义之分,有近期长远之别。如出于对祖国、对人民的责任感,为了集体的荣誉,这类动机是比较稳固的、长远的,是广义的动机,能在长时间发挥作用;如果是为了得到教师父母的表扬、物质的奖励,避免责备,或者为了争取好分数,或者是因为对学习内容直接感兴趣等等,这种动机与学生的上进心、自尊心、荣誉感联系在一起,是近期动机,在较短时间内发生作用。长远动机使学生的学习活动具有一定的方向和意义,近期的动机则起着直接推动作用,二者的结合是活动的极大推动力。激发学生的学习动机,一要提出明确而又适度的期望和要求,二要给予清楚而又及时的反馈,三要注意评估、反馈和奖励的频率,四要了解学生对奖励的估价,五要使所有学生都有奖励的可能性。[①]

2. 启发学生积极思维,培养主动探究精神

学生的积极思维总是从遇到疑难的问题开始的。疑难问题使学生感到一种压力和焦虑,从而就产生了解决问题消除压力的努力,就有了积极学习的动机。因此,教师要善于创设疑难情境,启发学生发现问题,思考问题。例如,一位教师在讲"磨擦力"一节时,一开始就提出:"把一只一吨重的铁球放在地面上,一只蚂蚁能不能推动它?"学生笑着齐声回答:"推不动。"教师接着说:"如果地面非常光滑呢?"有的学生坚持说:"推不动。"这时,有一位学生从教师说的地面非常光滑中得到启发,恍然大悟地说:"推得动推不动,不是看铁球的重量,主要看它与地面的磨擦力有多大。"这样的教学,既形象地使学生明确了科学的物理概念,排除了日常生活中存在的"物体能否运动,取决于其重量与推动力大小"的错误观念,又活跃了学生的思维。教师创设疑难情境常用的办法有三种:①布置活动性作业,使学生产生教学中需要解决的问题。②向学生提出用以前掌握的知识不能直接解释的一些事实,制造新旧知识间的矛盾。③教师提出启发性问题,引导学生思考。李吉林老师认为,激疑的情境是多种多样的,有"生活显示情境、实物演示情境、音乐渲染情境、图画再现情境、扮演体会情境、语言描绘情境"。[②]

3. 教给学生正确的思维方法,养成良好的思维习惯和思维能力

教师在教学过程中要联系教材实际,按照思维规律,引导学生学会分析与综合、抽象与概括、归纳与演绎等思维方法,鼓励学生创造性思维的发展。教师要有意识地引导学生用所学的知识、所掌握的思维方法去分析和解决实际问题。促进思维的广阔性、独立性、深刻性、灵活性和敏捷性等。

4. 发扬教学民主,形成良好的师生关系

学生不是一个被动的接受知识的容器,而是认识的主体。教师传递的知识内容和主导性要求,要转变为学生的主体性知识和能力,必须经过学生主体意识选择和认知加工过程,方能实现由教到悟到化的转变。只有建立民主平等的师生关系,创造鼓励学生发表不同见解、允许学生向教师质疑问难的教学气氛,形成教学相长的教学风气,学生才能积极

① 施良方.学习论——学习心理学的理论与原理[M].北京:人民教育出版社,1992:490—491.
② 李吉林.从整体出发,着眼儿童发展[J].教育研究,1985,6.

参与教学活动,敢于发表自己的见解,使自己的聪明才智充分发挥出来。教师的主导作用体现在学生主体作用的激发上,表现在学生的主体能力的发展过程中。

八、巩固性原则

教学的巩固性原则,是指学生在理解的基础上,将知识、技能牢固地保持在记忆中,达到灵活运用的程度。

巩固性原则是根据教学任务提出来的。如果学生学过的知识、技能学后就忘,就是没有完成教学任务。巩固性原则也是根据认识规律提出来的,学生总是运用已有知识去理解新知识,进而运用知识、解决问题的。

历代教育家十分重视知识的巩固问题。孔子主张"学而时习之","温故而知新"。朱熹提倡"熟读精思"。夸美纽斯更是有过形象的比喻:如果只顾知识的传授而忽视巩固,就好像水泼在米筛上,最终将一无所获。而俄国教育家乌申斯基认为,复习是学习之母,如果学习不注意及时巩固知识,就好像醉汉拉货,边拉边丢,到家时会所剩无几。

贯彻巩固性原则的要求是:

(1)理解是巩固的基础。学生掌握知识的牢固程度与其对知识的理解程度密切相关。没有对知识的真正理解,就没有对知识的牢固记忆。因此,教师在讲授时,要条理清楚、重点突出,力求使学生感知清晰、理解深刻,以便达到懂得深、记得牢的效果;还要使学生学会理解的记忆,在领会新旧知识联系的基础上记忆,防止呆读死记。

(2)复习是巩固的主要方法。学生通过系统的复习,不仅能巩固已学过的知识,检查纠正记忆中的错误,而且使知识系统化。教学中的复习有随堂复习、课后复习、阶段或单元复习、期末总复习等多种形式,教师应根据教学的需要,有计划有组织地安排学生复习。

(3)记忆是巩固知识的有效保证。教师指导学生掌握记忆的方法,形成适用于自己的科学记忆方法,提高记忆能力。

(4)实际运用是巩固知识的有效途径。俗话说"眼过千遍,不如手过一遍"。实践证明,记忆对象成为实际运用的对象或实际活动的结果时,记忆效果就会明显提高,这是由于学习者思维积极参与的结果。

学习与思考

1. 什么是教学?学校工作为什么要以教学为主?

2. 教学要完成的任务有哪些?

3. 试分析和研究教学活动的基本特点。

4. 为什么说处于主导地位的教师不一定能发挥主导作用?

5. 学生在什么样的条件下才能成为学习的主人,发挥其主体作用?

6. 关于掌握知识的基本阶段理论有哪些观点?请结合自己的学习实际加以分析和讨论。

7. 什么是教学原则?教师在教学中应遵循哪些教学原则?

8. 根据教学原则的有关内容,选择一节课进行案例分析。

9. 在课堂教学中如何实现教学的科学性与思想性的统一?

10. 用所学的知识分析"接知如接枝"所包含的教学原理。

11. 如何正确认识和处理培养尖子与大面积丰收的关系?
12. 案例分析:

上《鱼》一课时,李老师事先在水盆里放了一条活鲫鱼,让学生仔细观察鱼的形状、鱼的表面、背鳍、胸鳍、尾鳍。然后,问学生种种鳍的作用是什么。学生一下子被问住了。这时,教师用胶带将鱼的尾鳍粘牢,结果学生发现鱼无法在水中前进了,他又把胸鳍用胶带粘牢,结果鱼体在水里失去平衡,再把背鳍用胶带粘牢,鱼只能一动不动地在水里喘气。通过观察,学生明白了各种鳍的作用。

这个案例说明了一个什么道理?

第十四章
教学工作(中)

学习提要：教学方法和教学组织形式是教学过程的基本要素，选择运用的恰当与否直接关系着教学工作的成败和效率的高低。教学活动是一个完整的系统，由备课、上课、课外作业、课外辅导和学生学业成绩的评定等环节构成，明确教学各环节的功能和质量要求，有利于提高教学质量。

第一节 教学方法

一、教学方法概述

教学方法是师生为达到一定的教学目标而采取的相互关联的内隐和外显的动作体系。它受教学理论的指导，受教学内容和对象的制约，是实现目标的手段，是根据一定的规则而确定的有计划的一连串行为或操作体系。

教学手段是师生教学互相传递信息的工具、媒体或设备。[①] 教师在教学过程中必须借助某种有效的教学手段，才能有效运用教学方法。

教学方法是教学过程整体结构中的一个重要组成部分，直接关系着教学的成败、效率的高低和把学生培养成什么样的人。教学过程是"借助以目标为最高基准点的目标——内容(教材)——方法这一独特的教育学范畴体系来铸造的"。"教学方法首先受目标——内容关系制约的。"[②]

在教学中，存在两种对立的教学方法的指导思想。一是启发式，一是注入式。启发式强调教师把学生看成是学习的主体，从学生的实际出发，采取一切有效的形式和手段，调动学生学习的积极性、主动性和创造性，教给学生科学的学习方法，培养学生的学习能力，发展其智力，变苦学为乐学，变被动地学为主动地学。学校成为学生生动活泼、全面发展的乐园。注入式则把学生看成是没有主观能动性的单纯接受知识的容器，教师的教只从主观愿望出发，向学生灌输知识，很少考虑学生的接受水平和兴趣需要。在教学中，教师仅起信息的载负和传递作用，学生则起接受贮存作用。在这种思想指导下的教学成为记诵式教学，学生机械学习、死记硬背，教师一味灌输，不讲效率，导致学生课业负担过重，产生苦学、厌学、流学、逃学的现象。有的教师简单地把教学方法的某些表面形式作为判别

① 王策三.教学论稿[M].北京：人民教育出版社，1985：258.

② ［日］佐藤正夫.教学论原理[M].钟启泉译.北京：人民教育出版社，1996：244—245.

启发式注入式教学的标志，认为凡是课堂上采取提问的教学就是启发式，教师一讲到底就是注入式，这完全是对启发式教学的误解。判别一种教学是启发式还是注入式，关键在于是否充分调动了学生学习的积极性和主动性，即学生主体作用发挥的程度。

二、常用的教学方法

（一）讲授法

讲授法就是教师通过口头语言并结合运用无声言语及其他媒体工具，向学生系统地传授文化科学知识，发展学生能力的方法。由于语言是交流思想、传递经验、传播文化的主要工具，所以讲授法是教学的一种主要方法。即使运用其他教学方法，也都需要一定的讲授相配合。

讲授法具体又可分为讲述、讲解、讲演、讲读四种方式。

讲述是教师运用具体生动的语言对教学内容作系统叙述和形象描绘的一种讲授方式。一般在语文、历史、政治等人文学科教学中用得比较多。讲述又可分为科学性讲述和艺术性讲述两大类。[①]

讲解是教师运用通俗易懂、科学准确的语言对教材内容进行解释、说明、论证的一种讲授方式。一般用在数、理、化、生物、计算机等自然学科教学中。它和讲述的主要区别在于，讲述偏重叙述与描绘，强调形象生动、妙趣横生；讲解则注重解释、说明和论证，主要用于说明解释推算概念、公式和原理。

讲读是教师把讲述、讲解同阅读教材有机结合，讲、读、练、思相结合的一种讲授方式。一般用于语文、外语课的教学之中，但也可用于数理化等其他学科的教学中，讲读便于培养学生的语感和自学能力，培养学生的移情体验能力，强调"读书百遍，其义自现"。

讲演是以教师的演说或报告的形式在较长的时间里系统地讲授教材内容，条分缕析，广征博引，科学论证，从而得出科学结论的一种讲授方式。由于讲演时间长，需要知识面广，对教师的语言技能要求高，因此难度较大，在中学教学阶段用得相对较少。

讲授法是学校教学中最常用的方法之一。它在课堂教学中所占时间最多。美国教学研究专家弗兰德斯在大量课堂观察研究的基础上，提出了"三分之二律"，即课堂时间的三分之二用于讲话，讲话时间的三分之二是教师讲话，教师讲话时间的三分之二是向学生讲话而不是与学生对话。[②] 我国学者的研究也表明，教师的讲授占课堂时间的 65% 左右。正确有效的讲授，可以使学生在很短时间内获得大量的系统连贯的知识；同时也便于教师按照教学计划有条不紊地完成教学任务，充分发挥教师的主导作用。但若使用不当，讲授法就容易变成独角戏，变成满堂灌和填鸭式的教育。

影响讲授效果的因素有以下几个方面：一是语音语速和语流。研究表明，讲普通话的教学效果优于讲当地方言；教师语流的流畅性与学生的成绩有正相关；语速的过快与过慢也会影响学生信息接收和加工的效果。二是用词的精确性与模糊性。有人曾总结教师用词模糊与学生成绩之间关系的 10 项研究结果，发现其中有 8 项有显著相关，其显著水平

---

① 董远骞，卢真金等. 教学的艺术[M]. 北京：人民教育出版社，1993：139.

② Anderson, L. W., The Effective Teacher, 1989, p. 68.

在 0.05—0.001 之间。三是专业术语使用的时机。在学生刚开始接触一个新的专业术语时,适当运用该术语的日常生活词汇和俗称来描述,有助于学生的学习和理解;但在学生已经掌握并能够运用专业术语解释新现象、学习新知识时,教师使用非专业术语会失去科学知识的严谨性和严肃性,甚至引起学生的误解。四是教学内容组织的逻辑性。研究表明,帮助学生找出学习材料的联系性和逻辑性,有利于学生尤其是缺乏预备性知识的学生的学习。

因此,运用讲授法,要注意下列要求:

(1) 讲授要有科学性和思想性。教师首先要精通本门课程的主要教学内容,做到融会贯通。其次要认真钻研教材,抓住重点难点和关键。第三,正确把握讲授体系,做到文以载道,观点和材料的统一。

(2) 讲授安排要考虑合乎学生的认知规律。讲授要由简到繁,由易到难;在讲授学生不太熟悉的内容时,可以向学生呈现"先行组织者",以明确新知识的内在结构和新旧知识之间的联系;要结合内容本身选择某种组织形式,如部分—整体关系、序列关系、相关关系、连接关系,可以运用比较和组合的技巧,以使讲授条理清楚,逻辑严密,重点突出,难点分散,详略得当,主次分明。

(3) 讲授要有启发性和艺术性。在讲授过程中,教师要主动了解学生已有的知识基础和认知发展水平,既要善于激发学生的学习动机,设疑问难,启发学生积极思维,注意创新精神的培养,并提供必要的听课方法指导;同时又要注意讲授的艺术性。教师可以通过生活经历、直观教具、问题情境、文学作品、偶发事件、表情姿势、修辞技巧、音调音速等手段提高课堂讲授的生动性和形象性,从而达到艺术性讲授的水平。[①]

(二) 谈话法

谈话法又称问答法,是教师根据一定的教学目的要求和教学内容,提出问题,引导学生在已有知识经验的基础上进行积极思维,回答教师提出的问题,从而获得知识、巩固知识的一种教学方法。

谈话法是一种师生互动的"共同解决型教学方法"[②]。它是一种古老的教学方法。古希腊的苏格拉底和我国春秋时期的孔子都是运用谈话法进行教学的大师。几千年来,谈话法在教学实践中不断充实发展,形成多样化形式。根据教学任务的不同,可以把谈话法分为三类:

(1) 传授新知识的谈话法。主要用于讲授新课。教师根据教学目的要求和教材内容,依次向学生提出有关问题,引导学生通过阅读教材、现场观察、进行实验等途径,在原有知识经验基础上,经过独立思考,得出结论,获得新知。

(2) 复习巩固和检查知识的谈话法。一般用在单元教学之后、期中期末考试之前。在运用这种谈话法进行教学时,教师根据学生已学过的教材内容提出问题,让学生回答,通过对学生答案的纠正补充和说明,达到检查学习成效,复习巩固知识的目的,使学生所

---

① 卢真金.艺术性讲授探微[J].浙江教育学院学报,1994,2.
② [日]佐藤正夫.教学论原理[M].钟启泉译.北京:人民教育出版社,1996:259.

学知识的系统化并内化在主体的认知结构中。

（3）指导总结性谈话法。主要用于参观、实习、实验、练习、调查访问等教学活动的始末。目的在于帮助学生明确教学活动的目的、意义、计划和内容，回答学生提出的问题，指导学生顺利完成各项独立作业，总结活动的收获。

谈话法广泛用于各科教学中，其优点是：提供线索集中学生的注意力，便于激发学生的思维活动，培养学生的独立思考能力和语言表达能力；提供练习与反馈的机会，帮助学生检查巩固已有的知识技能；便于师生之间的双向交流，培养学生的参与精神；便于形成民主、平等、友好的师生关系。

谈话法有四个基本环节。一是发问，即提出要研究谈论的问题并向学生提问。二是候答，即等候学生的回答；三是叫答，即要求学生回答问题；四是理答，即教师对学生的回答进行反馈性评价或作进一步阐述。

运用谈话法的基本要求是：

（1）准备工作要充分。教师要根据教学目的，事先拟好详细的谈话提纲，事先要设计好每一个问题问答所需要的大致时间，事先考虑好学生可能出现的问题及其对策。在准备工作中最关键的是问题的设计。首先，设计的问题要帮助学生抓住重点难点；其次，问题的内容要适合学生的知识水平和思维能力，要保证高认知水平问题的适当比例；第三，问题的表述要简明扼要、范围明确；第四，要依照具体目的，合理安排低认知水平和高认知水平问题的次序，使问题具有一定的内在逻辑性，从而引导学生深入思考。

（2）提问艺术要讲究。首先，提问要抓住重点和关键；其次，提问要把握时机，不愤不启，不悱不发；第三要面向全体，设法调动每个学生回答问题的积极性；第四，要注意表情和态度，提问时过于严肃，会导致学生产生紧张心理，影响发言的积极性，而自然和谐则会使每个学生信心大增，畅所欲言。

（3）候答环节要耐心。候答时间可分为两档。一档是教师提问后学生回答前，调查发现，教师在这档时间通常不足 1 秒，如果将它增加到 3 秒以上，教学效果明显提高，因为时间的延长给学生提供了更多的思考时间和机会，创造了有利于学生思考问题的宽松气氛。第二档是学生回答问题后教师作出反应前，这档时间过短，师生之间的问答性质往往是质问性的，气氛比较紧张，导致学生过度焦虑；如果适当延长到 3 秒以上，变成对话式，有利于学生集中注意力，提高学习成绩。

（4）叫答机会要均等。研究表明，按一定序列如座位、学号、姓氏笔画等依次请学生回答的、学生可以预见的规则叫答方式要比教师随机叫答方式要好，因为前者可减轻学生的焦虑水平，有利于集中学生的注意。后者往往集中在好学生身上，不利于调动差生的积极性。教师应适当控制对自愿回答者的叫答，以保证其他人回答的机会。此外研究还表明，叫答范围与教学效果成正比。总之，保证每个学生有尽可能多且均等的叫答机会，是叫答的基本原则。

（5）回答过程细倾听。在学生回答问题的过程中，教师要仔细倾听，并且用目光鼓励学生畅所欲言，大胆回答。这样做，一是尊重学生，以便形成良好的师生关系；二是了解学生知识掌握的实际情况以及认识能力的发展水平，以便因材施教；三是便于把握教学进度，及时组织引导，提高教学效率；四是便于对学生的回答和提出的问题作出中肯的评价，并积极引导学生创造性思维的发展。

(6) 理答行为针对化。教师对学生回答问题的反应,有四种行为。一是对正确的回答作出积极反应,如及时表扬、物质奖励和精神鼓励。必须注意的是教师的表扬与奖励效果取决于学生对受表扬和奖励的原因的理解,如果表扬太频繁太容易,如果学生认为这是廉价的表扬或同情性表扬,因为自己是差生才受表扬,那么这种表扬就会失效、会失去价值。一般来说,被表扬的行为越具体越好,依赖性越强越易焦虑的学生越应表扬。二是对非知识性原因而作出的错误回答或拒答行为,进行消极反应,如批评、训斥等。但过多的消极反应会挫伤学生的积极性。三是针对学生的不正确回答,进行转问(向另一位学生提问)和探问(换一种策略就同一内容重新提问该学生)。四是归纳小结,即对学生的回答重新组织概括,给学生一个明确清晰完整的答案。

(三) 讨论法

讨论法是在教师的指导下,学生以班级或小组为单位,围绕教学中的某一中心问题,在独立钻研的基础上,发表自己的看法,相互启发、相互学习,以掌握知识的一种方法。

讨论法的优点在于,能使学生加深对知识的理解,能帮助问题的解决;能培养学生的批判性思维能力,能培养其独立思考问题的能力和习惯;学生在群体思考过程中,由思维的碰撞而产生智慧的火花,能增长才干,培养其创新精神和创造能力;有助于培养学生的团队合作精神,转变人生态度;有助于培养参与、倾听、表达、竞争等各种技能。

影响讨论法运用的因素有:小组的规模和构成、小组的内聚力、交流的信息流动模式与座位安排、小组领导的方式等。教师在讨论过程中主要扮演着讨论发起者和支持者的角色。即教师要协调推进小组活动,保障讨论目标的如期完成;教师要加强小组成员之间的联系,形成热情友好民主平等的气氛,支持讨论活动的不断深入。

运用讨论法的基本要求是:

讨论前,教师根据教学目的来确定讨论题目,它必须是重要的而且是有讨论价值的;同时教师要提出具体要求,指导学生收集有关资料,认真准备讨论的意见,拟定发言提纲,使自己拥有讨论主题所需要的有关知识和经验;教师要指导学生就讨论的方法和交流的技巧作好生理和心理的准备。

讨论进行时,教师要向学生说明其在讨论中所承担的角色及相应的角色规范;教师要充分启发每个学生独立思考,鼓励他们各抒己见;教师要耐心倾听并谨慎作出反应,将更多的发言时间留给学生;教师要适时、适量地介入讨论,以确保讨论不离题、不走形;教师要善于引导学生深入到问题的实质,并就有分歧的问题展开讨论,培养实事求是的精神和创造性解决问题的能力。在讨论过程中,教师尤其要注意控制好时间、把握住主题、调节好气氛、提供好机会。

讨论结束时,教师要及时归纳总结,并指出进一步思考和研究的问题。

(四) 读书指导法

读书指导法是指教师指导学生通过阅读教科书和课外读物获得知识,养成良好的读书习惯,培养自学能力的教学方法。未来社会是学习化社会,学生必须掌握良好的阅读技能以适应社会的需要。阅读不仅是学生获得知识的重要途径,也是学校教育的重要目标。教师要重视学生阅读技能的培养。

阅读指导有两大功能:一是帮助学生理解特定的阅读材料,二是帮助学生掌握阅读的技巧与策略。阅读指导有两种表现方式:一是渗透式,即教师结合学生阅读具体材料给予相应的策略和方法指导;二是附加式,即以专题课的形式向学生介绍系统的阅读策略和方法。

影响学生阅读理解水平的因素有:与阅读材料相关的背景知识、学生对材料框架结构的把握程度和推理能力、学生对阅读过程的监控能力和自动调整能力,即元认知运用的程度。

读书指导法的要求是:

(1) 提供学生或帮助学生获得相关的背景知识。

(2) 教给学生阅读的方法,帮助他们掌握阅读的策略。教师要有意识地对学生的框架结构的把握能力和推理能力进行指导和训练,如告诉学生记住策略的基本内容,在大量的练习过程中运用并逐渐理解策略应用的条件,以实现策略的自动迁移。教师要指导学生学会使用字典、辞书及计算机检索工具,养成目览、口诵、脑思、手写的习惯,教给学生拟定读书计划,泛读、精读、默读的技巧,养成整理资料、分析资料和读书笔记的习惯。

(3) 要从教科书阅读指导入手,逐渐扩大到课外读物。教科书是学生获得知识的主要途径,教师对学生教科书的阅读指导有助于教学任务的高速有效完成;课外读物是教科书的补充和延伸,可以丰富学生的知识,开阔视野,促进学生对教科书内容的理解和巩固,同时还能提高学生的阅读兴趣和自学能力。教师应该在课外读物的选择上对学生进行必要的指导。

(4) 要适当组织学生交流学习心得,培养读书的兴趣,提高阅读的效果。

(五) 演示法

演示法是教师在课堂上通过展示实物、模型、图片等直观教具,或通过示范性操作实验和现代化电教手段指导学生获得知识的教学方法。演示法常和讲授法、谈话法等结合使用。

运用演示法进行教学时,演示的材料和方式是多种多样的。一般来说,要使学生获得某一事物或物体的感性形象,可演示单个实物、模型、标本;要使学生了解事物发展的过程和事物内部的结构,可演示前后连接的图片、图表、模型、幻灯、多媒体课件;要使学生认识事物的运动和变化,可通过实验、电影、录音录像设备、计算机辅助教学设备以及教师的一些示范性动作或操作等。

从总体上看,演示可分声像和动作两大类。声像演示主要通过视听媒体帮助学生获得感性认识,其效果与学生感官通道的利用程度、视听材料的逼真程度(中等逼真为最佳)以及学生的相关背景知识的掌握程度等有关。研究表明,人们从外界获得的信息中,来自视觉的占 83.0%,听觉占 11.0%,嗅觉占 3.5%,触觉和味觉则分别是 1.5% 和 1.0%。[1]

---

① 原国家教委电教司编译. 教学媒体与教学设计[M]. 北京:高等教育出版社,1990:73.

当视听觉合用时,其学习材料的保持率远远高于单一视觉和听觉的保持率。可见教学演示要考虑各种感官的合理组合与巧妙运用。而动作演示的效果则与学生对作业目标的明确程度、动作技能或操作学习的学习策略、学生的观察注意与理解程度、教师示范的速度和信息量等有关。

演示法的优点是直观性强,不仅能理论联系实际,为学生学习新知识提供丰富的感性材料,有利于认识过程的飞跃转化,而且适合青少年学生的心理特征,便于激发学生的兴趣,提高学习的效果;同时还能促进学生观察力、思维力和想象力的发展。运用演示法的关键在于能否善于引导学生进行认真的观察和周密的思考,从而保证信息接收渠道处于畅通状态。

运用演示法的基本要求是:

要有明确的演示目的和合适的演示对象。要激活或提供相关的背景知识,使学生的感觉器官处于一种开放接收状态。

要事先选择和准备好演示的教具,并在适当时间以适当的方式进行。

演示要面向全体学生,要把握好演示的速度和节奏,在演示过程中还要注意言语的指导和动作的示范。

必要时还要提供学生参与演示、分步练习和互动参与的机会,以增加学生的理解,并进一步发展有关的技能技巧。

(六) 参观法

参观法是教师根据教学要求,组织和指导学生到校外的某些场所,如自然界、工厂、农村、博物馆等直接观察客观事物,从而获得知识的教学方法。

参观法可使学生观察到处于自然状态和运动中的各种鲜明具体的事物,获得丰富的感性知识;可以理论联系实际,发展学生对周围事物及科学的兴趣,发展认识能力,培养热爱家乡、热爱祖国的积极情感。

参观的方式可以多种多样。既有开始学习某一课题时为积累一定的感性材料而组织的准备性参观;也有在某一课题学习告一段落,为了用感性知识来验证和巩固学生所获得的知识而组织的总结性参观;还有既为了检查巩固又为了积累进一步学习所必需的直接经验而组织的并行性参观。但无论是哪种参观方式都要做到以下要求:

(1) 做好参观的准备工作。教师首先要明确参观的目的和对象,考虑参观的形式和方法,拟定参观计划,认真做好组织工作。

(2) 加强参观的过程管理。教师要指导学生注意观察主要的事物和现象,要求学生认真听取介绍和解释,注意收集有关资料,并适当记录;教师要特别注意参观的组织纪律教育、文明礼貌教育和安全教育。

(3) 及时总结参观收获。指导学生把参观所得的感性材料上升为理性认识,与所学知识结合起来,并写好参观报告。

(七) 实验法和实习作业法

实验法是在教师的指导下,学生利用一定的仪器设备,通过条件控制引起实验对象的某些变化,从观察这些变化中获得知识的教学方法。这种方法在自然学科教学中运用较多。实验法的主要特点是学生自己动手操作。运用实验法一方面可以使学生加深对概念、规律、原理等知识的理解和巩固,培养学生正确使用实验设备和材料的技能技巧;另一方面可养成其严肃的科学态度和研究精神,促进学生创造能力的发展。

实习作业法是教师根据教学大纲的要求,组织学生在校内外一定的场地运用已有知识进行实际操作或其他社会实践活动,以获得一定的知识技能技巧的方法。

实习作业法和实验法,都是在教师组织下,学生独立进行的实际操作活动,强调理论联系实际,运用知识于实际。但实习作业法的实践性、独立性、创造性更强,更具"真刀实枪"的性质,能使学生学到书本上学不到的知识。

运用实验法和实习作业法,应注意下列要求:

明确目的,精选内容,制定详细的实验实习计划,提出明确、具体、可操作的步骤和要求。

加强集体和个别指导,讲明操作方法、工具使用及注意事项。必要时教师先给以示范。

要求学生独立操作,及时检查结果,总结评定并写出有关的研究报告。要养成学生良好的实验和实习作业习惯,培养实事求是、开拓创新的科学精神。

(八) 练习法

练习法是在教师指导下,学生将所学的知识运用于实际,借以达到消化巩固知识,并形成技能技巧的教学方法。练习法是各科教学中运用得最为普遍的方法之一。

练习的类型有很多。按照练习的形式分,可分为口头练习(包括朗读、口头作文和各种口头解答问题等)、书面练习、动作或技能练习三种。按照练习的性质分,练习可以分成训练性练习和创造性练习两种。前者是对所学知识再现性的重复运用,只要求学生根据所学的原理(概念、法则、定理、公式),依照范例进行多次重复的模仿实践,目的在于加深记忆、形成熟练的技能技巧,故又称为模仿性练习;后者强调综合运用所学的知识和技能,灵活独立地分析问题和解决问题,目的在于发展学生的创造性能力。创造性练习要以训练性练习为基础,学生总是从训练性练习开始再慢慢上升到创造性练习的水平。

影响学生练习的因素有很多:一是学生对独立练习的准备程度,准备程度越高,学生独立练习的专心程度就越高,练习效果就越好;反之,如果在独立练习阶段教师还有大量的补充讲解就会导致学生练习错误率上升,且讲解时间量与学生成绩呈负相关。[1] 二是问题的类型及其安排的合理与否。题型的安排主要有两种形式,一是同一,即问题的类型与例子基本保持不变,其目的是保证学生对知识技能的充分练习,提高熟练程度;二是变化,即问题的类型与例子不同,以大量的变式出现,以加深学生对知识的理解,把握概念的关键特征。三是独立练习的常规,如果学生明确练习的目的是进一步理解知识概念,提高应用知识技能的水平和能力;如果学生了解练习的程序安排和步骤,那么学生分心行为就

---

① Rosenshine, B. & Stevens, R. , Teaching functions. In M. C. Wittrock (Ed.), Handbook of Research on Teaching (3rd ed.), 1986, pp. 376 - 391.

会减少,练习积极性和效率都会提高。练习就会成为一种主动学习的行为。四是教师适度的监控也能提高学生的练习效率。

运用练习法要注意下列要求:

1. 明确练习目的,建立练习常规

首先,教师要根据教学目的要求和学生发展的实际需要,帮助学生做好练习所必需的知识技能的准备;教师对学生要进行充分的讲解、示范和练习指导,并保证学生模仿性练习的正确回答率在 80% 以上,独立练习的内容要与模仿性练习内容密切相关;对于较为困难的问题教师要进行事先的讲解。其次,教师要让学生明确练习的目的,练习旨在加深对知识技能的理解,旨在技能技巧的提高,它是以掌握内容为第一要义的。第三,教师还要尽早建立练习的常规程序,加强练习方法的指导及练习结果的及时反馈。

2. 精选练习材料,把握练习的"度"和"量"

教师要尽可能精心选择材料,使之系统化、多样化,同时要把握好练习的"度"和"量",过少过易起不到练习的作用,过重过难则加重学生的负担。练习量的大小以学生能够完成而又不致产生做"附加作业"为前提;既要保证学生对同一题型问题的充分练习以达到生巧的目的,又要使他们接触尽量多的题型,培养学生思维的灵活性与创造性。练习度与量的把握要以练习的效率为标准。

3. 合理安排时间,养成良好习惯

经常化是练习的基本要求。中学阶段课程内容多,份量重,练习任务艰巨,因此,教师就要合理安排时间,科学地选择练习方式,同时要形成学生良好的练习习惯,使练习真正成为大脑的体操。

三、教学方法优化选择与组合

任何一种教学方法都有它的适用时机和范围,根据特定的情境和条件,掌握方法运用的"度"对教学工作十分重要。"教学的成败在很大程度上取决于教师是否能妥善地选择教学方法。知识的明确性、具体性、根据性、有效性、可信性,有赖于对教学方法的有效利用。"[①]因此,教师首先要明确教学方法的选择标准和选择程序,才能真正实现教学方法的优化选择与组合。

(一)选择方法的依据

1. 依据教学规律和原则

教学方法的选择要依据教学活动的特点和规律,要根据简捷、高效、最优的发展原则来选择最为合理、最有效率的教学方法。

2. 依据具体的教学目的和任务

具体的教学目的和任务不同,要求有不同的教学方法。如教学的具体目的和任务主要是向学生传授新知识,就要运用讲授法、演示法、谈话法等。如果教学的主要目的任务是为了巩固知识的,就要运用谈话、讨论和练习法等方法。如果教学的主要目的和任务是

---

① 孔德拉狄克. 教学论[M]. 北京:人民教育出版社,1984:57.

发展学生的动作技能和操作能力,则主要靠演示法和练习法。

3. 依据学生的知识基础和心理特征

学生的年龄发展阶段与知识水平不同,要求运用不同的教学方法进行教学。如初中阶段的社会学科常用讲述法,高中阶段历史则常用讲演法;运用实验法时,初中要求教师多指导,高中则应有较大的独立性。此外所选择的教学方法要充分考虑学生学习的可能性,考虑能维持学生的注意和兴趣,使学生始终处于好奇困惑的求知状态,同时教学方法的选择运用还要充分考虑满足学生的求知、移情、交往、自我成就感等各种需要。

4. 依据学科特点和具体教学内容

学科不同直接影响着教学方法的选择。如语文、外语常用讲读法,物理、化学常用实验法,数学多用练习法。同一门课程,由于具体内容不同,教学方法也不相同。

5. 依据学校条件和教师特点

学校条件指学校设备及周围环境,如学校的仪器设备,学校周围的工厂、农村状况等。教师要实事求是地采用可行有效的教学方法。此外,还要考虑选择最能发挥自己特长的教学方法,教师在课堂教学中要扬长避短。

(二)选择方法的程序

巴班斯基认为,要实现教学方法的优化组合,除了强调选择的标准之外,还有一个优选的程序问题。他提出教师在选择教学方法时的一般思考程序是:

第一步,决定是选择由学生独立地学习该课题的方法,还是选择在教师指导下学习材料的方法;

第二步,决定是选用再现法还是选用探索法;

第三步,决定是选用归纳的教学法还是演绎的教学法;

第四步,决定如何结合选用口述法、直观法和实际操作法;

第五步,决定选用哪些激发学习动机的方法;

第六步,决定选用哪些检查和自我检查的方法;

第七步,详细考虑各种教学方法相结合的备用方案,以供在完成家庭作业和复习课业中发现学生学业上出现可能有的偏差时择用。[①]

教师要充分考虑选择教学方法的依据和程序,使教学方法与教学内容、教学对象的特点、教学的时间和条件,以各种不同的方式较好地结合起来。最优化的教学方法,应该具备以下几个方面的条件:认同感——即教师所采用的教学方法得到了学生理智和情感上的认同;参与度——即能促进学生积极参与、主动合作;综合化——即教师运用的方法是集中了各种方法之长而达到集约化、最优化;时效性——即优质高效、省时低耗;移情性——即符合美的规律和原则,能使学生产生积极的移情体验。为此,教师在教学过程中要有意识地进行反思性教学,研究学生学习和自身教学的可能性,根据教学条件的不断变化,不断调整和校正教学方法的运用技巧,以实现教学过程的最优化。

---

① (苏)巴班斯基主编. 中学教学方法的选择[M]. 北京:教育科学出版社,1985:96;张定璋. 教学研究与实验探索[M]. 杭州:浙江教育出版社,1999:252.

第二节　教学组织形式

　　学校教学工作是通过一定的组织形式进行的。教学组织形式是指教学活动中教师与学生为实现教学目标所采用的社会结合方式。

　　历史上出现的教学组织形式主要有个别教学制、班级授课制和分组教学。古代教学基本采用个别教学制。随着资本主义工商业的发展，教学内容迅速增加，教育对象也逐步扩大，个别教学已不能满足社会需要。16世纪欧洲有些学校逐渐采用班级授课形式。17世纪捷克教育家夸美纽斯在《大教学论》中，最先对班级授课制作了论述，奠定了理论基础。18世纪，德国的赫尔巴特提出了教学过程的阶段理论，进一步设计和完善了班级授课制的理论。而以后前苏联的教学论专家提出了课的类型和结构的理论，使班级授课制成为课堂教学的基本组织形式。

一、教学组织形式的类型

（一）班级授课制是课堂教学的基本组织形式

　　班级授课制是指把年龄和程度大致相同的学生，编成固定人数的班级，教师按照各门学科的教学大纲规定的内容，组织教材和选择恰当的教学方法，按照课程表规定的时间，向全班学生进行授课的教学组织形式。

　　我国最早于清朝末年在北京京师同文馆采用班级授课制。清政府宣布废科举、兴学校后，逐步在全国实施班级授课制。

　　班级授课制是课堂教学的基本组织形式。这是因为：第一，教师按照一定的上课时间表，有计划地同时对几十名学生进行教学，扩大了教育对象，提高了教学工作效率。夸美纽斯曾把个别教学喻为手工抄写，把课堂教学喻为印刷术。第二，学生在教师有目的、有组织、有计划的指导下进行活动，有利于教师发挥主导作用。第三，各门学科轮流交替上课，既能扩大学生的知识领域，又可提高学生的学习兴趣和效果，减轻疲劳。第四，把年龄和程度相近的学生编成班级，在集体组织形式中进行学习，易于互相讨论切磋，共同提高，发挥集体教育作用。

　　班级授课制的局限性在于：较难适应学生的个别差异，难以照顾到每一个学生的兴趣、爱好和特长；教师、书本居中心地位，容易使学生处于被动地位，容易使学习活动脱离学生的实际。

　　班级授课制受以下几个方面因素的影响：一是班级的规模。据格拉斯和史密斯的研究表明，学生的平均成绩随着班级规模的缩小而提高，当班级规模达到15人以下时，其效果迅速提高。随着学龄人口的减少，我国小学逐渐会出现"小班化"的趋势。二是学习的目标。新课程改革提出了"知识与技能、过程与方法、情感态度价值观"的三维目标，以过程与方法、情感态度价值观、技能及高层次的认知目标为学习目标时，小班制效果较好，而知识、事实层次的目标的学习则二者均可；高中阶段鼓励学生根据自己的潜质和兴趣，向不同的方向发展，所推行的走班制就打破了原有的班级组织形式。三是教学方式，以教师为中心的讲授法,则班级授课制效率高,而需要师生互动、生生互动的教学方式则以分组和个别教学为宜。

(二)小组教学是对班级授课制的修正和补充

采取小组教学组织形式,主要是考虑到教学班中学生之间的具体差异,需要灵活掌握教学要求与教学进度,调整教学组织结构,改进班级教学。根据教学或学习的需要,把全班学生再分成若干个人数较少的小组,教师根据各小组的共同特点分别与各小组进行接触,进行教学或布置他们共同完成某项学习任务。各组在学习内容和进度上不尽相同。这种组织形式较班级授课制更加个别化,又不重复共同的问题,可以增强小组成员合作学习、互相激励的能力。分组有同质分组和异质分组两种情况。组内同质意味着组间异质;组内异质意味着组间同质。在课堂实际教学中,一般以异质分组为主。小组可以是学科小组也可以是活动小组,主要视学习任务、活动目的和性质而定;小组可以根据座位来确定,也可以临时编组。每组的人数和分组的组数可以根据教学需要而定,以教师能监控的数量为限度。小组教学往往与因材施教的原则相联系,往往与弹性的课程设置和差异教学的思想相结合,并注重组内学生的互相帮助和激励,组间学生的竞争与流动。这时教师的个别指导和区别对待是关键,对教师有较高的要求。

复式教学是一种特殊的小组教学的组织形式,它把不同年级的学生安排在一个教学班中,由一位教师在同一节课中分别对不同年级组的学生进行不同内容和任务的教学,教师的教学与学生自学或做作业交替进行,动静结合是复式教学的重要特点。

(三)个别教学组织形式

个别教学组织形式主要由学生个人与适合个别学习的教材内容发生接触,并辅以师生之间的直接联系。它更强调发挥学生个人的主体作用,让学生从自己的知识基础、兴趣爱好和学习能力出发,以资料为根据,确定学习的范围和进度;根据合同学习,灵活安排学习的内容和时间,确定学习的任务和质量要求。教师的作用主要在于指导和帮助学生自学和独立钻研,并对学生的学习结果进行反馈和评价。个别教学组织形式要求有一套适合不同学生学习需要的循序渐进的教材,往往与现代化教学手段如计算机辅助教学联系在一起,其教学的难点是对学生学习起点的诊断及学习方法的个性化指导。

个别教学组织形式有别于个别辅导。前者是针对每个学生进行因材施教,使每个学生的潜能都能得到最佳发展,后者主要是面向特殊学生如差生和优秀生,使他们都能吃得了和吃得饱;前者侧重学生自学能力的发展和主体意识的养成,重视学生学习责任感的培养,后者侧重学生知识水平的掌握和提高。道尔顿制和文纳特卡制是两种较为典型的个别教学组织形式。

二、影响教学组织形式选择的因素

每种教学组织形式都有其优点和局限。根据教学的内容、任务和条件,选择最合适的教学组织形式是教学成功的一个重要保证。为此就要掌握各种组织形式的要领。如全班教学要考虑班级的规模、分班的灵活性;分组教学要考虑学生特点的异质与同质性、组数、人数及分组的灵活性等；个别教学要考虑是否具备适合学生自学的学习材料和学习环境等。

影响教学组织形式选择的因素有：学习的目的和类型、班级中学生的能力和个性差异的幅度、学生的知识基础和学习经验、教学的行为和方式、教学环境与设备配置、教师的人数与水平、教学的教学技巧与个人风格等。下面以教室的座位排列为例，谈谈其对教学组织形式选择的影响。

座位排列的方式有秧田形、马蹄形（新月形）、方形或圆形、模块形。秧田形是传统教室的排列形式，是封闭性的。学生与学生前额对后脑，左肩对右肩，一致面向黑板和教师。这种座位设计对知识性教学尤其是集体讲授来讲，能集中学生的注意力，效果较好。但它却限制了师生的互动范围和互动方式，教室有活跃地带和视觉盲区之分，既不利于非邻近学生的交往与学生的社会性发展，也可能产生教育的不公平现象。一些学生因处于被教师遗忘的角落而失去了应有的发展机会。而马蹄形（新月形）的教室布置，教师处于"U"的缺口处，师生之间、生生之间交流机会多，容易形成民主的气氛，活动、讨论进行方便，个别教学效果较好，但易诱发学生的问题行为，且较易受班级人数和教室空间的限制。方形或圆形的环境布置，便于分组学习和讨论，适用于小组教学组织形式，有利于培养学生的团队精神和合作的品质，促进学生的交往与社会性的发展，形成互动竞争的气氛，但同样会导致学生问题行为的增多，不利于教师对课堂的及时监控和反馈。当然，上述三种座位排列都可进行面向全体学生的集体教学。而模块型的座位排列则主要用于小组活动和个别学习。教师可以根据教学需要将教室划分为不同活动区域或活动角，让学生根据自己的需要进行选择。因此，教师要根据教学的内容和目标、教学的方式和活动的性质、学生的特点和自己控制课堂的能力进行教学环境的设计，而已有的教室环境反过来也制约了教师对教学组织形式的选择和运用。

在现实的课堂教学中，教师要根据教学内容和任务的变化，要根据学生的不同特点，灵活选择交替使用不同的教学组织形式，或者整合不同的教学组织形式应用于同一课堂或同一学科的教学中。由美国特郎普教授设计的特郎普制，实际上把大班、小班和个别教学三种不同的教学组织形式整合在一起，大班讲授，占总时间的40%；小班讨论，占20%；个别教学时完成弹性作业，占40%，从而促进了学生的全面发展与因材施教的真正结合。

三、课的类型和结构

课是教材和教学过程的逻辑单位，它必须符合教材内容各部分的相对独立性和完整性，并符合教学活动的时空界限。课的类型是根据不同的教学任务，或按一节课采用的主要教学方法来划分的。

根据主要教学任务来分，课有单一课和综合课两大类型。单一课，是在一节课主要完成一种教学任务的课，如传授新知识的课、巩固新知识的课、培养技能的课、检查知识和技能的课等。在一节课内，要完成两种或两种以上教学任务的课，为综合课。如既要传授新知识，又要巩固新知识；或既要巩固新知识，又要形成新技能等，也称混合课。

根据主要的教学方法来分，课又可分为：观察课、讲授课、问答课、讨论课、阅读指导课、实验课、参观课等。

课的类型还有其他划分的方法。如前苏联的伊凡诺夫和卡赞采夫,主张以组成教学过程的基本要素为划分课的类型的根据,分成结论课、初步了解教材课、形成概念弄清规则和定理的课、在实践中运用知识的课、技能技巧课、复习总结课、综合课等。马赫穆托夫主张把课堂教学类型分为学习新教材课、改进知识技能技巧课、混合课、检查知识技能技巧并评价学习过程和结果的课等。

研究课的类型,目的是使教师正确选择和运用不同类型的课,从而构成符合学生认识规律的课的体系,保证全面完成教学任务。

课的结构是指课的组成部分及各部分进行的顺序和时间分配。不同类型的课,其结构会有所不同。同一类型的课,也会因教学对象、学科特点、教学内容和教学方法的不同,而有不同的结构。一般认为,课的基本结构由以下几个部分构成:

1. 组织教学

目的在于促使学生为上课做好心理准备和学习用具方面的准备,集中注意,积极自觉进入学习状态。

2. 检查复习

目的在于通过学生复习已经学过的内容,激活旧知识,以便新旧联系,为接受新知识做准备;检查学习质量,弥补知识上的缺陷,以便确定学习的起点。

3. 讲授新教材

目的在于使学生通过教师系统生动有效的讲授,掌握新知识,发展新技能。这一部分是综合课的主要部分,所占时间最多,是该堂课成功与否的关键。

4. 巩固新教材

目的在于检查学生对新教材的掌握情况,并及时解决存在的问题,使他们基本巩固和消化所学的内容,促进新旧知识的融合,为深入学习和独立作业作准备。

5. 布置课外作业

目的在于培养学生运用知识分析问题、解决问题的能力和自学能力,在此过程中,促进学生将所学的新知识内化转化,成为主体认知结构中的一部分。布置作业时,应进行具体的说明和指导,提出明确的要求,必要时还可作必要的示范;同时教师要用辩证统一的观点处理好作业的质与量的关系,有效减轻学生过重的课业负担。

上述五个基本组成部分,教师应根据学科的特点、教学内容、教学方法和教学对象的具体特点及课的类型,灵活地创造性地加以安排,不能生搬硬套,千课一面。

第三节　教学工作的基本环节

教学工作主要包括备课、上课、课外作业、课外辅导、学生学业成绩的检查和评定等五个基本环节。

一、备课

备课是教师课前的教学准备工作。主要包括钻研本门学科的课程标准、教科书和有关参考资料,了解学生的实际,研究教学方法,编制学期或学年教学进度计划和单元计划、写出课时计划(教案)等。

(一)钻研教材

教师在备课时要钻研课程标准、教科书和有关参考资料。通过钻研课标,了解本学科的教学目的、任务,掌握教材体系、重点、难点和关键,明确教学中应注意的问题。教师钻研教科书,首先要通读教科书,了解教材体系、基本思想、基本概念,弄清每一句话、每一个词;其次要根据教材各部分的不同属性和特点,确定重点难点和关键;最后还要使自己的思想感情和教材的内容溶化在一起,达到运用自如的境地。此外,教师还要广泛阅读有关参考资料,以便把科学研究、工农业生产中的新发现、新成果及时反映到教学中。

(二)了解学生

教师不仅要了解学生在本门学科的原有知识技能基础,而且要了解他们的学习兴趣、态度和习惯;既要了解他们的思维特点和自学能力的情况,也要了解学生的思想状况;教师既要了解学生的一般情况,又要了解个别差异,以便区别对待。只有了解学生,教学才能因材施教。

(三)研究教法

教师要全面了解各种教学方法的适用时机和范围,要注意发展和提高自己的教学方法运用的技能技巧;要根据教学的任务要求及学生的需要,并结合自己的教学实践经验和素质条件,选择恰当的教学方法。

(四)摸索学法

教是为了不教。教师的教是为学生的学服务的。教师要尽可能了解学生学习的年龄特征和认知规律。通过细致的课前了解和课堂观察,针对学生学习方法上所存在的问题,有目的地进行学法的研究和指导,并以学案的形式反映出来。

(五)编写教学计划

备课的结果是编写出三种预设性的教学计划:一是学期(年)教学进度计划。一般在学期开始前制订。它是以每门学科每个课题教学日程安排为主要内容的计划。内容包括:学生情况的简要分析,学期(年)教学总要求,教科书章节或课题的教学时数及起讫日期,各课题需要运用的教学方法手段等。二是单元(课题)计划。这是对一单元(课题)教学工作全面安排的计划。其内容包括单元(课题)名称、教学目的、课时分配、课的类型、教学方法及教学手段的运用等。三是课时计划(教案)。这是教师备课中以课时为单位设计的教学方案。其内容一般包括:班级、学科名称、课题、教学目的或目标、上课时间、课的类型、教学方法、课的进程和时间分配、教具利用和板书设计、教师课后的自我分析等项。设计详尽的教案称为详案,设计简要的教案称为简案。

二、上课

上课是教学工作的中心环节。学校要提高教学质量，首先要提高上课质量。一节好课，取决于许多条件，其中主要有下列几个方面：

（一）目标明确

教学目标是根据课程标准、教材内容和学生实际而制定的预期达到的教学结果。它往往用学生学会了什么来表示。教学目标是教学目的的具体化，它通常是策略性的，是可观察、可明确界说的，是可测量、可评价的，它常常还受时间、情景等条件的限制。新课程改革的教学目标包括知识与技能、过程与方法、情感态度与价值观三个方面。教学目标实现与否及实现程度是衡量教学工作成败的重要依据。

（二）内容正确

在课堂教学中，教师既要保证教学内容的科学性、思想性，又要理论联系实际，还要注意教材的重点、难点和关键，使学生明确知识之间的内在联系，正确掌握教材内容。

（三）方法恰当

教师要善于启发和调动学生学习的主动性和积极性。根据教学目的、教材内容和学生的实际恰当地选择教学方法，使各种教学方法有机结合起来，并做到运用自如。课堂上既要有紧张的学习活动，又要有生动活泼的学习气氛，师生配合密切、感情融洽。

（四）结构紧凑

教学活动的安排要充分考虑学生的生理节律发展的规律，教学的结构强调学生的生理节律、学科的知识结构、学生的认知结构和学生原有知识结构之间的有机结合，严密紧凑但又张弛有致；教学活动的进程井然有序但又考虑了收放的兼顾；教学时间的安排与学习容量之间既做到对照呼应但又疏密相间；教学方式的选择既考虑了学生的特点又做到了动静的结合。

（五）积极性高

课堂教学既发挥了教师的主导作用，又激活了学生的主体意识，学生表现出十分活跃的主动学习状态，真正成为学习的主人。

三、课外作业

课外作业是课堂教学的延伸，是学生根据教师的要求，在课外时间独立或合作完成的学习活动。课外作业在教学活动总量中占有一定的比例。

课外作业是多种多样的。按时间分，有课前预习作业和课后复习作业、练习作业；按形式分，有书面作业、口头作业、实践活动作业等；按内容性质和程度分，有巩固性作业、发展性作业和研究性作业等。

课外作业有助于巩固和完善学生在课内学到的知识技能,培养学生独立学习的能力和习惯,提高学生分析问题解决问题的能力。

布置及检查课外作业是教学工作的有机组成部分。在布置和批改作业时,教师要注意以下几个方面:

(1) 所布置的作业内容要符合课程标准的要求,分量要适当,难易要适度,作业时间要控制,不要超过本学科上课和自习比例所规定的时间,成为学生过重的负担。

(2) 作业目的性要明确,要求要具体,对作业的质量和完成作业的时间都要有明确的规定。

(3) 作业要有典型性和启发性,既要有助于学生加深理解和巩固所学的知识,促进技能技巧的形成,又要有利于学生求知欲和好奇心的发展,有利于良好学习习惯的养成。

(4) 教师在布置作业时,要进行必要的作业方法指导。

(5) 教师要及时检查和批改作业,以便及时了解学生知识掌握和技能发展的情况,作为改进教学的依据。

四、课外辅导

课外辅导是指在课外帮助和指导学生的学习活动,包括答疑、指导课外作业、给缺课或学习基础差的学生补课、为优秀学生进一步学习作指导,以及帮助学生明确学习的目的、指出学习的优缺点、教给正确的学习方法等。它是课堂教学的一种补充形式,是使教学适应学生个别差异,贯彻因材施教的重要措施。

课外辅导一般有个别辅导、小组辅导和集体辅导三种形式。课外辅导要从学生实际需要与问题出发,区别对待,有的放矢,因材施教。教师要集中精力抓好课堂教学,提高课堂教学的效率,反对本末倒置,更不能变相搞有偿辅导。

五、学业成绩的检查与评定

学业成绩的检查与评定指的是教师根据教学目标检查和测试教学效果,对教学过程进行调节、控制,帮助教师改进教学,鼓励学生提高学习成绩的一个重要的教学环节。它具有预测监察功能,又有反馈管理的作用。

(一)学生学业成绩的检查方法

学生学业成绩的检查一般有考查和考试两种方式。考查又可分为日常性考查、阶段性考查和总结性考查三种。日常性考查是在教学过程中经常进行的局部性检查和评定,常用的方式有日常观察、课堂提问、书面测验和检查书面作业、实习作业等。阶段性考查通常是在学完教学大纲的某一章节或逻辑上相对完整的一部分后,或在学期结束前进行。日常性考查和阶段性考查的目的,在于为学过的内容提供一个额外的练习和过渡学习的机会,以达到巩固的目的,在于检查学生知识实际掌握的情况,以便及时查漏补缺,因材施教,从而保证教学的连贯性和正确性。总结性考查一般在期末进行,一般用于选修课和非主干课程。考查后要求及时评定,指出优缺点,大多与定性评价联系在一起。考查的成绩评定一般采取及格、不及格两个等级,但也有按五级记分制或百分制评定的。

考试是根据一定目的，让学生在规定时间里，按指定的方式、要求完成试题，并对其解答结果评定分数或等级。考试具有评定、诊断、反馈、预测和激励的功能。考试方式有口试、笔试、操作考试三种。笔试又有开卷、闭卷之分。其类型，按教学阶段分有期中、期末、学年考试；按作用分有入学、毕业、升学考试，有统考、会考等。近年来，我国在考试的内容、方法、形式等方面对考试制度进行了一系列的综合改革，提高了考试的信度和效度，使之更具有客观性、全面性、准确性和科学性。

口试是由考生用口头表达方式回答试题的考试。口试可以较为深入地了解学生的学习质量、思维的敏捷性和口头表达能力等。但是不能面向全体考生同时进行，导致耗时多而效率低；口试回答的题量有限，覆盖面窄会影响考试的信度和效度；口试的形式对某些表达能力稍差的学生容易产生较大的心理压力而影响其实际水平的发挥。

笔试也称纸笔测验，是对全班考生出同样的试题，要求在规定时间作出书面解答。笔试可以面向全体学生同时进行，在规定时间内获取学生学习情况的相关资料，花时少而效率高；笔试相对来说题量较大，覆盖面广，考试的信度和效度较高；保留笔试的试卷可以帮助我们就命题本身进行科学的研究和分析等。

操作性考试是检查学生对技能技巧的掌握情况的一种评价方法，其目的在于检查学生的动手能力及理论联系实际的能力。操作考试的类型有：①纸笔操作，如绘制统计图、电路图、机械装配图等。②辨认，如辨认各种矿石、标本、化学药品等。③模拟操作，如在模拟情境中进行操作演示考试。④实地操作，如在真实场地进行实际操作考试。

（二）学业成绩的评定

考试或考查后，教师要对学生的学业成绩进行评定，表示其知识技能的掌握程度，判定其达到的等级；也可以教师评定和学生评定相结合，学生个人自评与小组合作互评相结合进行评定。学业成绩评定是作出教育处置、采取教育措施的依据，具有诊断、调节和强化的作用。

学业成绩评定有评语和评分两种方式。评语除评定学生的学业成绩外，还要评定学生的学习态度、努力程度和进步状况，指出其学习上的优缺点和努力方向。评语没有固定的模式，而是要求根据学生的不同情况作深入的分析，做到简明扼要，有针对性。评分采用绝对评分与相对评分两种方式，分别与目标参照测验和常模参照测验相对应。也可把评语与评分结合起来。无论是评语还是评分，都应反映出学生掌握知识的范围、对教材的理解和巩固程度、应用知识分析问题解决问题的能力、在考查考试中出现错误的数量和性质等。

绝对评分是按各门学科教学大纲的要求，衡量每个学生对考试内容的掌握程度，用这种方法从试卷中直接得到的分数为原始分。它有两种表示方式，即百分制和等级分。百分制记分法等级多，便于定量分析和统计，但各等级标准不易掌握；等级分制用文字或数字表示学生学习成绩的等次，使用方便，但无法表明学生间成绩的细微差别。现实中可以把两者结合起来使用。

相对评分是将学生个人的成绩同班级或常模团体的平均成绩相比较，它反映各个学生之间的水平差异，或个人在团体中的相对地位，用标准分来表示。标准分是以标准差为单位所表示的各个分数与其团体平均分数之间的距离,是对原始分数进行标准化处理和转化后得出的分数,有 Z 分数和百分等级两种表示方式。Z 分数的计算公式是 $Z=(X-\overline{X})/S$,百分等级是指一个体分数在该群体测验分数的相对地位。标准分数直接表示了某一学生在某次测验中的成绩在群体中的相对位置,并使原本不能直接比较的各种不同单位的量数进行比较成为可能,如比较各个学生的成绩在班级中的位置,或比较某个学生在两种或多种测验中所得分数的优劣等。

绝对评分法重视课程标准规定要求达到的程度,让师生双方明确意识到教学活动必须达到的目标以及在实际教学中这些目标的达成程度,通过明确的目标导向引导自己的教学活动。而相对评分法可以使学生找到自己在班级或团体中的相对位置,激发学生奋发向上努力学习的竞争意识和效率观念,变压力为动力,有效促进学生的发展和进步。

学生学业成绩的评定必须遵循下列要求:①既要关注学生已有的学业成绩结果,也要关注学生获取学业成绩的过程。②既要关注教学性目标,即学生在学习活动结束后所获得的知识技能等特定行为目标;更要关注表现性目标,即学生在生活实际中运用所学的知识技能并有所发现、有所发明、有所创造的能力;同时还要反映学业成绩背后的学生个性发展的水平。学业成绩的价值评定要多元化。③既要重视量的评价,更要重视质的评价。评定不能"只提供看起来明晰简洁而实际上却丢失了教育动态意义上的测量数字"。[①]

上述教学的五个环节是相互联系的。教师只有认真抓好各个环节,并把它们有机结合起来,才能收到良好的教学效果,这就要求教师在教学过程中进行科学的教学设计。

⚡学习与思考⚡

1. 什么是教学方法? 常用的教学方法有哪些?
2. 有人说讲授法就是注入式而谈话法就是启发式,你对此有何看法?
3. 试分析每种教学方法的特点和要求。
4. 如何理解"教学有法,但无定法,贵在得法"?
5. 教师如何选择教学方法才能取得最佳教学效果?
6. 试分析班级授课制的优劣。
7. 请举例说明三种不同的教学组织形式对教师教学行为的影响。
8. 教学工作的基本环节有哪些? 它们相互之间的关系如何?
9. 案例分析:

张老师在上课前,事先将带叶的枝条插入红墨水瓶中,放在温暖而有阳光的窗台上,晒了一上午。下午一上课时,他就将枝条一段一段地剪下来,分到学生手里。他让学生一边剥枝条一边观察,枝条有没有变红? 什么地方变红了? 什么地方没有变红? 为什么? 学生边观察边回答:枝条的皮和中间的髓没有变红,木质部和部分叶子变红了;老师再问:为什么? 噢,原来木质部里有导管,而导管有输导水和无机盐的功能。请问:这一例子中教师主要采用了哪些教学方法?

---

① 李雁冰. 重塑教育评定—艾斯纳的课程评价观初探[J]. 外国教育资料,2000,1.

第十五章
教学工作（下）

学习提要：教学设计是以教学过程的最优化理论为基础，对教学活动一种系统的科学设计和策划。教学疾病是教师在课堂教学过程中所产生的种种病态性行为，可以分为道德性、心理性和技术性三类。教学疾病的预防和诊治是提高教学效能、确保教学成功有效的一种有力保证。

第一节 教学设计

教学设计起步于 1950 年代，到 1980 年代以加涅等为代表的第一代教学设计理论正式形成。随着情境教学、建构主义心理学与计算机多媒体技术的引入和发展，到 1980 年代末、1990 年代初出现了第二代教学设计理论。我国学者从 1980 年代开始触及教学设计的理论与实践研究，目前已取得长足进展。[①]

一、教学设计概述

所谓教学设计是一种系统化规划教学系统的各种资源和条件，根据特定的教学目标，选择最佳教学程序和教学策略，帮助学习者达成预期目标的设计策划活动。

教学设计有四大理论基础：

（一）一般系统理论

里奇（Rita Richey）认为，任何系统都包括人、物、过程、外部限制因素和可用资源五个要素，而这五个要素之间又存在着三种联系形式：过程的时间顺序，各因素间数据或信息流程，从一个系统中输入或输出的原材料（人或物）。对系统的设计离不开这五个因素及三种联系形式的分析与综合。任何一个因素或联系形式的差异都会造成系统设计的变化。教学是一个由教师、学生、教学内容、教学条件等因素组成的系统，是一个由输入（建立目标）——过程（导向目标）——输出（评价目标）的完整过程，它要求人们从系统的整体出发，从环境分析入手，制定教学目标，发展教学计划，进行教学传递、评价，并有效运用系统反馈进行教学设计修正，从而达到教学系统的整体优化。

---

① 盛群力，李志强. 现代教学设计论[M]. 杭州：浙江教育出版社，1998.

（二）传播理论

教学作为一种认知发展过程，与信息的传播密不可分。信息传播是在有干扰的环境中运行，并由信息源、信息渠道和信息接受者三者为主要成分构成的系统。为此，教学传播必须充分考虑信息编码的准确性与有效性，传递通道的畅通性和信息密度的适度性，信息接受和选择的正确性和高效性。

（三）学习理论

教学设计原本就是人类为寻求最佳的学习途径而进行的策划，而学习是学习者通过经验而引起的学习者的知识或行为的相对持久的变化。无论是行为主义的学习理论还是认知主义的学习理论，都为教学设计奠定了一定的理论基础。

（四）教学理论的概念模式

里奇把教学理论的概念模式分成三类：时间中心模式、学习者中心模式和任务中心模式。卡罗尔在时间中心模式中提出了一个经典的公式：学习程度＝f(实用时间/所需时间)。其中，理解教学的能力、能力倾向与教学的质量决定所需时间，毅力和所许可的学习时间和机会决定实用时间。该模式认为，学生自身的内在因素是难以控制的，可控的是影响个体学习的外在因素即所许可的学习时间和机会与教学的质量。因此，安排适量学习时间、确定具体学习目标、有效运用教学传递技巧就十分重要。而任务中心模式则关注对学习过程的促进，其中最具影响的是布鲁纳与加涅所提出来的两种模式，两者均以认知学习理论为导向。学习者中心模式把有效教学建立在对学习者个体差异的分析上，其目的在于强调每个学习者都能得到充分自由的发展。

二、教学设计的基本程序

教学设计可以分步骤进行，其基本程序是：

（一）确定教学目标

教学目标来自于特定课程需求的评估、对学生学习困难方面的经验、对上岗人员的岗位分析以及某些人对新教学所提出的教学要求。教学目标的确定是在对模糊教学目标的澄清过程中逐渐完成的，它最终对教学活动完成时学生能做些什么进行了确定。

（二）进行教学分析

通过查明必须学习的从属技能及必须掌握的程序性步骤对目标进行细致分析，分析结果用图示的方式详细列出这些从属技能及其它们之间的联系。所谓从属技能就是指学生为了有效达到目标而必须掌握的那部分技能。缺少它，教学就不可能成功；它过剩，就会导致时间浪费甚至会干扰教学的预期效果。鉴别并确定一组恰当的从属技能是教学设计的难点所在。

（三）确定起点行为

即确定教学开始前学生必须具备的知识和技能，而且通常是指那些与新课题有关的、必不可少的知识技能。确定起点行为,首先,必须明确学生的特点和身心发展水平;其次,要依据教学分析的结果。此外,我们还可借助课堂观察、提问、谈话、问卷、作业及摸底测验等方法查明学生的起点行为。

(四)编写教学的具体目标

即具体说明当教学完成时学生将能做些什么。一个具体目标不仅应说明将被观察的具体行为,而且还要说明行为的意图。编写具体教学目标应规定要学习的行为或技能、行为或技能操作的条件及行为表现合乎规范的标准。

(五)设计标准参照测验

标准参照测验由一组直接测定既定教学具体目标中规定的行为的题目所组成,用来衡量学生达标的程度。标准参照测验有四种类型,分别是测量从属技能的起点行为测验、学生新知能先知程度的前测、用于教学检查的插入测验、评估教学目标达成情况的后测。这里的关键在于保证目标规定的行为类型与测验项目要求之间保持一致。

(六)发展教学策略

教学策略是指用于引发学生学习结果的一组教学材料和程序,包括教学准备活动、信息呈现、练习与反馈、测验及后续活动等部分。准备活动首先要激发动机,其次要说明教学的目标,第三要说明达成目标所必需的先决知能。信息呈现首先要研究信息呈现的顺序,其次要研究信息组块大小的合适程度及其呈现的方法。练习与反馈要积极引导学生参与各种练习活动并给予及时反馈。测验要研究类型时机和方法。后续活动要考虑学生的个别差异,或补救矫正,或扩充丰富。教学策略是一种实际施行的程序,它可以用作编写教学材料的处方,作为评价和修订现有教学材料的标准,是课堂讲授要点、学生小组讨论练习和布置家庭作业的计划框架。教学策略的设计与开发,要借鉴当前学习学的研究成果,依据对学习过程本质的认识,要针对教材内容和学生特点来进行。

(七)开发和选择教学材料

教学材料主要包括学生学习手册、教学材料、测试试卷及教师指南等。教师是个别化教学材料的设计者,是现有材料的改编者,是教学内容的传播者,为此教师要根据自己所扮演的不同角色,根据教学目标和学生的不同需要,选择适当的教学材料,选择相应的媒体进行教学。

(八)设计和实施形成性评价

形成性评价有三种形式:一对一的临床评价用来纠正明显的错误,其关键是形成宽松友好的气氛,采取互动合作的方式;小群体评价是在临床评价的基础上,通过随机抽样的方式建立小群体样本进行评价和调查,以获取学生的反馈信息。现场评价是在真实的学习情境下利用改进过的教学材料进行现场试教并获取反馈信息。教师要客观对待每种评价所提出来的不同信息以改进教学。

（九）进行教学调整

通过对有关评价数据资料的分析总结及对自身教学活动的反思，调整教学设计，以便提高教学效益。教学调整主要集中在教学内容和教学材料的运用程序两个方面。

（十）设计与实施总结性评价

总结性评价是设计、收集和解释与一组特定的教学有关的数据资料以确定教学的价值。它一般不由教学设计人员来进行，故可排除在教学设计过程之外，但其评价结论依然会对下一轮教学设计产生影响。

三、课堂教学的目标设计与时间设计

课堂教学设计的内容有很多，下面主要介绍教学目标设计和时间设计。

（一）教学目标的设计

教学目标是教学活动的出发点，是课堂教学的灵魂。它在教学过程中起着导向、评价和激励的作用。设计教学目标的步骤是：

1. 钻研课程标准，分析教学内容

教师要通过对课程标准和教材内容的钻研和分析，把握课程的基本结构和知识体系，找出基本概念、基本原理和基本方法，确定重点、难点和关键，为教学目标的正确建立奠定基础。

2. 分析学生已有的学习状态和发展水平

可以从认知因素、非认知因素和社会因素三个方面来确定学生的现有发展水平。认知因素包括学生的智力发展水平、原有的知识准备、学习的技能技巧、认知结构和风格；非认知因素包括学生的一般生理发展水平、成熟程度和非智力因素等方面，其中学生的学习动机状态尤其值得关注；社会因素包括学生家庭的文化背景和职业背景、学生之间和师生之间的交往方式和人际关系等。这里要特别注意学生的个别差异性。

3. 确定目标分类

要保证目标在教学中的清晰度和可操作性。布鲁姆的目标分类及其修正是重要的参考框架。见表 15 - 1。

表 15 - 1　三种目标领域、学习水平及其定义①

领域	学习水平	定　　义
认知领域	1. 知识	事实性信息的回忆
	2. 领会	理解的最低水平；提供理解的证据和运用信息的能力
	3. 应用	用抽象原理来解决问题
	4. 分析	区分和领会各种相互关系
	5. 创造	结合各个组成部分以形成一个新的整体

---

① 施良方，崔永漷. 教学理论：课堂教学的原理、策略与研究[M]. 上海：华东师范大学出版社，1999：141.

领域	学习水平	定　义
情感领域	1. 接受	自在地面对刺激
	2. 反应	自愿地对刺激作出回应
	3. 价值判断	对刺激形成一种态度
	4. 信奉	一贯地按照内发的稳定的价值体系行事
动作技能领域	1. 模仿	按照指示和在指导下从事简单的技能
	2. 操作	能独立地完成一项技能
	3. 熟练	能准确地、自动化地完成一项技能

　　新课程改革中提出的三维目标,既吸纳了布鲁姆目标分类的合理框架,又体现了我国本次课程改革的价值取向。

4. 准确表述教学目标

　　教学目标的表述一般包括四个要素,即行为主体、行为动词、行为条件和表现程度。学生是行为的主体,目标表述的行为必须是学生的而不是教师的行为。要用明确具体、可以观察和测量的语言来表述行为动词,如"写出、列出、认出、辨别、比较、对比、指明、绘制、解决、背诵"等。行为条件是指影响学生产生学习结果的特定的限制或范围等;对条件的表述可以有四种类型,一是允许或不允许使用手册或辅助手段,如可不可以使用字典等;二是提供信息或提示,如"在一张空白地图上标出……";三是提供时间限制,如"在 10 分钟内完成……";四是完成行为的情景,如"在课堂讨论时能叙述……要点"。表现程度是指学生目标所达到的最低表现水准,用以评价学习表现或学习结果所达到的程度,如"完全无误"、"至少有三种解题思路"、"做对率达到 80％"等。

（二）教学时间的设计

　　时间是教学活动赖以开展的教育资源,也是教学活动的中心变量。时间可以分为名义学习时间、实际分配时间、实际学习时间、专注学习时间、学术学习时间和有效学术学习时间六种。名义学习时间即学校所规定的学年某一课程的总学时量;实际分配时间即某一课程所实际分配的学习时间,即学生课程表上所安排的时间;实际学习时间即每个学生参与学习的实际时间,它包括师生在课堂上的实际教学学习时间和学生在课外自己增加的学习时间,但要扣除学生迟到早退缺勤、教师缺课以及其他因素,如学校随意组织活动造成的教学中断或干扰等时间;专注学习时间即学生在课堂上注意力集中专心学习的时间;学术学习时间即学生专注于学术性内容学习的时间;有效学术学习时间即学生专注于学术性内容的学习并取得成效的时间。这六种时间从数量上看是呈递减的趋势,但从与教学效果的相关性看却呈递增趋势。

　　名义学习时间和实际分配时间是由教育主管部门统一规定,并由学校具体安排的,是面向全体学生的,理论上两者的时间应该是等量,也是定量的。实际分配时间若多于或少于名义学习时间,都反映了学校对规定课程项目执行的不规范程度。

教育学

实际学习时间是个变量,会因学生个体主观能动性和当地教学管理部门的教学安排产生一定的变化。在合理负荷范围内,学生实际学习时间的长短同其学业成就呈正相关,教师实际教学时间的长短会影响学生的学习成绩。故要保证教学质量,国家就要求学校开齐、开足、开好规定课程,不得随意中断或变更教学计划;教师要根据教学计划上好每一节课,也不得随意挪用、占用学生课外时间,严格控制家庭作业量。但家长及学生自己增加过多的课外实际学习时间,却不是学校和教师所能控制的范围,而后者往往是导致学生负担过重、休息不好的原因。故减负是一项系统工程。

在学生的实际学习时间中,可以分为专注学习时间和非专注学习时间。研究表明,成绩优秀的学生其专注学习时间长,而成绩较差的学生其专注学习时间短,因此培养学生良好的学习习惯十分重要。

专注学习时间又可分为学术学习时间和非学术学习时间两种。如果学生在专注学习时间关注的都是些非学术性内容,如武侠传奇、娱乐新闻、电子游戏,其学习效果就可想而知;如果迷上了网络,网瘾成性,问题就更加严重。如果在课堂上,其专注点不在教学内容的重点难点等学术性内容上,或者不能正确区分哪些是重要内容、哪些是关键知识,而是眉毛胡子一把抓,其学习效率必定不高。因此对学生求知欲的培养和信息选择能力的培养至关重要,要切实加强对学生学习方法的指导和信息选择能力的培养。

学术学习时间又可分为几种情况:一是有效学术学习时间,学生专注于学术学习并真正获得成功,表现出"既吃得了、又吃得饱、且吃得好"的特征;二是无效或低效学术学习时间,往往表现出"吃不了"、"吃不饱"或"吃不好"的特征。因此真正影响学生学业成绩的主要还是有效的学术学习时间。有效学术学习时间与学生的学业成就有相当稳定的正相关关系,其时间的多少直接影响着学生的学业成绩。

因此,教学时间的设计要注意以下几个方面的要求:

(1) 严格遵守国家的课程计划,充分保证学生的学习时间,最大限度地减少学习时间的损耗和流失。

(2) 树立正确的时间观,既要保证充足的时间量,更要注意提高时间的质。既要教育学生珍惜时间、抓紧时间、挤出时间搞好学习,更要培养他们合理安排时间、科学利用时间、用好时间的能力。我们有些教师希望通过不断延长学生的学习时间来提高学生的学习成绩,而很少考虑时间的性质变化,尽管从最后的学习结果来看,也能在一定程度上达到提高学生学习成绩的目的,但往往导致学生课业负担过重,身心高度疲劳,用于其他方面发展的时间大量被挪用,客观上影响了学生的全面发展和他们对学习的态度。

(3) 致力于专业发展,提高时间效益。教师要深入研究学生学习发展的特点,准确把握课程内容,提高课堂教学的科学性和艺术性,优化课堂教学的效率,要根据不同学生的特点,最大限度地提高单位时间内有效学术学习时间的比例。为此,要把握最佳时域,适时、因时、及时施教;要优化教学过程,激发学生的主体意识,创造条件让学生主动参与、专注参与、有效参与学习;要合理设计教学内容,科学安排时间,合理布置作业,做到疏密相间、张弛有致,提高学生单位学习时间的成功率。

第二节　课堂教学疾病的类型、
表现及诊治设计

教学疾病系指教学系统在内外异常因素的作用之下，教学的形态结构和行为特征发生异常变化，系统功能不能很好地得以发挥，以至产生不良影响与消极作用的不正常状态。教学疾病往往以病态的教学行为和变异的形态结构表现出来。

教学疾病既可能是教学系统内外部因素不和谐所致，也可能因系统内部各环节因素整合不当所生，更有可能是教学活动主体错位、行为失范所致。从教学系统与其外部的社会系统关系看，教学疾病主要因对教学系统的性质认识不清、目标定位不当、价值导向失误所致。从教育系统内部看，教学疾病的产生主要是因为教学目标与其他因素不和谐、教学内容与教学手段方法的不协调、教学方法与教学组织形式的不匹配、教学方法和教学组织形式与教学环境的不相容、教学主体与客体之间的不和谐等。从教学活动的主体角度看，教学疾病主要会因教师的职业理想定位不当、教育观念落伍、知识结构欠缺、技能技巧贫乏、自我监控能力差等而生。无论哪种原因导致教学疾病，都会影响教学系统的健康发展，阻碍教学目标的顺利实现，所以了解、预防和诊治教学疾病十分重要。

一、教学疾病的类型

教学疾病的类型是多种多样的。对此，湖南师大的石鸥教作过较为系统的划分[1]。教学疾病按照性质来分，可分为道德性疾病、心理性疾病和技术性疾病三类。道德性教学疾病往往与教师的道德认识水平、思想品德修养、教师的价值取向、教师的世界观和方法论、人生观，及个性品质如诚实、正直、公平、责任感、纪律性、组织性等有关。心理性教学疾病往往与教师的个性心理品质、自我监控能力、自我调控能力、轻度的人格障碍、教师职业倦怠[2]等有关。这两种病态行为有时是故意的，明知违背教学规律和师德规范，却因某种原因故意为之；有时是无意识的或下意识的，但都会产生不良后果。由于认识水平低、工作能力弱、工作经验缺乏，再加上不了解教学规律和规范，而导致产生不良教学后果的病态教学行为，为技能性缺乏所致，如新教师上课时对学生评价不当而使学生产生不应有的伤害等均属此类，这类疾病称为技术性疾病。

二、教学疾病的具体表现形式

在教学过程中，教学疾病归纳起来有以下几种表现形式：

---

① 石鸥.教学病理学基础[M].济南：山东人民出版社，2006：49—66.

② 1974年，美国临床心理学家Frudburg把服务于助人行业的人们因工作时间过长、工作量过大、工作强度过高所经历的一种疲惫不堪的状态称之为职业倦怠。1981年，Maslach等人又进一步提出了职业倦怠的三个核心组成部分，即情感衰竭、去个性化、低个人成就感。在专业发展过程中，不少教师都程度不同地存在着这种职业倦怠现象。

（一）教学失衡

教学失衡就是指在教学过程中因缺乏系统观的指导，在整合系统各因素以实现整体功能过程中所产生的偏离、片面和失衡状态。教学失衡又可以分为目标失衡、内容失衡、方法失衡、评价失衡等方面。

1. 目标失衡

教学目标是教育目的的具体化，它可以分为各级各类学校目标、课程目标、单元目标和课时目标，任一层次的教学目标又可分为认知目标、情意目标和动作技能目标三类，其最终目的是促进学生素质的全面发展。由于教学活动是个体的劳动、集体的结晶，是系统要求，分科实施，因此落实在具体某门课程、某一节课上，其教学目标是有所侧重，但又互为补充的。把全面发展当成平均发展，是貌似平衡实则失衡的一种表现；但是，如果什么课都只强调知识教学而忽视教学的教育性和发展性，智育唯一或德育唯一，也是目标失衡的一种表现。因此，要科学分解教学目标，并具体落实在每节课上，使课时目标与单元目标、单元目标与课程目标、课程目标与学校目标、学校目标与教育目的一致起来；同时又实现每一层次内部的目标结构如认知目标、情意目标和动作技能目标的和谐平衡的发展。

2. 内容失衡

目前学校教学内容失衡现象严重，具体表现在学科之间的不平衡、学科内部的不平衡、考试内容与非考试内容的不平衡。陈述性知识讲得多，程序性知识和条件性知识讲得少；对理论知识、明确的知识关注得多，对实践知识、缄默的知识关注得少。

3. 方法失衡

教学方法的失衡表现在教学方法手段的单一化上，或教学方法手段多样化的"作秀"和"表演"中。单一的教学方法手段既不能满足教学内容和学生需求多样化、差异化的需要，也反映了教师教学技能的贫乏；而一节课过多的教学方法手段的采用，却又极易喧宾夺主，形式的丰富导致教学时间的失控、教学内容的贫乏和预期教学目标的偏离，倒成了教师自我表演或展示的一种资本。

4. 评价失衡

评价失衡表现在评价标准的主观性、随意性、模糊性和盲目性上，还表现在只重结果不看过程、只看产出不看投入等方面，表现在只根据长官意志来评价的评价行为中。在评价中，过去是以单一的分数取代一切评价指标，而现在又过分否定分数的作用，这也是一种失衡的表现。

（二）教学失范

教学是有规可循的，必须符合教育的规律和原理，不符合科学规律，其教学效率就会降低；教学是一种社会性的人际关系行为，要有一定的社会规则予以保障，这些规则是课堂教学顺利开展的基础；课堂中的教师因其特殊的社会地位，有其相应的角色规范，这些角色规范能帮助教师树立角色权威，帮助教师在教学中发挥主导作用。但在实际教学中，许多教师却因不了解和遵循这些规律、规则和规范，程度不同地存在着教学失范的行为，具体表现在以下三个方面：

1. 教师课堂教学行为不规范

由于教师不认真备课或根本不备课,对教学内容不熟悉,抓不住教学内容的重点难点和关键,理不出教学内容的内在逻辑体系,导致漏讲、错讲、乱讲;由于教师缺乏对学生的知识准备程度、起点水平和学习特点的了解,导致教学预设不当、缺乏针对性,不能激发学生的学习动机;由于教师自身的知识水平和教学技能技巧的贫乏,教学方法单调呆板、千篇一律,讲课速度过快过慢、语音过高过低,语言表达含糊不清、枯燥乏味;教学节奏混乱、思路不清等。

2. 课堂规则的制定与执行不规范

课堂规则是课堂成员应该遵守的保证课堂秩序和效益的基本行为要求或准则,具有规范约束和指导课堂行为的效力。教学失范的课堂,其课堂规则条目众多且多与负面评价和惩罚性手段联系在一起。课堂规则缺乏必要的稳定性和严肃性,常常朝令夕改,学生无所适从。课堂规则的制定往往是主观的、随意的,且主要是由教师单方面制定或规定的,学生对此缺乏必要的了解甚至还有抵触情绪。课堂规则的执行不能一以贯之,在不同时间、对不同学生有不同的执行标准,公平公正很难得到保证。有时表现出过多廉价或过度的表扬,有时则表现出过度的批评;有时出现放羊式,不闻不问;有时则出现过敏反应,动辄对学生大加训斥,甚至滥用惩罚。

3. 教师的身教失去示范作用

有的教师由于道德修养差、心理调控能力弱、教学水平低,管理经验少、社会信用低、个人魅力差等,导致示范作用的影响力降低。也有的教师尽管其学术水平高能力强,但由于缺乏起码的工作责任感,缺乏对学生的关心和爱护,或者在工作过程中对人要求高对己要求低,处理问题不公正、知行脱节言行不一等原因,导致师生关系冷漠,情感疏远,教师在学生中的威信和影响力降低,而失去了身教示范的作用。其中,师德是最为重要的影响因素。

(三) 教学失偏

任何一种教育教学行为的背后都隐藏着某种理论,不管这种理论是系统的还是零碎的,是明显的还是缄默的。导致教师教学失偏的原因有很多,具体表现在以下几个方面:

1. 教师个人的价值取向和教育理念会影响其教学活动

如果教师缺乏正确的价值观和教育理念的引导,将升学率作为其指导方向,把分数作为唯一的目标,就会导致其重智轻德,片面追求升学率的行为:课堂上凡考试内容拼命灌,非考试内容丢一边;课外搞题海战术,死记硬背;重视陈述性知识的讲授,忽视学习方法和学习能力的培养,更不重视学生的身心健康和个性的全面发展。

2. 教师个人的经历经验和心智模式会导致归因错位

如果教师一味从过去的陈旧经验出发,不改变错误的心智模式,认为学习时间越多成绩就一定越好;压力越大,进步就越快;那么他就会大量占用学生的课余时间,打疲劳战,通过"时间战术"和"题海战术"来提高学生的考试成绩,往往会导致学生课业负担过重,产生内向性的问题行为。如果教师对这些学生再采取歧视的态度,更会伤害学生的自尊心和自信心,内向性行为就会发展为厌学逃学等系列的外向性问题行为,影响学生身心的健康发展。

3. 教师多年来所形成的工作习惯和态度也会导致教学失偏

如疏于备课和对学生作业的批改，就会导致教学的针对性不够，重点难点难以把握；自以为是的专制作风，就会导致课堂教学满堂灌和师生情感的冲突，并把课堂中的问题行为单方面地归因到学生身上；工作责任心和使命感不强导致不负责任的放羊式教学；对优秀学生的偏爱和对后进生的歧视，常常会在座位的排列、工作的安排、课堂提问、交往频率、结果评价等方面明显表现出来，导致教育的不公平等。

（四）教学阻隔

由于师生社会角色、知识水平和年龄的差异，再加上教学环境因素的影响，在课堂教学中明显存在着阻碍教学活动顺利进行、影响师生之间平等交往和有效交流的阻隔现象。这种阻隔分为空间阻隔和心理阻隔两类。前者因教学环境的布置、教学空间的划分、空间距离的远近、师生所占有的空间面积的大小以及教师的课堂站位而致。传统的秧田式的座位安排及教师固定在讲台上的站位，就容易出现教学阻隔现象，同时也是产生师生之间的心理阻隔的原因之一。心理阻隔的另一原因，来自于师生之间的角色差异、年龄差异和知识技能水平的差异。由于师生之间的社会地位不同，扮演的角色不一样，教师自然就有角色权威；年龄差异容易产生代沟并隐含着文化价值取向的冲突；知识技能水平的差异决定了师生双方在教学过程中的不同地位，教师处于主导地位，学生处于服从地位。这些都会导致师生之间的认识阻隔和价值阻隔。教学阻隔是客观存在的，也是必要的，它有利于保持学生对教师的新鲜感，增强教师对学生的吸引力和影响力，便于教师控制和组织教学，也便于教师对自己的教学保持一种清醒的认识和反思的态度。但是，过多的阻隔，会导致教师和学生之间信息传递交流的困难，导致移情体验精神认同的障碍，阻碍良好课堂教学气氛及和谐民主的师生关系的形成，合作互动、教学相长也就成为一种空洞的口号。

三、教学疾病的预防和诊治的设计

教学疾病产生和存在是不可避免的，积极的预防和诊治也是很有意义的。这就要求我们转变教育观念，树立教育以人为本，人以发展为本，发展以素质为本的教育思想，树立效率效益意识，全面提高教学系统自身的免疫力和抵抗力。在教学设计时，要注意以下几个方面：

（一）全面提高教师的师德修养和专业技能，培养教师的反思性教学意识

要从以人为本的科学发展观高度，充分认识师德建设的重要意义，牢固树立"育人为本、德育为首"和"师德是教师最重要的素质"的观念。教学疾病的预防和诊治，首先要求教师真正树立"教书育人、为人师表"的意识，把教育教学工作当作一种终生追求并为之全身心奉献的事业，全面提高师德修养，努力发展专业技能，促进教师自身的专业发展。

反思性教学是促进教师专业发展的重要举措。所谓反思性教学是在教师的道德责任以及技术性教学的实际效果的分析基础上逐步发展起来的一种教师发展理论，被视作反思性实践者的教师，是那些既能思考发现并提炼出实践当中碰到的教学问题并加以解决的教师，他们能把教学的信念和技巧内化，并以之研究自己的教学，同时使自己的教学更

加有效。反思性教学是一种经验性的学习,促使教师形成了反思意识,而自我反思意识是教师教学行为变化的基础。[①] 研究表明,教学疾病的产生都跟教师的反思意识的缺乏有关,因此,就要通过引入反思性教学的观念,全面培养教师的自我监控能力,要求教师在道德、心理和技术上实现对自己教学的全方位和全过程的监控。自我监控能力的培养是预防、控制和诊治教学疾病的必不可少的工具和手段。[②]

(二)进一步建立和完善课堂教学规范

要进一步加强对课堂教学规范的理论研究和实践研究,制订出科学的课堂教学规范指标体系和操作纲领。教师教育专业的训练要增加相应的内容比例,加强教学规范的正面引导和教育工作,要进一步加强教学实习环节的指导,在实习过程中通过理论与实践的结合,体会并初步掌握有关的教学规范。学校尤其要重视对新教师的规范化训练,使教师有规可依,有范可仿。

(三)分析教学疾病的类型及成因,做好预防诊断和控制矫正工作

教学疾病的预防工作,一方面要运用先入为主的策略,做好正面的榜样引导和规范训练,避免教学疾病的产生;另一方面可通过大量的案例教学和行为观察分析,引导教师深入了解教学疾病的类型和成因,做到积极主动地预防。同时要进一步发展教学诊断技术,围绕其教学工作中存在的问题行为,帮助教师作出准确科学的分析和诊断。

运用行为控制策略,及时控制或终止教学疾病的传播。具体策略有三,一是鼓励和强化良好的教学行为,以良好行为影响和控制病态性教学行为;二是选择有效方法,终止病态性教学行为。三是运用行为矫正策略,有效诊治和转变病态性教学行为。

◀━━ 学习与思考 ━━▶

1. 教学设计的基本程序是什么?如何进行教学设计?
2. 试举例说明教学疾病的类型及其对课堂教学的消极影响。
3. 如何预防和诊治教学疾病?
4. 案例分析:

王老师正在讲新课,无意中看到小李与同桌在说话。王老师很生气,当场就质问小李"小李,你在说什么?""我没说什么。""你把刚才的话再说一遍。""我说:用一下你的铅笔。""你不是这么说的。""我就是这么说的。""你还狡辩!给我出去!""出去就出去,你有什么了不起!"小李气冲冲地跑出了教室,"砰"的一声关上门,老师气得全身发抖,全班同学惊惶失措。

从这个案例中你想到了什么?

---

① Kennth M. Zeichner & Daniel P. Liston, Reflective Teaching, Lawarence Erlbaum Associates (1996), pp. 6 - 8.

② 在林崇德教授看来,自我监控能力可分为三个方面:一是教师对自己教学活动的事先计划和安排;二是对自己的实际教学活动进行有意识的监察、评价和反馈;三是对自己的教学活动进行调节、校正和有意识的自我控制。详见林崇德. 教育的智慧[M]. 北京:开明出版社,1999:47.

第十六章
德育工作

学习提要：对青少年学生进行思想道德教育，是学校教育的一项重要任务，也是一项系统工程，涉及学校德育课程的建设、学科教学中德育的渗透、有利于学生道德成长的校园文化营造以及德育评价等各个方面。本章依据党和国家对学校德育的有关规定和青少年学生的道德成长规律，对学校德育工作进行分析和阐述，以提高德育的针对性、有效性。

第一节　德育课程

　　课程是学校对学生进行思想道德教育的主要载体，德育课程则是学校对学生进行思想道德教育的专门渠道，是德育目标得以实现的中介和载体，因此，明确学校德育课程的价值取向、特征和内容架构，对于提高学校德育的实效性便具有十分重要的意义。

一、德育课程的概念与特征

　　德育课程既是课程，有着一般课程论层面的含义；同时，又不同于一般的学科课程，有其独特性。

（一）概念

　　关于"课程"，至今还没有一个统一的概念。但一般来说，人们将课程理解为学校教育内容的组织形式。从这一定义出发，对课程可以做两点界说：

　　（1）课程是教育内容的组织方式，即将一定的教育内容付诸实施的形式，而不是教育内容本身。

　　（2）课程的要素有三个：教育目标、教育内容的安排以及教育活动的设计。

　　据此，我们可以将德育课程的概念表述为：德育课程是依据党和国家对人才的道德要求，对学校德育目标、内容及学习方式的整体建构。德育课程有狭义和广义之分，狭义的德育课程是指以学科教学形态为载体、有系统、有计划地对学生的道德价值形成与品德建构过程进行引导的教育活动；广义的德育课程则包括一切具有育德作用的教育活动。

（二）特征

　　德育课程作为一种道德学习课程，具有区别于其他课程的特点主要有两个：

1. 育德性

　　德育课程的要旨在于促进学生的道德成长，这是德育课程的根本特性。德性包含有知、情、意、行、信诸多要素，因此，德育课程的学习不是单一的知识学习、行为学习或情感学习，而是一种整合性学习。

2. 体悟性

道德教育并不只是灌输道德知识，重要的是让学生对道德规范有体验、感悟，成为指导真实生活的道德观念，并在反复践行基础上由观念变成信念。因此，德育课程的教学形态不同于一般的学科教学，更注重教学过程的实践性。

（三）德育课程的变革

传统德育课程受主知主义的影响，基本上以道德认知学习为主线展开，较少考虑如何激发学生的道德学习需要，形成学生的道德感悟，与学生的实际生活相距甚远，难以触动学生的真情实感。现代德育课程要以学习引导儿童的道德发展，课程建构的本质是学生道德主体的形成，因此，现代德育课程呈现出四大特征：

1. 生活化

关注学生的现实生活，强化对生活的指导，帮助学生处理好现实生活的基本关系，如人与社会、人与自然、人与自我，营造健康安全的生活、愉快积极的生活、负责任有爱心的生活、动脑筋有创意的生活。

2. 自主性

注重学生的道德需要与道德实践能力的培养，尊重学生的特点和文化，把学生当作一个完整的生命体来看待，引导学生在道德教育过程中进行自主探究，力图让课程有效地促进学生的道德生长。

3. 整合性

在德育课程的教学中，将情感过程、认知过程与行为过程融合一体，共同完成知、情、行的整合。调动学生的人格因素，全身心地投入学习过程，让课程成为学生的人生导向。

4. 拓展性

现代德育课程的内涵在传统意义上有了很大拓展，包括显性课程与隐性课程，学科课程、活动课程和综合课程，国家课程、地方课程和校本课程等等。现代课程的实施空间已远远超越了课堂，是课内外融合，建立在充分开发校本资源、社区家庭资源与社会资源基础上的开放性课程。

二、德育学科课程

德育学科课程是专门让学生进行道德价值学习的活动，通过系统地传授社会规范和道德标准，提高学生的道德认知与判断能力，促进学生品德发展的课程。德育学科课程的优势是进行系统的道德认识训练。

（一）德育学科课程的设计模式

德育学科课程的设计模式有两种：

1. 单一的学科课程模式

传统德育学科课程的设计一般都采用单一的学科课程模式，依据道德伦理学所建立的人伦关系系统,通过"螺旋式"编排方式,以演绎逻辑方式展开。也就是以道德认知为主线,从道德概念的解读到道德观念的理解,到道德行为的导向,典型的学习过程为"揭题——明理——拓展——导行",并依据年级递增,核心概念的内涵逐步加深,外延逐渐扩大。这种设计模式有其优点,有利于对课程目标的把握,尤其是道德知识点的落实。但也有明显的不足,容易脱离生活实际,缺乏足够的情感积淀,将德育课程简化为道德认知课程。

2. 综合课程模式

综合课程也叫广域课程,现代德育学科课程较多的采用这种模式。综合课程依据德育的总体目标,按照生活逻辑而不是学科逻辑,或通过主题单元,或通过课程模块进行编排,以归纳逻辑方式展开。强调学习过程中的实践体验、情境感受、价值辨析、道德反思,并根据学生的年龄增长,由近及远,由浅入深,发展学生的道德理性思维与价值判断能力,以实现道德的自主建构,提升学生的精神境界。这种课程模式的优点是使德育更加贴近学生、贴近生活、贴近实际。

(二) 小学德育学科课程

小学德育学科课程是在小学阶段开设的,对小学生进行思想品德教育的课程。我国现行小学开设的德育学科课程为《品德与生活》、《品德与社会》。

1. 概述

2002 年 5 月,根据国家基础教育课程改革的总体设计,规定小学设《品德与生活》(1—2 年级)、《品德与社会》(3—6 年级)两门德育学科课程,并颁布了相应的《课程标准(实验稿)》,以道德教育回归生活、关注儿童生命成长为基本理念,按主题式单元和归纳思维方式呈现教材。《品德与生活》属于活动型综合课程,《品德与社会》属于综合课程。改变了传统德育学科的"德目"式编排方式,呈现给学生的是一个个生动的生活板块,以富有生命感的内容,激发学生的道德需要,使教材走进了学生的心灵、孩子的生活。但课程的实施也带来不小的难度,对教师的素质提出了更高的要求。

2. 目标与内容

《品德与生活》课程以儿童的生活为基础,通过认识自然、了解社会和把握自我,引导儿童健康、安全地生活,愉快、积极地生活,负责任、有爱心地生活,动脑筋、有创意地生活。课程总目标为:培养具有良好品德和行为习惯、乐于探究、热爱生活的儿童。具体包括情感与态度、行为与习惯、知识与技能、过程与方法四个分目标。

《品德与社会》课程以儿童的社会生活为主线,通过个人、家庭、学校、家乡(社区)、祖国、世界等生活的不同领域;引导学生在与自己生活密切相关的社会环境、社会活动、社会关系的交互活动中,加深对自我、对他人、对社会的认识和理解,形成基本的道德观、价值观和初步的道德判断能力。课程总目标为:旨在促进学生良好品德形成和社会性发展,为学生认识社会、参与社会、适应社会,成为具有爱心、责任心、良好的行为习惯和个性品质的社会主义合格公民奠定基础。具体包括下列三方面分目标:情感态度价值观、能力、知识。

（三）初中德育学科课程

2003年，教育部规定在初中开设思想品德课程，采用综合课程的方式编排，作为初中的德育学科课程，并颁布初中《思想品德课程标准》。

1. 课程目标

以加强初中学生思想品德教育为主要任务，帮助学生提高道德素质，形成健康的心理品质，树立法律意识，增强社会责任感和社会实践能力，引导学生在遵守基本行为准则的基础上，追求更高的思想道德目标，弘扬民族精神，树立中国特色社会主义共同理想，逐步形成正确的世界观、人生观和价值观，为使学生成为有理想、有道德、有文化、有纪律的好公民奠定基础。

2. 课程内容

初中思想品德课程内容包括三部分：第一部分是"成长中的我"，认识自我、自尊自强、学法用法；第二部分是"我与他人的关系"，交往与沟通、交往的品德、权利与义务；第三部分是"我与集体、国家和社会的关系"，积极适应社会的发展和进步、承担社会责任、法律与社会秩序、认识国情、爱我中华。

（四）高中德育学科课程

2003年，教育部颁布高中《思想政治课程标准》，规定思想政治为国家设立的高中德育学科课程。

1. 概述

思想政治课程采取模块式的组织形式，分为必修和选修两部分。必修课程设置经济生活、政治生活、文化生活、生活与哲学四个模块。选修课程是基于必修课程教学的延伸和扩展，包括科学社会主义常识、经济学常识、国家和国际组织常识、科学思维常识、生活中的法律常识、公民道德与伦理常识等内容。

2. 课程目标

知道中国共产党是中国特色社会主义事业的领导核心，马克思列宁主义、毛泽东思想、邓小平理论和"三个代表"重要思想是中国共产党的指导思想，"三个代表"重要思想是马克思主义在中国发展的最新成果；了解中国特色社会主义现代化建设常识；学习运用马克思主义基本观点和方法观察问题、分析问题、解决问题；具备在现代社会生活中应有的自主、自立、自强的能力和态度；具有爱国主义、集体主义和社会主义思想情感；初步形成正确的世界观、人生观和价值观。

三、综合实践活动德育课程

2001年教育部颁发《基础教育课程改革实施纲要（试行）》，规定从小学至高中设置综合实践活动课程，并作为必修课程，其内容包括信息技术教育、研究性学习、社区服务与社会实践、劳动与技术教育四大板块。

（一）内涵

综合实践活动德育课程，是以德育内容来组织实施国家综合实践活动课程。它强调学生在社区服务与社会实践中,以主题形式开展道德与社会问题研究,依托信息技术手段进行资料收集与信息处理,学习科学研究的一般方法,培养学生的道德探究与创新意识,发展综合运用知识和解决社会道德问题的能力;并在加强学校与社会的联系中,进一步培养学生的社会责任感。

(二)特点

一是实践性,综合实践活动德育课程,是让学生在实践中发现问题,通过查阅资料、读书、讨论,形成自己的见解,并结合实际提出解决问题的行动方案,从而突出做中学,突出实践出真知。二是探究性,这种课程以真实性任务为引导,突破了传统德育学科课程的知识体系的框框束缚,以问题为核心整合各种资源和信息,开展探究性学习,是一种基于学生经验展开的经验课程。三是开放性,强调超越教材、课堂和学校的局限,在活动时空上向自然环境、学生生活和社会领域延伸,是一种开放性的实践课程。

(三)价值

综合实践活动德育课程以其实践性,使德育贴近学生,面向实际,增强学生的道德实践能力,产生真情实感,避免知行脱节;以其研究性,培养学生的道德敏感性和道德研究力,为学生的道德批判性发展提供了最有利的土壤。以其开放性,使德育与社会生活融为一体,使德育走进现实生活。这种课程对道德教育十分重要,从某种意义上说,它弥补了德育学科课程的不足,从而成为德育课程体系中不可或缺的部分。

(四)组织

综合实践活动德育课程的四大块内容是统整在一起实施的。首先,要在老师指导下学会选择具有德育意义的研究课题,然后可以独立或组成研究小组进行研究设计。其次,研究中要充分利用现代信息技术进行资料收集或信息处理,形成可行的解决问题的思路和方法。并在付诸实施的过程中培养社会责任感和劳动技术能力。第三,要注意让学生在综合实践活动中进行合作、交流,培养团队精神。

四、地方与校本德育课程

地方课程与校本课程的建设,是国家新一轮基础教育课程改革中的新生事物,必须充分认识到,地方与校本课程中蕴涵了极其丰富的德育内涵,尤其是要加强地方与校本德育课程的开发和建设。

(一)地方德育课程的开发与实施

地方课程是由省一级的教育行政部门或其授权的教育部门依据当地政治、经济、文化、民族等发展需要而开发的课程。地方课程在充分利用地方教育资源、反映基础教育的地域特点、增强课程的地方适应性方面,有着重要价值。

1. 地方德育课程的功能

地方德育课程的功能主要是:通过让学生知家乡、爱家乡,培养家乡情感,并由爱家乡延伸到爱祖国。乡土情结是一个人道德生成的根基。因而,地方德育课程对个体道德成长有着深刻的影响力。

2. 地方德育课程的开发

地方德育课程的开发,一是要立足于浓郁的地方特色和乡土文化的研究,地方德育课程是以地域文化为载体而构建的富有地方特色的德育课程。从一定意义上说,地方德育课程的构建过程也是乡土教育资源的开发与整合过程。二是要对各类德育内容进行统整,将心理健康教育、青春期教育、安全教育、防止艾滋病教育等各类教育有机地整合在一起,提高德育的效率。三是要避免走学科课程的路子,防止出现过分追求课程逻辑性的倾向。

3. 地方德育课程的实施

地方课程不同于学科课程,在实施中必须注意以实践为主,让学生走出课堂,走进社会、走进自然,采用考察、参观、调查、小课题研究等多种教学形式,让学生在直观、生动的教学活动中体验、感悟,受到道德教育;必须注意以学生的自主学习为主,尽量避免过多的课堂讲授,通过讨论、对话、辩论等形式,让学生实现道德的自主建构。

(二)校本德育课程的开发与实施

校本课程是充分利用当地社区和学校的课程资源,基于学生发展需要的,以学校教师为主体,师生共同开发的,具有多样性的可供学生选择的课程。校本德育课程是依据学生的发展需要,以学校德育资源的整合为基点,以学校文化的凸现为核心而开发的具有学校特色的德育课程。

1. 校本德育课程的功能

校本德育课程是促进学生心灵与道德发展中极富生命力的活课程,一所学校的文化积淀往往构成学生最重要的精神成长的土壤。校本德育课程强调以学校为主体和基地,充分尊重和满足学校师生德育资源上的独特性和差异性,尤其是满足国家和地方课程中难以涉及的德育特殊需要。因而,能够更好地解决德育的适应性与针对性问题。

2. 校本德育课程的开发

校本德育课程的开发要整合学校具有德育意义的一切教育资源,从学校发展过程中所经历的激动人心的人和事中提炼出学校精神,从学校发展的历史与现状中梳理出学校师生所追寻的共同价值观,将学校传统、特色活动与现实创新结合起来,打造出学校的文化品牌和办学特色。校本德育课程的开发要依据本校师生的特点,发挥师生的优势,针对学生的特殊需要。它既可以是一门课,也可以是由多门课组成的课程群。校本德育课程的开发是一个持续积累的、不断改进和动态生成的过程。

3. 校本德育课程的实施

校本德育课程的实施比国家与地方课程具有更大的灵活性,它既可以每周安排一定课时进行,也可以相对集中地进行;既可以全体学生统一参加,也可以由学生自由选择;既可以由某一教师执教,也可以由多个教师协同执教。校本德育课程的实施要充分调动全校师生的积极性,并赢得社区、家长和社会的支持。

第二节 学科德育

学科课程是中小学生的主要学习内容,其中蕴涵着极为丰富的德育内容。抓好学科德育,既是实现教书育人有机结合的重要途径,也是提高德育实效性的根本出路。

一、学科教学的德育功能与特性

在德育实践中,人们越来越清楚地认识到,仅仅依靠专门的德育课程,并不能从根本上解决学生的思想道德问题,必须利用学科优势,把德育融合到各科教学中去,结合各科教学的特点实施德育。

(一) 学科教学的教育性功能

就一般意义上说,"教学"主要指的是传授具体的知识和技能,"教育"则主要指对于学生价值取向的引导,重点促进学生品德的形成。但是,如果在教学中只关注了前者,实际上是不完整的教学,正如赫尔巴特所说:"教学如果没有进行道德教育,只是一种没有目的的手段。"[①]显然,学科教学不可能回避价值问题,知识与技能在学科教学中只是"育人"的手段与资源,情感态度与价值观同样是学科教学的重要目标。

1. 学科知识是价值形成的前提

系统的文化知识学习是发展个体道德理性的基本条件,道德真谛的领悟需要广博的知识基础。但有知识未必就有道德,道德理性的精髓是一种科学价值观,各科教学为道德理性成熟提供最重要的保障。正如苏霍姆林斯基所指出的,学生在学校学习的自然、社会、思维方面的知识是世界观和正确道德行为的基础。

2. 各科教学本身包括诸多价值因素

各科教学本身包含着许多重要的德育因素,主要体现在两个方面:一是内容本身具有道德价值。如社会历史课中的风土人情,语文学科中的自然美与人物美,科学常识课中的生命意识和生态知识等,都孕育着丰富的道德价值。二是各科教学过程本身构成一种道德生活场。课堂教学活动是一种人际交往活动,围绕教学任务的展开,师生与生生之间会发生多种性质的道德互动,倾听、关注、赞赏、理解、设身处地、竞争与合作等等,都是具有道德意义的课堂行为。

3. 真善美的内在统一性

就一般意义而言,科学是求真的过程,艺术是求美的过程,道德是求善的过程。然而就其本源来说,三者又是统一的。例如对于宇宙自然间的种种奥秘,用观察、分析、研究、推理、论证等理性的方法去解释,便产生了科学。而用感受、体悟等非理性的方法去解释,便是艺术。无论是理性,还是非理性的探求与再现,都构成了人类道德建构与发展的历史进程。因此,道德大厦的构筑需要以学科为基础,思想与精神之精髓往往是各学科的提炼

---

① 张焕庭.西方资产阶级教育论著选[M].北京:人民教育出版社,1979:257.

与升华，个体德性的锤炼和感悟需要各领域的融合。正如列宁所言，要造就共产主义事业接班人，必须用人类文明的全部成果来武装自己的头脑。

（二）学科德育的特性

尽管德育与智育是有机统一的，但它们之间的相融性是有条件的。如何让德智相辅相成，相得益彰，实现学科教学的最大德育效能？这就必须认识并遵循学科德育的规律，掌握学科德育的特点。

1. 间接性

所谓间接性，是指学科德育的实现需要借助一定的中介或载体得以实现，或通过内容的升华、融合，或通过过程的道德互动，力戒用贴标签的方式直接"外加"德育。新课程改革强调转变学生的学习方式，引导学生自主探究，关注学科学习的生命性，使学科教学超越双基与能力的范畴，提升到精神、思想、方法、审美的境界。因而，学科德育是在各学科教学过程中实现的德育效能，具有间接性。

2. 情感性

情感性首先是指学科德育的实现以情感为中介，实现知识向信念的转化。信念是认知与情感的结晶，知识只有与情感相结合，才能转化为信念。因此，学科教学要以情感目标引导认知过程，使求知过程成为情意并举与道德完善的过程，这也是学科教学实现德育功能的关键。

其次是指通过情感化教学，实现教学过程与道德实践的一体化。教学过程是一种人际交往过程，本身充满着无数的道德互动。在这个过程中，以教学艺术和现代教学媒体创设丰富的教学情境和支持性教学氛围，让每一个学生体验"尊重"与"责任"，在信任、关怀、平等基础上建立师生与生生关系，这是教学过程实现德育效能的基本策略。

3. 随机性

随机性是指学科德育受具体教育情境变化和教育对象个别差异的制约，使得教师对教育时机难以进行预先设计。学科德育隐含在各科教学之中，不像知识技能目标那样可以明确地显示出来，进行有系统、有计划的操作控制。因而，学科德育在实现方式上具有随机性特点。

（三）从"学科渗透"到"学科德育"

从"学科渗透"到"学科德育"，反映了人们对德育与学科学习之间内在规律认识的逐步加深。随着德育改革的深入，人们越来越认识到，借助于学科教学进行道德教育，既是开发学科教学资源的需要，也是淡化德育痕迹，提高德育艺术性，实现道德内化的有效途径。于是，纷纷强调，德育应当融入学科，并超越学科。

"学科德育"与"学科渗透"是两个不同的概念，前者比后者更准确地体现了各科教学中的德育实现方式。因为，"渗透"一词隐含着将一物放入另一物之中，不免有从外部强加之义。在教育现实中，用贴标签的方式去体现学科教学的德育目标的现象屡见不鲜。而事实上，德育与学科学习是内在统一的，体现为内容上的深层交叉与过程性的全面融合。如果说，学生生活的主导内容是学习，那么各科教学应当是学生道德生活的重要平台。正是在这一意义上,学科教学必然是德育的重要途径,是以一种内隐的、随机的方式实现德育目标。

二、学科特色与德育优势功能的发挥

德育需要借助于各学科的途径来实现,但不同的学科在实现德育价值上又各具特色。利用学科优势功能进行道德教育,可以实现德育无痕的完美境界。

（一）人文学科凸显德育的精神性

人文学科的教学内容中,蕴涵着十分丰富的人文精神和社会价值。人文学科的这种特点,无疑可以充分发挥德育的精神性。中国传统文化强调"文以载道","诗,可以兴,可以观,可以群,可以怨",都昭示着文学作品本身具有巨大的教化功能。孔子开创了"诗意德育"传统,感物咏志,寄情于景,将人生哲理以托物言志的形式表达出来。以自然美附丽人格善,使善为美,美为善,美善妙合,使德育充满诗情画意。中国传统文化的魅力在于诗意文化,学科德育也离不开这一民族瑰宝。

（二）自然学科凸显德育的神圣性

美国科学史家乔治·萨顿说过:"一个人的道德价值在很大程度上取决于他对别人钦佩与崇敬的容量。"[1]确实,道德起源于对规则的尊重,道德神圣感与敬畏感是一个人德性成长的摇篮,会引导人终生向善。在自然学科中,学生在教师的引导和帮助下进行科学探索,不仅培养科学精神与科学态度,而且使他们产生对大自然的敬畏感。"由科学理智活动产生的敬畏感能够迁移到一切崇高的人和事物上。"[2]正是这种敬畏之心,使学生能够超越自我、提升自我。

（三）艺术学科凸显德育的享用性

艺术学科是让学生通过审美体验,提升精神境界。审美是一种自由性境界,具有摆脱感官局限和超越现实功利的特性,给人的心灵提供更广阔更充分的自由,具有极大的精神愉悦性,潜移默化地引起思想感情、人生态度、价值观念的变化。

中国古代一直重视艺术的育人功能,认为艺术与道德具有共融性,以道德情感为中介将两者融为一体,培养学生"好德"、"乐道"、"疾恶如仇"的情感。蔡元培先生提出要以美辅德的主张;苏霍姆林斯基则指出:"美育的目的不在培养艺术家而在培养美好的人。"他坚信,美的要求能奠定道德美,使人对一切卑鄙和丑陋的东西持不调和、不容忍的态度,成为一个高尚的人。

三、各科教学过程中的道德生活

现代道德教育强调回归生活,淡化教育痕迹,实施途径由过去主要依靠独立的、专门

---

① 朱小蔓著. 情感教育论纲[M]. 南京:南京出版社,1993:89.
② 同上.

性德育课程,转向利用学科优势、校园文化与班级生活,以及社区和家庭资源。学科教学中蕴涵着丰富的德育资源,德育应当在学科教学过程中充分展现。

(一)教学中的民主与尊重

民主与尊重是当代德育的两个重要命题,教学中的民主与尊重包括三层意思:首先,是指在教学中创设民主与尊重的氛围,教师对所有的学生给予同样的注意和同样积极的反馈,在这样的教学环境中,学生不再有恐惧、自卑,而是充满着自信、自尊,教学民主和尊重才可能实现。其次,是指教学过程中充满着民主和尊重,教师没有偏见,尊重每一个学生,给每一个学生同等的机会,把教学过程变成一个民主参与的过程,变成一个享受尊重的过程,从而使学生感觉到他们真正是教学的主体,满足学生的归属感需要。第三,是指把民主与尊重作为教学目标,在知识传授和技能训练的同时,唤起学生的民主意识,引导他们积极主动地参与教学过程,大胆清楚地表达自己的感受和见解,倾听他人的意见,表达对他人的尊重与友善,与他人平等地交流与合作,宽容待人,从而学会尊重、学会倾听、学会民主地参与集体生活。

(二)教学中的竞争与合作

教学过程是一种特殊的认识过程和交往过程,长期以来,人们对教学过程的把握往往注重于认识过程,而忽视了交往过程。事实上,教学中所有积极和消极的影响最终都依赖于交往,可以说,教学过程本质上乃是一种人际交往过程,充满着无数的道德互动。

教学过程中最基本的人际交往关系有两类,即竞争与合作。在竞争关系中,个体的行为目标趋向"我要比你好",导致以别人的失败来体现自己的成功;在合作关系中,个体的行为目标趋向"我们都要好",在别人的成功里体现自己的价值。

在传统教学中,教师常常利用学生的竞争心理来组织教学。确实,竞争在一定程度上能够激发进取心,但竞争所引发的学习动力常常是外部的,甚至是功利性的。因而,难以成为一种稳定、持久、健康的内驱力。而且,竞争一旦过度,必然造成人际关系紧张,心理健康程度、亲社会行为、移情能力下降,甚至导致道德上的不良后果,产生弄虚作假、损害他人等违规行为。

事实上,学生在合作关系中更能体验到学习乐趣,并有利于形成对学习活动本身的内在兴趣,这是更强烈、更持久的学习动力。而且,只有在合作型关系中,才能有更多的人(无论成绩好坏、不论兴趣差异)体验到自我的价值感。

要使教学成为一种良性道德场,教师必须运用多种交往策略,构建一个健康积极的开放性交往空间。首先,要培育一种文明宽松的交往氛围,使每一个学生找到一种安全感与尊重感;其次,在教学过程的人际交往中,适当关注交往技能,如致歉、致谢、求助、赞赏、理解等,这本身就是德育的具体内容;第三,教学过程应当是开放性的,教师鼓励学生自主探索学习,在生成性的体验式学习中,实现认知、情感与行为的整合建构;第四,鼓励学生学会赞赏,为别人的成功而鼓掌,为别人的高兴而喝彩,体验同伴的快乐是最大的快乐。

（三）教学中的精神愉悦

现代心理学研究表明,愉悦是一种深刻的喜悦的情绪体验,可以从学生的言语活动或各种非语言行为中表现出来,如表情、动作、姿势以及表现出来的活力等。一般来说,学习上的愉悦主要有:发现、明白及寻找新事物时的喜悦;学会待人处事,肯定自己的进步和成长时的愉快;找到有创意的想法、主意、方法时的快乐;全身心投入一个活动或计划,而且对该活动甚感兴趣;通过互相合作,使群体获得成功,被大家所认同时的快乐。显然,这些愉悦都与教学有着密切的关系,在教学过程中蕴藏着极为丰富的能够使学生产生愉悦的精神资源。

教学的功能不仅仅是让学生获得知识和能力,更要使学生得到精神满足和享受。教学能否满足学生的精神需要,使学生体验到精神愉悦,乃是学科德育所关注的新问题。从这一理念出发,精神愉悦便成为教学过程德育化的一项核心指标。为此,课堂教学必须在丰富多彩的精神生活背景下进行,掌握知识才会成为诱人的事情,才会有学生对教育活动的"投入"。同时,教师要转变教学方式,以多元化角色和多样化的评价,帮助学生提升学习愉快感。

在教学过程中,学生会碰到各种各样的困难,学习的过程就是克服困难、取得成功的过程。体验克服困难的快乐,是学生精神愉悦的核心,这种经验会迁移到个体生活的各个方面,最终形成积极上进的生活态度。

第三节 学校文化

学校文化实质上是一种德育隐性课程。通过学校文化,对学生进行道德熏陶,帮助学生在潜移默化中接受道德规范,实现道德成长。学校文化既包括了校园建筑、环境布置等显性的要素,也包括了人际环境、心理环境等隐性的要素。

一、校园显性文化

以学校文化的呈现形态进行分类,可以分为显性文化与隐性文化两部分,其中显性文化包括了校园的物质环境,如校舍建筑、校园场地布置、校园活动仪式等等。

（一）校园建筑的德育价值

学校的教育教学活动总是在一定的物理空间中进行,如教室、体育馆、阅览室等等,当学生在这些不会"说话"的校园建筑中学习、活动时,实际上也在不知不觉地接受着道德教育。

1. 校园建筑是学校物化环境中产生暗示效应的"主件"

心理学理论揭示,个人与环境之间无时无刻不在进行着信息交流。但由于这种交流是借助暗示进行的,常常不被意识到。正是由于暗示因素,人才得以建立无意识心理倾向,无意识的心理活动使我们能和环境保持平衡。同时,通过这种心理倾向可以激发人的潜力。人与环境的交流,自始至终是有意识和无意识同时并存,并由两者共同构成整体活动。

校园建筑的直接功能是为了维持学校各种教育教学活动的开展,但与此同时,校园建筑也借助于空间形体、比例、尺度、节奏、质感、色彩等语言表达其精神意义,对教师和学生进行着暗示教育。因此,有人说建筑是一部"用石头写成的史书"。

在实践中,我们可以发现,一些好的校园建筑不仅以形式美感使师生产生审美愉悦,而且,能够造成一定的情绪氛围,形成环境气候,净化人的心灵,陶冶人的品格。

2. 必须重视校园建筑的教育价值

校园建筑是在"润物细无声"中对学生进行着德育。这就要求我们在设计校园建筑时充分考虑它的教育价值,通过"让每一面墙壁说话",使校园建筑真正成为激发个体德育成长的内在潜能。

据此,在设计校园建筑时,一方面,要让校园的每一面墙、每一条走廊、每一棵树木都带上精神的意义,就如苏霍姆林斯基所说:使"孩子在他周围——在学生走廊的墙壁上,在教室里、在活动室里——经常看到的一切,对于他的精神面貌的形成具有重大意义";另一方面,要关注儿童的道德需求和道德感受,使学生在校园建筑中得到情感的激越,心灵的净化,精神的提升,成为诱导、激发学生追求真善美的心灵支点。

(二)校园仪式的德育价值

在校园中,经常会举行一些仪式,如升旗、入团(队)宣誓、运动会入场等等。这些校园仪式既是学校教育的一个组成部分,同时,其自身也蕴涵着十分丰富的德育价值。

1. 仪式的精神内核是社会秩序

社会学家认为,仪式行为是社会秩序的展演,是社会通过对自身的反省建构人文关系的手段,对社会结构的巩固有着不可缺少的作用。中国自古注重通过各种仪式活动达到良好的道德教化功效。同时,仪式活动也是增强一个群体的社会关系的重要手段,"它巩固了群体的规范,给个人的行为提供了道德制裁,为共同体平衡所依赖的共同目的和价值观念提供了基础。"①

仪式活动看起来非常简单,但却蕴涵着一种力量。在现实生活中,我们经常可以看到,宗教信徒们按照仪式规定的程序,虔诚地顶礼膜拜,把全部希望寄托在偶像上。正如孔子在《论语》中所说:"无为而治者,其舜也与?夫何为哉?恭己正南面而已矣。"意思是说,能够做到无为而治的,要算是舜了吧?他下过什么功夫呢?无他,只是恭敬地面向南方而已!孔子早已体悟出礼仪与社会秩序间的关系,在他看来,整个社会生活也就是一个庞大的、神圣礼仪。

2. 仪式活动要旨

仪式是一种精心设计的人文活动,进行仪式活动时,每个人做什么、说什么都有一套规定,所有的人都必须按特定的程序做特定的事,所有参与者的动作都紧密地配合。有时以一种无声的语言展开,有时是无声与有声相结合,传递着某种精神或意义。在仪式活动中,每个细节、每个动作都有着象征意义和价值。如中国古代的各种祭祀活动,其程序、位

---

① 王铭铭.想象的异邦[M].上海:上海人民出版社,1998:145.

次、动作、衣着、祭品的选择,都有严格的规定,否则就视为禁忌。显然,仪式的人文意义不在结果,而在过程之中。

仪式活动要对参与者发生影响力,必须具备两个条件:一是参与者必须对仪式程序娴熟自如,做起来才不至于生硬;二是参与者必须有诚心和敬意。如果光是娴熟而缺乏虔诚之心,仪式就会沦为表面的、机械的、形式化的做作。因此,二者之中,后者更为重要。仪式是为了强化行礼者内心的"真性情",因此,要是没有诚意就不如不祭。儒家的礼教,要求外在的礼节与内在的性情和谐一致。

仪式活动可以借助各种艺术手段对人产生作用,宗教就是如此。正如洛扎诺夫所说:"艺术是最有力的暗示。"黑格尔也说:"宗教往往利用艺术,来使我们更好地感到宗教的真理,或者用图像说明宗教真理以便于想象。"各种宗教仪式,或者借助于音乐,或者借助于建筑,或者借助于象征物,来渲染一种庄严、肃穆的气氛,对人的情绪情感发生移情作用。

仪式活动对环境或场景布置非常讲究,通过营造特定的心理氛围,引导人们产生某种特定的无意识心理倾向。仪式活动还让所有的人都做同样的事,协调一致、紧密配合,这种高度的统一性构成一种强大的群体压力,引导着人的从众心理,使人产生非理性控制的服从或从众行为。

3. 仪式活动的心理功能

与一般的道德活动相比,仪式教育是通过具有特定程序的典礼活动,将某种道德精神或观念以一种外显的过程呈现出来,从而达成良好的教化效果。仪式活动作为一种德育方式,是经过长期的历史积淀凝聚而成的,对人的心灵起着深刻、持久的感染效应,甚至是一种令人"心动"的教育形式,具有深远的教育意义。

从心理学角度看,仪式活动具有三种基本的心理功能:(1)使道德精神神圣化。以典礼形式,营造特殊氛围,提升精神境界,产生超越现实之感。如中国古代礼乐制度中的"神道设教",便是一种以祭祀典礼方式将礼仪规范与民间礼俗跟个体信仰加以连接。(2)将道德观念外显化。使观念层面的内隐性的东西以活动形式操作化、凝固化,转化为习俗层面的文化形式加以延续,从而产生持久的、根深蒂固的影响力。(3)使道德理念习俗化。仪式活动是多种艺术形式的融合与创造性运用,通过视听系统等多种感官刺激,产生多种意识水平下的综合效应。正是由于仪式活动的艺术性,才有强烈的感染力与心理内化力。

4. 校园仪式构建

仪式有不同的类型,有着不同的社会功能与个体意义,社会人类学者把仪式分为"生命礼仪"和"强化礼仪"两大类。前者与个人特定的生命周期相一致,起着引导个人完成生命中具有决定性转折点的作用;后者在群体生活的关键时刻举行,以增强群体的凝聚力。

校园仪式作为校园文化的"主件",重在对学生的感染熏陶,引导儿童的精神生活,凸显校园的人文关怀。据此,校园仪式构建要注意两点:

首先,在内容上要反映学校的独特精神与教育理念。校园仪式是校园人文思想与道德精神的具体化和神圣化。如构建以"关爱精神"为核心的校园文化,就可以设计以"爱"为核心的仪式活动,包括师生之爱、生生之爱、学生对学校之爱等。由于仪式是由多个仪程组成的,通过特定仪程的操作化,使关爱精神深入人心,内化为个体自身的需要。

其次,在形式上要借助音乐、诗歌、散文、表演等多种艺术手段,激发学生的真情实感。随着仪程的深入,使学生的情感体验也随之加深,最终达到"忘我"的境界。

二、校园隐性文化

在校园中,还存在着一个无形的环境,如校风、班风、人际关系等等,也同样体现出学校的文化积淀,成为极具教育意义的隐性文化。

(一)校园人际环境

在校园隐性文化中,对学生影响最大的就是校园人际环境。

1. 班级是精神成长的摇篮

班级,是由教师和一群有着不同文化背景、不同性格、不同气质的学生结合而成的集体。一个学生,他的学校生活,绝大部分时间是在班级中度过的,因此,班级人际环境是校园人际环境之精髓,是学生获得人际体验和交往能力的源泉,是学生精神成长的摇篮。菲利普·W·杰克逊认为,构成学校班级生活有三个重要的隐性文化因素:①"群体",内部充满着各种规则、规定,个体必须学会延迟满足、克制欲望、中断活动才能适应它;②"表扬",即教师的反馈与评价,学生之间的评价,无时无刻不在体现着集体的价值取向;③"权力",指班级中的社会组织结构与差距,是学生适应社会生活的开始。

近年来,美国心理学者 J. P. Harris(1995)综述了大量研究资料,提出了"群体社会化发展理论",认为对儿童个性留下明显长远影响的环境是他们与同伴的共享环境。社会文化传递主要是通过群体,而不是通过家庭来完成的。我国心理学者研究也表明,在日常的穿着问题和使用青少年群体流行的"暗语"问题上,随着年级的升高,初一到高二的青少年学生中存在着从"接受父母权威影响定向"到"接受同伴群体影响定向"的转变趋势。

显然,在一个班级中,学生之间年龄、兴趣、爱好、价值观和行为方式大体相同,交往时更容易产生共鸣,表现出更平等的关系,具有更大的教育力量。正是在这个意义上,以班级人际关系为核心的班集体建设就成为学校德育的一项重要内容,成为校园人际环境的重要组成部分。

2. 建立和谐人际关系

学校生活的每一个方面都充满着深刻的教育意义。学校道德生活的核心内容是师生关系与生生关系,高尚生动的集体生活是培育纯真心灵的摇篮,道德教育必须与关注学生的学校集体生活的精神质量统一起来。要使学校里人与人的接触成为对个人道德内化的最有利的条件,就必须用爱建立师生之间的平等、信任、互爱关系;培植同伴友谊,形成分担共享关系,建立人与人之间的需要,培养每个人对集体负责的能力。

这种体现出友爱、信赖、关心、负责的校园人际关系,就是最有德育价值的校园隐性文化。在这种隐性文化的熏陶下,才会对学生个体的道德发展起激励作用。

(二)校园精神生活

什么是校园精神生活? 苏霍姆林斯基曾赋予这样的含义:"学校的精神生活应当是如

此多方面的,以使每一个人都能找到发挥、表现和确立自己的力量和创造才能的场所。学校精神生活的意义就在于,要在每一个学生的身上都唤起他个人的人格独立性"[①]。不要让上课、评分成为学生学校生活的一切活动内容。如果学校生活只限于学习功能,那么学校将成为令人厌烦的场所,学习也将成为单调乏味的事。

显然,要使校园生活为学生所喜爱,感到快乐、有意义,得到精神的满足、享受,这就需要为学生创设丰富的校园精神生活。通过营建一种美的氛围,让学生在审美体验过程中升华心灵,将功利、浮躁化为一种文化宁静;通过开展艺术节、文化节与科技节等传统节日,举办诗歌散文朗诵会,音乐作品欣赏会、书画美工作品展等活动,丰富校园精神生活,提升精神生活质量,构建起浓郁的校园文化氛围,使学生从中得到熏陶感染和潜移默化,提高道德素养与情操。

(三) 书香校园

读书无论对社会发展还是个人成长,都具有至关重要的作用。书籍是人类进步的阶梯,是人类文明不灭的火种。一本激动人心的书,是人的精神活动中最丰富的内容。阅读一本好书,是儿童自我教育的开始。与书本为友,与大师对话,是净化心灵、丰富精神生活的基本途径。阅读名著会给学生的心灵以强烈震撼。

因此,校园文化建设的一个重要载体就是"书香校园",通过开展读书活动,鼓励学生读好书,在阅读生动感人、充满人情美的道德文选或文学作品中,激发对真善美的赞美之情以及对假丑恶的憎恨感。在人类优秀文化遗产中汲取营养,熏陶自己的灵魂,升华自己的人格。那么,德育就会实现"不教之教"的境界。

三、学生文化

如果我们从学校德育的对象来进行划分,还可以将学校文化分成教师文化、学生文化等。众所周知,学生是学校教育的主体,那么,在学校文化建设上,也应该充分关注学生文化。

(一) 尊重学生权利

校园学生文化是学生孕育理想信念的摇篮。对当代学生来说,缺乏同辈交往,缺乏自由时间,是影响道德发展的重要障碍。德育工作者应该充分认识到,娱乐生活对一个人的成长与发展十分重要,对儿童娱乐的忽视已经成为一种潜在的威胁,损害儿童的身心健康发展。联合国公约第 31 条规定的权利中,将娱乐列为儿童的一项重要和基本的权利。因此,珍视学生童年生活的价值,回归童年生活的快乐,就要尊重学生文化,尊重学生的权利,创造愉悦的学习生活和人际生活,设身处地从每一个学生的生存处境出发,帮助他们每个人获得自尊,过上安全、积极、友善、向上的集体生活,享受自信、有尊严的学校生活,这正是每个学生的权利。

[①]　苏霍姆林斯基. 给教师的建议(下册)[M].北京:教育科学出版社,1981:234.

（二）尊重学生需要

德育要实现人的发展，首先要关注儿童的生存环境，尊重他们的需要，创造与学生的生命形式相一致的令人心动的道德教育新形态。学生的成长是美丽的，学生的发展是美丽的，与儿童的成长与发展息息相关的道德教育，也应当是美丽而富有魅力的。

尊重学生需要，首先就要理解学生对道德的认识和对现实生活的真实感受，关注学生现实的生活质量或生存状态，尤其是关注那些学习不良的所谓"问题儿童"，这是实施整个道德教育的前提条件。其次，则是要以一颗宽容、理解的心去面对面地帮助那些矛盾、失落的学生，让每一个学生享受到阳光滋润，给每一个在艰难中行走的学生助以一臂之力。

第四节　德　育　评　价

德育评价是道德教育过程中不可或缺的重要环节，通过德育评价，可以检测德育目标有否达成、德育活动是否有效等，也可以判断一个学生的道德发展水平。因此，德育评价与德育目标、德育内容、德育过程、德育方法构成学校德育一个完整的体系。

一、概述

任何一种教育都需要进行评价，德育作为一种有目的、有计划的品德培养过程，需要通过评价不断获取系统运行状态的信息，据此来调整德育目标、改进德育方法、优化德育过程、提高德育效能。

（一）德育评价的内涵

德育作为一种价值引导与品德建构过程，以促进学生个体适应社会，学会做人为基本目标。品德作为调节社会行为的个体心理特性，是个体在一定社会情境中的价值抉择机制，支配个体的社会行为取向，表现为对社会标准的遵从或违背。德育评价则是依据一定的评价指标，运用科学可行的方法技术，系统地收集有关的资料信息，对学生的德育状态与品德建构水平作出价值判断的过程。

（二）德育评价的功能

德育评价既是个体自我发展的需要，也是社会整体发展的需要，这是由评价的多种功能所决定的。

1. 导向功能

人是一个自组织系统，人的行为受自我意识的调节和控制。通过德育评价，对符合社会规范要求的行为予以肯定，对不符合规范要求的行为予以否定。这一过程，可以加强个体对道德目标的认识，并通过评价了解自身的德性状态，指导自身的德行向着社会规范所要求的方向发展。

2. 诊断功能

学生的品德结构虽然具有一定的稳定性，但仍处在不断的变化之中，通过德育评价，可以及时掌握并鉴别学生的德性发展状况，分析问题之所在，从而有针对性地及时采取教育对策。

3. 强化功能

德育评价的过程就是对学生的德行作出价值判断的过程，这使得本来或许是随意间发生的行为立即产生了一定的情绪体验。肯定性评价所产生的积极情绪情感体验，具有激活个体的生理心理能量的作用，从而对良好行为起到强化作用。而否定性评价所产生的消极情绪，会制约不良行为的发生概率。

4. 调节功能

德育评价作为德育过程系统中不可或缺的重要环节，它所提供的信息是个体下一步决策的客观依据。人们可以据此来调整目标、改进方法，从而对德育过程实行优化控制，保证道德教育取得预期效果。

（三）现代德育评价的特点

1. 生态性

评价过程以生动的德育现实为基础，追求在一种生动自然的生活情景中捕捉真实的德行信息，进行教育性的评价。让学生能够在自然状态中真实地再现自我，并追求评价活动本身的教育效果。

2. 发展性

遵循"以发展性为主，以诊断性为辅"的原则。学生正处在发展之中，品德评价的根本目的不是对学生的德性进行终极诊断、甄别，而是通过评价，促进个体品德发展，使学生的德性向目标逼近。评价本身是教育过程的重要组成部分，因此，注重个体在评价过程中的积极体验，强化自我意识，以调动评价对象的积极性，是品德评价的价值指向。

3. 主体性

学生是教育的主体，同样，学生也是评价的主体。在传统的评价中，学生往往处在被动的地位，接受教师的考核、检查。现代德育评价则把学生看成评价的主人，强调发挥学生在品德评价中的主体作用，让学生参与评价自己，评价别人，既可以强化学生的道德意识，又可增强其自我教育能力。

（四）德育评价的策略

品德作为一种个体内在稳定的心理特征，是在一定的社会情境中通过行为方式表现出来的。这种外显性，使得品德这种内隐的心理品质，具备了可评价的客观基础。但由于社会情境的多样性与人的内心世界的复杂性，一种品质的行为表现往往是多变的，这就需要运用多种评价策略，以提高评价的信度和效度。

1. 多主体评价策略

即通过来自学生自身、同学、教师、家庭等各方面的信息，采用自我评定、同伴评议、班主任和任课教师评定以及家长评价相结合的多主体评价，发挥各种评价的优势功能，以达到较客观的品德评定。

2. 多种方式整合策略

品德评价有多种方法,不同的方法有不同的优势,而且,不同的评价指标对各种评定方法的适应状态也是不同的。因此,评定方法需要有选择地加以使用。同时,品德结构是知、情、行一体化整合的结构,所以,在德育评价中应采用多种方法结合,构成一个综合性方法系统,才能较完整、全面地评价学生的品德全貌。比如,将同伴评议法与情境测量法相结合来评价个体亲社会行为,比单一方法更科学。

3. 定性与定量相结合策略

德育的定性评价,是指通过描述性的语言,对学生的道德水平作出判断;德育的定量评价,则是通过测量手段对学习过程中的品德特征赋予数值,作出判断。定量与定性相结合的策略,可以使德育评价的精确性与模糊性得到统一。

二、德育评价的内容与方法

学校德育评价包括两大部分内容,一是对学生思想道德状况的评价;二是对德育工作的评价。

(一)学生思想道德状况的评价

学生思想道德状况的评价,既要依据党和国家规定的德育目标,又要符合学生的身心特点与道德生成规律。

设计学生品德评定的具体指标时,首先,应依据品德结构系统论,以动机系统与行为系统为两大内容;其次,依据品德结构元素论,将动机与行为两大系统分解为知、情、行、意等心理要素;再次,将道德认知、道德情感、道德行为、道德意志等心理维度作进一步分解。

道德认识指对道德规范及其社会意义的认识,它涉及道德概念及道德观的形成,关系到道德信念的产生,道德评价和道德判断能力的发展等。道德认识维度的评价,以正确性、深刻性为指标。道德情感是伴随道德认识出现的一种内心体验,它表明了个体对客观事物的态度倾向。道德情感维度评价,以敏锐性、移情性为指标。道德认识与道德情感相结合,构成道德动机,成为推动个体产生道德行为的内部动力。道德行为方式是在一定的道德情境下,个体受道德意识支配产生的各种道德行为技能与习惯。道德行为方式是实现道德动机的手段,也是一个人德性的重要标志。道德行为维度评价,以自觉性、稳定性为指标。道德意志是个体克服困难,自觉调控行为履行道德规范,以实现一定的道德目的的活动。动机斗争是道德意志过程的核心。道德意志维度评价,以抗诱惑、坚持性为指标。

(二)学校德育工作的评价

学校德育工作评价是指依据一定的标准,对学校或班级的德育工作及其成效作出评判的过程。对学校德育工作评价的科学与否,直接影响和制约着整个学校德育工作的有效性。学校德育工作评价的内容十分丰富,诸如领导机构、队伍建设、制度建设、经费投入等等,但最主要的是四个方面:一是学校德育课程质量评价;二是学校德育活动质量评价;三是德育管理工作质量评价;四是德育工作者素质评价。通过这四个方面的评价,对学校德育工作的总体状况作出判断。

在设计制订学校德育工作评价指标时,需要有科学的方法和严谨的态度,既要遵循德育的规律,依据教育的理论,使指标体系建立在科学的教育理论基础上,又要考虑本地区教育的特殊情况。

首先,制订德育工作评价指标时,必须充分领会国家教育方针、教育目标和有关法令的精神,依据《中学德育大纲》、《小学德育纲要》、《中小学生日常行为规范》以及《中小学德育工作规程》的要求制定学校德育工作评价指标体系。

其次,充分考虑德育工作评价对学校德育工作的改革和发展具有导向、规范、反馈的功能,积极汲取各校德育改革的先进经验和做法,协调好"以学生发展为根本"和"按社会要求培养人"的关系。

第三,从评价工作的自身要求出发,指标必须具体、具有可操作性。它是教育目标的具体化。

(三) 德育评价的方法

德育评价有多种方法,比较常用的方法有问卷调查法、行为观察法、情境测验法等。现分述如下:

1. 问卷调查法

教师设计问卷,组织学生回答问卷,获得有关学生道德发展的信息。采用问卷调查,一般首先要将评价指标化成问题。回答形式有多种,可以是不定型的开放题,也可以是定型的多项选择题或评价量表题,而后者更有利于统计分析。

2. 行为观察法

即评价者根据预定的指标,有计划、有目的地直接观察被评价对象的言语、行为等外部表现。行为观察是德育评价最常用的方法。行为观察法种类很多,最常用的是自然观察法,即在教育过程的自然状态下,通过对学生课堂行为、活动表现、交往态度的有目的的观察,可以了解学生在德育中的积极性与参与度,获得对学生道德状态的全面、真实的了解。一定情境中的教育观察所获取的信息比较真实,有较高的信度。但由于学生的心理有时有一定闭锁性,要准确把握学生内隐的动机、态度与价值观,也需要结合其他方法。

3. 情境测验法

即设置一个活动情境或提出一个问题情境,观察被试在这一情境中的反应,从而评定其德性水平。主要有活动情境测验和问题情境测验两种。

活动情境测验是通过创设一种适合于展示某种道德品质的现实场景,吸引学生加入活动,在活动中观察其行为表现,评定其品性。问题情境测验则是向被试提出一个困难的问题情境,促使被试对情境中的问题作出回答,以评价学生的品德特征。最典型的是皮亚杰设计的道德两难题。

三、发展性德育评价

随着教育改革的不断深入,近年来兴起了发展性评价,强调为学生的发展而评价,以评价促进学生的发展。

（一）发展性德育评价的理念

德育评价既是社会稳定的需要，也是个体发展的需要。前者常常强调评价的诊断管理功能；而后者则更多地强调评价的教育发展功能。这也是传统评价与现代评价的分界线。发展性德育评价提出了三大评价理念：

1. 强调评价的真实感

品德结构的核心是动机，没有对动机的探测和监控，评价就失去了灵魂。没有让被评者进入一种自然状态，评价就不可能达到真实的境界。为此，发展性评价强调模糊或淡化评价活动与教育活动之间的界线，构建生态性品德评价系统。

2. 追求评价的激励性

品德评价强调以客观性为科学基础，同时更要强调其激励性。评价的最终目的是教育，是实现学生的德性发展，这是高于一切的教育原则。品德评价的过程应当成为不断激励学生品德发展的历程。

3. 回归评价的反思性

品德作为个体社会行为的内在自觉机制，本身建立在道德反思能力的基础上，品德评价应当通过自我反思机能的激活，促进道德主体的形成。

（二）发展性德育评价的操作

发展性德育评价追求评价过程的真实自然，首先需要构建一定的评价生态环境，即以生动的道德现实为基础，创设一种自然的生活情景，从中捕捉真实的德性信息，这种评价兼有评价活动与教育活动两者的性质，以诱发学生在自然状态中真实地再现自我，超越自我，实现评价活动本身的内在教育性。

1. 利用现实情境，捕捉真实道德信息

人在不自觉状态下流露出来的行为是最真实的。因而，利用现实情境，选好行为的观测点，捕捉个体的无意识德行，是实现品德评价真实感的一条捷径。一是从"小节"上搜寻关键点行为。人的行为在细节上最少雕凿，常常带有无意识性，是内心世界的真实流露，因而，通过观察细节可以比较准确地掌握品德。二是以情绪为线索搜索真实的道德信息。在一定的道德情境中，个体情绪情感体验的变化最真实地反映个体内心的触动程度，可以作为道德状态测量的重要参考信息。三是在矛盾抉择中评判人。个体的品德水平是在情境抉择中表现的，尤其是在利益冲突中更能反映道德的本质。在现实生活中，观察分析个体在道德事件中的角色定位以及在矛盾情境中的个体价值选择，是评判一个人品性的有效方式。

2. 评价指标内隐化，排除动机干扰

采用评价指标内隐化策略，将真实的评价内容掩盖起来，让被试处在不自觉的状态之中，以排除动机干扰，达到自然状态。如设计一项团体体育竞赛，看起来是测量体育竞技，实际上是测量团体的凝聚力。

3. 创设适应性情境，采用生态性评价

一定的情境为实现真实的评价提供了生态背景。常用的生态评价有情境观察、情境问卷、情境判断三种。情境观察，指创设一种道德情境，让被试置身其中，引发种种道德行

为，进而对其进行品德评定的过程；情境问卷，首先假设一种道德情境，让被试想象如果自己处在其中会如何想、如何做，并以被试自陈方式加以表述，区别于情境观察中以行为作为直接的测量指标；情境判断，首先由主试陈述道德故事，让被试对其中的人物行为表明态度。

（三）发展性德育评价的激励机制

发展性德育评价认为，评价的终极指向是促进学生的道德发展，为此，强调以激励机制为核心，强化道德评价对道德发展的激励作用。

1. 激励性他评

一个人的道德发展与经常获得正确的他评分不开，鼓励性他评，能够使学生产生强烈深刻的情感体验。这是学生道德内化的基本条件，也是克服反复多变等不稳定性，走向道德成熟的内在动力。苏霍姆林斯基曾说过："要通往学生的心灵，并不是经过一条洁净平坦的小路，教师只要在路上经常用心做拔除野草的事；而是要经过一片道德品质幼苗的肥沃田野，教师要在路上像播种耕耘的庄稼人那样，十分小心地保护那些尚未苗壮的幼苗的柔弱根部和向着太阳生长的新叶。"[①]如果学生不仅仅知道，而且体会到教师和集体对他的优点既注意到了，又很赞赏的话，那么，他就会尽一切努力变得更好。事实上，教育技巧的全部奥秘也就在于如何爱护学生这种积极向上的精神和努力提高道德水平的积极性。可以说，道德教育的全部艺术就在于实现其激励性。

因此，要使德育评价具有激励、扶植良好的德性幼苗的内在机制，就应强调道德他评以评优点为主。这不仅能激起被评者的道德自尊感，更重要的是使评价者学会欣赏、学会接纳，体验分享、体验敬佩，孕育宽厚豁达的心底。

2. 反思性自评

品德结构本质上是一种自律机制，德性的成长伴随着自我意识的发展，品性的锤炼常常是一个自我教育、自我监控、自我超越的过程。因而，发展性评价需要激活个体作为道德主体的自律机制，强化道德的反思性自评。对于学生道德发展中的不足与缺陷，最重要的是让其本人有"自知之明"，故在道德评价上，应当建立自我反思机制来认识自己的不足。实践表明，让学生写"道德日记"，进行自我对话、自我剖析，可以强化自我意识，不失为一种反思性自评的良好形式。

反思性评价贵在坚持，而要做到这一点，就要使学生不断地给自己警策，这就需要教师帮助学生养成一种自我教育的习惯，能够不断地让学生提醒自己。

（四）重视过程性评价和质性评定

发展性评价重视过程性评价和质性评定，强调通过过程性评价和质性评定展示学生道德发展的程度、个性化表现。

1. 以评价引导德育的过程

德育评价应当充分关注德育的过程，以过程的把握实现对结果的控制。重视学生在

---

① 毕淑芝等. 当代苏联教育家的新思想[M]. 上海：上海教育出版社，1990：77.

德育过程中的态度、情感、行为表现,重视学生在道德活动中所付出的努力的程度,即使活动的最后结果没有达到预期的目标,也应从学生体验宝贵生活经验的角度加以珍视。

2. 以质性评定展示德育的进程

品德作为一种反映人的精神灵魂的内在品质,具有极为复杂的机制,对其评价也不宜全部量化。有效的评价方式应当以量化评价与质性评价相结合。结合学生的生活与成长,采用档案袋评定、学生作品分析等方式。珍视学生道德活动中的鲜活经验、丰富体验和个性化创意与表现,引导学生愉快、积极、有爱心地生活。

(1) 建立个人"美德袋"。"档案袋评价"是一种最典型的质性评价,又称"成长资料袋评价"。通过成长资料袋或活动记录册等方式,收集学生成长过程中的各种资料,反映学生道德发展的全过程。

(2) 学生作品分析。学生的作品和活动产品,在不同程度上表现出学生的思想感情、能力、态度、价值观、性格特征等。通过对学生各种作品、活动产品,如试卷、作业、作文、日记、手工制品等的分析,了解学生的道德发展状况。采用作品分析方式时,不仅应分析学生的作品本身,更要注意了解作品的形成过程。

学习与思考

1. 现代德育课程有哪些本质特点?如何有效发挥各类德育课程的作用?

2. 为什么说各科教学是实施德育的基础?试用具体案例说明。

3. 论述校园生活的德育化改造。

4. 王校长是一位年轻校长,新学期来临将被派往一所校风不良的薄弱学校工作。如果您是他,会如何开展工作?请帮助王校长设计一份学校文化建设的具体工作方案。

5. 谈谈现代德育评价改革的基本取向。

第十七章
课外校外活动

学习提要：课外校外教育活动是实施全面发展教育的重要途径，是学校整个教育工作的有机组成部分。学习本章主要了解：课外校外活动对培养具有创新精神和实践能力的社会主义事业建设者和接班人的重大意义；根据课外校外活动的特点，开展丰富多彩、生动活泼的课外校外教育活动。

第一节　课外校外活动的特点与意义

　　课外活动包括由学校组织的和由校外教育机关与社会团体组织的教育活动。在学校工作中，一般把前者称为课外活动，把后者称为校外活动。

　　课外活动是在课程计划和课程标准规定的范围以外，由学校有关人员组织，学生根据自己的兴趣爱好，自愿参加、自主开展的，有目的、有计划、有组织的教育活动。

　　校外活动是由校外教育机关和社会团体领导和组织的，学生自愿参加，在课余进行的有目的、有计划、有组织的教育活动。

　　课外活动与校外活动的目的、特点、意义、任务、内容和活动形式都是基本相似的。两者的区别主要在于课外活动是由学校组织和领导的活动，而校外活动是校外教育机构和社会团体组织和领导的。这种区分只是相对而言的，有一些课外活动是由学校组织、在校外教育机构配合的情况下完成的。

　　有些学者认为，在西方，课外活动最早发端于古代希腊，无论是雅典或斯巴达，都十分关注课外的体育活动，主要是竞走、掷枪、角力等，有组织的游戏则较少见。课外活动直至近代才繁荣滋长，渐见完备。在世界各国中，英美两国提倡最力。后来美国大学教育学科中，课外活动更进一步成为研究科目。[①] 近现代意义上的课外活动，应当是在出现班级授课制产生之后。在我国，古代教育著作《学记》中，也有关于课外活动的论述，提出"时教必有正业，退息必有居学。"意思是说，平常在学校里，要有规定的时间，学习正课的课业；退而在家的课余时间，也一定要有课外的练习。在教育活动中要做到"藏焉修焉，息焉游焉"，意即入学受业修习正业，要与课余在家的玩物怡神相结合，这样就会使学生达到"安其学而亲其师，乐其友而信其道，是以虽离师辅而不反也"的境界。我国真正意义上的课外活动是在"五四"运动以后，学校教育冲破单一的课堂教学，课外活动才逐步发展起来。

　　课外校外活动对培养学生的兴趣、爱好、特长，发展智力和能力，开阔学生的视野，

---

　　① 瞿葆奎.教育学文集·课外校外活动[M].北京：人民教育出版社，1991：449—454

丰富学生的学习生活,陶冶学生的审美情趣,提高学生的道德品质修养,使学生在德、智、体诸方面生动活泼主动地得到发展起着极其重要的作用。课外校外活动与课堂教学活动,教育目的相同,互相联系、互相作用、互相促进。但是,它们又各有特点,不能把课外校外活动看成是课堂教学活动的延续和补充,更不能用课堂教学活动来替代具有自身特点和价值的课外校外活动。课外校外活动是整个学校教育系统中的有机组成部分,是实现全面发展教育目的的重要途径,对培养创新精神和实践能力有着特别重要的意义。

正因为如此,课外校外活动已越来越受到关注和重视。邓小平同志在论及教育改革时指出:"要恢复对学生课外活动的指导,增长学生的知识和志气,推动学生的全面发展。"[①]我国在全面推进素质教育的教育改革中,各级各类学校都明确规定:要保证实施课外活动的时间,要根据学生的特点,结合实际,开展丰富多彩、形式多样的课外活动,要在活动时间、场地、经费上予以保证,并建立管理体制。

由于现代科学技术水平和教育理论与实践的发展,课外、校外活动的范围扩大了,形式更多样化了,内容也更加丰富了。有人就提出了"第二课堂"、"第二渠道"等概念,来替代课外校外教育活动的概念。我们认为,尽管课外教育活动的范围、形式、内容发生了一些变化,但其根本的特征没有变。用"第二课堂"作生动比喻,以强调课外教育活动的重要性未尝不可,但概念的替代却会模糊课外教育活动的特点,容易使人误将课堂教学活动与课外教育活动等同起来,从而影响课外教育活动在实现教育目标中的独特作用的发挥。另外,"第二课堂"的"课堂"显然不等同于课堂教学的"课堂",其含义不十分明确。所以,我们仍主张采用课外校外活动的概念。

一、课外校外活动的特点

课外校外活动与课堂教育教学活动相互联系、相互促进,其教育目的是一致的。但这两种活动在内容、形式、方法和手段等方面有着各自不同的特点。课外校外活动具有下列特点:

(一) 参加活动的自愿性

课外校外活动一般是由学校或校外教育机关,根据学生的特点和实际可能,提出多种多样的课外校外活动项目,学生按照自己的兴趣、爱好、特长和才能,自由选择、自愿参加一项或几项活动项目。学校和教师对学生选择的活动,可以提出要求和指导,但不作强制规定。活动的自愿性,使学生在课外校外活动中表现出高度的自觉性,积极主动地投入活动。这是课外校外教育活动具有强大的教育作用的一个重要原因。

(二) 活动内容的广泛性

课外校外教育活动的内容不受课程计划、课程标准的限制,可以根据参加活动者的愿望和要求,以及学校、校外教育机关的具体条件而确定。只要围绕学校的教育目的,课外

---

① 中共中央文献编辑委员会.邓小平文选(第二卷)[M].北京:人民出版社,1983:52.

校外活动的内容可非常广泛,可涉及科技活动、文学艺术活动、体育活动、生产劳动以及各种社会实践活动等。不仅如此,课外校外活动的内容还富有伸缩性,内容可深可浅,可宽可窄,可多可少。课外校外活动内容的广泛性,能拓宽学生的学习空间,丰富学生的生活,充实学生的精神世界,满足学生发展多方面才能的需要。

(三) 活动的自主性

课外校外活动是在教师、辅导员的指导下,由学生自己组织、自己设计、自主动手操作、独立自主地开展的活动。在课外校外活动中,从确定活动的目的、内容、要求到选择活动的方式,从安排活动的具体步骤到组织实施,从选择活动的项目到活动结果的评价,一般都由学生独立自主进行。学生是活动的真正主人,教师和其他成人(包括社会团体的有关人员、指导活动的专家和家长等)只起辅导者的作用。可以说,有效的课外校外活动,都是在教师和相关人员的辅导下,学生独立自主开展的。

(四) 活动组织的灵活性

课外校外活动的灵活性,表现在活动的内容、要求、规模、时间、场地、形式以及参加活动的学生等,都可依据活动本身的特点,学生的兴趣爱好和才能特长,学校或校外指导的力量,以及校内外各种环境条件等具体情况,作出灵活多样的组织和安排。参加活动的人数可多可少,活动的内容可深可浅,活动的时间可长可短,活动的指导者可以是教师专家、家长或其他相关人员,活动的场地可以在校内也可以在校外,活动的组织形式可以是小组的也可以是全体的或个别的。课外校外活动组织的灵活性,是吸引学生积极参加活动的重要手段。

(五) 活动的实践性

学生开展的多种多样的课外校外教育活动,一般都是要求学生自己设计、自己创造条件、自己动手实践的活动,具有很强的实践性。正是这一实践性的特点,使原本接触实际不多、感性知识欠缺的学生,能在实践活动中获得丰富的感性知识,把感性认识和理性知识结合起来,掌握比较全面的知识,弥补课堂学习的不足。

二、课外校外活动的意义

课外校外活动对于促进青少年学生在德、智、体诸方面生动活泼主动地发展,有着十分重要的意义。

(一) 扩大视野,增长知识,发展智力

学校课堂教学可以使学生学到大量的系统知识,但这些知识主要是书本的、间接的知识。课外校外活动不受课程标准、教科书、课堂的限制。在课外校外活动中,学生可以根据自己的兴趣爱好,把学习的视野扩展到课程标准的要求、教科书规定的内容和课堂教学范围之外,广泛接触社会和自然界的各种事物,参加各种科技活动和文化体育活动,阅读各种课外读物,进行调查研究,参加各种实践活动,获得亲身体验,大量吸收来自各方面的

新鲜信息。这样不仅能扩大视野,拓宽已学知识的广度和深度,增长新的知识。同时,在课外校外活动中,学生还会遇到各种各样的疑难问题,为了解决这些问题,不仅要求学生灵活应用课堂中学过的知识,也要求他们通过搜集信息、调查研究,分析问题和解决问题。这样,既能激发学生学习新知识的兴趣和欲望,也能使学生积累知识,发展智力。据调查,青少年科技创造获奖者在创造获奖作品过程中,所用到的知识来源于四个方面:51.7%的知识来自实际生活,25.9%的知识来自课外书籍,20.7%的知识来自课本,1.7%的知识来自家长和同学。各种课外校外教育活动对于知识积累和智力发展的重要性,由此可见一斑。

(二)培养创新精神和实践能力

课外校外活动是培养学生创新精神和实践能力的强有力的平台。在课外校外活动中,学生进行丰富多彩的活动,完成各种活动任务,培养了创造性运用知识解决问题的能力和实际工作能力。例如,某校地理兴趣小组在研究乡土地理时,在考察小盆地柑桔园分布特点的基础上,通过实地考察,调查研究,总结出该地区的柑桔只要分布在"向阳马蹄形盆地"的重力坡上,就能安全越冬,生长茂盛,获得丰收。在山区的向阳马蹄形盆地发展柑桔,不但改变了单一的农业结构,为家乡农民致富找到了道路,还防止了严重的水土流失。在活动中,兴趣小组成员不但学到了书本上没有的知识,培养了热爱家乡的情感,更重要的是学会了创造性地改变家乡落后面貌的初步本领,培养了创新精神和实践能力。调查表明:许多日后在科技、文学、音乐、体育、美术等方面有所发明、有所创造的学生,往往得益于在中小学时代在课外活动中培养起来的创新精神和实践能力。

(三)适应学生多种需要,愉悦身心,增进健康

青少年学生有着多种多样的精神需要,学习求知的需要只是他们精神需要的一部分,他们还有社交的需要,独立自由活动的需要,从事创造活动的需要,对美的追求和享受生活的需要,娱乐的需要等等。如何满足他们多种多样的精神需要,直接关系到学校教育的效果,关系到青少年的健康成长。仅仅依靠传授间接知识为主的课堂教学活动,很难满足青少年学生精神生活的多方面的需要。课外校外活动以内容丰富多彩、形式生动活泼、活动符合青少年学生的兴趣需要、组织自愿灵活为特点,能够弥补课堂教学的不足,克服课堂教学的局限性。丰富多彩的课外校外活动,既能满足学生多方面的精神生活的需要,又能愉悦学生身心,并得到积极的休息,促进身心的健康发展。

(四)陶冶情操,培养良好的思想品德

课外校外教育活动寓教于乐,把思想品德教育寓于生动活泼的活动之中,使学生受到潜移默化的熏陶,提高道德认识,陶冶道德情感,磨练道德意志,养成良好的道德行为习惯。例如,在"了解祖国、了解家乡"的课外活动中,学生通过阅读地理、历史书等各种课外书籍,观看图片、电影,游览名胜古迹,参观博物馆,调查研究等活动,欣赏祖国的锦绣河山,了解今天社会主义建设的伟大成就,等等。形象地对学生进行爱国主义教育,不仅能培养热爱党、热爱人民、热爱劳动、热爱科学、热爱社会主义祖国的思想情感,还能使学生

形成文明礼貌、团结友爱、谦虚诚实、言行一致等良好的思想品质。

前苏联教育家苏霍姆林斯基曾高度评价课外校外活动的意义。在他担任校长的帕甫雷什中学里,他把每天下午都作为课外自由活动时间,在600多位学生中成立了120多个课外活动小组,他认为,课外活动是学生智力生活的策源地、个性发展的重要条件,只有学生每天能按自己的愿望随意使用5—7小时的空余时间,才有可能培养出聪明的、全面发展的人来,离开这一点去谈全面发展,去谈培养素质、发展爱好和才能,都不过是空话而已。

第二节　课外校外活动的任务、内容和形式

一、课外校外活动的任务

课外校外教育活动的任务主要有:

(1) 发展学生的兴趣、爱好和特长。通过组织多种多样的活动,学生根据自己的兴趣和爱好,自主地有选择地参加科技、文艺、体育、劳动等方面的活动,以发展他们的兴趣、爱好和特长。

(2) 开阔眼界,增长知识,培养创新精神和实践能力。通过多种多样、丰富多彩的活动,不仅能开阔学生的眼界,增长知识,而且可以在活动中培养创新精神和实践能力。

(3) 进行思想品德教育,培养高尚的情操和文明行为。学生思想品德的形成,离不开实践活动的磨练。课外校外活动把思想品德教育寓于各种实践活动之中。在各种实践活动中,提高道德认识、培养道德情感、磨练学生的道德意志,形成良好的行为习惯和道德品质。

(4) 丰富精神生活,促进身心健康发展。学生在课余时间参加健康有益的各种活动,能获得积极的休息,调节紧张的学习生活,满足丰富精神生活的需要,促进身心的健康发展。

二、课外校外活动的内容

课外校外活动的内容是根据中小学的教育目标和课外活动的任务,以及中小学学生的特点确定的。主要的活动内容有:

(1) 科学技术活动。这方面的活动是围绕科学技术知识的学习、研究和应用而展开的。这种活动又分两种:一种是以学习和研讨自然科学学科的知识为主要目的的课外校外活动兴趣小组,其活动内容主要以课内学得的知识为基础,进而扩大和加深有关学科的知识技能,发展成为特长,这类活动主要有:数学兴趣小组、物理兴趣小组、化学兴趣小组、生物兴趣小组、地理兴趣小组等;另一种是与课内学习的学科知识无直接关系的,以学习某种科学技术的知识和技能为主要目的的课外校外活动小组,其活动内容,既强调要学习该项科技活动的新知识,又强调要把所学知识综合运用于实践,培养动手操作的能力和创新精神,并要求在活动中取得实际的成果,这类活动主要有:木工制作、航模制作、无线电、

气象观察、地震测报、植物栽培、动物饲养、考察山川地形小组等。

（2）文化艺术活动。文化艺术活动可以丰富学生精神生活，培养学生感知美、欣赏美、创造美的兴趣和能力，发展学生对文化艺术的爱好和才能，陶冶学生高雅的审美情趣和高尚的道德情操。这类活动的主要内容有：文学欣赏、电影电视评论、文学创作、音乐、舞蹈、戏剧、绘画、雕刻、书法等。

（3）体育活动。体育活动的主要目的是发展学生的体力，增强他们的体质，提高他们的运动技能技巧，满足他们对体育活动的兴趣爱好，养成勇敢、机智、遵守纪律、团结友爱、集体主义精神等良好的道德品质。体育活动的内容包括：球类、棋类、游泳、田径、体操、登山、游戏等。

（4）劳动工艺活动。劳动工艺活动将劳动与工艺美术活动结合起来，让学生在参加制作一些有教育意义和美学意义的工艺品的劳动活动中，掌握一些工艺品的制作技术，养成心灵手巧、细致耐心和勤劳的品质。这类活动内容有花卉栽培、盆景制作、刺绣、剪纸等。

（5）社会实践活动。社会实践活动的主要目的，是充分利用社会生活中富有教育意义的事件、材料，让学生接触社会、深入社会、开阔眼界、活泼身心，增进学校与社会的密切联系，使青少年学生从中受到思想品德教育，发展参与社会活动的热情和积极性，培养社会责任感。社会实践活动的主要内容有：社会调查、参观访问、社会宣传，劳动、"学雷锋"、"献爱心"、"青年志愿者"等公益性活动。

三、课外校外活动的形式

课外活动的组织形式比较灵活机动，主要有下列三类：

（1）群众性活动。群众性活动是课外校外活动中广泛采取的一种形式。群众性活动的特点是可以吸收较多的学生参加，影响的面比较广，在较短时间内使较多学生受到教育，并能形成一定的气氛和声势，给学生留下深刻的印象，收到较好的活动效果。群众性活动有校际的、全校的、年级的和班级的活动等。学校和校外教育机构开展的群众性科技报告会、文学讲座、文艺联欢、科技竞赛、体育竞赛、夏令营、参观访问、旅游、社会公益劳动等，都属于群众性活动。

（2）小组活动。小组活动是课外校外活动常用的主要形式。小组活动的特点是自愿组合、小型分散、灵活机动。小组活动一般是把有共同的兴趣爱好和要求的学生组织起来，在小组成员共同推选出的组长的领导下，在辅导员指导下，有目的、有计划地开展的各种内容的活动。小组人数的多少，依据活动的性质、内容以及条件而定。小组活动有助于激发和培养学生不同的兴趣爱好，使他们有更多实践锻炼的机会，促进学生个性和才能的和谐发展。小组活动在校内外均可组织，常见的有：学科兴趣小组、科技小组、艺术小组、体育小组、公益服务小组等。小组活动的辅导员可请教师、家长或校外有某方面专长的人士兼任。

（3）个别活动。个别活动是学生根据自己的兴趣、爱好和特长，在教师或辅导员的指引下，由学生个人独立进行活动的形式。个别活动是中小学常用的一种课外校外活动形式。个别活动能充分发展学生自己的兴趣、爱好和特长，丰富和充实学生的精神生活，培养独立工作的能力。中小学课外活动中,个别活动的主要内容有:独立进行课外阅读、写读书心得、文艺创作、独立进行观察和实验、采集各种标本、制作模型、运动、唱歌、弹琴、书法、图画、摄影等。

上述三种形式的课外校外活动,在学校实际工作中是密切联系的。某些群众性活动,常常是以小组活动和个别活动为基础的。进行群众活动时,活动的内容也会引起一些学生的兴趣,进行更深入的研究,这样又会产生小组活动或个人活动。在进行小组活动时,小组为其成员规定个别的、独立的工作,这又是个别活动的一种表现形式。而个别活动或小组活动的成果,常常以展览会、晚会、运动会等形式展示,吸引众多的学生前来欣赏、参观,这样又和群众性活动联系在一起。这三种活动形式可以互相配合,互相渗透、互相促进,组合成灵活多样的课外校外活动形式。

第三节　课外校外活动的组织与领导

一、组织和领导课外校外活动的基本要求

为了使课外校外活动开展得丰富多彩、有声有色,并收到良好的教育效果,学校在开展课外校外活动时应注意下列基本要求:

(一) 要有明确的目的性、计划性

课外校外活动是有目的、有计划的活动。从整体上说,课外校外活动的目的,必须符合中小学培养目标的要求。从局部来说,每一项具体的课外校外活动都要有明确的目的。目的应当是科学的、独立的、完备的(能反映活动本身的广度和深度,包含最重要的本质属性)、可测量的、简单明确的、能起导向作用的。正确的目标把课外活动引向正确的方向。计划是实现目标的手段。要使目的转化为行动,还需有周密的计划。课外校外活动的计划有整个学校的、年段的、班级的总的计划,也要有每一项活动的具体计划。计划要在调查研究、收集信息的基础上,经参加活动的有关人员民主讨论,广泛吸收意见和建议,最后形成比较完整的方案。计划是参加课外活动的全体成员的行动纲领。

> **案例:　浙江省景宁县第一实验小学《关于大漈"柳杉王"成长状况的研究》计划**[①]
>
> 一、课题题目:关于大漈"柳杉王"成长状况的研究
> 二、组织名称:景宁县第一实验小学大漈"柳杉王"考察小组
> 三、预期目的:
> 1. 了解"柳杉王"的历史、现状、价值、保护等情况,获取一定的林业、环保知识。

---

① 钱银星.学习新方式——学生活动案例精选[M].杭州:浙江教育出版社,2004:67.

2. 在活动过程中形成查阅资料、处理信息、实地考察等能力；获得合作交流的经验与能力，培养团队精神。

3. 培养热爱家乡的思想情感。

4. 形成大漈"柳杉王"的调查报告，培养勇于实践、善于发现的良好习惯。

四、任务分工：

组长：(2人，学生姓名略)

查阅资料小组：(4人，学生姓名略)

访问专家小组：(4人，学生姓名略)

实地考察小组：考察小组全体成员

撰写报告：(2人，学生、指导教师姓名略)

五、活动步骤：

第一阶段：提出问题

第二阶段：任务分工

第三阶段：查阅资料：

1. 上互联网寻找和下载我国各地有关柳杉的信息。

2. 通过到景宁图书馆查阅、访问专家等方式，了解"柳杉王"的一些资料。

第四阶段：实地考察：

1. 访问大漈乡政府、林业工作站和当地文化名人(姓名略)，了解"柳杉王"有关情况。

2. 实地观察"柳杉王"的外形，测量高度、胸径等。

3. 实地考察"柳杉王"的生长环境。

六、所需工具：交通工具、照相机、米尺、温度计、记录本等。

七、预期成果：调查报告、图片、活动成果展示会。

（二）要适应学生的兴趣爱好、特长和年龄特征

课外校外活动要适应学生的兴趣爱好、特长，符合他们身心发展状况和知识水平，能够满足他们发展的需要，才能吸引他们自觉自愿地参加到各项活动中去。例如，对爱好体育活动的学生，就吸收他们参加课外校外体育活动小组；对喜欢数学的学生，就吸收他们参加数学课外校外活动小组；对爱好航空或航海模型的学生，就吸收他们参加课外校外航空或航海模型活动小组；对爱好摄影的学生，就吸收他们参加课外校外摄影制片小组，等等。同是一项课外校外活动项目，在不同的年龄阶段或年级，它的目的、内容、要求、方式方法也是不同的。例如，同样的"航空模型小组"的活动，在小学、初中和高中阶段，甚至是在不同的年级，它的活动目的、内容、要求、方式方法，都是不同的。任何不顾学生的兴趣爱好、特长和年龄特征，一刀切和强求一律的做法，不仅会打击学生参与课外活动的热情和积极性，而且还会降低课外校外活动的教育效果。

（三）活动要丰富多彩、富有吸引力

青少年学生的特点是精力旺盛、兴趣广泛、求知欲强、爱好多变、富于幻想，他们对课外校外活动的要求是多种多样的。与此相适应，课外校外教育活动要以丰富多彩的内容、学生喜闻乐见的形式、多种多样的活动，满足他们各自不同的需要，才能吸引学生乐于参加，积极活动。在课外校外活动中，要强调科学性、知识性与健康向上的趣味性的统一，让知识教育、思想教育寓于丰富多彩、生动活泼的活动之中，使活动本身对学生具有强烈的吸引力，使他们乐于积极参加各项课外校外教育活动。

（四）注意发挥学生的主动性、独立性和创新精神

学生是课外校外活动的主体。从选定活动项目开始，到成立活动小组、制订活动计划、活动的组织实施、检查和评价，都要学生发挥主动性、独立性和创新精神，自己决定并实践。课外校外活动强调发挥学生的主动性、独立性，并不是要否定教师的作用。教师是课外活动的指导者或辅导者，这种指导和辅导应当表现为积极进行启发、引导、指点，不能包办代替。处理好教师和学生的关系，是关系到课外校外活动成败的重要问题。教师既要相信学生有能力搞好课外校外活动，又要在活动遇到困难时及时给予指导和帮助，并使教师的这种指导和帮助为学生更好地发挥主动性、独立性和创新精神创造条件。在课外校外活动中，要使学生学会独立思考，形成独立工作的能力，尤其要鼓励学生在运用知识、锻炼能力、掌握技能的过程中，积极动脑筋、想办法，培养创造新精神和实践能力。

二、组织与领导课外校外活动的机构

课外活动除了由学校组织和领导外，还有由校外教育机关组织和领导的。一般把校外教育机关组织的课外活动叫校外活动。这些校外教育机关主要有：共青团组织、少先队组织、校外教育机构、社会团体、社区及家庭等。这些机构必须相互配合，才能完成教育任务。根据组织与领导课外活动的机构，我们把课外活动区分为：

（一）学校直接组织和领导的活动

这种课外活动是指在学校直接组织和领导下开展的活动。课外活动是学校整个教育工作的重要的有机组成部分。学校领导要充分重视这项工作，要设立由分管校长领导的，有教导主任、学校中的共青团和少先队负责人和有关人员参加的课外活动指导小组或委员会，具体负责课外活动的组织领导工作。学校领导要把活动指导小组或委员会制订课外活动计划纳入学校、年段、班级的总体教育工作计划之中，定内容、定地点、定设备、定经费、定指导力量，保证课外活动顺利、有效地开展。学校领导要鼓励学生在学好课内功课的同时，积极参加各种课外的学科小组、科学技术小组、文学艺术小组、工艺美术小组、社会公益活动和各种社团的活动，培养自己的兴趣爱好和特长，形成独立思考的习惯和独立工作的能力，发展创新精神和实践能力。在这些课外活动中，各种学科小组的活动和单项性的课外活动，由相关学科的教师或具有某一专长的教师负责具体指导；以班为单位的集会或集体活动，可由班主任、班干部或该项活动的积极分子负责具体指导；全校性的集会和活动，则由学校领导、教师或学生会、团队组织的代表来负责组织和指导。在开展课外

活动时,学校领导、课外活动指导小组或委员会,要主动争取校外教育机构、校外教育人员的支持和配合,使课外活动取得更好的效果。学校领导应该像抓课堂教学活动一样,抓好由学校直接领导的课外活动。

（二）学校共青团、少先队组织的课外活动

这类活动是指由学校中的共青团、少先队组织直接组织和领导的课外活动。它主要围绕学校共青团、少先队的基本任务展开活动。共青团组织和领导的课外活动,既要配合学校的教育工作,又要注意共青团工作的特点。共青团开展的课外活动的内容与形式,要有思想性、知识性、趣味性、多样性和灵活性,吸引青年学生积极参加各种活动,在活动中学会自治、自理,自己教育自己。共青团在开展学生的课外活动时,要争取学校领导和教师的重视和支持,要求为活动提供便利条件,争取在必要时给予一定的指导和帮助。少先队组织的课外活动,要着眼于全面关心少年儿童的成长,坚持以共产主义精神教育少年儿童,鼓励他们好好学习,天天向上。少先队的活动应力求生动活泼,寓教于乐,发挥少先队员的主动性和主人翁精神。少先队的大队辅导员和中队辅导员,对少先队开展的课外活动,既不能包办代替,又不应放任自流,而应帮助和指导少先队独立自主地开展活动,培养他们独立活动、独立工作的能力,并在活动中接受自我教育。

（三）校外教育机构组织与领导的校外活动

这类活动是指由少年宫、少年之家、青少年科技站、业余体校等校外教育机构组织与领导的校外活动。这类活动对青少年学生进行思想品德教育,培养他们对科学技术、文学艺术、体育等方面的兴趣爱好和才能,提供广泛的实践机会。依据校外教育机构所承担的任务,可以把校外活动分成提高型和普及型两类。属于提高型的校外教育机构有:少年宫、科技站、业余体校、科研机关等。这些校外机构组织的活动,一般面向已具有一定爱好和特长的青少年学生,配有专职的辅导员指导活动。属于普及型的校外教育机构有:校外活动站、少年之家、儿童学习室、社区活动室等。两者不能截然分开,有些提高型的校外教育机构,也开展普及性的校外活动,有些普及型的校外教育机构也开展以发展学生的某项特长为目的的活动。普及型的校外活动,面向全体学生,主要的活动有游戏、读书活动、简单的科技活动、公益劳动、健康有益的文娱活动等。活动一般聘请离退休干部和教师、解放军战士或志愿者进行辅导,不设专职辅导员。学校要积极推荐和输送有特殊爱好和专长的学生,进入提高型的校外教育机构举办的活动,使他们的特长和才能得到更好的发展,并让这些学生回到学校后,带动其他学生开展提高型的课外活动。同时,学校也应帮助学生选择和参加普及型的校外教育机构举办的活动,促进每个学生身心的健康发展。学校还要加强与校外教育机构的联系,互通信息,协同工作,充分利用校外教育机构提供的人才、信息、物质条件,提高课外校外活动的效果,更好地培养学生的创新精神和实践能力。

（四）社区和家庭配合学校组织的校外活动

由社区或家庭成员组织的校外活动,也是学生校外活动的重要组成部分。社区和家庭组织的校外活动,担负的教育任务与学校是一致的。社区和家庭是学生学习和生活的

重要场所,家长与子女间有着不可替代的亲情和血缘关系,所以,社区和家庭组织的教育活动,对学生的健康发展起着重要作用。但其进行的方式有自身的特点。社区和家庭组织的课外活动,更注重在日常生活中养成良好行为习惯或某种兴趣和特长。学校应加强与社区、学生家庭的联系和沟通,如通过联系社区、家庭访问、书面联系、家长会等形式,让社区干部和家长了解学校在近期的教育要求,了解学生在学校的表现,了解学校对社区和学生家长的希望,使社区和学生家长能配合学校进行有效的教育活动。必要时,学校、教师还要对社区和家庭的教育活动进行必要的指导和帮助,如举办各种讲座、培训班和家长学校,提高社区干部和家长对校外教育活动的认识,提高他们组织和领导校外活动的能力。此外,社区和家庭也要创造条件,支持学校开展的教育活动。家长要鼓励自己的子女积极参加校外教育活动,并提供必要的物质条件,部分有条件的家长可担任课外校外活动的辅导员,或帮助开展校外活动。

学校要积极主动地加强同各校外活动的组织领导机构的联系,承担起协调各方面活动的任务。

课外活动案例:　　　　　《良渚文化的调查与探究》[①]

杭州市余杭实验中学校课题组

一、活动概况

2001 年 9 月,我们与余杭区良渚遗址群申报世界遗产领导小组办公室和良渚博物馆联合,在学生中开展"了解良渚文化,保护良渚文化"的系列教育,组织了专家讲座、参观考察和征文比赛等活动。学生们认识到良渚文化是中国文明的曙光,良渚文化遗址群是证实中华五千年文明史的圣地。……当时全校都动员起来了,更有一部分学生对良渚文化研究兴趣极大,于是我们就挑选了十几个学生成立良渚文化研究组。

研究活动共分五个阶段:1.成立《良渚文化的调查与探究》课题组。2.做好资料人员准备。由于选题较大,又确定了良渚文化的探源、良渚玉文化、良渚黑陶和良渚文化的去向四个研究方向,并相应地把人员分成四个小组,明确分工。然后各小组再确定调查和访谈的主题。3.活动与体验。从互联网、图书馆查资料,访问专家,勘察遗址等。4.交流、综合所得资料,深化自己的见解和观点。5.得出结论撰写结题报告。

二、活动成果

经过一个多学期的努力……对四个研究方面我们找到如下答案:

(一)良渚文化探源

1. 良渚文化是在怎样的自然环境中形成的?良渚文化是在距今 5300—4600 年前形成的。当时长江三角洲大部分地区已成陆地,海水东去,气候宜人,适合农耕作物的栽培和野生植物的生长。……社会经济有了长足发展。

2. 良渚文化是否由崧泽文化发展而来?若是,那它为什么能继承崧泽文化?我

---

① 叶松伟,裴文敏.研究性学习百例荟萃[M].北京:研究出版社,2002:181—184.

们根据良渚文化与崧泽文化之间的相关判定,良渚文化应该是由崧泽文化发展而来。因为两者有许多相似点。

3. 良渚文化是否可作为一个独立的文明起源?虽然良渚文化时期产生的刻在玉上的神人兽面纹,是先前文化所没有的特征,但更深层次的研究证明良渚文化是由崧泽文化发展来,只不过良渚文化又有了新发展。我们认为:良渚文化不可以作为独立的文化起源,它只可能与马家浜文化、崧泽文化构成一个"马家浜—崧泽—良渚文化系统"。

(二)良渚文化畅想曲

古良渚人早在四五千年前,就为我们创造了无数代表华夏文明的艺术瑰宝,其中的神人兽面纹玉器形态各异,有些雕刻只有用高倍放大镜才能看清。当时还没有出现金属,古良渚人是怎样在硬度超过金属的玉石上刻出如此精美的花纹的呢?

经查阅资料、访问专家、调查研究,对一些疑问找到答案。

当时切锯剖玉所用的方法主要有:1. 马鬃截玉法;2. 砣切法;3. 石片切割法。

良渚文化的玉器一般采用透闪石,即软玉。它不仅有一定硬度且较坚韧。玉器是如何加工雕刻的呢?据说外国人曾怀疑是外星人所为。事实上鲨鱼牙齿就可以是刻线的工具。呈现鸡骨白或象牙白的良渚玉器,在初步成型后,先经过加热处理,然后再刻上纹饰。由于加热使玉器表面硬度剧烈降低,因此雕刻的工具也就不难解决了。良渚文化玉器的刻刀是黑色燧石或石英、玛瑙、水晶石等硬度达到摩氏7度(或以上)之类打制成的雕刻软玉的刀具,因为软玉的硬度为摩氏4—6度。

......

(三)良渚文化陶器研究

1. 陶器形态的决定因素是什么?

陶器的形态主要是由它们的实用(技术)功能决定的,其次是社会对陶器礼仪需求和审美时尚也会较强烈地赋予它们一些附属的形态特征,如富于变化的器表装饰。所以说,陶器的形态是考古文化价值取向的一种真实记录……

2. 良渚文化阶段的陶器有哪些特点?

良渚文化阶段的陶器,以夹细砂的灰黑陶为主,烧成的温度较低,胎质较软,陶底呈黑色。轮制已占主导地位,部分器物和一些特殊的器形则是手制或模制。早期以泥质灰陶为主,晚期以泥质黑皮陶为主,并出现簿胎黑陶。器表经常打磨光亮,纹饰有强纹、篮纹、绳纹、划纹、波浪纹、附加堆纹以及镂孔等。此外,还发现一些彩陶和彩绘陶。在良渚遗址中还发现朱绘黑陶。

......

3. 陶制品在工业上有何应用?

在纺织上应用最早的纺织工具是纺轮,纺轮的质料有陶、石、木等几种,其中以陶质为多。陶轮的形状也很多,扁平圆形是主要器形,此外还有算珠形、梯形、凸字形。

(四)良渚文化的去向——马桥文化

良渚文化是距今4000—5000年前,以太湖流域为中心,遍及浙江、江苏、上海、山东、广东等省市的一种古老的史前文化。……但在距今 4000 年前后，良渚文化不知所终。良渚文化消亡之谜，成为困扰考古学家的一团挥之不去的疑团。

对于良渚文化和马桥文化之间存在的 300—500 年的历史断层，人们不得而知，但对于它的去向有着种种推测：(1)洪水灾害说；(2)海侵灾害说；(3)北迁说；(4)战争说；(5)马桥文化说。

经过研究探讨，我们认为良渚文化的去向是马桥文化。

……

学习与思考

1. 课外活动对培养创新精神和实践能力有何重大意义？
2. 设计初二年级学生对当地某一名胜古迹进行调查研究的课外活动计划。
3. 根据学习的理论，点评本章提供的课外活动案例。

第十八章
学校管理工作

学习提要： 学校管理是学校发展的关键。校长是学校的领导者,班主任是班级的领导者。校长的素质和管理思想、措施等直接影响学校的发展。班主任的素质和管理思想、措施等直接影响学生的发展。本章以校长和班主任的任职条件和主要职责、素养,学校管理理念、学校管理制度、教学工作管理、德育工作管理、班集体建设等为主要内容。通过学习,要明确校长如何管理学校、校长通过什么实现学校管理、班主任如何管理班级、通过什么管理班级,等问题。

第一节 校长与学校管理

一、校长

校长是学校行政的最高负责人,对外代表学校,对内主持校务工作,是所在学校组织的领导者。

(一)校长的任职条件和主要职责

校长的任职条件,即作为校长应该具备的基本资格。校长的职责,即作为校长应负的责任和工作范围。只有具备一定资格的人,才能履行校长的职责,所以各国对校长资格和职责都非常重视。1991年7月,国家教育委员会在《全国中小学校长任职条件和岗位要求(试行)》中就对校长的任职条件和主要职责作了规定。

校长任职的基本条件是:

(1)拥护中国共产党的领导,热爱社会主义祖国,努力学习马克思主义。热爱社会主义的教育事业,认真贯彻执行党和国家的教育方针、政策、法规。关心爱护学生,刻苦钻研教育、教学业务。热爱本职工作。有一定的组织管理能力。团结同志,联系群众。严于律己,顾全大局。言行堪为师生的表率。

(2)乡(镇)完全小学以上的小学校长应有不低于中师毕业的文化程度,初级中学校长应有不低于大专毕业的文化程度,完全中学、高级中学校长应有不低于大学本科毕业的文化程度;中小学校长应分别具有中学一级、小学高级以上的教师职务;都应有从事相当年限教育教学工作的经历;都应接受岗位培训,并获得"岗位培训合格证书"。

(3)身体健康,能胜任工作。对校长思想政治、教育素养、为人处世、管理能力、文化程度和资历、健康状况等任职基本要求的提出,为校长遴选、任用提供了依据。

校长的主要职责：

（1）全面贯彻执行党和国家的教育方针、政策、法规，自觉抵制各种违反教育方针、政策、法规的倾向。坚持社会主义办学方向，努力培养德、智、体全面发展的社会主义事业建设者和接班人。按教育规律办学，不断提高教育质量。

（2）认真执行党的知识分子政策和干部政策，团结、依靠教职员工。组织教师学习政治与钻研业务，使之不断提高政治思想、职业道德、文化业务水平及教育教学能力，注意培养班主任、中青年教师和业务骨干，努力建设又红又专的教师队伍。依靠党组织，积极做好教师和职工的思想政治工作。自觉接受党组织的监督。充分发扬民主，重视教职工代表大会在学校管理中的重要作用，注意发挥广大教师和职工的工作主动性、积极性和创造性。

（3）全面主持学校工作。①领导和组织德育工作。把德育放在首位，坚持教书育人、管理育人、服务育人、环境育人的工作方针，制定德育工作计划，建设德育工作骨干队伍，采取切实措施，坚持不懈地加强对学生的思想、政治、品德教育。②领导和组织教学工作。坚持学校工作以教学为主，按照国家规定的课程标准，开齐开好各门课程。遵循教学规律组织教学，建立和完善教学管理制度，搞好教学常规管理。深入教学第一线，正确指导教师进行教学活动，努力提高教学质量。③领导和组织体育、卫生、美育、劳动教育工作及课外教育活动。确保上述各项工作生动活泼、有成效地开展。努力开展勤工俭学活动。建好各种教育基地。④领导和组织总务工作。贯彻勤俭办学原则，坚持服务育人的方向；严格管理校产和财务，搞好校园建设。关心学生和教职工的生活，保护他们的健康。逐步改善办学条件和群众福利。⑤配合党组织，支持和指导群众组织开展工作。充分发挥工会、共青团、少先队等群众组织在办学育人各项工作中的积极作用。

（4）发挥学校教育的主导作用，努力促进学校教育、家庭教育、社会教育的协调一致、相互配合，形成良好的育人环境。

（二）校长的素养

校长首先应该是一位合格的教师。同时，校长还应当具备以下素养：

（1）崇高的思想品德。具有共产主义的思想觉悟：对党忠诚，立场坚定；克己奉公，助人为乐；艰苦奋斗，埋头苦干；具有热爱教育事业的事业心：尊师爱生；忠于职守；勇于创新；具有高尚的共产主义道德品质与情操：言行一致，身体力行；说话算数，光明正大；谦虚谨慎，不骄不躁。[①]

（2）先进的教育思想。先进的教育思想，是指反映教育教学的基本规律、反映教育改革与发展的趋势、体现时代精神的教育观念和认识。苏霍姆林斯基就明确指出："对学校的领导首先是教育思想的领导，而后才是行政的领导。"[②]所以，校长要具有先进的教育思想。

（3）较强的业务能力。学校的领导者首先应该精通教育教学业务，有较强的教育教

① 裴文敏，周立，詹振权，廖正峰. 中小学学校管理与领导[M]. 杭州：浙江教育出版社，1985：102.
② 苏霍姆林斯基. 给教师的建议（上）[M]. 杜殿坤译. 北京：教育科学出版社，1980：229.

学能力。苏霍姆林斯基强调:"一个学校领导者,只有每天精益求精地提高自己的教学和教育技巧,只有把学校工作的最本质的东西——教学和教育、教师和儿童——摆在第一位,他才能成为一个好的领导者,成为一个有威信的、博学多识的'教师的教师'。如果你想成为一个好的校长,那首先你就得努力成为一个好的教师、好的教学论专家和好的教育者……"[1]此外,学校领导还应该精通管理业务,具有较强的管理业务能力,熟悉学校工作对象、工作环境、工作流程,具有较强的计划、组织、协调、指挥、激励、总结、创新等能力。

(4) 合理的智能结构[2]。即具有一定的马克思主义理论知识;具有较广博的文化科学知识;具有一定的专门的学科知识;具有教育科学和管理科学的基础知识。具备领导和管理学校的各种必要的能力:计划决策能力、组织能力、协调能力、创新能力等。

(5) 良好的性格特征。一个成功的管理者必须具有爱祖国、爱集体、助人为乐、诚实、正直、有责任心、有创新精神、勤劳、认真、宽容、自尊自信的态度,自觉、坚定、果断、自制、勇敢的意志特征,乐观积极、精神饱满、平和稳定的情绪特征。

二、学校管理

学校管理是学校中的管理人员在一定的体制约束下,根据一定的原则、法规,运用一定的方法、技术,通过组织指导师生员工,高效地开展教育教学等工作,达到育人目标而进行的管理活动。校长管理学校,一要注重学校的动态管理(管理过程),二要运用理念、制度、文化、规划等管理手段实施对学校的管理,三要通过办公室、教务处、政教处、教科室、总务处等行政和业务部门落实具体的管理任务。

(一) 学校管理理念

学校管理理念是指学校管理主体在管理实践、思维活动及文化积淀和交流中所形成的学校管理价值取向与追求,是一种具有相对稳定性、延续性和指向性的学校管理认识、理想的观念体系。[3]

《国家中长期教育改革和发展规划纲要》(征求意见稿)指出:树立全面发展观念,努力造就德智体美全面发展的高素质人才。树立人人成才观念,面向全体学生,促进学生成长成才。树立多样化人才观念,尊重个人选择,鼓励个性发展,不拘一格培养人才。树立终生学习观念,为持续发展奠定基础。树立系统培养观念,推进大中小学有机衔接,教学、科研、实践紧密结合,学校、家庭、社会密切配合,加强学校之间、校企之间、学校与科研机构之间合作以及中外合作等多种联合培养方式,形成体系开放、机制灵活、渠道互通、选择多样的人才培养体制。

校长要树立依靠全体师生,促进全校每一位师生全面、和谐发展的理念,用先进的教育思想和学校文化来引领学校的发展。

① 苏霍姆林斯基. 给教师的建议(上)[M]. 杜殿坤译. 北京:教育科学出版社,1980:225.
② 裴文敏,周立,詹振权,廖正峰. 中小学学校管理与领导[M]. 杭州:浙江教育出版社,1985:104—107.
③ 赵敏,江月孙. 学校管理学新编[M]. 广州:广东高等教育出版社,2008:22.

（二）**学校管理过程**

学校管理过程，主要包括计划、实施、检查、总结四个互相联系的基本环节。这些环节有机结合、有序运行就构成了管理过程。

1. 计划

计划是在国家教育方针和政策指导下，为实现预定的教育目标和任务而制订的规则、步骤、方法的总和。切实可行的计划可以帮助管理者有效把握未来的发展，为师生员工描绘学校发展的精美蓝图，激发师生员工的热情、工作积极性、主动性和创造力，增强学校的凝聚力和向心力，保证学校工作的有序性。学校管理者要高度重视计划制订工作。

学校工作计划可分为远景计划、年度计划和具体工作计划。远景计划即确立学校发展的长期目标，是学校发展的远期规划，一般与经济社会发展的"五年规划"相一致。年度计划是根据远景计划对一个学年要完成的重要事项进行计划。具体工作计划是各部门和每一位教职工根据学校的年度计划，结合自己的工作实际制定的工作计划。

制订计划首先要通过广泛、深入的学习、调查、研讨等获取确切的数据和准确的信息，包括实际状况、相关理论和信息，这是制订计划的前提。其次要根据所获取的理论和信息，确定目标，明确要解决的主要问题，这是计划的核心。目标要明确、具体、有创新、可操作、可检测，是经过努力能够实现的。第三要根据确定的目标，通过各层次座谈会、各部门研讨、请教专家、专题研讨、方案征集等多种渠道，集思广益，提出多种可行的方案。第四要组织相关部门人员、专家、师生代表等对各种实施方案进行评估和分析，从中选择合适的实施方案。第五要根据实施方案，制定出完整的计划。计划内容一般应包括：指导思想、目的要求、内容、方法、措施、评估指标、完成时间、具体执行部门和人员等等。

2. 实施

实施就是将计划付诸行动，使设想变成现实，是管理过程中的决定性环节。实施包括建立组织机构、规章制度和行为规范；配备工作人员和各种资源；协调校内外各种关系；对工作人员进行指导、指挥；运用奖惩手段调动积极性，进行教育引导工作等。学校管理者要注意加强领导，制订合理的制度，明确各部门的职责和任务，做到既分工明确又相互配合。

3. 检查

检查即对计划实施情况的监督和控制。检查要根据学校的工作目标和工作计划确定明确的标准，并将之与实际的行为进行对照，找出行动中的不足，分析产生不足的原因，提出纠正的措施和要求，督促工作人员执行纠偏措施，直至取得满意的结果。检查应贯穿整个管理过程始终。

检查，按工作性质分，有行政工作检查、教学工作检查、总务工作检查等；按检查时间划分，有学期初检查、期中检查、期末检查等；按检查方法分，有结合日常工作的检查，如随堂听课、随机抽查教师的教案等，有组织会议检查，如召开专门的会议，听取项目负责人汇报，翻阅相关文献资料等。

4. 总结

总结是对学校计划执行情况的评定，也是对学校教育效果的科学分析和估价。总结既是一个管理过程的结束，又是下一管理过程的开始。通过总结工作，既可以发现管理过程中的经验和不足,又可以提高对管理工作的认识,发现管理工作的客观规律,以提高管理工作的自觉性。

有效的总结有赖于以下条件:①管理过程中积累的第一手材料。材料积累得越丰富、越典型,对总结越有利,要善于用典型的材料进行总结。②全面、科学、客观的评价标准。总结要对过去经历过的管理事件进行价值判断,缺乏标准就容易受总结者个人好恶的影响,难以得出客观的结论。③总结要与检查相结合。在检查时要充分积累材料,发现问题,为总结做准备。④总结要有重点,切忌记流水账。⑤总结要实事求是。⑥总结要带有激励性。⑦总结要提出改进工作的方法、措施等。

(三)学校规章制度

学校规章制度是学校管理制度中的重要内容,是学校为了完成教育任务实现管理目标,要求师生员工共同遵守的法规、规则。主要包括两个方面:党和国家以及上级教育行政部门颁布的管理规章制度和学校自行制定的规章制度。

党和国家以及上级教育行政部门颁布执行的规章制度主要是:各种教育法律、法规、规章、条例等,如教育法、教师法、学科课程标准、学生守则、学校体育工作条例、学校卫生工作条例、中小学教师职业道德规范、班主任工作条例、教师职务试行条例、校长任职条件和岗位要求等。

学校自行制定的规章制度主要有:会议制度、岗位责任制度、考核制、奖惩制度、作息制度、值日制度、备课制度、考试制度、课堂常规、升留级制度、学籍管理制度、财务制度、财产设备管理制度、实验室规则、阅览室规则、图书借阅规则、课外活动制度、住宿生管理制度、就餐制度、美化校园与卫生扫除检查评比制度、消防检查制度,等等。

学校管理制度是为了协调各种关系、规范各种行为,从而更好地实现培养人这一教育目标而制订的。科学的学校管理制度能保证学校各项工作有序、有效地进行;可以提高学校工作效率;既可以制约人的行为,又可以为师生的行为提供样板;协调学校内外各种关系;保证学校事务公开、公平、公正,最大限度地保护师生各方的合法利益。

(四)学校管理的实施

学校管理要通过学校的行政和业务部门具体实施,主要做好教学工作、德育工作、体育卫生工作、教科研工作等各项具体实务的管理。

1. 教学工作管理

教学是学校的中心工作,是实现教育目标的基本途径。如何优化教学资源,充分发挥各教学要素的作用,提高学校的教学质量,是学校管理者,特别是学校领导首先要认真思考和筹划的事情。教学工作管理在学校管理中占有非常重要的位置。

教学工作管理就是学校的教学管理人员根据教学规律,结合学校实际,运用管理科学手段,对教师、学生、教学内容、教学手段等教学过程中的各要素进行统筹,使之相互协调、有序运行,并在此基础上充分发挥各自的效能,以提高教学质量和水平的活动。

教学工作管理的基本任务是:全面贯彻党的教育方针、政策,充分调动全体师生员工的积极性和创造性,在确保教学工作正常、有序、规范运行的基础上,不断创新、不断提高教学质量。教学工作管理的具体任务归纳如下：

（1）教学思想管理。要组织全校教职员工认真学习，密切关注社会发展趋势及其对社会成员的要求，树立正确的教育理念和教学思想，并以之指导学校的教学实践，保证教学工作正确的方向。

（2）教学制度管理。根据党的教育方针、政策和学校培养目标，结合学校实际制订和完善各种教学管理制度，保证教学活动规范、有序地开展，做到依法治教。

（3）教学过程管理。对教学全过程进行监控、协调，确保备课、上课、实验、作业、辅导、课外活动、学业成绩考核等教学各环节都按"计划、实施、检查、总结"等步骤有条不紊地进行，使教学过程各环节相互协调、相辅相成，以保证教学工作高效进行。

（4）教学主体管理。教学主体管理既包括对教师"教"的工作的管理，也包括对学生"学"的活动的管理。其根本目的是充分调动师生双方的积极性和创造性，高效率、高质量地完成教和学的任务。

（5）教学资源管理。学校的人、财、物、时间、空间、信息等各种构成要素都是教学资源。管理人员要充分认识教学资源的重要性，要注意整合各种资源，尽量满足师生的教学需求，为师生创造良好的教学环境和氛围。

（6）教学质量管理。教学质量是教学管理追求的最终目的。学校的教学质量主要体现为全体学生的学习和发展的质量和水平，关键要看学生的学习积极性、创造性是否得到充分激发，要看学生是否得到生动活泼、主动、和谐、全面的发展。

2. 德育工作管理

德育工作管理是学校的德育管理人员根据德育规律，运用管理科学手段，对教师、学生、德育内容、德育手段等德育过程中的各要素进行统筹，使之相互协调、有序运行，以提高德育效果和效率的活动。

德育工作管理的基本任务是：根据德育规律，结合学生的身心发展特点，提高对德育重要性的认识，充分调动一切积极因素，有效推进德育工作，不断提高德育工作的针对性和有效性。德育工作管理的具体任务归纳如下：

（1）德育思想管理。提高广大师生对德育工作重要性的认识，树立正确的德育观，真正确立"德育为首"、"学生主体"、"全员德育"、"全程德育"、"立体德育"等德育理念，有效开展学校的德育工作。

（2）德育队伍管理。德育队伍一般由校领导、政教处和团队组织成员、班主任等组成。要不断完善德育机构、优化德育队伍，逐渐形成一支热爱学生、思想统一、责任心强、充满激情、精明强干的德育队伍，以不断提高德育工作的效果和效率。

（3）德育制度管理。学校应按"学生守则"、"学生行为规范"等要求制定切实可行的规章制度。如团（队）工作管理办法、思想政治教育规程、班队活动制度、学生一日生活常规、学生课堂常规、学生奖惩办法等。

（4）德育途径管理。德育既可以通过教学途径实施，也可以通过非教学途径实施。学校要组织教师对各种途径进行专门研究，掌握它们各自的特点和优势，协调它们的作用，以收到良好的德育效果。

（5）德育环境管理。德育环境对德育效果影响巨大。学校中的人际关系、校园文化氛围、教师和家长的教育理念、家庭教育氛围、社会环境、传媒、网络等都会影响学生品德的形成。学校在注重筛选和利用社会、家庭、传媒等环境中的有利因素促进学生良好品德的形成的同时，还要想方设法，通过各种活动提高学生分辨是非的能力，让学生学会自觉避免环境中不良因素对自己的影响。

（6）德育质量管理。德育质量是指学校的德育工作对学生思想品德的形成和发展起促进作用的效果和程度。德育质量管理就是要根据教育目的，结合学生的年龄特征，制定出合理的德育目标，选择恰当的德育内容和途径、方法，协调各种德育要素，有针对性地开展德育活动，以促进学生良好品德、健全个性等的形成。

3. 体育卫生工作管理

体育卫生工作管理是学校的体育、卫生管理人员根据体育卫生工作的规律，运用各种管理手段，使体育卫生工作取得良好效果的活动。

体育卫生工作管理的基本任务是：坚持面向全体学生，增进学生身心健康、增强学生体质、养成良好的卫生习惯、预防疾病，"健康第一"的工作方向，协调好体育卫生工作内部诸要素及其与学校其他工作的关系，努力提高体育卫生工作的质量。体育卫生工作管理的具体任务归纳如下：

（1）体育卫生制度管理。为保证体育卫生工作有序、顺利开展，必须根据国家和上级的有关规定，结合学校实际，制定和健全切实可行的规章制度。通过抓制度的建设、执行、检查等环节，确保师生的身体健康和学校的整个教育教学过程符合卫生要求。

（2）体育卫生队伍管理。学校的体育卫生队伍，主要包括体育卫生工作领导小组、爱国卫生委员会成员，体育教师和校医室的医务人员。学校要重视对他们进行培养，不断提高其素质，为他们开展工作提供良好的条件，充分调动他们的积极性和创造性，鼓励他们努力工作，不断提高学校的体育卫生水平。

（3）体育卫生设施管理。体育卫生的设施是学校体育卫生工作正常开展的基础。学校应按学生健康发展的需要，不断改善体育卫生设施，并做到合理规划、安全使用、提高使用效率。

（4）体育卫生活动管理。学校体育卫生活动主要有体育课、卫生保健课、课外体育活动、大扫除等各种活动。体育卫生活动管理一方面要提高体育卫生课程的教学质量，另一方面要注意合理安排学生的学习、休息，做到节奏适当，张弛有度，保证学生有足够的睡眠、休息和吃饭时间。要保证饮食卫生，注意学生营养，防止食物中毒。体育项目、生产劳动等都要根据学生年龄、性别和生理特点妥善安排。

（5）体育卫生质量管理。体育卫生工作质量是指学生的身心健康水平和工作达到要求的程度。学校体育卫生工作的主管部门，要结合本校的实际，对每一项工作，每一个环节都要制定明确、具体的质量指标，以保证体育卫生工作有序地运行。

4. 教科研工作管理

教科研工作管理是为促进本校教科研工作的开展，切实提高教师科研能力和科研质量，提升学校整体教育科研水平而实施的组织和管理工作。包括宣传普及教育科研的理论和方法，介绍各种教科研信息；结合学校实际，制定教育科研计划；组织开展各种各样的教科研活动，加强对教科研的指导；规范过程管理、经费管理和科研资料管理，全面提高教科研工作的质量。

5. 教务行政工作管理

教务行政工作管理,是指学校教务部门协助校长对学校的教育教学行政工作进行计划、实施、检查、总结等工作。管理的主要内容包括教学常规管理:招生,编班,报到注册,制定教学工作计划,编制课程表、校历和作息时间表,安排教学力量,组织教师培训,建立健全学生学籍档案,填报有关报表等各项工作。教务行政管理工作是学校管理系统的重要组成部分。

6. 总务工作管理

总务工作管理是为了满足学校教育教学和师生员工生活需要而实施的组织和管理工作。包括校产管理、物资管理、财务管理、生活管理等内容。总务工作管理要坚持服务育人的理念,为教育教学工作和师生生活提供必要的条件、设施和良好的服务,以保证学校教育教学活动有序、高效地运行。

第二节　班主任和班级管理

一、班主任

(一)班主任的地位与作用

班主任是班级工作的组织者和领导者。教育部印发的《中小学班主任工作规定》指出:"班主任是中小学日常思想道德教育和学生管理工作的主要实施者,是中小学生健康成长的引领者,班主任要努力成为中小学生的人生导师。"[1]

1. 班主任是班集体的组织者和领导者

班集体是班级发展的高级阶段,一个班的学生在一起并不会自发形成集体。班集体是在班主任的组织领导下,通过培养选拔班干部,形成班级核心;制定班级的共同目标和学习生活的各种规范;培养健康的舆论和良好的班风,形成良好的班级氛围;开展丰富多彩的教育活动,增进班级的凝聚力等逐渐形成的。作为班级的管理者,班主任要对班级的发展目标进行精心策划,周密设计,调动和发挥各方面的积极性,充分利用各种教育资源,有效组织各种活动,促进班集体的形成和发展。

2. 班主任是实现教育目的,促进学生全面发展的骨干力量

实现教育目的需要学校全体师生的共同努力,班主任是其中的骨干力量。班主任负责日常的思想道德教育工作、督促学生学好功课、组织课外校外活动、协调各方面对学生的要求、培养先进学生帮助后进学生、关心学生健康发展,是学生成长的最重要的人生导师。

3. 班主任是沟通学校、家庭、社会三方面的桥梁,是形成教育合力的重要中介

学生的发展,同时受到学校、家庭和社会的影响。这三种教育力量方向一致,形成合

---

① 教育部.中小学班主任工作规定.2009

力,教育效果就会大大增强,否则教育效果就会大打折扣,甚至相互抵消。班主任是沟通学校、家庭、社会三方面的桥梁,在形成教育合力过程中起着不可替代的作用。

(二) 班主任的工作职责和任务

根据教育部 2009 年 8 月印发的《中小学班主任工作规定》,其工作职责和任务如下:

(1) 全面了解班级内每一个学生,深入分析学生思想、心理、学习、生活状况。关心爱护全体学生,平等对待每一个学生,尊重学生人格。采取多种方式与学生沟通,有针对性地进行思想道德教育,促进学生德智体美全面发展。

(2) 认真做好班级的日常管理工作,维护班级的良好秩序,培养学生的规则意识、责任意识和集体荣誉感,营造民主和谐、团结互助、健康向上的集体氛围。指导班委会和团队工作。

(3) 组织、指导开展班会、团队会(日)、文体娱乐、社会实践、春(秋)游等形式多样的班级活动,注重调动学生的积极性和主动性,并做好安全防护工作。

(4) 组织做好学生的综合素质评价工作,指导学生认真记载成长记录,实事求是地评定学生操行,向学校提出奖惩建议。

(5) 经常与任课教师和其他教职员工沟通,主动与学生家长、学生所在社区联系,努力形成教育合力。[①]

为了顺利完成这些职责和任务,要求班主任具有高尚的思想品德、先进的教育理念、强烈的责任感、热爱学生、较强的组织协调能力、多方面的兴趣才能等良好的素质。

二、班级管理

班级管理是班主任为促进学生全面发展,根据教育目的和教育规律,运用科学的管理方法和手段,建设良好的班级集体,促进学生生动活泼、主动、全面、和谐发展的综合性活动。

(一) 班级管理的原则

(1) 目标原则。目标原则要求班主任和班级成员共同确定班级的总体目标,然后通过各种活动将这一目标转化为每位同学自己的个人目标,使个人目标与整体目标融为一体,形成目标体系,并以此推进班级管理活动,以实现班级的预期目标。目标原则的实施通过确立目标、目标的实施、结果评估等环节进行。

(2) 民主原则。民主原则要求班主任在班级管理过程中,要发扬民主,尊重、信任学生,重视培养学生的民主意识和民主能力。

(3) 合力原则。合力原则要求班主任把班级视为一个有机整体,全面规划、统一指挥、有机整合各个层次、各种影响因素和教育力量,以达到最佳的管理效果。

(4) 人本原则。人本原则要求班级管理面向全体学生,以促进学生生动活泼、主动和谐、全面发展为本。台湾学者陈治安教授认为,人本管理的核心可提炼为三句话,即:点亮人性的光辉;回归生命的价值;共创繁荣和幸福。

(5) 法治原则。法治原则是指班级管理必须依据国家的法律、法规和学校制定的各

---

① 教育部.中小学班主任工作规定.2009

种规范进行管理。为此,就要加强法制教育,培养学生的法律意识;制订管理规范,规范班级管理行为;健全监督机制,做到执法必严、违法必究。

（6）自治原则。自治原则要求班主任在班级管理中变"管"为"导",重视培养学生的自我管理和自我教育能力,要相信每一位学生,让学生自己做力所能及的事情。

（二）班级的常规管理

班级常规管理是通过制定和实施合乎规范、集体认同的规章制度来进行班级日常管理的活动。

1. 班级常规管理的主要内容

（1）班级工作程序常规。包括班级工作计划和班级工作总结等。

（2）班级档案制度常规。班主任要全面搜集班集体建设的资料,对本班学生的家庭情况、个性特长、成长过程等有较详细持久的记载,做好班务日记。

（3）工作职责常规。班主任和班干部及全体班级成员在班级管理中都应有自己明确的职责,使各岗位上的人员尽职尽责。

（4）学习生活常规,包括班级学习、体育锻炼、卫生保健、劳动等各方面的常规。如要求每位学生都养成先预习后上课,先复习后作业;上课专心听讲,积极思维,勇于表达自己的独立见解等良好的学习常规等。

（5）传统活动常规。开展传统节假日活动,并力求丰富多彩。

（6）家长工作常规。与家长、社会相关部门及其成员保持经常性联系,共同进行班级管理,共同促进学生成长。

2. 班级常规管理注意事项

（1）统一标准,持之以恒。对全体学生一视同仁,并严格执行既定的规章制度。

（2）抓住重点,一以贯之。班级常规管理始终要以"学习质量管理"、"行为规范管理"等作为基础。

（3）实事求是,灵活创新。班级常规管理要视班级实际情况进行灵活变通,不断寻求新方法,探索新途径。

（4）教师引导,有序提高。班主任要在班级常规管理中起引导作用,特别是班级初建阶段,班主任的有序引导尤为重要。

（5）全员参与,自主自治。班级常规管理要充分尊重学生,发挥全体学生的主观能动性,让学生参与管理,养成学生自主自治的习惯。

（三）班级组织建设

班级组织建设是班级管理的中心任务。班级组织建设可以从静态和动态两方面进行分析,从静态看就是建立班级的组织架构,包括组织目标、组织规范、组织机构等,从动态看就是通过各种丰富多彩的活动,将一个松散的群体建设成一个有共同目标的组织,再进而将组织建设成为集体。[①]

---

① 李学农. 班级管理[M]. 北京:高等教育出版社,2004:93—94.

1. 班级组织建设过程

班级组织发展需要一个过程,班级管理者在这个过程中所发挥的作用如何,将直接影响其发展的进程。

(1) 从松散群体到组织。班级建立之初,只是松散群体,通过建立班级组织机构,如班委会、团组织(少先队)、小组,制定班级组织规范等,使班级有了组织机构,共同的规范和角色意识,朝着共同的目标有序地开展活动,就形成了组织。

(2) 从组织到班集体。班集体是班级组织发展的高级阶段。"一个班级组织,一旦选举产生了班干部,有了组织机构,并且建立了以有个人意义和社会价值的活动为中介的班级成员间良好的人际关系,这个班级就已经形成了班集体。"①良好的班集体应具备以下特征:有共同的奋斗目标;有坚强的领导核心和健全的组织机构;有共同的行为准则、严格的组织纪律、健康的舆论和优良的班风;有丰富多彩的教育活动;各个成员在集体中都有自己服务的岗位和作用,每个人都成为班集体的主人。

2. 班集体建设方法

(1) 确定共同的奋斗目标。共同的奋斗目标是集体的奋斗方向,具有指向、激励和凝聚作用,可以成为推动集体发展的巨大动力。制定集体目标应结合"学生守则"、"学生日常行为规范"等的学习,指导学生自己制定,班主任进行引导并督促执行。

(2) 开展丰富多彩的班级教育活动。班级教育活动是班集体形成、巩固和发展的基础。班级活动有日常的活动,也有主题突出的活动。开展班集体教育活动的基本要求是:目标明确、主题鲜明、内容充实、寓教于乐、计划性与灵活性结合、不断创新、充分发挥集体的作用、争取家长的支持。

(3) 培养班干部,形成集体的领导核心。班级集体中必须有一支团结合作、热心集体工作、有较强的工作能力、有威望和影响力的骨干队伍,并由他们组成班委、团支部(少先队)的干部班子,形成集体的领导核心。培养班干部要注意:选择和培养并重、结构合理、分工明确、创造角色让更多学生有担任班干部的机会、利用好非正式群体的"头头"、给予班干部充分施展才华的机会。

(4) 坚持正确的舆论导向,树立良好的班风。集体舆论是集体生活和集体成员意愿的反映,以议论、褒贬等形式肯定或否定集体的动向和集体成员的言行。有无正确的集体舆论,是衡量班集体是否形成的重要标志之一。正确的集体舆论是学生自我教育的重要手段,是形成和发展班集体的巨大力量,有利于提高集体成员的思想觉悟,能够使大家明辨是非,支持正确的言行抵制错误的倾向。一个班集体舆论持久地发生作用就形成一种风气,这就是班风。

(5) 关注学生的个性发展。集体建设与学生个性培养是相辅相成的,只有在集体中,学生的个性才能得到最充分、最全面的发展。集体促进学生个性发展的功能表现为按照学生身心发展的特征、水平及其形成和发展的规律,以班级集体活动为媒体,通过儿童主体性的内化机制,形成和发展儿童的个性。

(6) 建立良好的人际关系。良好的人际关系有利于个体对集体目标的认同和成员间

---

① 马兆掌,张宪尧.班级管理概论[M].北京:人民出版社,2000:44.

的密切合作,有利于增强集体的凝聚力,调动集体成员的积极性,提高集体活动的效率。同时,良好的人际关系是学生身心健康发展的基本条件。

(四)班主任管理班级的方法

1. 全面了解和研究学生

全面了解和研究学生是做好班主任工作的前提和基础。班主任可通过观察法、问卷法、谈话法、调查法、访问法和书面材料分析法等了解和研究学生。在了解和研究学生时要注意:将个人情况与班集体情况结合分析,既要了解个人的情况,又要了解班集体的情况。在了解情况的基础上还要进行分析研究,深入全面地掌握有关情况。

班主任一般应重点了解学生如下信息:①学生个人处境、家庭状况。②学生身体健康状况。③学生对自己的期望要求。④了解班级学生的人际关系。⑤了解搭班任课老师的情况。⑥了解所在社区的情况。⑦了解上一学期老班主任及其工作方法。

2. 对学生进行因材施教

(1)因材施教,首先就要求班主任要深入了解学生的特点,提高教育的针对性。主要有:

① 学生的年龄特点。班主任要充分认识不同发展阶段学生的发展特点,有针对性地开展工作。如中学阶段是学生世界观、人生观、理想和信念等形成的重要阶段,也是学生身体和心理发生剧变的阶段,班主任要特别注重对学生进行理想、人生观和爱国主义教育,重视青春期的变化,注意正确引导,培养自我管理、自我教育能力。

② 学生的年级特点。不同年级的学生面临不同的学习和发展任务,班主任应对学生的年级特点有所考虑。例如,一年级新生的特点是"新",新既会带来不适应,又会带来新希望,根据这一特点,班主任工作重点是小学和初中或初中和高中的衔接;中间年级学生的特点是"松",对学校、对教师的教学方法等都已经适应,容易放松自己,班主任的工作重点是巩固、提高、从严要求;毕业年级学生的特点是"急"(紧张),复习、考试、升学、就业等各方面压力将至,面临人生第一次较大的选择,这对处于这个年龄的学生,班主任的工作重点是科学地进行升学、就业等指导。

③ 学生的个性特点。由于遗传因素、家庭环境、所受教育、习惯、兴趣爱好、知识经验等的不同,学生的个性,特别是气质、性格、能力等可能有很大的区别,班主任应充分考虑这些因素对学生个人和班集体的影响。

(2)因材施教,就要做好个别教育工作

个别教育工作是指用个别接触的形式进行的教育,与集体教育相对而言,如个别谈话、个别指导、个别活动等。这里着重分析对不同学习成绩类型学生的个别教育方法。

① 优秀学生教育。对优秀学生的教育应特别注意:严格要求,全面发展;注重学习目的、方法等引导;要求他们既要自己学好,又要帮助同学学好;帮助他们解除思想包袱,克服虚荣心。

② 中等学生教育。对中等生的教育应特别注意:培养自信心,激发竞争热情;增加压力,激发动力;帮助他们克服畏难情绪。

③ 后进学生教育。对后进生的教育应特别注意:了解成因,及时补救;热爱尊重,促

其转化;循序渐进,逐步提高;具体指导,坚持不懈;点滴进步,及时表扬;指导观察,扩大阅读;制定措施,自我约束;自我竞赛,提高兴趣;自我剖析,促进成功。

3. 协调各种教育力量

班主任要善于利用各种教育资源,要协调好学校、家庭和社会三种教育力量,形成教育合力。班主任应主动与任课教师联系,共同研究制订和实施班级管理工作计划,统一教育要求;经常向任课教师介绍本班的特点及一些比较特殊的学生的情况;协调各任课教师布置的作业量、测验次数、自习辅导时间等;聘请学有专长的教师担任本班课外兴趣小组活动的辅导教师等。班主任还要善于与学校的各相关部门处理好关系,如党组织、团(队)组织、政教处、教务处等进行协调,充分发挥其他教职员工的教育作用,充分依靠学校做好班级管理工作。

班主任与家庭协调可通过家访和家长访校、书面联系、召开家长会、举办家长学校、建立家长委员会等方式进行。班主任还要与社区、社会其他相关部门等沟通,形成立体的学生教育网络。

4. 正确评定学生

对本班学生进行操行评定也是班主任的一项重要工作。做好操行评定工作有助于帮助、激励学生进步,让学生能更深入地了解自己;有助于家长全面了解孩子的发展状况;有助于班主任对自己的工作进行及时的总结反思。

对学生的操行评定要求:全面客观,入情入理;既要准确反映学生的个性特点,又要让学生了解自己的不足,明确努力的方向;评定语言要简洁准确,掌握分寸,特别是指出学生的不足时,不要挫伤学生的自尊心。

下面是一些教师写给学生的操行评语,供班主任老师参考:

● 学习认真,上课积极发言,有时对问题有独到见解。工作主动、热情,办事利索,能出色完成工作任务。热爱劳动,尊敬师长,团结同学。今后要积极参加体育锻炼,做一个德、智、体全面发展的好学生。

● 当你一次次主动地帮助同学打扫教室时,当你为一道难题凝神沉思时,当你单薄的身体奔跑在运动场上时,当你弯腰拾起地上的纸屑时……作为老师的我,是多么的高兴!我为你的热心、勤奋和勇敢而高兴!

● 在昔日的时光中,你有成功,也有失败;有丰硕的果实,也有苦涩的泪水……但不管怎样,坚强的你总是昂首面对。你认真、刻苦、虚心、诚实,因此赢得了老师和同学们的一致好评。但有时,你还缺少些恒心,急于求成。"千里之行,始于足下",希望你能凭着自己的顽强意志,迈好人生的每一步,永不放弃,永不言败。

● 胜利的果实,永远挂在树梢上,你可要努力往上跳,才能摘到啊!不要等待明天向我们走来,让我们走向明天!只有当我们将"等待"改为"开创"时,才能拥有一个真正属于自己的、美好的明天!

● 篮球运动很有魅力,它的对抗,它的拼抢,它的战术,它的一个接一个的投篮令人着迷。你是有这方面素质的,所以你能进学校篮球队。在学习这个赛场上,你的素质也是优秀的,但是要想取得胜利,也一样需要拼抢、需要战术、需要不停歇,如果站着不动,是不会得球、不会进篮的,在对抗中必败无疑。而学习这个赛场上对手更多,拼抢更烈,时间更长。你想比赛吗？你想赢得喝彩吗？那么，上场战斗吧！

● 在老师的眼里，你是一个热情奔放、热爱集体的好学生，愿意主动与老师亲近、接触。但每当想起你及格线以下的学习成绩，我的心里总是酸酸的、涩涩的。在新的学期里，你愿意挥动勤奋的双桨，为老师掠去心头的这片阴影吗？"有志者，事竟成"，老师相信你一定会成功的！

● 你是一个友好和善、遵规守纪的学生。尊敬老师，同学关系融洽，热爱班集体。无论在教室，在寝室，你都不是一个捣蛋的学生，可奇怪的是我常常看到你较为忙乱，而作业完成得也不是很好。缺乏计划性，没有学习规律，任务落实不好，这是不是你成绩提高不大的原因？如是，赶快改正，相信你会有进步的！

5. 做好班主任工作的计划和总结

班主任工作计划一般分为学期（或阶段）计划和具体活动计划。工作计划的内容一般应包括：标题，即计划的名称；内容，即计划的正文，如前言、班级情况分析、工作目标、活动安排等；署名；制订计划日期。计划应符合实际、切实可行，具有科学性、针对性、可操作性等特点。

班主任工作总结一般可分为全面总结和专题总结。工作总结的通常格式如下：标题，即总结名称；正文，即总结内容，包括基本情况概述，经验体会，今后打算等；署名和总结日期。总结的目的是为了提高，所以应实事求是，不要流于形式，讲空话、大话、套话。

学习与思考

1. 你认为什么样的人能胜任校长工作？
2. 校长的主要职责是什么？
3. 怎样才能当好一校之长？
4. 你认为校长应该如何抓教学工作管理？
5. 试述班主任的工作职责和工作方法。
6. 结合自己的成长经历谈谈应如何做好班主任工作。
7. 案例分析：

新任校长抓什么①

某校新任校长初到学校，看到卫生状况非常差，整个校园凌乱不堪。经过一段时间的调查，他发现有不少学生学习马虎，品行也较差；教师们也是各扫门前雪，扭不成一股劲。怎么办？思考了一段时间，也跟一些教师交换了意见，最后校长决定：从卫生工作抓起。

于是，在一次行政会议上，校长提出了工作思路。本以为不会有人反对，所以未加太多的说明。谁知，领导班子中有人当场就说："学校的主要问题是教学上不去。抓工作，首先应是教学，而不是卫生。"虽然这样，大扫除的工作还是布置了，但大扫除过后，校长发现，很多教师、学生只是在例行公事，情况并没有根本改观。怎么办？他分析了一些教师与学生的意见和想法，深感自己把问题简单化了。于是，他拟定了一份校园

---

① 程凤春. 学校管理的 50 个典型案例[M]. 上海：华东师范大学出版社，2009.7.

环境整顿计划,并在行政会议及教师大会上说明了其缘由并加以强调,通过反复讨论,大家的想法逐步统一。最后,校长决定实施清洁卫生周计划。

一学期下来,学校的卫生工作取得了极大的改观,其他工作也有了长足的进步。

思考:

1. 从卫生开始抓与教学为主矛盾吗?为什么?

2. 同样是抓卫生工作,为什么前后的情况大相径庭?

3. 你认为这位校长接下来应该重点抓什么?为什么?

创 建 家 园[①]

章老师走进他刚接手的新生班级,首先简单地做了自我介绍,然后将一张8开的白纸贴在黑板上,对大家说:"现在你们已经认识我了,可我还不认识你们,请你们将自己的名字写在这张白纸上。"

于是,大家便按小组顺序一个一个地写。但问题很快就出现了,因为许多同学字写得大而且乱,8开纸不一会就写满了。有同学建议,再加一张白纸,章老师没有同意。于是,他们只好见缝插针,有的将自己的名字分三处塞进缝里,引得阵阵哄笑。最后实在写不进去了,剩下的同学只好把名字写在白纸旁的黑板上。

当最后一个同学写完名字后,章老师说话了:"同学们,很高兴认识你们。现在,让我们来看这张白纸,五颜六色,美丽极了。但是,是不是有些凌乱?有不少名字看不清楚。这张白纸就像我们这个班集体,每个名字代表着一个同学。在我们这个班级大家庭里,每个人无论做什么,都要替别人着想。在白纸上写名字很容易,但开始写的同学想到为后面的同学留下空白了吗?如果考虑到其他同学,这张白纸可以写上百个名字,但如果只顾自己,不管他人,那这张纸又能容纳几个名字呢?"停了一下,章老师接着说:"人人都希望独立,但每个人都脱离不了与他人、与社会的联系。一味要求独行,结果只会一片混乱!但可喜的是大家并未忘记协作,走上讲台时井然有序,当白纸要掉下时,几个同学都冲上去,重新粘贴好。虽然后来没有空处可写,但没有一个人将别人的名字涂掉,他们只好委屈地将自己的名字插进缝隙中或写在了白纸外面。"同学们笑了,并鼓起了掌。

章老师将纸翻了一面,说道:"有时候我们需要转换思维的方向,当纸的正面写不下时,为什么不能在反面写?其实这张纸的容量是很大的。正如我们的班集体,如果人心涣散,就只能是一个个孤立的个体,如果团结起来,它的力量是惊人的!"

最后,章老师说:"同学们,从今天开始,我们就要过一种全新的生活,希望大家都来关心我们这个集体,我们就一定能够生活得愉快、幸福!"

思考:

1. 请根据所学理论知识,对章老师的做法进行评价。

2. 如果你是班主任,新接手一个班级时,你会怎么做?

3. 结合实际谈谈应如何建设班集体。

---

① 余如进.班级管理经典案例评析[M].北京:科学出版社,2007.3.

第十九章
教育督导与教育
评价工作

学习提要：教育督导和教育评价是对教育工作效果的检查过程。教育督导是督导部门代表政府和教育行政部门对下级政府、下级教育行政部门和学校的教育工作进行监督、检查、评估、指导，保证国家有关的教育方针、政策、法规的贯彻执行和教育目标的实现。教育评价指政府、学校、教师及其他评价机构，根据一定的价值取向和评价标准，对教育效益、教育质量以及发展水平进行价值判断的过程。教育评价是教育督导的重要手段，但教育评价的适用对象和范围比教育督导要广泛得多。

第一节　教育督导概述

教育督导制度在教育管理体系和教育法制体系中占有重要地位，是现代教育的基本制度之一。现代教育督导制度起源于法国，至今已有 200 余年的历史。我国教育督导制度起源于清政府，从 1906 年至今，已有百余年的历史，督导制度随着教育的发展而不断完善。1991 年，原国家教委颁发了《教育督导暂行规定》，是新中国第一个关于教育督导的政策性文件。1995 年颁布的《教育法》规定，"国家实行教育督导制度和学校及其他教育机构评估制度"，为教育督导确定了法律依据。1999 年教育部印发《关于加强教育督导和评估工作的意见》，从宏观上规定了教育督导工作的基本性质、职能、任务、实施方式等，标志着我国现代教育督导政策体系初步形成。

一、教育督导的性质和意义

教育督导是督导部门代表人民政府和行政部门，以教育法律、法规和方针、政策为依据，对下级政府的教育工作和教育行政部门的工作，对中等及中等以下学校和其他教育机构及其举办者的工作，进行督察、评估和检查、验收。根据政府授权，督导部门也可以对同级政府有关职能部门依法履行教育职责情况进行督导检查。

我国教育督导的最高机构是国家教育督导团。省级及以下各级政府都设有相应的督导机构。教育部门设立教育督导办公室，简称督导室。督导机构的人员由政府聘任，除了专职督导员，还可聘任有较高理论水平和政策水平、熟悉教育行政管理和学校专业工作、有丰富实践经验、德高望重的各类专业人员担任兼职督导员。

督导制度是保障教育事业发展的有效机制。实践表明，督导工作在推动落实教育优先发展战略地位和依法治教，特别是在实现"两基"，推进素质教育实施中发挥了重要作用。

二、教育督导的内容和形式

(一)"督政"和"督学"相结合

从理论上说,任何一个涉及教育的部门和环节都应列入教育督导的范围。在实际工作中,教育督导的主要内容是:对各级政府、教育行政部门贯彻落实教育法规、政策,全面履行教育职责的督导;对中小学教育、幼儿园教育及相关工作的督导。前者称为"督政",后者叫"督学"。

(二)全面督导与专项督导相结合

全面督导就是根据法规和政策,对政府和学校教育工作进行比较全面的检查和评估,例如,根据《义务教育法》和《义务教育实施条例》开展"义务教育实施情况的检查评估",根据国家教育部门关于推进中小学实施素质教育的文件精神对中小学进行"素质教育实施情况的督导评估"等。专项督导是根据某个相对单一的政策开展的督导活动,如"校园安全检查评估"、"课程改革实施情况总结评估"等。

(三)规范性督导和发展性督导相结合

规范性督导指以统一的客观标准,检查验收达标情况的督导,如"两基"验收评估、学校标准化验收评估等等,督促政府和学校创造条件、规范办学、实现基本的办学目标。发展性督导指以评估、指导为主的督导,如"教育强县督导评估"、"教育和谐发展先进地区督导评估"等,引导政府和学校以现代教育思想为指导,率先进行教育改革,加快实现教育现代化。

第二节 学校发展性教育督导

一、学校发展性教育督导的意义

对中小学办学行为和办学水平的督导评估历来是教育督导的重点。1990 年代以来,西方掀起了教育民主化浪潮,人力资本、学习型组织、发展性评价等理论渗透到教育督导中,学校教育督导的职能由视察、监督转变为帮助学校和教师改进工作,从而促进学校组织的改善和每个教师的进步,"发展性教育督导"成为 21 世纪教育督导追求的方向。

我国改革开放初期,教育系统主要工作是拨乱反正,重建正常教育秩序,规范办学行为。学校教育督导的主要模式以合格性验收和示范性评估为主,用统一的评估指标和评估细则对所有学校进行检查验收。这种规范性督导对明确办学方向、规范办学行为、改善办学条件、实现依法治教起到了一定的积极作用。但随着教育事业的发展和中小学办学水平的提高,这类督导的弊端也逐步显现,表现为四"重"四"轻":重"硬件"考核轻"软件"考察,重量化评估轻质性评估,重统一比较轻特色建设,重鉴定轻指导,导致基础不好的学校失去发展信心,基础好的学校缺乏前进的动力,某种程度上限制了学校的内涵发展和自主发展。

学校发展性教育督导评估,就是根据学校发展的内在逻辑,运用不同的尺度评估不同的学校,鼓励学校追求自己的发展目标,形成办学特色,塑造特有的学校文化,最终形成自主发展、不断追求卓越的学校管理运行机制,努力使督导过程成为学校自我诊断、自我规划、自我反思和自我实施的过程。

二、学校发展性督导评估的一般操作程序

(一)指导学校自主制定学校发展规划

长期以来,我国学校习惯于接受教育行政部门"大一统"的管理,不同类型学校的发展规划、年度工作计划大同小异,校长无须思考学校如何发展、如何办出特色,造成"千校一面"。学校要自主发展,首先要确立目标,并且有配套的规划去保证实施。因此,发展性督导评估首先应该指导学校在客观分析现状的基础上,拓展思路,认真思考,找出学校的发展优势和阻碍学校发展的关键因素,选择切合学校实际的发展目标,形成切实可行的学校发展规划。学校在制定规划时应发动教师、学生、家长、社区广泛参与,让规划制订过程成为统一认识、凝聚人心的过程。

(二)参与审核学校发展规划

学校发展规划是学校发展的蓝图,也是督导机构对其进行督导评价的依据。因此,审核规划是极为重要的一环。审核认定规划的过程是学校与行政管理部门双方相互承诺的过程,因此审核学校发展规划时必须有教育行政部门参与。由教育行政部门牵头,由督导人员、有关专家组成评审组,对该校规划的方向性、发展性、适切性、可行性进行调研和论证,提出修改意见,最后由教育行政部门认可批准。

(三)建立督导联系制度

为了进一步帮助、指导学校有效实施发展规划,建立计划、实施、监控、反馈的科学管理机制,督导人员必须在实施过程中加强与学校的联系,形成督学与学校间的"合作伙伴"关系,促成规划的全面实施。

(四)指导学校建立自评的制度与机制

学校要自主发展,还必须形成自我评价、自我监督、自我调整的机制。学校只有不断地剖析自己,科学地评价自身,才能不断找出前进的方向。发展性督导评估重在引导学校建立自我评价的制度与机制。自评可以是一年一次,也可以是一学期一次。自评工作必须层层发动,全员参与,自评结果必须向教代会报告。指导学校自评时要紧扣学校发展规划,使自评成为对规划的再学习、再认识、再落实、再调整的过程。

(五)与学校共同协商制定督导评价方案

制定评价方案的核心工作是确定评价指标体系。发展性评价的指标既要有国家法律

法规规定的内容,也要有学校自主设定的内容。督导机构可以提供通用的评估指标体系,以便学校在此基础上进行修订和调整,制定个别化的评估方案。因为每个学校的估价内容、重点、方法不尽相同,这就要求督导机构在制定评价方案时必须与各个学校共同协商,以保证评价方案的科学性和可行性。根据需要,还可吸纳有特长的专家、兼职督学参加督导。

(六)提高督导结果反馈的效果

评估的反馈意见应注重对学校发展趋势、发展潜能的评价,以纵向比较为主,突出对学校今后发展的建设性意见。向学校反馈时应邀请同类学校的校长、家长及社区有关同志参加,以达到凝聚学校发展支持力量,实现学校和社会良性互动的效果。

表19-1 某县学校发展性督导评估通用指标体系

一、基础性指标(100分)

(一)办学条件(10分)

1. 校园管理(4分)。积极创建标准化校舍;校园清洁、整齐、美观;人文环境建设较好;校园用语用字规范。

2. 设施管理(6分)。配齐课程计划所需要的专用教室及其他设施,开足各类实验室;学校网站及广播系统健全,校园信息化程度较高;图书室、实验室、专用教室及教学资源管理规范,使用效率较高。

(二)依法办学(10分)

1. 贯彻教育方针(3分)。规范办学行为,面向全体学生,促进学生全面发展,全面实施素质教育。

2. 课程计划(3分)。严格执行国家规定的课程计划。

3. 规章制度(4分)。依法制订和完善符合学校实际的规章制度,严格执行各类管理制度。

(三)学校管理(10分)

1. 班子建设(3分)。校长和领导班子理念先进,作风踏实,廉洁自律,具有较强的领导力,群众满意度高。

2. 岗位职责(3分)。办学目标清晰,岗位职责明确,学校管理机构设置合理,运转正常。

3. 管理民主(4分)。积极推进校园民主化进程,师生合法权益得到有效保障;校长办公会议、教代会、校务公开等制度健全,并认真予以落实。

(四)德育管理(12分)

1. 日常管理(8分)。严格执行我县《中小学德育工作考核实施细则》。

2. 安全管理(4分)。安全工作制度健全,年度工作目标明确,认真排查安全隐患,措施有力,有效防范,确保学校设施设备安全和教育教学活动安全;开展安全教育和培训,完善和落实安全应急预案并组织师生开展演练;学校无责任事故,在校生无非正常死亡。

(五)教学管理(20分)

1. 教务管理(2分)。制度健全,有教学业务档案,学生学籍管理档案。

2. 质量管理(12分)。建立质量管理体系,进行全面的、动态的、有效的质量分析;巩固率保持省均以上,合格率达95%以上;建立和完善帮困机制,对后30%学生有帮扶措施,效果较好;对学优生进行个性化培养;教学管理环节齐全,注重课堂管理和教学效率。

3. 教学评价(6分)。制订并实施学生素质评价和教师教学评价方案。

(六)教科管理(8分)

1. 制度建设(2分)。有教科研制度,学年工作计划。

2. 课题研究(3分)。选题注重应用性和实效性,关注从立项、中期研究到结题过程记录与分析,重视成果转化与推广。

3. 校本教研(3分)。从教学实际出发,做到主题突出,要求明确,参与面广,效果较好。

(七)队伍管理(10分)

1. 制度建设(2分)。教职工管理制度健全,政治、业务学习正常。

2. 师德规范(4分)。有师德规范和考评制度;有效制止有偿家教;无体罚、变相体罚学生现象;教职工无违纪违法案件。

3. 专业成长(4分)。建立教师全员培训制度,有计划有重点地培养青年教师;开展多种形式的专业培训,重视校本培训;关注教师教学技能培养;建立名师、骨干教师的培养机制;各项培训经费得到有效保障。

(八)后勤管理(10分)

1. 财务管理(4分)。各类账册齐全规范,经费使用合理,杜绝乱收费和私设小金库。

2. 校产管理(3分)。制度健全,手续完备,做到账物相符、使用科学合理,节能降耗;大宗物品采购、大型维修及建设项目按规定实行招投标。

3. 食堂管理(3分)。积极创建等级食堂,坚持"公益性"原则,成本独立核算。

(九)体艺卫劳管理(10分)

1. 体育(2分)。认真落实中小学体育工作基本规范;按要求进行《国家学生体质健康标准》测试,优良率高于50%,及格率高于95%。

2. 艺术教育(3分)。按要求实施艺术教育,每学年至少举办一次大型艺术活动,学年内各类艺术活动学生参与面高于90%。

3. 卫生教育(3分)。认真落实《学校卫生工作条例》;卫生、医务室、心理健康咨询室等制度、计划健全,执行情况良好,学生近视年新发病率得到有效控制。

4. 劳技教育(2分)。学生劳技课成绩合格,初步具有自我服务、家务劳动、公益劳动和简单的生产劳动的能力。

二、发展性指标(100分)

(一)办学思想与实践(10分)

1. 办学思想确立(5分)。办学思想明确,符合党和国家教育方针,全面推进素质教育,切合学校实际。

2. 师生实践程度(5分)。师生知晓和认可学校发展目标和办学理念,努力在实践中渗透并逐步内化。

(二)自主目标实现水平(30分)

自主规划目标达成度(30分)。按学校管理、教师管理、德育管理、教学管理、教科研管理、后勤管理等6个项目的年度目标综合达成度分别评价。

(三)自主发展水平(50分)

1. 学生自主发展(20分)

(1)道德品质(4分)。校园内形成良好的文明礼貌习惯;无违纪违法行为;学生道德品质的优秀率、合格率水平。

(2)综合素质(4分)。各项活动(含技能)开展正常并全员参与;学生综合素质的优秀率、合格率水平。

(3)学习能力(8分)。学科抽测水平。

(4)个性特长(4分)。学生的学科竞赛和体艺竞赛的参与率及获奖率水平。

2. 教师自主发展(20分)

(1)职业道德。(4分)。遵纪守法,无违法案件;教职工师德考核的优秀率、合格率水平。

(2)教学水平(6分)。通过看课、听课,评价教师的课堂教学水平。

(3)教学研究(6分)。教学研究活动正常并质量逐步提升;教师获镇级以上科研成果与论文水平。

(4)教师培养(4分)。教师的专业水平得到不断提高;教师参加各类业务竞赛人数增多且档次提升。

3. 学校自主发展(10分)

(1)物质资源(5分)。学校办学经费得到有效保障并不断增加,设施设备不断完善,办学条件不断改善。

(2)改革创新(5分)。学校在管理上创新机制;在教育教学等方面积极改革创新,在一些项目上形成学校的一定优势。

(四)社会评价(10分)

师生、家长、社区群众及政府部门对学校的评价(10分)。

第三节　教育评价概述

一、教育评价概念的演变

教育评价起源于古代对学生学业成绩客观检测的种种尝试。照此说法,我国隋朝开创的科举取士制度大概可以称得上最早的教育评价活动。但把教育评价作为独立的领域进行科学研究和实践,始于 20 世纪初的教育测验运动。当时心理学家把心理测验的研究成果运用到教育领域,并在提高教育测验的客观性和可靠性上作了深入的探索,研制了大量的标准化学业成绩测验、人格诊断测验等,以满足现代工业社会的发展对人才和劳动力的选拔要求。近一百年来,社会不断进步,教育理论和实践不断发展,教育评价概念也随之发生变化。

20 世纪初的标准化测验主要功能是鉴定和选拔,今天的教育评价更加重视诊断和改进功能,通过评价诊断教学缺陷,为改革课程和教学方案、改进学习方式提供信息和建议。与此相应,评价的对象也从学生学习扩展到教育的其他领域,如对课程的评价、对教育条件的评价、对教师教学水平的评价以及对教学设备使用效果的评价等等。就某一评价对象而言,评价的范围也越来越广。过去在评价学生的学业成绩时只重视知识和技能的掌握,现在还要评价学生的知识结构、问题解决能力、学习兴趣、学习习惯等。

美国课程与教育评价专家泰勒在 1930 年代的"八年研究"中,把教育评价定义为"教育目标达成度的检验过程"。到了 1980 年代,他对教育评价又重新作了定义,认为教育评价是"对教育思想和计划实现程度的检验过程。"例如,教师希望五年级学生初步学会概括短文的主要内容,那么他在期末考试中就会出一道阅读理解题,里面有概括主要内容的要求,看看有多少学生真正学会了这一阅读技能,这是对"教育思想"的检验。又如,学校正在实施活动课程方案,校长便可用观察法和教案查阅法,调查活动课程的实施情况,了解有多少教师真正按教学改革方案进行教学,活动课的教学存在什么问题等,这是对"教育计划"的检验。教育评价外延的扩展有其积极的一面,也有消极的一面。积极方面,它有利于扩展收集评价证据的范围,增加评价对教学过程的指导和改进作用。消极方面,外延越大,含义越概括,人们对它的解释也就越模糊,容易使教育评价取代具体的教育调查、教育督导、教育研究,成为"无所不能"的标签。

综上所述,教育评价的定义可分为广义的和狭义的两种。广义的教育评价包括了对教育系统中一切教育活动的评价,狭义的教育评价主要指对学生学业成绩的评价。目前国际通行的教育评价概念,其外延介于广义和狭义之间,主要指学生学业成绩和教师教学效果的评价。

二、教育测验和教育评价

现代教育评价理论很大程度上是在批判旧的测验理论的基础上发展起来的。这给人们造成一个假象,测验和评价是两个互相排斥的概念,评价的发展意味着测验的废除。其实不然。用数学方法来分析和评价教育过程和结果,追求精确的量化比较,是教育评价科学化的重要标志。1930年代教育评价运动的领袖们并不是笼统地反对测验,他们反对的是以相对评价为基础的,不与教育目标发生联系的所谓"标准化测验"。事实上,测验和考试并没有因为评价理论的发展在地球上销声匿迹,相反,测验理论本身也得到很大的发展,从当初的常模参照发展到目标参照,从单一的选拔功能发展到选拔、诊断和研究功能的统一,从经典的真分数理论发展到现代的项目反应理论等等。

测验的主要任务为评价提供尽量客观的量化资料。测验的结果常常是一个数字,这一抽象的数字如果不按一定的教育目标进行解释,就毫无意义。而评价则主要从教育目标的角度对测验或其他方法所获得的资料进行分析,从而对教育工作在多大程度上达到了预期目标作出价值判断,从中获得改进教学的信息。总之,测验主要着眼于提供客观的资料,而评价则把重点放在对资料的解释和判断上。

现代教育评价重点已不是对学生的心理素质作出分级,而是对教育过程中的各种因素作出动态分析,以帮助学校和教师改进教学,使每个学生都获得"高质量的教育",为学生今后的终生学习打好基础。鉴于目前的科学发展水平,要把教育现象和教育成效完全量化是不可能的,因此现代教育评价既注重提供数量化结果的测量、测验技术,也注重提供非数量化结果的观察、陈述技术。评价与测验的关系可用图19-1表示:

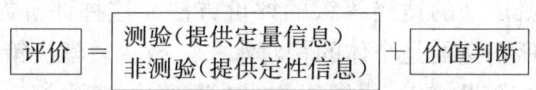

图19-1　教育测验与教育评价的关系图

现代教育评价理论的产生与发展是社会变革与教育观念变化的直接反映,而现代教育技术的发展为运用各种教育评价手段提供了条件。随着现代大众教育思想的传播和义务教育的实施,教育评价的功能正从当初"选拔适合于教育的儿童"转向"创造适合于儿童的教育",教育评价的模式也从最初的注重定量分析转向强调定量分析与定性分析相结合。教育评价在教育督导、教育管理、课程设计、教学改革等方面正发挥着越来越大的作用。

第四节　教育评价的分类

教育评价的类型很多,从不同的角度和标准可以划分出不同的评价种类。在具体的运用过程中,不同类型的评价有着不同的特点、内容和用途。

一、按认知取向分

(一)定量评价

先根据一定的分析框架把评价对象的特征分解成一个个可以测量的指标,并为每个指标规定等级标准。根据每个指标的特点,分别采用测验、查阅统计报表、专家系统评定等手段,取得数量化的资料。对照分项量化标准为各个指标打分或评级。把指标的得分逐级合成,对照总体评价标准,综合分析,得出评价结论,或提出改进建议。定量评价把教育活动看成是可以控制的系统,采用自然科学的方法对评价对象作出客观的定量分析,从而实现对教育活动的调控,以提高教育系统的工作效率。目标达成度评价、CIPP 模式、系统分析评价等评价模式,都属于定量评价的范畴。

(二)定性评价

评价者根据评价对象特点和自身经验提出几个值得关注的核心问题,然后评价者深入到评价对象中去,通过亲身体验和现场观察获得移情性的理解,必要时还可与评价对象进行交流,理解评价对象特有的活动目的及活动方式。最后根据获得的印象和资料,对评价对象作出价值评议,得出评价结果。定性评价注重教育过程的情感性、艺术性和创造性,主张用人文科学的方法,在参与性观察的基础上,理解评价对象活动的价值指向,从而对评价对象作出合理的评判。定性评价常用于难以量化的教育领域,如学生思想品德的评价、教师教学风格的评价、学校办学特色的评价等。

二、按照评价基准分

(一)常模参照评价

又称"相对评价"、"与他人比的评价"。指把个体的成绩与同一团体的平均成绩或常模相互比较,从而确定其成绩的适当等级的评价方法。这种评价方法重视个体在团体内的相对位置和名次,它所衡量的是个体的相对水平。教育教学决策中经常使用这种方法。最典型的是优质课评比,假设有 10 位教师参加上课评比,事先规定评出 4 个一等奖,其余 6 个为二等奖。评委听完所有教师的课后,通常先按课堂教学评分标准确定一位上得最好的教师,然后把其他教师的课与这位教师的课作比较,给 10 位教师的课堂教学表现进行排序,前 4 位就是一等奖。大学招生录取也是相对评价法,按照事项公布的招生名额,成绩处于录取分数线以上的,录取;成绩在在录取分数线以下的,不予录取。相对评价具有甄选性强的优点,因而可作为分类排队、编班和选材的依据。它的缺点是在排队选优时,对于个人的努力状况及进步的程度不加重视,尤其对于后进者的努力缺少适当评价,例如,在几次考试中,某学生学习的实际成绩在提高,但他在班级里的相对名次也许仍没变化,因而缺乏激励作用,过分重视相对评价结果还容易引起评价对象个体间的剧烈竞争。

(二)标准参照评价

又称"绝对评价"、"与标准比的评价"。在评价对象的集合之外确定一个客观标准,评价时把评价对象与客观标准进行比较,然后得出评价意见。绝对评价主要衡量评价对象的实际水平,它关心的是个体掌握了什么或没掌握什么,以及能做什么或不能做什么,而不是比较个体之间的相对位置。初中毕业水平考试就是绝对评价法,它以初中阶段教学目标为标准,确定学生是否达到初中毕业标准以及达标的程度如何。假设考试范围涉及初中学习的所有课程内容,而试题能体现课程内容与教学要求,得 60 分以上为合格。所有学科只允许 1 门不合格,否则不予毕业。这里"60 分合格线"和"只允许 1 门不合格"就是外在的评价标准,前者确定 1 门功课合格与否,后者决定是否毕业。绝对评价的标准是客观的,而且相对稳定,可以激发被评价者的积极性。由于试卷的编制很难充分、准确地体现教学目标,目前还不能做到严格意义上的标准参照评价或绝对评价。

(三) 内部差异评价

又称"自身参照评价"、"与自己比的评价",就是把评价对象中的各种元素的过去与现在相比较,或元素之间进行比较,得出评价结论。教师可以把一个学生的各科学习情况作横向比较,以此了解学生在内容相关程度高的学科中的学习情况,可以把学生的学习成绩和他的智力相比较,以此了解学生的学习态度及努力程度,还可以把学生的学习成绩和他的兴趣爱好相比较,以此来了解学生的学习愿望和学科特长。这些做法都有利于调动学生的学习积极性,挖掘其学习潜力。例如,某学生上学期语文考试 70 分,这学期考了 80 分,表示该学生语文学习进步很快。如果该学生语文成绩中的基础知识得分比全班平均分高出 1 个标准差,阅读理解得分高出平均分 0.5 个标准差,写作得分高出 0.1 个标准差,说明该生语文基础知识比较扎实,阅读理解次之,作文能力相对较低。

三、根据评价作用分

(一) 诊断性评价

又称背景性评价。指在教育活动开始前实施的评价,目的是了解教育活动的背景和基础,如入学考试、摸底测验、学生个性测试等。例如,在教学一门新课程或一个新单元时,很多教师假定所有学生都具备了学习新内容的知识和能力,称为"教学起点"。事实上教师的假定与学生实际情况总是有差距的,有的学生基础高于"起点",有些则低于"起点"。诊断性评价有助于教师了解每个学生的学习准备状况和个性特长,制定有针对性的个别化教育方案。

(二) 形成性评价

又称过程性评价。指在教育活动过程中实施的评价,目的是通过诊断教育方案或计划、教育过程与活动中存在的问题,为正在进行的教育活动提供反馈信息,提高教育活动质量。如随堂观察、课后作业、单元测试、期中考试等。一般地说,形成性评价不以区分评价对象的优良程度为目的,不重视对被评对象进行分等、鉴定。形成性评价是分析性的,指向正在进行的教育活动,一般不涉及教育活动全部过程。教育目标分类学认为,较大的教育目标一般可以分解成一系列较小的步骤目标或单元目标,组成教学过程的目标明细表。教师针对明细表中每个步骤或单元的实施效果作出评价,有助于了解学生实际学习过程,及时制定教学补救措施,提高教育教学的有效性。

(三) 终结性评价

又称结果性评价。指教育活动结束后关于教学效果的评价,一般用于分等、鉴定、达标评估。学生的毕业考试、教师的绩效考核都是终结性评价。终结性评价是综合性的,评价得出的结论概括化程度较高,常与教学效能评估联系在一起,评价的报告为教师、学校领导和行政管理人员服务,为他们了解教育质量、制定相关政策提供依据。

总之，教学评价的种类很多，以上所举只是其中的一部分，例如，从评价的对象来分，还可以分出学的评价与教的评价；从评价的内容来分，学生的评价可分出智力、学业成绩、思想品德、体育健康等的测验评价；根据评价方式的不同，可分为系统测验评价和日常观察评价；根据评价工具的编制和使用情况的不同，可以将教学评价分为标准化测验评价和教师自编测验评价。在实际的评价过程中，很难将这些评价类型分得清清楚楚的。例如，学校对学生进行了一次语文期中测验，从认知取向看，属于定量评价；从评价的标准来看，它可能是一次标准参照评价；而从评价的作用来看，它是一次形成性评价；从测验编制的角度看，它可能是一次教师自编测验评价。我们要了解各类教学评价的特点、作用和适用范围，以便在实际评价过程中灵活使用各种评价方法，让多种评价方法相互配合，优势互补，发挥评价应有的教育效益。

第五节　教育评价的实施

制定和实施教育评价方案，一般需要考虑以下问题：评价目的是什么？评价的标准是什么？评价样本要多大？如何收集评价资料？怎样分析和报告评价结果？实施评价的关键是确定有效的评价标准，并根据这一标准收集和整理有关资料，通过与标准相比较，判断评价对象的达成情况。

一、明确评价目的

实施评价前首先要明确为什么要评价。是为了诊断学生的学习状况，还是为高一级学校选拔新生？是为了教育行政决策，还是为改进教育教学过程？评价目的决定评价标准、评价方式和结果报告内容，明确评价目的可以减少评价的盲目性，提高评价的效能。

二、确定评价标准

评价标准是评价的核心，体现评价主体的价值观。教育评价标准主要有效能标准、效率标准、职责标准和素质标准四类[①]。

教育评价最常用的标准是教育效能，即教育在多大程度上促进了学生综合素质的全面发展。尽管多数教育评价方案不是综合评定，也不一定全面测评学生的综合素质，但对全面发展内涵的正确把握，是开展现代教育评价的基本前提。教育评价标准（或指标体系），应真实而科学地反映教育的客观规律，体现教育改革和发展方向，能引导学校和师生全面理解和实现教育的基本目标，避免产生消极作用。譬如，过去评价学生学业成绩主要考察学生基础知识和基本技能的掌握情况，而新课程背景下的学业评价要求从知识和能力、过程和方法、情感态度和价值观三个方面考察学生的发展水平。如果仅仅以学生的考试成绩评价教师的教学效果，可能导致教师只重视解题技巧的训练，忽视学生学习兴趣和良好学习习惯的培养。

---

① 张玉田. 学校教育评价[M]. 北京：中央民族大学出版社，1987：37.

实际的评价活动往往只针对教育总目标中的某个方面。一般情况下,课程标准和教学目标本身就是评价标准。但有时需要把教学目标具体化,才能转化为评价标准。譬如评价"数学学习态度",首先要考虑学习态度应当从哪几个角度去考察,然后再具体分析这些内容的行为表现。小学生的数学学习态度,可从"认真听""认真想""认真做作业"三大方面去评价[①]。"认真听"可从视线、神情、小动作三个指标去观察;"认真想"可从举手次数、发言质量、参加师生间和生生间讨论的时间三个指标去考察;"认真做作业"从书写认真程度、完成作业时间、作业完成质量三个指标去检查。这样一套指标体系就把"态度"这个目标变成了具体、可测的评价标准。

三、选择评价样本

如评价对象数量不多,通常采取全体评价。譬如,任课教师要了解学生的单元学习情况,可对全班学生进行一次单元测试。但要实施大规模、大范围的评价,经常采用抽样评价,评价对象的选择就非常关键。比如,要开展某市小学生身体素质的评价,就涉及评价样本的选择。选农村还是选城市?选二年级还是六年级?选哪几所学校?男女学生比例多少?样本的代表性取决于抽取方法,与样本量的大小并没有绝对关系。如果选择不得当,大样本代表性不一定好。要考虑各种影响样本代表性的因素,让这些因素在样本中有所体现。抽样还要考虑可能性,必须在人力和财力允许的范围内进行评价。

评价场所和情境的选择也会对评价质量产生影响。在评价教师的课堂教学质量时,选择哪个班、评价哪堂课、哪些人来听课都将会影响评价结果。教师在评价学生时,也要注意到评价情境对评价结果的影响。有些学生在自己喜欢的课程上表现出色,但在其他课程上却表现平平。而且,学生在课内外的表现也是不同的,课内表现一般的学生课外可能有多种兴趣,如阅读广泛或喜欢科技实验。为此,教师要从多方面了解学生,使评定更为全面。

四、收集评价信息

收集评价信息的主要方法有测验、观察、问卷、访谈等。下面简要介绍几种常用的收集评价信息的方法。

(一)测验法

测验是教育评价最重要的工具,广泛应用于教学效果评价和学业水平评价。测验作为名词,通常指一系列有机联系的问题或作业。编制测验就是按照内容编写合适的题目,然后把题目按一定规则组成试卷。教师自编作业和测验通常用于教学过程的诊断和评定,命题过程相对简单。大规模的统一考试或标准化测验,具有广泛的社会性、稳定性、权威性,对命题的科学性有很高的要求。标准化测验编制一般包括下面几个步骤:①明确测验的目的和用途。②选择有代表性的知识和能力点作为测验内容,制订测验蓝图。③针对不同测验内容,选择合适的题型和题量。④掌握恰当的难度。⑤制订评分细则和量化

① 张建中. 培养数学学习评价与调控能力初探[J]. 上海教育科研,1997,4.

评定标准。

（二）观察法

观察可以了解评价对象在自然状态下的表现和特点。观察法对评价内容没有特殊的要求，既可以用于学生作品分析（如美术作品、软件设计），也可以用于评价过程或程序（如实验操作），还可以评价学生的个性品质（如态度、动机），也可以评价教师的教学水平（如课堂教学）。观察法多用于评价传统测验难以测量的操作技能、兴趣态度以及学习习惯等。简单的评价任务，评价者无须借任何观察工具即可得出评价结论。如评价学生的握笔姿势，教师只要用眼睛一扫，大脑略加分析，便可发现问题，并进行矫正。但对于比较复杂的学习行为的评价，就需要借助一定的观察量表来进行，如检核表、等级量表等。

（三）问卷法

问卷是评价者从个体对一些问题的回答中收集各种信息的一种评价方法。问卷主要用来收集测验或观察无法获得的信息，重在对个人意见、态度和兴趣的调查。问卷法受时间和空间的限制较少，可以在短时间内获得较多的资料。编写问卷时应注意：①问卷内容要明确，符合评价意向。②问卷题目指向要清晰，避免引起歧义。③题目用语要准确，适合被试的阅读水平。④问卷编辑要有序，方便被试作答。

（四）访谈法

访谈法是通过评价者与被评价者面对面直接交谈，来获取信息的一种评价方法。教育评价中的访谈法有问题测试和情境测试两种具体的类型。问题测试就是围绕一个或几个问题直接进行回答，即由评价者提出问题、被评价者回答的方式进行。情境测试指先由评价者设计一个需要思考的情境，然后要求评价者根据他们已熟悉的经验和知识解释情境中出现的新现象。在访谈过程中，访问者与被访问者间可以随时交流和互动。访谈法几乎适用于每一种教育评价，特别适用于搜集有关态度、情感、知觉或事实的定性信息。不过，谈话法比较费时间，一般在评价对象较少的情况下采用，且常与问卷法、测验法等结合使用。

（五）作品分析法

作品分析法又叫产品分析法，是对评价对象各种有形作品，如笔记、作业、日记、书法、绘画、文章等进行分析研究，了解情况，发现问题，确定评价对象发展水平的方法。该方法最适用评价操作性的技能和技巧，也能收集评价对象的态度、智力、能力、个性的信息。

五、处理和分析评价信息

对获取的定量和定性信息进行必要的统计分析或概括提炼，对照评价标准在总体上对评价对象作出定量或定性描述，必要时得出关于评价对象是否达到应有的标准或在同类中处于何种等第的结论。对评价中发现的影响评价对象共性问题要进行深入分析，找出问题存在的原因，以便有关方面有针对性地改进教学。还要分析评价活动本身和评价方法,以便进一步修改评价方案,使往后的评价工作做得更好。

六、报告评价结果

评价结果报告办法应与评价结果性质相适应。评价结果从获得方式的角度,可分为定性结论和定量结论;从内容的抽象程度上可分为分项报告和概括报告;从报告形式的角度,可分成书面报告和口头报告。其中书面报告从形式上又可分为符号报告、图表报告、语言报告等,书面报告的每种形式还可细分。具体分类见图19-2。

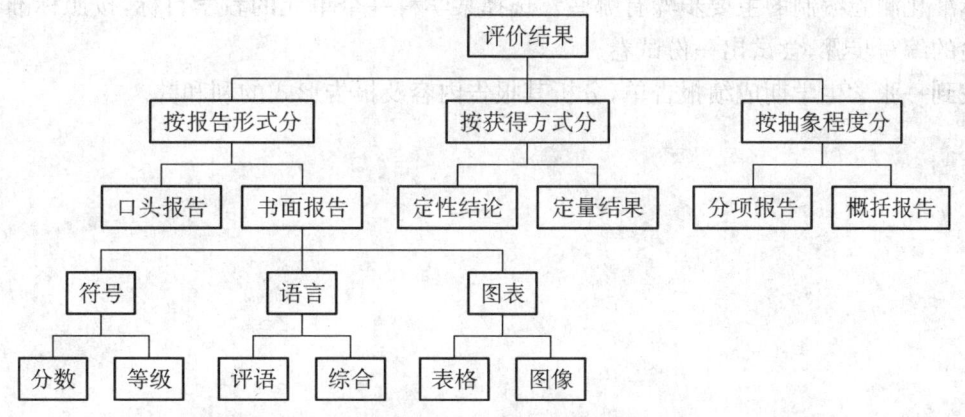

图 19-2　评价结果报告分类

评价结果报告要与评价目的相一致。以学生学业评价为例,如果评价主要为升学服务,报告只要提供分数(或等级)、录取分数线就行了。如要进一步满足改进教学的需求,则应提供具体教学内容的分项得分信息和学生表现信息,以反映课程设计和课堂教学的得与失。

一项具体的教学评价活动通常为多个对象服务。我们不能把评价的结果信息一次性反馈给所有人,实际上也没有这个必要,而应根据需要,有选择地把相应的内容反馈给希望了解的人群。仍以学生学业评价为例,评价结果的反馈对象至少包括以下五个方面:①学生及其家长;②教师和学校;③教育行政部门;④教学研究机构;⑤评价管理机构。我们把评价结果信息与不同的反馈对象结合起来,就形成了图19-3的关系图。从图中看出,不同的人对评价结果关注的重点是不同的。这可为我们设计各类结果报告提供基本框架。

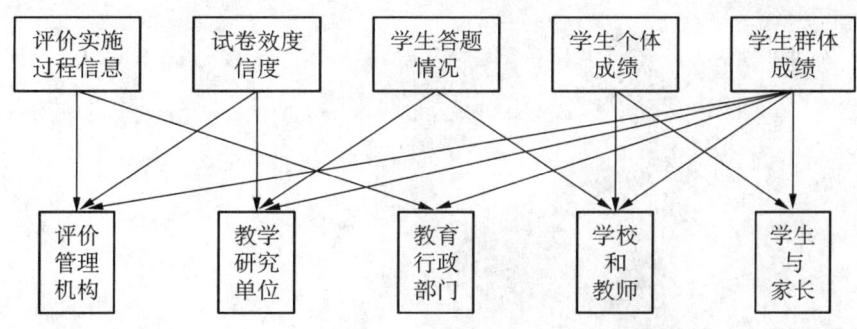

图 19-3　根据不同需求反馈教学评价结果

学习与思考

1. 什么是教育督导？我国教育督导的主要内容是什么？
2. 学校发展性教育督导有何意义？如何实施？
3. 你是如何理解教育评价概念的？教育测验和教育评价有何区别和联系？
4. 教育评价的主要类型有哪些？
5. 收集评价信息的主要方法有哪些？它们最适用的领域是什么？
6. 标准化测验编制的主要步骤有哪些？选择某学科一个单元的教学目标，按照标准化测验的编写步骤，尝试出一份试卷。
7. 找到一张学生学期成绩报告单，分析其报告内容及报告形式的利和弊。

第二十章
教育科研工作

学习提要：没有教育科研就没有科学的教育，教育科研工作在教育过程中起到了十分重要的作用。教育科研工作分三个阶段：准备阶段要求研究者做好理论的准备、物质的准备和计划的准备；实施阶段要求科学地实施研究方案，全面系统地收集整理有关的事实资料，并通过科学的理性分析，来得出研究结论；研究报告和论文的撰写是总结阶段的主要工作，了解研究报告的类型和结构，明确各部分的写作要求，是写好研究报告和论文的重要保证。

第一节　教育科研工作的概念与作用

一、教育科研工作的概念及作用

教育科研工作是采用科学的方法，对教育现象和教育实践中的事实，加以考察、探索、收集、整理、分析、概括，从而揭示教育现象本质和客观规律的创造性实践活动。具体又分为准备、实施和总结评价推广活动。

教育是一门艺术，更是一门科学。随着知识经济时代的到来和学习型社会建设目标的确立，在科学技术迅猛发展的条件下，教育和教学已经从传统的劳动密集型发展时代转变到智力密集型的发展时代，这就要求我们尊重教育规律和青少年心智成长规律，大力提高教育和教学过程的科学含量，发展教育科学理论。科学理论的建立是一个复杂的研究过程，一般分四个阶段。一是从具体的教育情境中发现问题。二是依据已知的科学原理和不多的事实材料，通过一系列的科学思维过程，对这些新事实、新问题、新关系产生的原因提出几种可能的假设。假设的提出，是"上穷碧落下黄泉"的大胆想象阶段，是认识的初级阶段。三是通过广泛的科学论证和实践检验验证假设，并发展为结构完整的科学假说。假设的验证，是"动手动脚找东西"、小心求证的过程，其结果是形成科学假说。科学假说是认识的高级阶段，已经具备了理论的形式和内容。四是建立科学理论。因此，教育科学理论的确立、完善和推广应用，首先依赖并植根于教育过程之中的教育科研活动，必须将教育科研放到前所未有的重要位置上。①

教师既是教育规律的应用者和实践者，又是教育规律的研究者和发现者。要促进教师的专业发展，必须要依靠教育科研，教育科研是优秀教师成长的需要；教育科研是学校

---

① 李小鲁.教育科研：教育改革中增加科学含量的中心环节[J].中国教育学刊,2000,4.

的核心竞争力,是可持续发展的学校文化力,教育科研是现代学校建设的需要;教育系统本身虽具有科层化体制的特点,但又有较大的自治文化的特征。只有通过系统的教育科研活动,才能建立民主科学的决策和管理体制。有了教育科学,才会有科学的教育。

二、教育科研工作必须遵循的原则

(一) 整体性原则

教育科研工作是一项复杂的系统工程,需要各种因素的整合并构成一种研究的合力。具体说,研究活动的成功,需要人、财、物的保障,需要时间资源和空间资源的支持,需要多种教育力量和研究力量的共同合作和参与。因此,研究者要用联系的观点、发展的观点、整体的观点来指导教育科研活动。

(二) 科学性原则

教育科研工作必须始终坚持科学精神和客观的态度,研究者要从实际出发,实事求是地对待各种现象和材料;研究活动的设计和开展都要以获取真实的材料为出发点,研究资料的分析和处理及研究结果的表述都要做到客观真实、科学准确。

(三) 量力性原则

教育科研是一项严肃的科学研究活动,研究者要量力而行,不要赶时髦,更不能好大喜功,要根据自己所具有的研究实力和研究条件,选择恰当的研究课题。中小学教师的课题研究最好紧密结合自己的学科教学实践、学生发展特点和班级管理活动,"小中见大",于"细微处"做"大文章"。

(四) 激励性原则

教育科研工作具有研究主体的复合性的特点。教育科研活动的组织者和管理者要特别注意用多种手段,或精神激励,或物质鼓励,或激发成就动机,来调动研究群体特别是中小学教师的积极性和主动性。

(五) 伦理性原则

教育科研工作决不能违背伦理性原则,要考虑青少年学生身心发展的特点,以推动教育改革和教师专业发展、学生发展与进步为目的。研究者不得隐瞒研究目的,欺骗研究对象,不能违背科学研究的良知和教育方针的规定。

(六) 最优化原则

开展教育科研活动的方法渠道途径有很多,研究者要以最优化原则为指导,考虑研究成本,避免研究浪费,实现研究活动和研究结果的优化发展。在研究活动中,特别要注意理论与实践的紧密结合,强调理论研究为当前的中小学教育改革发展服务。

第二节　教育科研工作的准备

教育科研的准备活动通过选题、设计、筹备等环节，做好理论的准备、技术的准备和条件的准备。

一、发现问题、选择课题

问题的发现和课题的选择是研究过程的起点，也是准备活动的首要工作。科学方法论史家贝尔纳指出："课题的形成和选择，无论是作为外部的经济技术要求，抑或作为科学本身的要求，都是研究工作中最复杂的一个阶段。一般说来，提出课题比解决课题更困难。……所以评价和选择课题，便形成了研究战略的起点，要从一大堆课题中挑出带实质性的课题来，而不能把它们同非实质性的课题混杂在一起。"[①]著名科学家爱因斯坦和英费尔德也指出："提出一个问题往往比解决一个问题更重要，因为解决一个问题也许仅是一个数学上的或实验上的技能而已，而提出新的问题，新的可能性，从新的角度去看旧的问题，却需要创造性的想象力，而且标志着科学的真正进步。"[②]可见问题的发现和课题的选择，是决定整个科学研究工作成败的关键，直接影响到研究方向是否正确，研究的主攻方向、制高点和突破点在什么地方；影响到研究能取得什么样的成果及其学术价值、社会价值和经济价值的高低；同时还在一定程度上规定了解决问题的行动方案、步骤和方法。

（一）发现问题

1. 明确问题的来源是发现问题的前提

问题主要来自三个方面：

（1）基础理论的争鸣与讨论。这些问题主要通过文献查阅分析来发现，通过对当前教育理论发展的动态和趋势的把握来提出。这类问题主要对教育发展过程中的理论问题进行重在求真的探索性研究，集中在以下几个方面：原先研究中被忽略处或空白点，前人研究中的不足之处或缺陷所在，理论界观点分歧、矛盾之处，研究方法存在错误或缺陷的地方。

（2）广大教育工作者的创造性实践。教育实践中面临的许多错综复杂的问题，等待教育工作者去研究和解决；广大教育工作者成功的教育教学经验，需要及时整理总结和升华。这类课题重在教育改革实践中的应用，旨在求善，以改进教育教学的实践工作。

（3）教育科学规划指南。各级各类教育科研管理部门、科研机构、学术团体根据科教兴国的发展战略，依据理论与实践相结合、普及与提高相结合的科研方针，针对教育发展的需要，定期制定科研规划，它是指导教育科学研究的纲领性文献，也是研究者发现和选择课题的主要来源。必须明确的是，规划指南不是具体的课题题目，而只是一种研究的方

① J. D, 贝尔纳. 科学研究的战略[C]. //科学学译文集[M]. 北京：科学出版社，1980：28—29.

② 爱因斯坦，英费尔德. 物理学的进化[M]. 上海：上海科学技术出版社，1962：66.

向或项目。研究者在课题选择和研究设计时,特别要注意具体化、本土化、个性化。

2. 掌握思维策略是发现问题的保证

发现问题的策略有很多,主要有怀疑、换位思考、类比移植。

(1) 怀疑。怀疑就是对已有结论、常规、习惯、行为方式等的合理性作非绝对的肯定和否定的判断。怀疑必然会引起人对事或物的重新审度,会在原来以为没有问题的地方发现新问题。一般说来,学科发展水平越低,值得怀疑的地方就越多;实践越依赖于经验和常识,其实践的合理性就越值得怀疑。怀疑的依据主要有两个,一是大量的教育事实和经验,二是科学分析的逻辑结论。怀疑的结果也有两种可能,一是部分或完全证实自己的怀疑,二是证伪了自己的怀疑。无论证实和证伪,都使人们对这个问题的认识向前迈进了一步。

(2) 换位思考。所谓换位思考,就是指从与得出原有结论不同的角度和层次来认识研究对象,以形成关于对象的新认识。换位思考有同层换位、异层换位、时空换位三种类型。所谓同层换位,是指从同一逻辑层面上,对研究对象进行不同角度和侧面的观察、分析和研究。如捷克教育家夸美纽斯、德国教育家赫尔巴特、美国教育家杜威分别从泛智论的课程体系、教师和学生三个要素出发来研究教育理论问题,形成了教育理论发展的三个高峰,都属于同层换位。而今教育理论的发展更多的是从师生关系即要素之间的联系层面上来展开,从师生互动的角度来讨论教育学的问题,这时就属于异层换位,是两种不同层次、不同逻辑层面如抽象与具体、理论与实践之间的换位。当我们讨论同一教育问题时,从不同的时间和空间角度来研究,就叫做时空换位。换位思考需要以摆脱原来的思维定势和心智模式及原有的知识基础和经验的影响为前提。

(3) 类比移植。类比移植有一个重要的前提,那就是必须找到两者之间的共同点或联系点。实际运用要注意两个环节:一是选择类比对象,二是进行类比推理。前者要以研究目的为依据,一般都选择自己熟悉的或者生动直观的东西作为类比对象;后者要通过比较考虑其相同点或相似处,找到类比移植的着眼点。类比移植有三种类型:一是概念的类比移植,如现代系统科学方法论被引入教育理论界后,系统论、控制论上的许多概念都被高频率地移植到教育理论和实践问题的研究上来,建立教育系统论和教育控制论。二是理论体系的移植。如在研究课堂教学艺术时,我们可以借鉴美学的标准体系——材料美、形式美和表现美,把课堂教学艺术分为教学材料的运用艺术,课堂教学形式的组织艺术,课堂教学的表现艺术。三是方法的移植,这里既有思维方法的移植,又有研究方法的移植。从教育理论的发展历程来看,教育理论发展上的任何一次根本性的革命,都跟思维模式的革命和研究方法的革新紧密相关。方法的移植是最高层次的类比移植。

(二) 选择课题

选择课题,实际上是按一定的价值标准或条件对可供选择的课题进行评价比较,最后作出抉择的过程。具体有:

1. 课题本身的价值

课题本身的价值主要从课题研究的类型角度去进行分析。按研究领域来分,教育科学研究可以分为基础理论研究、应用研究、开发研究三类,每类的价值取向有所不同。同时,这三类课题又都可以分为宏观、中观和微观三个层次,而具有大小不同的价值。

(1)基础理论研究以建立和发展理论体系,系统阐述并检验各种假说、原理、法则为最终目标。这类课题,往往是先有了某种设想或假说,然后通过研究找出其本质规律予以确立和验证,成果一般表现为发现新领域、新规律,提出新学说、新理论和新观点。基础理论研究主要视其学术价值的大小,看其对理论发展有何突破,创新求真是其主要目标。

(2)应用研究是运用基础理论研究所取得的理论知识,探寻有具体实用目的的教育方面的新知识、新途径和新措施,以解决教育工作中的实际问题为目标。其重点是研究如何把教育科学的理论知识转化为教育技能、教育方法和教育手段,使教育科学理论知识同实际教育、教学衔接起来,达到某种预定的实际目标。它既是对教育原理的尝试性应用,又是对基础理论研究成果的验证,同时还可为国家制定教育方针、政策,为教育行政部门进行教育决策提供实践的依据。它是联结教育理论和教育实际的承上启下的中间环节和桥梁。应用性研究具有应用性、效益性、灵活性等特点。

(3)开发研究,是以基础理论研究和应用研究的成果寻求更明确的具体技术的表现形式为目的,以具有实施价值的规划、对策、方案、方法、程序等为成果,可以直接应用于教育实践。例如上海市青浦县顾泠沅数学教改小组进行的"大面积提高教学质量"研究成果的推广研究,就属于开发研究的范围。与应用研究相比,开发研究是探求理论研究成果的推广应用方法和途径,是基础研究和应用研究的成果在现实教育实践中的可行性、适用性研究。从一定意义上说,开发研究不是为了获得知识而是展开知识,是将研究的成果与经验加以推广和普。教育科研成果的价值只有通过开发研究,才得以真正实现。

(4)基础理论研究、应用研究、开发研究各有不同的特点和作用,但又相互关联、相互渗透、相辅相成。一方面,基础理论研究是应用研究、开发研究的依据和指导。基础理论研究旨在指导教育实践,离开基础理论,应用研究、开发研究就会产生盲目性,以至失去方向;应用研究、开发研究的设计、构想,对结果的分析、评估都需要理论的指导。另一方面,应用研究、开发研究又是对基础理论研究的验证、丰富和发展。基础理论研究是否科学,是否具有真理性,需要在实践中加以验证;通过应用研究、开发研究可以对基础理论研究成果加以鉴别、选择。基础理论研究也正是通过应用、开发研究而不断发展,逐渐完善。

2. 课题的发展价值

课题的发展价值主要体现在课题研究成果的时效性的长短和应用空间的大小上,表现在纵向扩展和横向扩展中。所谓纵向扩展,既可以是时间序列的延伸,也可以是研究程度的深入;横向扩展指的是课题研究的角度的扩展和课题应用范围的拓宽。根据上述标准,我们可以把有关课题的研究分为无效、潮尾、热门、冷门四种状态。华罗庚先生曾对一位热心数论研究的青年说过这样一段话:"我当时研究数论时,这个领域就好像刚刚摆好的宴席,山珍海味样样俱全,到陈景润研究数论时,它已是残羹剩菜了,你现在来研究,大概只能啃骨头、涮盘子了。"①这段话是对课题发展价值的几种不同形态的形象概括。课题的发展价值要求研究者具有战略意识和战略眼光。

---

① 陶金贵. 我们一起跨世纪[J]. 演讲与口才,1992,10.

3. 研究者的研究实力

研究实力分绝对实力和相对实力两种。绝对实力由研究者的知识结构、智能结构、研究基础及经验等部分构成。知识结构跟研究者的学术背景、所掌握的知识数量与质量、类型与性质等有关。智能结构是智力结构(由观察力、记忆力、想象力、思维力和注意力所构成)和研究能力结构(由自学能力、发现问题的能力、获取信息的能力、实际动手的能力、分析判断能力、口头表达能力、组织管理能力、社会活动能力、创造能力及写作能力等复合而成)整合的产物。研究基础及经验往往跟其从事研究的时间、领域、经历,所掌握的研究方法和技巧有关,经验丰富的研究者往往有敏锐的问题意识、良好的研究素养和前瞻性的战略眼光,体现出不追风、不功利、讲效益、讲结合的特点。相对实力则是研究者与同一领域的其他研究者作实力比较而得出的判断和结论。一般说来,基础性、传统性课题,实力较强,经验丰富者多,新手如无新招,实力就略差;而在新兴领域,新手与老手之间的起点和经验水平差距不大,再加上新手思想包袱少,头脑无框框束缚,思维敏捷,吸收新知识快,成功的可能性要大,研究的相对实力要强一些,至少二者之间差距要小。相对实力还与研究者的工作性质有关。例如,处在中小学教学第一线的教师,如果有一定的理论修养和创造性思维能力,其应用性研究就会有较大的优势;而相对于基础理论研究,他们的研究实力就相对较弱。

4. 研究者的气质类型和性格特征

研究表明,许多在科学事业上有所建树、有所成就的人,大多属于多血质、胆汁质型或两者的混合型,只有极少数是黏液质型,而抑郁质型几乎是一种罕见的例外。一般而论,易受暗示和干扰的顺从型性格就不太适宜于搞科研,而独立、好疑的独立型性格,虽不利于处理同事间的关系,但却有利于进行创造性的科学研究活动。尽管我们不能说哪种气质性格好,但某种气质性格的人可以更好地从事某类研究工作,却是不争的事实。

5. 研究兴趣

如果说研究实力是帮助研究者就课题本身作出理智的选择,那么,兴趣是帮助研究者作出情感的选择。兴趣是一个人事业上有所成就的重要因素,它在研究过程中起到了始动作用、定向作用和动力作用。研究兴趣的产生和发展是一个从有趣——乐趣——志趣的发展过程,有趣是教师被一些新异的现象和刺激所吸引而产生的直接兴趣,它是由外部刺激产生的;乐趣是在有趣定向的基础上形成的对事物本质属性的兴趣,具有专一性、自发性和坚持性;志趣是与人的崇高的理想和远大的目标相联系的,建立在深刻认识活动意义的基础上,具有社会性、自觉性和方向性。[①]

6. 研究的客观条件

课题的选择必须考虑外在的客观条件。具体表现在以下几个方面:一是研究的时间与经费;二是技术设备和图书资料;三是合作研究者的水平和能力。值得说明的是,在考虑合作研究者时,我们倾向于挑选两类人进行合作研究,一是同一层次的结构功能互补者,如知识结构、能力倾向互补者,兴趣爱好、个性特长互补者,经验经历互补者;二是研究水平和能力都比你高的人。后者的选择当然要以"受剥削"为代价,但通过这一合作过程,

---

① 卢真金,徐锦生. 非智力因素培养的理论与实践[M]. 杭州:杭州大学出版社,1997:106.

我们可以从中学到不少研究技巧和研究经验，从而帮助研究者更好地开展课题研究，提高自己的研究水平。

二、确定类型，选择方法

（一）研究类型的确定

确定了研究课题之后，研究者还必须对研究的类型进行定位。

1. 根据研究的目的来分，可以分为描述性研究、解释性研究和探索性研究三类

描述性研究是通过全面系统地了解和描述某一教育现象的状况及发展过程，以解答"是什么"的问题。解释性研究则试图对教育现象作出普遍的因果解释，以解答"为什么"的问题。探索性研究，是对某一课题或某一现象进行初步的了解，它既可以作为一项独立的研究，又可以为进一步周密深入的研究工作作准备。换言之，探索性研究的目的是发现问题、提出问题，而描述性研究和解释性研究则是解答问题；描述性研究和探索性研究事先没有明确的理论假设，一般都从观察入手来了解和说明研究的问题，而解释性研究则要求事先提出一些明确的研究假设，主要运用假设检验逻辑来构建一个相关模型或因果模型。

2. 根据研究时间来分，可以分为横剖研究与纵贯研究

所谓横剖研究是指在某一个时间对研究对象进行横断面（对研究对象的不同类型在某一时点所构成的全貌）的研究。其优点是研究面广，多半采用统计调查的方式，资料格式比较统一，且来源于同一时间，因而可对各种类型的研究对象进行描述和比较，但资料的深度和广度较差。人口普查、教育资源普查就是一种典型的横剖研究。所谓纵贯研究就是指在不同时点或较长时间内，从正向或逆向两种发展方向对某一教育现象进行的观察和研究，具体可分为趋势研究、同期群研究和追踪研究三种。纵贯研究能了解现象的发展过程，比较不同时期的变化；而且由于各种变量的时间顺序清楚，因此容易作出逻辑上的因果判断。但其研究的范围较小，难以进行不同类型的比较。

（二）研究方法的选择

研究方法是对课题进行深入研究的程序、途径和手段。巴甫洛夫指出，科学是随着研究法所获得的成就而前进的。研究法每前进一步，我们就更提高一步，随之在我们面前也就开拓了一个充满着种种新鲜事物的更辽阔的远景。因此，我们头等重要的任务乃是制定研究法。

1. 研究方法的历史发展

研究方法的产生和发展是和当时的知识水平、生产力发展程度相联系的。反观教育发展的历史，教育研究方法的发展经历了思辨、实证和综合发展三个阶段。早期的教育问题研究大多采用思辨的方法，通过对一些教育经验或现象进行独立思考，得出自己的结论或思想。它是一种以观察为基础的运用原始的归纳和演绎方法所构成的方法。这与今天的以经验和资料为基础，运用哲学和逻辑学的方法如直观的经验、周密的猜测和逻辑推理进行的思辨方法有所不同。[①] 随着自然科学研究的深入和发展，教育科学研究方法逐渐

---

① 朱智贤，林崇德. 发展心理学研究方法[M]. 北京：北京师范大学出版社，1991：61.

受到了自然科学实证研究方法的影响,科学的观察、调查、实验、测量等方法广泛应用到教育研究中来。重假设和实验的实证方法成为这一阶段教育科学研究方法的主要特征。随着现代系统科学方法论的引进,教育科学研究方法出现了经验总结、实验方法和理论方法三者综合化的趋势;研究工具日益现代化、常规化和标准化;强调跨学科和跨文化的研究;重视计量方法的运用,强调定量和定性相结合;实证研究方法和元研究方法被广泛运用,并出现了研究层次的划分。

2. 研究方法的层次

人们在研究过程中,逐渐把研究方法分成了三个层次。一是方法论层次,主要由马克思主义认识论和现代系统科学方法论构成。马克思主义认识论中的联系论、发展论、实践论等都对教育科学研究有重要的指导意义。二是独立运用的教育科学研究方法,它可分为接触性的研究方法和非接触性的研究方法两类,前者包括观察法、调查法、实验法、经验总结法、行动研究法、教育测量法等,后者由文献分析的方法(文献法、内容分析法)、逻辑的方法(分析与比较、归纳与演绎、抽象与概括、类比与移植)、非逻辑的方法(联想与想象、直觉与顿悟)等构成。三是辅助性的手段或技术,如统计法、表列法、图示法等。

3. 研究方法的选择

研究方法的选择要以马克思主义认识论为指导,仔细研究和分析各种方法的特长与局限,根据研究内容的性质和研究的目的任务来选择,根据研究的信度和效度要求来选择,本着客观准确、科学便利的原则来选择。研究者要根据当时当地的实际情况,根据自己的特点灵活选择研究方法。没有最好的方法,只有最合适的方法。

三、研究设计,拟定方案

(一) 进行研究设计,提出研究假设

开展课题研究,必须进行科学严谨的研究设计。研究设计要注意以下几个方面的问题。一是研究目标要明确,目标不能过大、含糊、混杂,要相对集中,表述要清晰,具有可操作性;二是研究依据要充分,要深入了解研究对象,要建立科学的理论与实践的支撑点;三是研究内容要具体,要与目标相匹配,过宽、过狭、内容没有分解都不行;四是研究步骤要有序;五是研究对象要充分,样本足够并符合研究所需要的精确度的要求。为此,必须正确地表述课题,限定课题研究的变量和范围,分析课题变量,并提出操作定义。

1. 准确表述课题名称,明确课题研究的对象和范围

研究课题名称要抓住其主要特征、关键因素和切入点,要尽可能表明研究对象、研究问题和研究方法,简明扼要、清楚醒目,使人一看就能对课题有个大致的了解,并留下深刻的印象。

由于人类的认识没有止境,我们不可能通过对某一问题的一次性研究,就把这个问题的历史现状、发展规律和内在联系都搞清楚,因此,我们就得有意识地明确或限制课题研究的对象和范围。具体做法有三,一是使研究目的具体化,即明确规定研究工作要解决的具体任务是什么,表现特定行为和变量的指标有哪些等。二是限制课题研究的深度和广度,对课题中的模糊概念和研究对象的总体范围进行界定。三是警惕附带派生的课题代替主体课题的研究行为和现象,因为课题研究的时间、经费、资料和研究者精力毕竟是有

限的,一旦课题研究偏离主攻方向,必将"导致以抽象理论顶替实验根据,以例证顶替详尽的实际数据,以引用实际虚构的权威的词句顶替有力的论据"[①],从而使主要问题研究成果的价值大为降低。

2. 分析课题变量,提出研究假设

课题研究所包含的变量有很多,需要研究者根据具体情况加以确定和选择。所谓变量是指在性质、数量上可以变化、操纵或测量的条件、现象、事件或事物的特征。研究过程中主要有三类基本的变量,一是刺激变量,即对有机体的反应、行为、心理发生影响的刺激条件、特征,它既包括研究者可以变化、控制的内外特征,也包括研究者难以操纵、控制的内外特征。二是机体变量,即有机体本身对反应有影响的特征。如被试的年龄、性别、教育水平、健康状况、性格、动机、态度等。由于它们在研究前就已存在,因此被称为先行变量。有的先行变量在研究中不能随意加以操纵、控制;有的可以控制、改变。三是反应变量,即反应的特征。它是刺激变量在行为上引起的变化。反应变量的测量指标有反应速度、反应的正确性、反应的难度、反应的强度和反应的次数等。

在变量分析的基础上,研究者要就刺激变量与反应变量之间可能存在的各种关系提出研究假设。所谓假设,就是指研究人员在研究过程中根据不多的事实材料,运用已有的科学原理,充分发挥思维的想象力和创造力,对所研究的事物本质和规律提出来的一种初步设想。假设不但是一种带方向性的、有待验证的学术思想,也是一种组织研究过程、确定研究逻辑、选择研究路径的方法。在教育科学研究过程中,要敢于大胆提出假设。具体地说,要善于发现事物之间的内在联系,在研究之前就提出假设;假设既要大胆又要合理;每次研究前要提出几个假设以资选择;要用确切的文字准确表达假设。

根据假设内容的性质,我们可以把假设分为三种:一是预测性假设,即对客观事物存在的某些情况特别是差异情况作出推测判断,如当前农村学校的辍学率比城市学校高;二是相关性假设,即对客观事物相互联系的具体方向、密切程度作出推测判断,如智商与学习成就呈正相关;三是因果性假设,即对客观事物之间的因果联系的推测判断,如教师对学生的评价越差,学生的自我评价就越差。

假设必须具备以下条件:①假设不能与已知的事实相矛盾。②假设不能与正确的理论相冲突。③假设要与逻辑分析的结论相一致。④假设要具有操作性和可检验性。⑤一个假设只能说明两个变量之间的关系,多个变量之间的关系必须通过一组假设来完成。⑥假设应全面反映课题所涉及变量的不同值之间可能存在的关系。

3. 选择研究变量,设计操作定义

研究者根据研究假设所确定的刺激变量和反应变量,就是研究的自变量和因变量。所谓自变量就是在研究中有意加以改变、操纵的事物、条件或特征,具有可变性、确定性和操作性三个特点。自变量可分为数量变化和性质变化两大类。选择自变量时,应考虑以下几点:①根据研究的性质,考虑选择操作性或非操作性自变量。前者常见于实验与准实验中,后者则见于非实验研究中。由于在非实验研究中,研究者对自变量无法操作,因而只能根据课题的要求选择具有某种期望特征的研究对象。②根据研究课题确定自变量的

---

① 瓦尔沙夫斯基.科学工作者应如何组织自己的劳动[M].北京:科学技术文献出版社,1980:30.

数目,是采用一个自变量或多个自变量。③根据以往的研究文献、课题要求制定自变量的水平或等级。一个自变量在量上的差异可以划分出不同的水平数,少则两个水平(即出现或不出现),多则若干个。在可能的情况下,应当增加自变量的等级水平,以便更深入地探讨自变量和因变量之间的真实联系。例如,初中教师的文化水平与教学效能的研究,就要考虑不同学历水平的教师与教学效能的关系,并进行相关研究。所谓因变量就是在研究中随自变量的变化而变化的有关因素或特征,它是研究中需要观测的指标。所谓无关变量是与研究变量相对而言的,同样也会对因变量产生影响却因不属于研究范畴而要加以严格控制的变量,有机体变量和环境变量两种。

在研究设计中,要全面考虑各种变量的关系,加以正确选择;要考虑如何操纵自变量、观测和记录因变量,以及如何控制无关变量,以保证研究结果的科学性。为此就要针对有关变量设计操作定义。

所谓操作定义,就是用可感知、可度量的事物、事件、现象和方法对变量做出具体的界定和说明,使之具体化、经验化、操作化。给变量下操作定义时,应注意设计出来的操作定义必须同变量的本质内涵相对称,不能过宽或过窄。操作定义的作用有三:第一,使课题研究在规定范围内进行,保证课题研究的科学性和准确性;第二,它有利于提高研究结果的可比性,便于人们理解和评价该课题研究成果;第三,有利于保证研究的可重复性。

设计变量的操作定义,一般可采用以下三种方法:一是用客观存在的具体事物来设计变量的操作定义。例如,在学生学习状况的调查中,我们可将学生分为“优”、“良”、“中”、“差”四类;并用“每人学年总平均成绩”这一客观指标来给这四类学生下操作定义;二是用看得见、摸得着的客观现象来设计操作定义。例如,用学生旷课、上课纪律性、听课认真程度、作业完成情况等等具体指标代表学生的学习态度;三是用心理、行为评定法来设计变量的操作定义。例如,要研究中学班干部的领导能力,可以列出领导能力的各类子能力(如思想工作能力、写作能力、演讲能力、人事处理能力、组织管理能力、工作决策能力等),让人按照很强、较强、一般、较差、很差等几个等级进行评价,这样得到的总分可以代表一个班干部领导能力的强弱。

(二)拟定课题研究方案,填写课题申报表

研究方案是对研究的具体程序和操作方式的规划,是进行课题研究的一份蓝图。尽管方案在制定好后,也可根据研究的进展随时加以补充、修改和调整,但一般不宜有太大的变动。研究方案要与研究的逻辑过程联系起来统筹考虑,要考虑研究各阶段的目的、任务以及各阶段之间的联系,然后从整体规划入手制订每一局部的细节安排。

1. 研究方案的内容

研究方案一般包括以下内容:一是问题的提出,主要说明研究课题的产生过程及这一课题研究的理论意义和实践意义;二是研究的对象、内容和方法(理论假设);三是研究的步骤、任务与要求;四是研究的组织与管理。

2. 研究计划

研究计划是理论构想与操作的时间进程的结合体。研究计划把研究方案落实在日常

工作计划中。它由以下几个方面组成:选题、负责人和参加人员、目的意义和理论依据、国内外研究文献综述、课题研究的基本内容与技术路线(解决问题的方法、思路与对策)、预期的研究成果与时间进程(预期成果是课题评价的检测指标,具体包括成果的形式、名称和数量,它有三种表现形式,即研究报告和论文、教材、教育产品和工具)、重要的工作条件与协作条件(横向联合协作研究的可能性和现实性)、经费情况等。

3. 课题申报表的填写与课题申报

《全国教育科学规划课题申报·评审书》由以下 13 张表组成。一是数据表,反映所申报的课题及其研究者的一般情况。二是负责人和课题组主要成员近三年来取得的与本课题有关的研究成果。三是负责人和课题组主要成员近年来主持的重要研究课题。四是课题设计论证(限 3500 字内),内容包括:课题核心概念的界定,国内外研究现状述评、选题意义及研究价值;课题的研究目标、研究内容、研究假设和拟创新点;课题的研究思路、研究方法、技术路线和实施步骤。五是完成课题的可行性分析(限 1500 字内),内容包括:已取得相关研究成果的社会评价(引用、转载、获奖及被采纳情况),主要参考文献(限填 10项);主要参加者的学术背景和研究经验、组成结构(如职务、专业、年龄等);完成课题的保障条件(如研究资料、实验仪器设备、配套经费、研究时间及所在单位条件等)。六是预期研究成果,包括主要阶段性成果(限报 10 项)和最终研究成果(限报 3 项)。七是经费。八是推荐人意见。九是项目负责人所在单位的审核意见。十是省级教育科学规划领导小组办公室意见。十一是课题评审评分表。十二是学科评审组评审意见。十三是全国教育科学规划领导小组审批意见。

课题申报者在填写《课题申报·评审书》时,主要填写的是前面的 6 张表。申报者要仔细阅读填表说明,在填写课题设计论证和完成项目的条件和保证时,可参考选择课题的策略。语言要简明扼要,科学规范,要实事求是。尤其在填写课题设计论证(活页)时,因其供匿名评审使用,不得出现课题申请人和课题组成员的姓名、单位名称等信息,统一用××××、×××××××代表。否则,一律不得进入评审程序。

研究者可向各有关部门申报课题,争取立项以获取研究经费的资助。接受教育科学研究课题申报的部门和项目主要有:全国教育科学规划领导小组办公室的国家社会科学基金重大、重点项目,国家社科基金教育学一般项目,教育部重点项目,国家青年基金项目、教育部青年专项、全国教育科学规划项目;省级教育科学规划领导小组办公室的省级教育科学规划重点项目和一般项目;各市、县教育科研规划项目和各校科研项目等。

第三节　教育科研课题的实施

课题实施大致可分两个阶段,第一阶段是实施方案,收集大量的事实材料,形成对科学事实的认识。这个阶段的工作持续时间最长,研究难度也较大,研究的质量对后续研究影响很明显,是研究过程的奠基性工作。第二阶段是对所收集的各种事实资料和文献资料进行全面系统的整理和分析,得出科学研究的结论,并在此基础上,启动研究报告的写作和结题的准备工作。

事实上在实际研究过程中,又会因课题类型的不同,采取不同的研究策略。基础理论研究会较快地进入第二阶段,而大量实证性的研究则需要在第一阶段花费更长的时间。文献性的研究贯穿整个过程。

一、实施研究方案,收集事实资料

这是一个按照既定研究计划,分阶段开展具体研究工作的过程。在这个过程中,研究者往往深入现场,以一种接触性的研究方法为主,根据课题研究工作所需要的精确度和研究活动所允许的时间、经费、人力和物力的投入度,综合采用各种手段,来确保研究计划的按时完成。由于中小学教育科学研究大多是由理论工作者、有关行政领导和教师组成的合作研究,理论工作者主要负责理论指导,行政领导负责组织管理,教师负责具体的操作和研究,因此,教师在这个阶段起着特别重要的作用。课题研究进展如何,计划落实得怎样,在很大程度上取决于教师的科研意识和科研能力。因此,要加强对教师的科研意识的培养和科研技能的培训。教师也要明确自己的主体地位,不要满足于当一个"程序操作员"和"材料收集者"的角色,而要充分调动自己教育科学研究的积极性和主动性,使自己成为教育科学研究的主体。同时要通过各种形式,加强课题组成员之间的沟通、联系与交流,以便准确把握研究的动态,合理部署下一阶段的研究工作。理论工作者要增加进入现场的次数和密度,既要能遥控指挥,更要身先士卒。研究者要通过大量的观察、调查和测量,了解研究对象所发生的变化、研究过程中所出现的各种新现象和新问题,并采取相应的对策予以解决;要及时收集、整理研究活动中所获得的各种原始资料并进行真伪鉴别、补充完善;要及时记录研究过程中所产生的各种印象体验、心得体会和思想观点,及时反思系统分析,从而搞清"是什么"和"怎么样"的问题。与此同时,要积极查阅和积累相关研究文献资料,跟踪他人研究的最新进展,了解同一领域研究的最新动态,使自己的研究能站在巨人的肩膀上,始终处在研究的前沿。

值得注意的问题:

1. 树立资料收集整理鉴别的意识

资料的收集和整理对研究工作是至关重要的,是搞好课题研究的前提。要了解资料的类型,明确资料的性质,掌握资料收集的渠道与方法。研究者必须明确:具体经验的事实和材料几乎是无穷多的,全部收集是不可能的,因此要注意资料的选择;所收集的资料必须是系统的、可靠的、有典型性的,必须正确、全面、客观、充分地反映出事物的联系和研究对象的全貌;资料的收集和整理不是一蹴而就的,必须靠平时的观察、记录、反思、总结而积累;资料的积累不是一项可多可少的工作,也不是一两个人的事,要靠群体的智慧和努力;并不是所有的资料都是真实的,要有去粗取精、去伪存真的鉴别过程。

2. 课题实施要计划性与灵活性相结合

为了保证研究质量,在实施研究方案过程中,要"步步为营",尽量按原计划行动,不要随意改动计划;但若计划实行过程中发现新问题,或研究出现新的情况和新动态,又要根据具体情况,及时作出调整,并写出相应的调整报告。

二、分析科学事实和已有的理论，形成新的科学理论

（一）研究的重点

实证性的方案操作阶段完成之后，研究进入理性分析阶段。运用理论思维方法，围绕存在于事实和经验背后的事物之间的内在联系和"为什么"的问题，对所积累的大量客观事实和文献资料进行系统整理和分析加工，以找出事物的本质和规律。"建立科学概念，作出科学推断，进而构建理论体系，是形成科学理论必经的三个台阶。"[①]也是这一环节的研究重点。这一环节的研究质量直接决定了研究成果价值的高低和社会影响的大小。

科学概念是人脑反映客观事物本质属性的思维形态，是研究人员对经验材料进行科学抽象的产物。它是研究人员对丰富全面可靠的经验材料，运用比较、分析、综合等逻辑方法反复进行思索，抽象出贯穿于其中的一般的、共同的属性，并通过词语把它表达出来所形成的。科学概念要求能反映事物的本质和规律，具有精确性、多层次性、体系性和整体性，要具有丰富的内涵和外延，要具有灵活性和稳定性。科学概念是思维过程的起点，构成科学理论体系大厦的基石。

科学判断是运用科学概念和推理，对所研究的事物有所肯定或否定，借以形成原理、定理、定律等知识单元，从而达到理论认识的一种思维形态。科学判断有条件关系判断、必然关系判断和因果关系判断三种，这三种判断在理论形态上分别表现为原理、定律和学说三类。若干种概念和判断有机地组织在一起，就形成了理论体系。衡量理论体系价值的标准有自体性（即理论自身内部的一致性），涵盖性（即理论同我们所确认的事实和科学理论的一致性），参照性（即理论对有关信息的综合解释能力的大小）。自体性是理论存在的基础，涵盖性反映了理论成立的程度，参照性表明了理论价值的高低。分析科学事实和资料的目的就是为了建构起科学的教育理论体系。

（二）研究的主体

理性分析阶段，对研究的主体有较高的专业素养要求。要求研究者既要有较高的理论素养、极强的抽象思维能力，还要有较高的思想境界和研究方法水平。在与中小学合作研究的课题中，这个阶段的研究主体主要是经过专业训练的理论工作者、专业技术人员和中小学教师中的学者型教师。因为"只有具有在实践中研究、探索的意识，既善于反思，又善于发现、创造的教师才能进入研究人员的行列。在一定意义上说，是否具有教育学的学科素养，也是实践人员能否成为研究人员的重要条件。"[②]

（三）研究的方法

资料与事实的整理和加工过程，并不是理论方法中单一方法的运用过程，而是多种方法辩证统一的运用过程。这些方法包括科学抽象、逻辑思维方法及其他方法，它们都属于非接触性的研究方法。在这一阶段，表现为定量研究与定性研究的有机统一。

---

① 叶澜. 教育研究及其方法[M]. 北京：中国科学技术出版社，1990：24.
② 叶澜. 教育研究方法论初探[M]. 上海：上海教育出版社，1999：335.

1. 定量研究与定性研究的概念

定量研究，又称量的研究或量化研究。它是一种对事物可以量化的部分进行测量和分析，以检验研究者自己关于该事物的某些理论假设的研究方法。定量研究有一套完备的操作技术。包括抽样方法、资料收集方法、数据统计方法等。其基本研究步骤是：研究者事先建立假设并确定具有因果关系的各种变量，通过概率抽样的方式选择样本，使用经过检测的标准化工具和程序采集数据，对数据进行分析，建立不同变量之间的相关关系，必要时使用实验干预手段对控制组和实验组进行对比，进而检验研究者自己的理论假设。

定性研究，又称质的研究。它是以研究者本人作为研究工具，在自然情境下采用多种资料收集方法对社会现象进行整体性探究，使用归纳法分析资料和形成理论，通过与研究对象互动对其行为和意义建构获得解释性理解的一种活动。在这一阶段，定性分析就是对研究对象进行"质"方面的分析，主要是解决研究对象"有没有"或者"是不是"的问题。定性分析有两种不同的层次：一种是研究的结果本身就是定性的描述材料，没有数量化或者数量化水平较低；另一种是建立在严格的定量化分析的基础上的定性分析。

2. 定量研究与定性研究的比较

一般来说，定量研究比较适合在宏观层面对事物进行大规模的调查和预测；而定性研究比较适合在微观层面对个别事物进行细致、动态的描述和分析。定量研究证实的是有关社会现象的平均情况，因而对抽样总体具有代表性；而定性研究擅长于对特殊现象进行探讨，以求发现问题或提出新的看问题的视角。定量研究将事物在某一时刻凝固起来，然后进行数量上的计算；而定性研究使用语言和图像作为表述的手段，在时间的流动中追踪事件的变化过程。定量研究从研究者自己事先设定的假设出发，收集数据对其进行验证；而定性研究强调从当事人的角度了解他们的看法，注意他们的心理状态和意义建构。定量研究极力排除研究者本人对研究的影响，尽量做到价值中立；而定性研究十分重视研究者对研究过程和结果的影响，要求研究者对自己的行为进行不断的反思。

定性研究与定量研究与其说是相互对立的两种方法，不如说是一个连续统一体，它们相互之间有很多相辅相成之处。正是出于这方面的考虑，必须将定性研究与定量研究两者之间的对比看成是在数个不同层面上的连续延伸。

3. 定性研究和定量研究的具体分析方法

（1）定性研究的分析方法。定性研究的分析方法有分析和综合、比较、抽象和概括、归纳和演绎等。

① 分析和综合。分析就是把复杂的事物或现象分为各个简单的组成部分，或者是抽出它的各种特征来，以便单独地考察，认识各个组成部分固有的性质特征。综合就是根据分析的结果，把事物或现象的各部分联系成为一个整体。分析和综合是紧密联系的，事物如未加分析，综合是不可能的；而任何分析也都建立在对整个事物的综合认识的基础上。

② 比较。所谓比较，是根据一定的标准，对某类现象在不同情况下的不同表现进行研究，确定其异同点及其相互关系，找出普遍规律和特殊本质。比较法建立在初步的分析和综合的基础上，同时又是进行定性分析中抽象概括的基础和必要前提。比较可以是纵向比较，也可以是横向比较，还可以是求同比较或求异比较。运用比较法一般应该遵循以下步骤：明确比较的对象、提出比较的标准、解释比较的内容、得出比较的结论。运用比较

法要注意事物之间的可比性，必须注意广泛性。

③ 抽象和概括。抽象是通过分析综合、比较后，对研究结果的本质属性的认识。概括是把同类事物中个别事物的本质属性抽取出来，归纳成为该类事物的共有的本质属性。

④ 归纳和演绎。归纳法是从大量的、具体的、个别的事实材料出发，上升到抽象的、概括的、一般的理性认识过程。归纳可分为完全归纳和不完全归纳。完全归纳是研究者在掌握了一类事物总体中的全部个别对象的材料后，通过归纳得出关于这类事物的一般性结论。不完全归纳中有枚举式归纳、排除式归纳和科学性归纳三种。枚举式归纳是对某类事物中的部分对象，通过归纳得出该类事物的一般性结论。排除式归纳是通过用一些事例排除几种可能有的假设来确证某种假设存在的一种方法。科学性归纳是以对于某类事物中部分对象（甚至是富有典型性的个别对象）的属性存在的必然性的认识为依据，概括出该类对象都具有该属性的一般性结论的归纳方法。归纳的步骤有：整理事实性认识材料；对材料作出概括性结论；以特殊结论推向一般性的结论。

演绎是从事物一般属性、关系的认识（如，已有的教育科学理论、某一原理或定理）出发，推断出关于特殊的和个别的现象的属性、特征或关系的认识，得出新的个别、特殊的结论。演绎可以分为直接演绎和间接演绎。由一个前提推出结论称直接演绎；从几个（一般有两个）前提中推出一个结论称间接演绎。通过正确的演绎法，人们可以认识新的事物及其特征；可以论证或反驳某种理论观点；可以构建新的理论体系。在演绎过程中，研究者从少数几个公理出发，去构建新的理论大厦，而后由经验给以验证。经验在归纳中，以"奠基者"的身份站在理论的"入口处"，为理论的可靠性奠基服务；而在演绎中，却以"检查员"的身份站在理论的"出口处"，为理论的科学可靠把好最后一道关。

我国在形成教育科学理论体系方面，主要是遵循归纳路线，仍属于经验科学的形成时期。在理性思维实践中，归纳与演绎要反复、交错进行。但是，由于教育学科领域内的范畴体系和公理体系尚未成熟与确定，在运用演绎时，特别要注意大前提本身的正确性和遵守逻辑规则，否则会给教育科学的理论带来谬误。

(2) 定量分析的具体方法。定量分析的具体方法有描述统计方法和推断统计方法。

① 描述统计方法。对研究结果得到的数据，首先要计算出反映、代表这些数据特征的统计量，以此为指标，描述研究对象的情况，并对不同主体进行比较，作出结论。这些统计量有平均数、标准差、差异系数、标准分数、T 分数、相关系数等。平均数（或称均数、均值）等于各个变量相加求和再除以变量的个数，它反映了一组数据的典型情况和集中趋势，是一组数据的代表数值。标准差是反映一组数据内部离散、分化程度的量，标准差大，说明数据内部差异大。差异系数越大，说明数据内部差异程度越高。标准分数，不仅能表明某数在团体数值分布中的位置，还可以对来自不同团体、单位的量数之间进行相对位置的比较。T 分数是由原始分转化为可资比较的量数。相关系数表明两列对应变量之间的相关程度，有正相关、负相关和零相关之分。相关系数越大，说明两者之间相关程度越高。

② 推断统计的方法。推断统计又称抽样统计，它是在描述统计的基础上由个别推论一般的情况，即根据样本对事物的总体作出统计的推论和估计。推断统计的方法有独立的大样本（$n > 30$）平均差异的显著性考验，即 Z 检验；独立小样本（$n < 30$）平均数差异的显著性检验即 t 检验；相关样本平均数据方差的显著性检验；同时考验两个以上平均数差异

的变异系数检验,即 F 检验、对两个以上平均数的方差齐性检验;检验实得数据和理论数据之间差异程度的 X^2 检验等。教育方面的资料在进行推断统计分析时,其显著性检验一般用概率(P 值)来表示。

第四节 教育科研成果的表达
——研究报告和论文的撰写

研究报告和论文既是科学研究工作全过程的缩影,又是研究成果最后得以固定下来的形式。研究报告和论文质量的高低,在一定程度上反映了课题研究的水平和价值。

一、研究报告的类型

(一)实证性研究报告

如教育调查报告、实验报告、经验总结报告等,主要是用事实说明问题,材料力求具体典型,翔实可靠,格式规范。这类报告要求通过有关资料、数据及典型事例的介绍和分析,总结经验,找出规律,指出问题,提出建议。这种研究报告既注重理论,又重视实践,往往跟接触性的实证研究方法有关。

(二)文献性研究报告

主要以文献情报资料作为研究材料,以非接触性研究方法为主,以文献的考证、分析、比较、综合为主要内容,着重研究教育领域某一方面的信息、进展、动态,以述评、综述类文章为主要表达形式。一般在教育史学、文献评论研究中用得较多。

(三)理论性研究报告

狭义上的论文,以阐述对某一事物、某一问题的理论认识为主要内容,重在研究对象本质及规律性认识的研究。独特的看法、创新的见解、深刻的哲理、严密的逻辑和个性化的语言风格是其内在特点。理论性研究报告没有实证研究过程,因此对研究者的专业理论素养、逻辑分析能力和思维水平有较高的要求。

论文与实证性研究报告有区别,它一般将科研工作中最主要,最精彩和具有创造性的内容和结果加以提炼,用较简明精炼的语言加以表达,论文不包括过多的具体研究方法和过程,而更强调内容的创新和学术价值。任何研究课题的成果都可以用论文来表达。

论文有三个最基本的要素:一为论题,即真实性将被验证(论证)的命题、观点。论题的主要来源就是研究课题提出的假设及研究对假设验证的结果。论文最终是要论证论题的真实性而提出明确的论点。二为论据,即证明论题真实性的依据。论据的来源应该是研究过程所获得的信度、效度高的事实材料,包括定性和定量的材料。三为论证,即以论据证明论题的论述过程。论证是文章的结构层次、材料组织的逻辑性和严密性、文章思想观点的正确性和科学性与深刻性、语言表达的准确性、有效性和技巧等各方面的综合体现。

二、研究报告和论文的结构及其写作要求

研究报告和论文的结构是研究内容的表现形式,是作者在写作上的布局、谋划和安排。

(一) 题目

题目是对文章内容的高度概括和说明。一般来说,题目分三种类型,一是问题式篇名,多为论述的问题,如"试论……"、"简谈……"、"……初探"、"……刍议"、"……发微","关于……的调查(观察、实验)报告"、"……研究述评"等。二是结论式篇名,多为作者的研究结论,往往采用肯定句式,如"教育实验只能是准实验"、"非智力因素是一个正在发展的科学概念"等,这类题目往往立场坚定,旗帜鲜明,表达作者的中心思想和观点。三是范围式篇名,如"关于高师教育的几个问题"、"素质教育的几点看法"等。这类题目往往比较模糊笼统,不能引人注目,论述的问题比较宏观,一般研究者应尽量少用或不用。

题目有两个方面的作用,一是反映文章的内容和作者的思想,引导读者去发现和把握论文的要领。二是作为资料编辑、文献检索的主要依据。

文章题目应该符合以下要求:①题目要准确。文章题目用词要避免空洞抽象,要能准确概括文意,做到文题相符;论述和推论的范围要与研究对象相符,勿宽勿窄;题目要与研究程度相符,反映论文内容的层次性,即论文本身研究到什么范围,深入到何种程度,标题就反映到哪种程度。②题目要新颖。这里的新颖性既有陈述方式的新颖性,也有内容的新颖性,还有语言和学术概念的新颖性。题目新颖独特,往往能引人注目,激发编辑和读者的兴趣,并引起学术界和教育实践界的关注。③题式要多样。不要凡事都用"论"字式题目。"论"字式一般用于以单词、词组作为题目的情况下,如《论教学节奏》;也可用"也论"、"再论"、"三论"表现论文的背景、序列、频度;还可用论字式题目如"浅论"、"简论"、"刍论"等表明课题研究的程度。不带"论"字式的题目有三种类型:一是用疑问代词作为标题,如"什么是教学艺术?""怎样写教育研究论文";二是用联合词组作标题,表明事物之间的联系,论文或者对其分别论述,或者作比较分析,如"教师专业发展与反思性教学"、"综合课程的改革与学生创新精神的培养"、"专家教师与教师新手比较研究";三是用判断词与能愿动词如"应该"、"要"、"必须"组成的标题,表明研究者的看法或结论,如"一线教师的研究意识要加强"、"现行的教师培训模式必须彻底地改变"、"学校的生活就是生活的学习"等。④题目要简洁。题目要做到文约而事丰,言短而旨远。研究报告和论文的题目越简明扼要,就越能突出中心和主题,越能引起人们的注意。这跟研究者的思维水平、语言表达能力和抽象概括能力密切联系在一起,在某种程度上也反映了研究者的理论素养。

(二) 署名

署名实质上是一种知识产权的归属问题。署名分个人署名和集体署名两种情况。如果这是一个集体研究的成果,署名一般以"……课题组"出现,然后在首页地头标注,说明课题组人员的组成,指导教师是谁,课题负责人是谁,最后再注明本文执笔是谁,原则上这篇研究报告或论文只对本文执笔者有用,其他人只能说明参加了这项研究工作。如果这一课题是一个或几个研究者独立研究完成的,则根据这些研究者的贡献大小,来加以排

列。衡量贡献大小的具体标准有三个方面：谁提出研究设想，谁承担研究工作，谁解决关键问题，最后综合评价谁是主要研究者，谁就排第一位。

（三）摘要和关键词

规范严肃的研究报告和论文都要求有摘要和关键词。摘要，主要是围绕文章的中心内容和主要观点，如研究目的、主要方法、结果和结论进行客观的阐述；中文摘要一般以200—300 字为宜；不能出现标题序号和其他非公知公用符号，避免"本文认为"、"作者指出"等表述方式，也不需对文中观点进行评价。有些杂志还有英文摘要的要求。关键词是反映文章主题内容的词或词组，一般每篇文章可选 3～8 个关键词。关键词必须是规范的科学名词，尽量从《汉语主题词表》中选用；英文关键词要与中文关键词相对应。

（四）前言

前言，又称引言、绪言、绪论、导语、序言、问题的提出，它是研究报告和论文的第一部分，有"凤头"之称。前言主要阐明所要研究的课题及其目的意义。具体内容有：①问题的由来，介绍问题的起因和研究的动机。教育研究的文章比较多的是从理论和实践两个方面来展开论述。②文献综述。即对作为研究基础和背景的文献查阅的综述，需要说明国内外研究历史和现状，旨在提供读者理解文章所需的背景资料；交代自己研究的起点。③课题的界定（概念术语的解释）及问题的陈述。提出要研究的问题及研究假设，明确研究的主攻方向、主要内容、突破点和研究目的。④课题研究的理论意义和实践意义。

撰写前言要注意以下几个方面：一是课题阐述要清楚准确，中心突出。二是介绍课题研究的动机和意义要简明扼要、实事求是，不要过分夸大这一课题的研究意义和研究价值。三是文献综述要有技巧。在选择文献时，研究者要根据自己的研究内容方法类型和理论框架来选择相关的文献，要尽可能选择一些权威和经典的文献，要选择专业性较强、学术声誉较好的文献来进行综述；文献综述不是简单地将有关文章的内容或摘要进行复述，更不能将他人的文章逐字逐句地进行抄录，而应该重点介绍那些真正对你的研究有用的关键点，要正确区分那些同名的概念的不同理解；文献评论要客观公正、科学准确，不必抬高也不可贬低他人的研究成果的价值；文献综述的材料应该是相关的、恰当的、简明和精确的。文献综述充分反映了研究者的理论功底和抽象思维能力。

（五）正文

正文，又称本论，主论，是文章的主体和关键，有"猪肚"之称。它必须对研究的内容和方法进行全面的阐述和论证，对研究过程中所获取的资料进行全面系统的整理和分析，通过图表、统计结果及文献资料，或以纵向的发展过程，或横向的类别分析提出论点，分析论据，进行论证，并得出科学的研究结论。下面我们分实证性研究报告和论文两种类型进行阐述。

1. 实证性研究报告

教育观察、测量、调查、实验和经验总结报告等，从性质上都属于实证性研究报告。在正文部分，这类研究报告主要阐述以下几个方面的内容：一是研究的对象和方法，说明研究对象的来源，抽样选择的方法及样本容量的大小；介绍研究的类型、方法和手段。二是说明研究的理论构想和研究的思路，如研究的内容和假设，变量的概念表述及操作性定义的界定，变量的操作、控制及测查，研究采用的材料与设备等。三是研究的步骤及过程，具体是研究阶段的划分、任务和要求、成果的表现形式等。四是研究结果的分析与讨论。主要是根据研究的事实，阐述研究结果并进行理论分析，从中体现研究的成果，表达作者的基本观点。这是研究报告的重点部分。

（1）研究结果的分析。研究结果的分析有定性和定量两种形式。应按照定性和定量分析的方法，将研究过程所取得的资料、数据经科学整理后，分门别类地展示出来，可用图、表或文字加以描述。根据研究的目的、任务，可对研究结果的各项内容进行分析、比较、综合、推理，展开合乎逻辑的论证。横向结构和纵向结构是展示和分析研究结果的常用结构。横向结构分为分析式和对比式两种，纵向结构分为发展式和顺序式两类。[①]

（2）研究结果的讨论。研究者在研究结果展示和分析的基础上，进一步从理论上对研究结果进行分析和解释，阐述研究结果的基本特征和规律、结果间的相互关系、结果的可靠程度、适用范围等；提出作者的新发现、新见解；讨论研究方法的科学性、局限性；指出值得进一步研究的问题等，研究报告的理论水平主要体现在"讨论"中。研究结果的讨论可包括以下主要内容：一是逐条阐明研究结果揭示了哪些能够验证研究提出的假设的基本特征和规律；二是对研究所获得的规律性结果进行理性解释，阐明结果的理论根据，使研究所展示的结果从感性认识上升到理性认识，形成作者的新见解、新观点，并使结果的可靠性得到理性的论证；三是对研究所获各项结果之间的相互关系进行讨论；四是对研究所得与研究假设相违的结果从理论与实践两方面进行分析；五是对课题采用的研究方法的科学性和局限性加以讨论；六是对研究中出现的异常结果或情况，加以讨论；七是对研究结果引申出今后值得研究的新课题或本研究尚未得到理想结果待进一步研究的问题提出看法。当然，这几方面内容应视研究的实际情况加以取舍，也可根据每方面要讨论内容的多少再分层次。

研究结果的分析和讨论在研究报告撰写中有时可灵活安排写作层次，如研究结果项目不多又较明确，可以将这两部分合在一起，边阐述结果，边分析解释。如项目较多，就可将这两个部分分开表述。分析部分，主要分门别类陈述研究所获得的各种事实和数据资料；讨论部分，则重在对结果及问题详细的理论阐释。

2. 论文

论文的正文，是论文中用充分的论据对论题加以论证的主体部分。通过论证，使读者清楚地了解论点是如何得出的，并相信论题的正确性。作为论证依据的论据，应来自研究所获并经定量定性分析而得到的事实材料，即研究的结果。论证借助逻辑推理的形式进

---

① 所谓分析式是把研究所获结果的内容分为有一定关系的若干部分，逐个加以阐述，每一部分前，可选用小标题概括内容，这种结构适用于研究范围大、涉及面宽广、内容多、事情线索比较复杂的研究报告。研究者在运用分析式时，要注意处理好几个部分之间的逻辑关系，如并列关系、分总关系、主从关系、因果关系等等。所谓对比式，就是把两种事物逐点、逐项加以对比，从而使人们认识到不同思想观点、不同措施、方法所产生的不同结果。这种分析方式，适用性较广，尤其是教育实验报告在结果分析时，经常通过实验班和对照班的对比分析来展现不同教育策略或措施对实验对象发展的影响。所谓发展式是按照所研究事物的发展阶段来安排阐述研究结果的内容层次。所谓顺序式，就是按照研究工作进行的顺序来阐述研究结果。

行,即由断定一个或几个判断(论据)的真实性,进而推断另一个判断(论题)的真实性。因而,论证比一般的推理要复杂。论证主要可采用直接论证、间接论证、演绎论证、归纳论证和类比论证五种形式。

3. 正文的写作要求

正文的写作要注意:一是引用材料要充分,分析整理要科学。要用大量真实客观的尽可能是第一手的材料来进行论证和阐述,所引用的材料必须经过验证,确保真实可靠;引用的材料越经典、越权威越好,越全面、完整、准确越好。这就要求研究者在写作前做好文献资料的收集整理分析工作。二是引用材料要慎重,观点材料要统一。引用材料一般有以下几种情况:或者是引与自己观点一致的材料,作为佐证;或者是发现材料中的某些好思想,可以进行提炼综合,得出自己的新观点;或者是引用那些带有片面性的但又有新意的观点,既开拓了自己的视野,又可作为批判的材料,先破后立;或者是在教育研究过程中所积累的第一手材料可以进行概括抽象,分析总结。由于研究材料有很多,研究者无法穷尽,因此研究者在引用材料时,要紧密结合课题,要有所取舍,要有针对性,做到观点与材料的统一,材料为观点服务。三是论证过程要严密,语言使用要规范。在论证过程中,要做到思维缜密,判断慎重,推理科学,逻辑严密;要注意区分学术语言与生活语言、书面语言与口头语言,做到科学准确、规范恰当,条理清楚、行文流畅。四是标题序号要规范,图表使用要恰当。一张规范的统计表格,统计表的表号用阿拉伯数字进行标志,且表号、表题应该放在表上端的起始位置和中央(图号、图题应该放在图下)。统计表格制作时,通常由上下底线、合计界线组成,在主、谓语间的分隔纵线也要取消;表格左右两端不用纵线封闭,主语位置不用斜线。统计表内数字必须准确,小数的位置应一致,表内数字为零时可用"—"或"0"记载,在相关表内可空格,缺失资料可用删节号"……"填入。表内的有关说明可用"＊"标明,在统计表格下面说明。统计表要求文字简练,标目要妥善安排。统计表格的标目可分为横标目和纵标目。横标目列在表的左侧,它表示表中被研究事物的主要标志(主语),纵标目列在表的上端,它说明横标目各个统计指标的内容(谓语),每当统计指标有单位时必须要注明,所以每张统计表格都有它的主语和谓语,连贯读起来就是一句完整和通顺的句子。统计表的主语、谓语、表头、表身、纵标目、横标目等所在位置以及它们彼此间的联系可见如下模式。[①]

表号	表题(标题)	
主语(纵标目)	谓语	表头
体现主语标志 (横标目)	体现谓语标志 (指标、数字)	表身

(六) 结论

研究报告的结尾部分,可用结论、小结、建议等表述,人们常把它比作"豹尾"。它是整

① 徐自生.普教科研论文中统计表格的设计和编制问题[J].上海教育科研,1995,6.

篇报告的概括和小结。该部分以研究结果的分析和讨论为前提,经周密的逻辑推理,作出最后判断,概括出成果或观点。该部分可包括以下内容:一是研究的主要结论性成果的概括,包括研究解决了哪些问题、还有哪些没有解决;二是对某些教育现象或研究课题未来发展的展望;三是对教育、教学实践提出有价值的建议等。结论部分要求总结全文,深化主题,揭示规律,指明方向。

(七) 注释与参考文献

注释是对文中引文进一步的补充解释和说明,参考文献是对文中引文和研究所参考的文献资料出处的罗列。注释和参考文献都来自于以下四个渠道,即书籍、刊物、报纸和信息网络。注释和参考文献都必须完整规范。

(八) 附录

附录常常包括以下方面的内容。一是反映研究活动的相关材料,如研究方案和计划,有关问卷、量表、实验设备和原始记录、有关的统计数据和表格等研究材料,教师写的教案、教学心得和研究体会、研究文章,反映学生发展进步的学生作业、日记和作文,研究者在研究过程中写的研究心得、研究笔记和研究论文,未能全文引用但又有参考价值的相关文献,课题鉴定意见和各方面的反馈信息等。附录的目的,一是更为全面真实地展现整个研究活动的开展过程及研究对象的发展变化历程,便于读者更为全面地了解这一研究成果;二是使研究报告和论文更为紧凑简练,中心突出。

三、研究报告和论文的撰写过程

(一) 定位

研究者要根据研究的课题类型、研究的方法及具体内容,确定课题成果的表达形式,以实现文章性质和语言风格的定位。任何一篇研究报告和论文,或多或少,或深或浅都与下列因素有关。一是什么(what),即研究的对象和内容是什么;二是谁(who),即研究或教育活动的主体是谁;三是为什么(why),即要这样做的原因和理由;四是何时(when),即这些教育教学活动或研究活动什么时候开展比较好;五是何地(where),即这些活动是在什么样的空间里面进行的,其环境有什么特点和要求;六是怎么做(how),即这些活动的具体策略和做法有哪些。如果所要表达的课题成果主要跟前面三个因素有关,我们认为这类文章主要是理论研究的论文;如果主要是后面三种因素的,即属于实证研究的论文或报告。理论研究文章相对而言,具有较多的灵活性,且语言风格和文章格式也比较自由,以定性分析为主;而实证性研究报告则要求相对严格,格式比较固定,更强调研究结果的定量分析。因此,研究者首先要做好定位工作。

(二) 谋篇构思,拟定写作提纲

谋篇构思是对研究报告或论文进行通篇全面的思考,抓住主要观点,安排文章的结构和顺序,找到恰当的表达方式。为此,研究者首先要在确定成果的表达形式和文章题目的基础上,注意对研究课题从理论到实践,从内容到方法,进行多学科、多角度的全面分析和联想,发现尽可能多的联系点、相似点、分歧处,形成尽可能完整的内容框架体系。这是一个"放"的大胆思考的过程。

其次,在全面思考构思的基础上,研究者要根据确定主要观点的三个标准或因素,即揭示事物本质、规律,具有创新性,具有理论或实用价值进行系统梳理,研究者要分析自己课题研究的"三特",即特长、特色、特点,突出课题研究的重点难点进行创造性构思,形成一个相对严密完整的主题框架,这是一个"收"的过程,特别要关注逻辑思维的严密性和连贯性。在此基础上,考虑研究报告或论文的结构和顺序即布局问题,这时研究者必须慎重考虑,选择一个既能突出观点、又能深刻论述和表达,并且写作顺手、读者易把握的结构和顺序来进行构思。有人认为,研究报告和论文,从总体上看应具有沙漏的形式,即从广阔的导言开始,逐渐转变到较为专门化的领域,直到提出你自己的研究领域,介绍你的研究方法和结果。这是沙漏的最狭窄部分。从讨论结果的内涵开始,报告又逐渐向一般领域拓宽。广阔的导言可向读者提供你的问题形成的背景及其意义,而讨论部分的拓宽,则可向读者展示研究结果的价值及应用。①

第三,考虑各部分、各段落和各问题间的衔接,照顾文章结构比例的匀称性,进行适当的内容调整。研究者要按照研究报告或论文要表达的观点内容,所依据的研究结果,资料的逻辑性,时空顺序性和重要程度来考虑部分、段落和问题间的衔接,各种衔接应自然流畅,注意彼此间的联系,要有一定的衔接语句。同时,要考虑文章主体部分各部分和各段落篇幅长短的比例,即与内容的重要程度大致相当,并且比例匀称,长短不过于悬殊。如报告或论文的导言、导论及结论、建议等就不能占过多篇幅;而文章主体部分的每个问题不仅应根据主次有顺序上的差别,而且也应在篇幅上有一定差别和合适的比例。

第四,拟定写作提纲,即将谋篇构思具体化、语言化。拟定提纲和谋篇构思往往同时或交叉进行,并且相辅相成。提纲按其详略程度可分为简单提纲和详细提纲两种。简单提纲比较概括,只列出文章各部分大小标题,详细提纲除列出论文各部分标题外,还要较详细写出所要阐述的内容要点。提纲按其表达方式,可分为句子提纲、标题提纲、段落提纲和图表式提纲四种形式。

(三)初稿写作

1."有话想说",进入状态

研究报告和论文的撰写有许多不同的动因,有的是工作和生计的需要,有的是出于研究的兴趣和成就的动机。但不管哪种情况,都有一个重要前提,即在有写作的需要和压力下,"有话想说"才会真正产生一种写作行为。

万事开头难,研究者一开始就要训练自己忍受或排除开头的痛苦,训练自己进入写作状态。例如:①反复阅读自己所收集的资料和分析大纲;②运用自己的想象力和直觉对资料进行头脑风暴;③使用不同的概念将资料的内容串为一个整体;④将各种概念之间的联系用图画出来;⑤设想使用不同的方式进行写作;⑥假设不同的读者群对自己的作品会作

---

① 袁方主编.社会研究方法教程[M].北京:北京大学出版社,1997:677.

出什么反应。[①]

2. 开始写作，"无话可说"，"无话能说"

在开始写作时，我们经常会碰到各种各样来自主观方面和客观方面的"阻抗"。如时间紧张、资料缺乏、想法不成熟、思维混乱、材料提炼困难、对能不能写得好的担心等等。这些因素往往会使我们望而却步。因为感觉资料缺乏，所以花了大量时间去查阅资料，结果查阅资料的过程更是一件苦不堪言的事情，不仅要花费大量的人力和物力。而且查阅的结果总是更使我们伤心，原先以为自己的一些创造性的思想和观点原来人家早已说完了，自己想到的想明白的人家说了；自己没想明白的人家也早已说明白了，于是写作者往往就进入无话可说的境界。有时面对各种各样纷繁复杂的文献材料，剪不断理还乱，无法用一种思维的逻辑或理念贯穿起来，如同迷失在"知识的丛林"中，不知道该说什么，该怎么说，这时就进入无话能说的境界。

因此，在这个写作阶段，我们不必担心资料缺乏，因为"在自己对资料还不太熟悉的时候就开始写作有很多优势，因为这时候我们可能有很多想法和感受，而这些想法和感受可能是最'真实'、原初、未加修饰的，最能反映自己当时的反应。"[②]最好是先大胆地说，尽量地写，资料可以在写作的过程中不断进行收集和丰富。如果资料太多，也不用担心，先把所有相关材料放进去再说，修改可以放到下一步。"通常，研究者收集到的资料非常丰富，具有多元视角和多重声音，无法在第一次就全部捕捉到，必须通过人为的一次又一次的压缩和提炼，才可能将它们比较丰满地表现出来。"[③]如果是发现无话可说了，这时研究者可以通过"忘"、"回"、"跳"三个策略来改变这种局面。所谓忘，即暂且把所有的相关资料封存起来，暂时忘掉这些资料的种种观点和思想，腾出"空间"，独立地进行思考，以免自己的头脑成为人家的"跑马场"。所谓回，即回到教育现实中去，再去作观察调查研究工作，收集更多的第一手资料，并对自己原有的思维方法进行"元研究"。所谓跳，即改变思维的角度、分析的策略，从其他学科或领域，用其他方法对这些问题进行换位思考，"不识庐山真面目，只缘身在此山中"。通过这些方法就不仅能继续我们的写作，而且帮助我们进入第三个阶段，有话能说。

3. "有话能说"，完成初稿

丰富的原始资料和写作过程中的最新灵感与我们的写作计划之间总是存在着一种巨大的张力，继续写作的关键就是保持两者之间恰当的平衡。一方面，我们得不断反思我们的写作计划，以进一步明确研究的意图和写作的焦点，写作的过程就是一个根据研究的最新进展不断聚焦的过程，聚焦意味着必须进一步缩小我们的研究视野和论述范围，丢弃一些尽管很好，但与主题关系不大的东西；另一方面，我们可以重新考虑并改变自己的归类标准和整合的方式，用以更好地展示我们的研究成果。

"有话能说"有时是与人的大脑"风暴思维"状态联系在一起的，这是研究者长时间的研究思考所形成的量的积累而导致的质的变化，表现出研究者对某些问题的顿悟和觉醒、

① 陈向明. 质的研究方法与社会科学研究[M]. 北京：教育科学出版社，2000：69.
② 袁方. 社会研究方法教程[M]. 北京：北京大学出版社，1997：370.
③ 同上：371.

创新与突破。"有话能说"出现的时机和场合都会因人而异，具有时机性、情境性和个体差异性。研究者如果能抓住时机，顺势而为，往往能写出高质量的研究报告和论文。

（四）修改定稿

初稿完成后，需要对它进行整理和修改。整理往往需要相当长的时间和相当多的精力，不可能一次完成。初稿修改可以采用存放—冷却—补正修改法、边写边改—气呵成法、同行交流—导师点评—自我修改法。拉开时间、空间和心理上的距离，是初稿修改能否成功的关键。比较而言，第一种方法和第三种方法修改效果较好。

修改主要关注三类问题。一是关于文章的全局性问题，如文章是否阐述了所研究的问题而不是重复众所周知的常识？文章表达自己与众不同的观点了吗？文章论点是否正确、论据是否充分、论证是否有力？文章重点突出没有，特长特色特点有没有体现？二是解决文章存在的局部性问题。如数据是否准确？说明是否清楚？前后是否呼应？概念是否准确？语言是否规范？图表引用和解释是否恰当？三是关于文章的细节性问题，如错别字、标点符号、公式、参考文献和注释、页码、序号等。

四、交流和发表

研究报告和论文完成后，除作为课题鉴定的材料之外，还要积极参与学术交流，以扩大自己的研究影响，提高课题成果研究的价值。具体的途径有，一是参加各种各样的学术会议交流；二是争取在有关专业刊物上发表，或公开出版研究专著；三是通过计算机网络公开发布；四是积极参与各种各样的科学评奖活动。其中影响最大、效果最好的学术交流方式是公开发表。这就有一个投稿策略的问题。

研究者在投稿时要注意以下几个方面的策略：一是要了解有关杂志的特色和专业出版社的特点，如编辑方向、体裁风格、开设栏目、作者群体；二是要根据自己研究的内容和稿子的特点，慎重选择发表的园地；三是要有一种韧性，在失败中学习，在成功中反思，不要一遇挫折就退却；四是要与学术界建立广泛的联系，与编辑建立良好的学术合作关系，多次强化，终得善果；五是研究要有自己鲜明的学术特色和专业特长，集中一点，挖深挖透，成小专家，专家小成。

◀️📢━━〜〜学习与思考〜〜━━📢▶️

1. 什么是教育科学研究？结合实际，谈谈教育科学研究的地位和作用。
2. 开展教育科学研究要遵循哪些原则？
3. 试结合实际，谈谈发现问题和选择课题的思维策略。
4. 试简述研究方法的类型和方法选择要注意的事项。
5. 什么是假设？假设必须具备的条件有哪些？
6. 试简述研究设计的步骤和设计过程中必须注意的问题。
7. 试简述研究方案和研究计划的有关内容。
8. 联系实际，谈谈方案实施过程中要注意的问题。
9. 什么是定性研究？什么是定量研究？试就两者进行比较。

教育学

10. 定性分析和定量分析的具体方法有哪些？试简述之。

11. 试简述研究报告的类型和结构。

12. 联系实际谈谈研究报告和论文写作时要注意的有关问题。

13. 实践操作题：请自行选择一个课题，通过文献资料的收集整理和分析，写出该课题的文献综述，并在此基础上，编制该课题的研究方案。

主要参考文献

1. 联合国教科文组织国际教育发展委员会.学会生存——教育世界的今天和明天[M].北京:教育科学出版社,1996.

2. 联合国教科文组织国际教育发展委员会.教育——财富蕴藏其中[M].北京:教育科学出版社,1996.

3. 赵中建.教育的使命[M]北京:教育科学出版社,1996.

4. 联合国教科文组织国际教育发展委员会.从现在到2000年的教育内容发展的全球展望[M].北京:教育科学出版社,1996.

5. 瞿葆奎.教育基本理论之研究[M].福州:福建教育出版社,1998.

6. 改革开放30年中国教育改革与发展课题组.教育大国的崛起(1978—2008)[M].北京:教育科学出版社,2008.

7. 顾明远,刘复兴.改革开放30年中国教育纪实[M].北京:人民教育出版社,2008.

8. 王炳照,施克灿.中国教育改革30年(基础教育卷)[M].北京:北京师范大学出版集团,2009.

9. 瞿葆奎.教育学文集(教育与教育学)[M].北京:人民教育出版社,1993.

10. 陈桂生."教育学视界"辨析[M].上海:华东师范大学出版社,1997.

11. 王道俊,郭文安.教育学[M].北京:人民教育出版社,2009.

12. 瞿葆奎.教育学文集(教育与社会发展)[M].北京:人民教育出版社,1989.

13. 何东昌.何东昌论教育[M].北京:人民教育出版社,2009.

14. 陈桂生.教育原理[M].上海:华东师范大学出版社,1993.

15. 叶澜.教育概论[M].北京:人民教育出版社,1991.

16. 金一鸣.教育原理[M].合肥:安徽教育出版社,1995.

17. 黄济.教育哲学通论[M].太原:山西教育出版社,1998.

18. 扈中平.现代教育理论[M].北京:高等教育出版社,2005.

19. 明庆华.教育学导论[M].武汉:湖北人民出版社,2005.

20. 孙喜亭.教育原理[M].北京:北京师范大学出版社,1993.

21. 南京师范大学《教育学》编写组.教育学[M].北京:人民教育出版社,1984.

22. 袁振国主编.当代教育学[M].北京:教育科学出版社,1999.

23. 傅道春.教育学——情境与原理[M].北京:教育科学出版社,1999.

24. 胡德海.教育学原理[M].兰州:甘肃教育出版社,1998.

25. 睢文龙,等.教育学[M].北京:人民教育出版社,1994.

26. 陈桂生. 教育学的建构[M]. 长沙：湖南教育出版社，1998.

27. 林崇德. 教育的智慧[M]. 北京：开明出版社，1999.

28. 丁钢. 创新：新世纪的教育使命[M]. 北京：教育科学出版社，2000.

29. 彭坤明. 知识经济与教育[M]. 南京：南京师范大学出版社，1998.

30. 朱永新. 新教育之梦[M]. 北京：人民教育出版社，2004.

31. 顾明远，孟繁华. 国际教育新理念[M]. 海口：海南出版社，2001.

32. 扈中平. 现代教育理论[M]. 北京：高等教育出版社，2005.

33. 柳海民. 当代教育理论专题[M]. 长春：东北师范大学出版社，2002.

34. 毕淑芝，王义高. 当今世界教育思潮[M]. 北京：人民教育出版社，1999.

35. 王道俊，郭文安. 主体教育论[M]. 北京：人民教育出版社，2005.

36. ［法］保罗·朗格朗. 终身教育导论[M]. 滕星，等，译. 北京：华夏出版社，1988.

37. ［苏］B·A·霍姆林斯基. 给教师的建议[M]. 杜殿坤，译. 北京：教育科学出版社，2001.

38. ［苏］苏霍姆林斯基. 滕星，等，译. 给教师的建议（下册）[M]. 北京：教育科学出版社，1981.

39. 张焕庭. 西方资产阶级教育论著选[M]. 北京：人民教育出版社，1979.

40. 赵祥麟，王承绪. 杜威教育论著选[M]. 上海：华东师范大学出版社，1981.

41. 毕淑芝，等. 当代苏联教育家的新思想[M]. 上海：上海教育出版社，1990.

42. 卓晴君，顾敦荣，郑旦华。邓小平教育与生产劳动相结合思想的时代特征[M]. 北京：教育科学出版社，1995.

43. 鲁洁，吴康宁. 教育社会学[M]. 北京：人民教育出版社，1990.

44. 吴康宁. 教育社会学[M]. 北京：人民教育出版社，1998.

45. 俞国良. 现代心理健康教育——心理卫生问题对社会的影响及解决对策[M]. 北京：人民教育出版社，2007.

46. ［美］帕克·帕尔默. 教学勇气——漫步教师心灵[M]. 吴国珍，余巍，等，译. 上海：华东师范大学出版社，2005.

47. ［日］山下俊朗. 独生子女的心理和教育[M]. 愚心友栋，译. 石家庄：河北人民出版社，1986.

48. 吴增强. 现代学校心理辅导[M]. 上海：上海科学技术文献出版社，2004.

49. 姚鑫山. 个别心理辅导[M]. 上海：上海教育出版社，2000.

50. 黄正平. 小学养成教育[M]. 南京. 南京师范大学出版社，1999.

51. 钟启泉，崔允漷，张华. 为了中华民族的复兴，为了每位学生的发展[M]. 上海：华东师范大学出版社，2001.

52. 教育部师范教育司. 教师专业化的理论与实践[M]. 北京：人民教育出版社，2003.

53. 朱旭东，胡艳. 中国教育改革 30 年（教师教育卷）[M]. 北京：北京师范大学出版社，2009.

54. 周南照，赵丽，任友群. 教师教育改革与教师专业发展[M]. 上海：华东师范大学出版社,2007.

55. 施良方,崔永漷.教学理论:课堂教学的原理、策略与研究[M].上海:华东师范大学出版社,1999.

56. 董远骞.中国教学论史[M].北京:人民教育出版社,1998.

57. 董远骞,等.教学的艺术[M].北京:人民教育出版社,1993.

58. [日]佐藤正夫.教学论原理[M].钟启泉,译.北京:人民教育出版社,1996.

59. 盛群力,李志强.现代教学设计论[M].杭州:浙江教育出版社,1998.

60. 张定璋.教学研究与实验求索[M].杭州:浙江教育出版社,1999.

61. 皮连生.智育心理学[M].北京:人民教育出版社,1996.

62. [美]奥苏伯尔.教育心理学—认知观点[M]].佘星南,等,译.北京:人民教育出版社,1994.

63. 施良方.学习论——学习心理学的理论与原理[M].北京:人民教育出版社,1992.

64. 李春玲.教师职业道德[M].北京:人民教育出版社,2005.

65. 龚乐进.素质教育下的教师道德[M].北京:人民教育出版社,2001.

66. 孙少平.新中国德育五十年[M].福州:福建教育出版社,2002.林崇德.教育与发展[M].北京:北京师范大学出版社,2002.

67. 李伯黍.品德心理研究[M].上海:华东化工学院出版社,1992.

68. 胡守芬.德育原理[M].北京:北京师范大学出版社,1989.

69. 桑新民,陈建翔.教育哲学对话[M].石家庄:河北教育出版社,1996.

70. 杨辛,甘霖.美学原理新编[M].北京:北京大学出版社,1996.

71. 朱小蔓.情感教育论纲[M].南京:南京出版社,1993.

72. 卢仲衡.自学辅导心理学[M].北京:地质出版社,1987.

73. 李寿忠.能力原理与测量[M].长春:东北师范大学出版社,1993.

74. 李林静.学校卫生学[M].成都:西南师范大学出版社,1997.

75. 朱家雄.教育卫生学[M].北京:人民教育出版社,1998.

76. 韦志成.语文教学情境论[M].南宁:广西教育出版社,1998.

77. 瞿葆奎.课程与教材(上册)[M].北京:人民教育出版社,1988.

78. 柯孔标.教学评价[M].北京:知识出版社,1999.

79. 张玉田.学校教育评价[M].北京:中央民族学院出版社,1987.

80. 泰勒.变化中的教育评价概念[M].汪世清等译.安徽:安徽教育出版社,1989.

81. 裴文敏,周立,詹振权,廖正峰.中小学学校管理与领导[M].杭州:浙江教育出版社,1985.

82. 赵敏,江月孙.学校管理学新编[M].广州:广东高等教育出版社,2008.

83. 李学农.班级管理[M].北京:高等教育出版社,2004.

84. 马兆掌,张宪尧.班级管理概论[M].北京:人民出版社,2000.

85. 程凤春.学校管理的50个典型案例[M].上海:华东师范大学出版社,2009.

86. 余如进.班级管理经典案例评析[M].北京:科学出版社,2007.

87. 伯蒂·埃弗拉德,吉弗里·莫里斯,伊恩·威尔逊. 有效学校管理[M].重庆:重庆大学出版社,2007.

88. 陈瑞瑞. 德育与班主任[M].北京:高等教育出版社,2004.

89. 王宝祥. 新时期中小学班主任培训教程[M].北京:北京大学出版社,2007.

90. 瞿葆奎. 教育学文集(课外校外活动)[M].北京:人民教育出版社,1991.

91. 张印成. 课外校外教育学[M].北京:北京师范大学出版社,1997.

92. 钟启泉. 班级管理论[M].上海:上海教育出版社,2001.

93. 辜伟节. 中学班集体建设与活动[M].南京:南京师范大学出版社,1999.

94. 李学农. 班级管理[M].北京:高等教育出版社 2004.

95. 卢真金,徐锦生. 非智力因素培养的理论与实践[M].杭州:杭州大学出版社,1997.

96. 陈向明. 质的研究方法与社会科学研究[M].北京:教育科学出版社,2000.

97. 全国教育科学规划领导小组办公室. 教育科研大家谈[M].北京:教育科学出版社,2007.

JIAOYUXUE

后 记

　　《教育学》(修订三版)出版于2006年。四年来,我们陆续收到不少反馈,许多院校的教师和学生都认为,这本书重点突出,结构紧凑,内容简要,既能反映近年来国内外教育科研所取得的新成果,以及先进教师的教育、教学经验,又能理论联系实际,重视教育理论和方法在学校教育实际中的运用,比较符合教学要求,有自己的特色,使我们倍受鼓舞。

　　近年来,随着我国经济社会的快速发展,教育事业也得到了长足的进步,实现了城乡免费义务教育和高等教育大众化的两大突破。新课程改革不断深入,教育理论研究不断深化,出现了许多新思想、新理论和新经验,但教育改革也进入了深水区,面临许多新挑战、新问题。"钱学森之问"更是发人深省! 我们要全面建设创新型国家,建设人力资源强国,就必须坚持科教兴国战略,把教育放在优先发展的地位。教师是一切重大教育变革的核心力量,是促进教育公平和教育平等的重要保证,是提高教育质量的关键因素,因此,教师教育在国家教育发展中具有基础性的战略地位。而《教育学》教材的编写与修订,又是提高教师教育质量的一个关键环节。

　　本次修改是在修订三版基础上进行的。我们认为,《教育学》(修订二、三版)中所提出的"12123"体系是合理的,故本次修订还是围绕着"12123"来展开。"1"是指教育的概念;"2"是指教育发展的两条基本规律:教育与社会发展、教育与人的发展。全面发展的规律是前面两条基本规律的派生规律,并最终体现在教育方针和教育目的上,第二个"1"指的就是教育方针(目的)。第二个"2"是指开展全面发展教育两个载体:课程和学制。"3"是指实施教育的三大途径——学校、家庭与社会(宏观),学校教育的三个方面——教学、教育和管理(中观),课堂教学活动的三个基本因素——教师、学生和教材(微观)。

　　本书的第一章是导论,旨在使学生了解什么是教育,培养学习教育学的兴趣。第二、三章介绍教育的两条基本规律,以上构成第一编:教育学的一般原理。第四章至第九章,先总述我国的教育方针和教育目的,再依次论述全面发展教育的组成部分,因为全面发展的人需要通过全面发展的教育来培养,由此组成第二编:全面发展的教育。第三编讨论实施全面发展教育的载体和主体,由第十章我国的教育制度和学制、第十一章课程和第十二章教师和学生构成。最后一编从第十三章到第二十章,介绍学校教育的各项工作,依次讨论教学工作、德育工作、课外校外活动、学校管理工作、教育督导与教育评价工件、教育科研工作。考虑到督导与评价在全面提高教育质量中的重要作用,故本次修改教材时,单列一章。

　　本书各章的编写人员为:第一、二、九、十七章(裴文敏),第三章(李涛),第四、十章(邵宗杰),第五、十六章(王健敏),第六、七章(肖龙海),第八章(吴卫东),第十一、十九章(柯孔标),第十二章(卢真金、戚谢美),第十三、十四、十五、二十章(卢真金),第十八章(虞伟庚)。全书由卢真金策划统稿，裴文敏先生参与了部分章节的统稿工作。

在修订过程中，《国家中长期教育改革和发展规划纲要（2010—2020 年）》（征求意见稿）正式公布，我们及时吸收了《纲要》的重要精神，并以之指导本书的修订工作。同时，为了便于读者更好地学习，我们适当增加了一些插图和案例。我们参考了有关同行编写的《教育学》教材，引用了诸多学者的研究成果，在此表示衷心的感谢！本书的责任编辑，华东师范大学出版社编辑朱建宝先生，对本书的修订编写，作了许多具体指导，提出了许多建设性意见，使本书增色不少。最后，欢迎广大读者对本书的疏漏和不足之处，提出批评指正。

卢真金
2010 年 5 月 3 日

后
记

图书在版编目（CIP）数据

教育学/邵宗杰等主编. —上海：华东师范大学出版社
ISBN 978 - 7 - 5617 - 1491 - 1

Ⅰ.教...　Ⅱ.邵...　Ⅲ.中等教育－教育学
Ⅳ.G630

中国版本图书馆 CIP 数据核字（2000）第 87889 号

教育学（第5版）

主　　编　邵宗杰　卢真金
责任编辑　朱建宝
审读编辑　赵成亮
责任校对　王　卫
封面设计　卢晓红

出版发行　华东师范大学出版社
社　　址　上海市中山北路3663号　邮编200062
网　　址　www.ecnupress.com.cn
电　　话　021-60821666　行政传真 021-62572105
客服电话　021-62865537　门市（邮购）电话 021-62869887
地　　址　上海市中山北路3663号华东师范大学校内先锋路口
网　　店　http://hdsdcbs.tmall.com

印 刷 者　江苏省昆山市亭林彩印厂有限公司
开　　本　787×1092　16开
印　　张　23
字　　数　514千字
版　　次　2010年8月第5版
印　　次　2019年1月第15次
印　　数　146 801－150 900
书　　号　ISBN 978-7-5617-1491-1/G·665
定　　价　45.00元

出版人　王　焰